U0584380

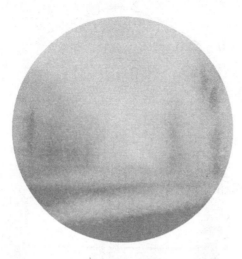

大学问

DA XUE WEN

铁 铮 / 著

光明日报出版社

图书在版编目（CIP）数据

大学问 / 铁铮著 . -- 北京：光明日报出版社，
2017.5（2022.9重印）
ISBN 978 - 7 - 5194 - 2917 - 1

Ⅰ.①大… Ⅱ.①铁… Ⅲ.①教育—文集Ⅳ.
①G4 - 53

中国版本图书馆 CIP 数据核字（2017）第 098664 号

大学问

DA XUEWEN

著　　者：铁　铮

责任编辑：曹美娜　郭思齐　　　　责任校对：赵鸣鸣
封面设计：中联学林　　　　　　　责任印制：曹　净

出版发行：光明日报出版社
地　　址：北京市西城区永安路 106 号，100050
电　　话：010 - 63169890（咨询），010 - 63131930（邮购）
传　　真：010 - 63131930
网　　址：http：// book. gmw. cn
E - mail：gmrbcbs@ gmw. cn
法律顾问：北京市兰台律师事务所龚柳方律师

印　　刷：三河市华东印刷有限公司
装　　订：三河市华东印刷有限公司
本书如有破损、缺页、装订错误，请与本社联系调换

开　　本：710×1000　1/16
字　　数：404 千字　　　　　　　印　张：23
版　　次：2017 年 5 月第 1 版　　印　次：2022 年 9 月第 2 次印刷
书　　号：ISBN 978 - 7 - 5194 - 2917 - 1
定　　价：85. 00 元

版权所有　　翻印必究

目 录
CONTENTS

话题圆桌

大学生

绿色

品书

岁月

大学是自强人生的开始

不是无知,就是炒作。

连日来,"状元无钱读北大"的图片、微博在网上引起了"围观",一时间引发热议。事实上,我国高校资助政策不断完善,家庭经济困难学生上大学是有保障的。

有关政策规定,学生既可选择申请生源地贷款,也可到校后办理助学贷款。实在有困难的学生,学校还曾经直接寄出过路费。多数高校都有完善的学生资助政策,不会让任何一位考上大学的学生因家庭困难而失学。

为什么如此简单的事情还会有人炒? 关键在于有关信息传播的力度不够。需要采取多种形式,继续大力宣传高校的资助政策,真正做到家喻户晓、人人皆知。

事实上,当事人收到北大录取通知书时,就收到了助学贷款申请表和家庭贫困情况鉴定表。他带着表格去申请办理贷款的社区审查盖章时引起媒体关注,从而成为关注焦点。这样的结果他没有想到,也不是他的本意。

有人认为,引起社会关注后会收到社会的爱心资助。这位学生的确也收到了捐款1.75万元。接受和使用善款并没有错,但能自己解决还是自己解决为好。因为,这是自强的开始! 不可能什么问题都寄希望于媒体,寄希望于别人。贷款支付学费,努力学习获得奖学金,课余适当打工赚取生活费。这样的日子会艰苦些,但心里会更踏实。

《北京考试报》2011年8月17日

学生不仅需要两堂课

大学陆续开学,校长们又忙着给大一新生上第一课了。一如他们忙着给毕业生上最后一课。校长的迎新寄语固然重要,领导临别赠言实属难得,但更重要、更难得的是,大学生在校期间能够经常得到校长的帮助和指点。

许多学生告诉我,大学四年没见过校领导。这不能不说是他们大学生涯中的遗憾。对于他们来说,校长仅有的"两堂课"显然是不够的。他们有太多的困惑需要指点,有太多的难题需要请教,有太多的疑问需要解答,有太多的意见需要反映。尽管他们可以找辅导员、找班主任、找学院管学生工作的负责人，但这些都不如面对校长来得更加直接、更有效。

　　要求校长整天和大学生泡在一起，显然是不现实的。但仅仅局限在这"两堂课"的确太少了。每学期校长们总该到学生中走走吧，总该有那么几天和学生谈谈吧，总该有一点固定的时间接待一些学生来访吧。这样做的好处，不仅仅是消除大学生和校方的距离感，还能准确地摸到大学生的脉搏，也能帮助学生学会和领导打交道。

　　有人或许会说，现在的大学动不动就数以万计，校长怎么可能和学生频繁的互动呢？世上无难事，只怕有心人。如果校长真有此心、确有此意，想必总是能挤出些时间来的。还有什么能比和学生亲密接触、而不是听层层反映更重要？如果是，校长们怎么能在自己的办公桌前、会议室里呆得住？

　　现在恰逢群众路线教育实践活动如火如荼。建议大学校长们，不妨从和学生交朋友做起。

《北京考试报》2013 年 9 月 14 日

校庆后有作为更重要

　　有一所大学明年将办 120 周年庆典，校史真实性遭网友质疑。校庆办回应并非凭空杜撰，找出了若干史实依据。

　　校方有校方的说法，质疑者有质疑者的道理，恐怕争论还会持续，孰是孰非不妄加评论，但有一点值得警醒，就是想方设法延长校史已成风气。我国的大学校史，许多都是追根溯源的结果。

　　并非说一所大学的历史不重要，但更重要的是现在、将来大学将有何作为。当热热闹闹的校庆过后，拿什么来奉献给学生、奉献给社会、奉献给历史，这比校史早 10 年、晚 10 年重要得多。与其在这些细枝末节上纠缠不清，不如下点儿功夫好好思量和规划一下未来，踏踏实实做些实事，为明天的校史写下浓墨重彩的一笔。

《北京考试报》2012 年 12 月 15 日

录取通知要重内容

今年的大学录取通知书也成了媒体关注的一个热点。"亲,祝贺你哦!你被我们录取了哦。"南理工的"淘宝体",复旦的"小清新",北京大学的游戏光盘……网络时代的大学录取通知书也开始变"潮"了。一些没领到个性化录取通知书的考生据报道说还有点小失落呢。

其实,为此伤神真的没太大必要。大学录取通知书,是新生接到的来自大学校方的第一封重要的凭证,的确具有特殊的意义。至于什么风格好,什么算特色,也是众口难调。

在我看来,录取通知书的风格和特色,还是应该符合学校的文化。在满足新生入学信息需求的前提下,融入一些时尚的元素、设计一点个性的语言,都是可以的。但通知书就是通知书。形式虽重要,内容价更高。重要的是,指导新生迈好大学生活的第一步。

从这个意义上说,南开大学的录取通知书有可取之处。在校方致新生的一封信中提出具体建议,在这个暑期里做份义工或找份工作,引导新生体会被别人感恩和对社会感恩的快乐,从现在起树立职业意识。这或许对新生更有意义。

《北京考试报》2011 年 8 月 17 日

网络报到替代一切?

从媒体报道来看,今年各高校新生入学都大打网络牌。微博、微信也好,手机报也罢,圈子、群等等闪亮登场。令人担心的是,方便、快捷的网络手段虽然有助于简化新生报到过程,但会不会失去或者淡化与新生面对面交流与沟通的人情味?

许多昔日的大学生至今都还记得跨进校门那一刻,是哪位学长接过了自己手中的行李,是哪位老师耐心地解答初入学府的不是问题的问题。虽然时过境迁,时代发生巨变,但在迎新中同样需要同学、学者、老师、校方负责人的看望、交谈、面对面的指导和帮助。道理非常简单,网络可以成为人们交往与沟通的助手,但永远不能成为全部。现在已经出现了新生入学如同网友聚会的场面。窃以为特别需要提醒新生的是,要克服网瘾、正确对待网络信息,正确运用网络媒介。否则,过不了几天就会发现,那些依赖网络报到的新生们果然陷入了网络之中难以自拔。到那时候再来拯救他们? 晚了!

《北京考试报》2013 年 10 月 15 日

上大学要花多少钱?

报载,某大学向新生发录取通知书时塞了份"指导价",建议家长提供给孩子的月消费额最高不超过 800 至 1000 元。也有媒体报道,有新生还没进大学校门,购买数码产品的花费已逼近两万,家长吐槽:上个大学简直如同烧钱。

上大学到底需要多少钱? 数额等于固定部分、基本部分和机动部分相加。学费、住宿费等是固定的,生活费用则有基本的标准,机动部分就没尽没休了。"指导价"提供的是大学生活的基本消费水平。具有较大伸缩性的则是机动部分。一些家庭经济条件好的学生多花点儿钱无可指责,但也不宜过于奢华。其理由是,自己尚未经济独立,花家长的钱也该节省;同学们生活在一起,过于"炫富"容易脱离同学的圈子;从经济角度讲有个投入和产出比的问题,用最少的钱读完大学应该是经济效益最好。不提倡做苦行僧,但量入为出、适度消费,对那些富人子弟而言应该是较好的建议。

《北京考试报》2013 年 8 月 31 日

开学消费别生猛

大学新生入学在即。有媒体报道的主题是:大一新生必备"四大件"。借商厦销售人员之口,说什么手机、数码随身听、笔记本电脑、数码相机成了大一新生必备工具。这种不负责任的报道会给已经有些过度的开学消费起到推波助澜的作用。

新生入学究竟准备点什么? 这本不应该成为重要的话题。准备学习之必需、准备生活之必需,这应该成为最基本的原则。其余都是点缀,都要量力而行。我并不认为这"四大件"一点用处都没有,也不简单地反对大学生使用这"四大件"。问题是这每一件都不是天上掉下来的,都需要钱才能买到。每个家庭看起来有些相似,但经济状况却大为不同。对于不少家庭来说,供养一个大学生的学费和基本的生活费已经是笔很大的开销了,如果再购置这"四大件"无疑是雪上加霜。

上大学,首要的任务是学习。依我的经验,学生把时间和精力都用在过度消费上,十有八九会干扰学习。带着笔记本电脑上课的,几乎都在做和课堂没有关系的事情。请家长三思,也望学生不要盲目攀比。家里钱多的人低调点,毕竟大家在一起学习生活,太张扬了没好处。家庭经济困难的也别太在意,面包会有的。

《北京考试报》2011 年 8 月 31 日

突然撒手对新生不利

中国媒体最大的问题就是一阵风。各大学新生报到期间,各媒体刮的都是反对家长陪伴报到的风。在许多记者和评论家的眼里,家长陪新生报到成了洪水野兽。其实从成长规律看,一直抱着突然撒手,会摔坏孩子的。

家长陪新生报到的利弊要客观分析。在许多家长眼里,上大学不仅是孩子人生中的大事,也是家庭的要事。在经济条件、时间等允许的情况下,亲自把孩子送进大学校门,没有任何不妥。孩子的独立性强否和家长陪伴与否也没直接的关系。一些学校反对家长陪伴的原因,是嫌弃家长的到来给校方管理带来麻烦。将家长拒之门外,恰恰忽视了与家长深度沟通、利用家长力量做好新生思想工作的良机。对于那些的确独立性较差的新生而言,一下子就失去家长的帮助独自上路,更容易出现问题。作为负责任的家长、负责任的学校,显然不应该简单化。

《北京考试报》2013 年 9 月 4 日

一专业新生个位数?

许多班人满为患,不少专业的考生蜂拥而上,但华南农业大学蚕学专业今年只招到了 9 个新生。目前,84 岁的桑蚕专家心急如焚,捐赠 40 万元设奖助学金,以期吸引考生报考。

该校有百余年历史的蚕丝学科,近年来招生情况每况愈下。2010 级起只有10 多名学生,而今年更是跌至谷底。在千军万马争过高考桥的今天,为什么会出现如此大的反差?

事实上,这个专业优势很多:生师比最低,且实行"双师"制。除了系里的教授外,蚕丝企业的专家学者也参与辅导;没有就业之忧,百分之百可去大型蚕丝企业……但是,为什么就招不来新生呢?

社会偏见是原因之一，但不是唯一的原因。其他原因还有：一是宣传不够，许多考生不知道、不了解这个专业；二是考生和家长的盲目性，只看名称好听不好听、专业时髦不时髦；三是对冷门专业缺少必要的扶持政策，比如减免学费，在招生上可以适当降分等等。

有博友建议，明年改为生物纤维专业、丝绸生物工程专业试试！

《北京考试报》2013 年 9 月 25 日

低龄新生增多好不好？

没有最小，只有更小。今年南开大学新生中有 26 位 16 岁以下的，13 岁的大学生都不再是新闻了。本该上初中的年龄走进了大学校园，大学新生低龄化的趋势越来越明显，这背后说明了什么？

只要能通过高考就能上大学，这是个基本的事实。一些低龄新生的智力超常，早几年上大学无可厚非。但也有的家长为了让孩子早几年上学，除了学习和高考有关的几门课程之外，放弃了许多本该属于那个年龄段孩子享有的东西。我一直以为，学校教育除了学习知识之外，更重要的是社会化途径。通过读小学、初中、高中，结交同龄的朋友，学会和同学相处，了解一些必要的规则，培育与年龄相符的心理。一个人的知识结构应该是多成分的。除了和高考直接相关的课程之外，有许多知识高考时虽然派不上用场，但对学生将来的成长是有好处的。因此，在求学的问题上，拔苗助长不好，舍本求末也不好。对于绝大多数孩子来说，做与年龄段相符的事情最好。

《北京考试报》2013 年 8 月 31 日

新生军训伤不起？

每年新生军训时，媒体都会报道一些伤人的消息，今年更甚。到底是军训本身出了问题，还是新生的体质、意志出了问题？新生军训不能不受伤吗？

军体拳打完倒地不起的女生，军训中突然不会走路的男孩……有媒体报道，某医院一天就接诊了 20 多名军训伤员。有的是去年受伤未完成军训，今年补课又受伤的。

不可否认，的确有一些新生的身体素质禁不住军训的折腾。他们长期缺少锻炼,突然一下子加大的运动强度,显然是受不了的。当然也有些新生吃不了苦,抗挫折能力太差。

面对这样的新生,军训本身有没有适当改变的空间呢?军训的目的,是让学生对军营不是惧怕而是向往。对于不同体质的新生,是否可以区别对待?对于心理素质较差的新生,是否可以加强辅导?对于那些确实不能参加军训的学生,是否可以给张免训牌?这些都是值得研究和探讨的。

明者因时而变,知者随事而制。时代变了,情况变了,对象变了。因此,方式也好,方法也罢,都应该随之而变。

《北京考试报》2013 年 10 月 15 日

大一新生扫厕所

在接下来的一年里,天津科技大学 179 个班级的 5475 名学生将轮流负责清扫 10 间公厕,平均每班值日一周。据说,这一做法在该校已延续 12 年。如果不参加,学习成绩再好也没机会获奖学金。清扫公厕不合格,不能参评优秀班级。物业公司则成了为学生表现打分者。值日生须在早 6:30—7:30 清扫完毕,全天不定时维护。相信在参加清扫厕所的过程中,每个学生的心灵都会有所触动,每个人或多或少都会有点儿收获。我想说的是,除了清扫厕所,培养和锻炼学生的形式很多。不但大一新生需要锻炼,以后的几年仍需要巩固和加强。只限于新生、只是清扫厕所、只是一两次,对于一个人的影响或许很大,或许很小。如果搞成集体的行为艺术,如果在学生中产生逆反心理,就事与愿违了。多动动脑子,多想点更好的点子吧。

《北京考试报》2011 年 11 月 9 日

千万别忘了建设一流的大学体育

这是今年毕业季我听到的最动人的故事之一。

10 年前,初入大学校门的小女生因站军姿晕倒,而被辅导员背回寝室。如今,她不但获得了清华大学的博士学位、代表毕业生在全校毕业典礼上发言,而且还是一个在马拉松赛场上拿过 73 个单项冠军、连续夺得女子三项全能金牌且打破纪录的体育健儿……

　　我深深地感到,只培养学霸不算什么本事。在教会学生学习、做人的同时,培养学生健康身体的良好习惯和素养,才是一所好大学的应有之义。

　　这个女博士说,小时候因为一次粉碎性骨折,她被医生警告再也不能参加体育运动。然而,清华没有放弃她,用热情的体育传统感染了她,用"无体育不清华"的文化重塑了她。从2007年的马拉松比赛开始,她又站上了跑道。多年来,清华的体育精神不断勉励着她。而清华的体育精神,正是博大而厚重的清华文化的重要组成部分。

　　世界一流大学是否都有悠久的体育传统我不敢妄下结论。但我对牛津和剑桥的赛艇对抗赛有所耳闻,在泰晤士河畔看到的大学生训练场面还记忆犹新。据说,1829年6月10日泰晤士河畔风光旖旎的普特尼小镇,牛津和剑桥首次较量,有两万多名观众涌到泰晤士河两岸观看。至今,这一传统已经传承了187年。1856年,两校的赛艇对抗赛演化成了每年都要举办的赛事,并延续至今。在举世闻名的大学里,不仅有挑灯夜战的读书人,更有活跃在体育场上的锻炼者。

　　受英国的影响,美国顶尖大学对体育十分偏爱,对体育在人才培养中的特殊作用也有深刻的认识与理解。在那些富有远见的校长看来,培养未来美国和全球的领导者,绝不能把目光局限在考试成绩高、学术潜力大的学生身上。沉湎于书本、弱不禁风的所谓学霸,不可能应付瞬息万变的世界。在哈佛和其他顶尖大学的招生培养政策中,体育占了重要的位置。

　　笔者并非崇洋媚外,但体育之重要性显然没有国界。中国的大学对于体育的重视程度有学校的数据表明,学生入校后各种身体素质的指标会随着时间的推移而递减。换句话说,学生在大学里可能知识水平不断提高,但身体素质在持续下降。这和所在大学的教育失衡不无关系。

　　随着学生在校时间的增加,在一些学校里体育课的时间在锐减,甚至有的学校研究生不再上体育课。这给学生传递的信号是,体育已经变得越来越不重要了。当然,体育场地有限也是客观原因之一。一些学校扩招之后,建了不少宿舍食堂,但大学生体育活动的场所并没有相应扩大或增加。之所以说是客观原因,是因为场所虽然重要,但并非体育锻炼最根本的条件。如果想锻炼,完全可以因地制宜、因时制宜、因人制宜。最根本的问题是,大学决策者没有把体育摆在应有的位置,也就谈不上必要的教育、引导、激励和鼓舞了。大家的注意力更多聚焦在考试分数、论文数量、考研人数、出国率。

　　在有些领导者眼里,大学就是抓学习的,体育锻炼是学生自己的事儿。除了清华大学,提出类似"为祖国健康工作五十年"口号并成为校园文化精髓的大学还有几个?

建设双一流大学,千头万绪,百事待兴。我的建议是,千万别忘了建设一流的大学体育。一流大学培养出的学生不但要学习好、素质高,还要身体棒!

《北京考试报》2016 年 8 月 3 日

学生干部不等于体育健将

如果身高没有达到 1.72 米,或者无法一鼓作气跑完 1200 米,那将失去竞选学生会主席的资格。这等怪事发生在武汉某学院的建筑工程系。此等竞选标准如果属实,的确令人不齿。竞选的是学生会主席,不是形象代言人,也不是体育健将,而是具有一定领导力、组织力且热心为同学服务的人。用这类似是而非的条条框框来筛选竞选者,显然不公平、没道理。问题是这类明显不合适的条款为什么能够出台? 说明有些教育者应该先接受教育,有些管理者也应该接受监督管理。否则,让他们来教育学生、管理学生,的确让人不放心啊。

《北京考试报》2011 年 10 月 12 日

《大学生周刊》2011 年 10 月 13 日

教出不落伍的学生

香港大学校长徐立之日前接受采访时说,要教出不落伍的学生。

据介绍,港大正在推行体验式学习,通过各种实践激发学生的兴趣,使之真正成为学习的主角。老师重在传授对待学习的态度,培养学生终身学习的能力。这样即使课本上的知识有落伍的一天,掌握了方法的学生也不会落伍于时代。

的确,时代发展变化的速度让人措手不及,许多知识在老师讲授的同时就已经过时了。如何教出不落伍的学生,的确是一个十分重要的命题。

首先是老师不能落伍,抱着本旧讲义多少年不变地授课,教出的学生不可能跟得上时代前进的步伐;其次是"授之以渔",重在传授方法而不是讲陈旧的知识;再次是讲授的内容不但要有时代感,而且还要有超前性、预见性。如此看来,我们的学校、老师都需要尽快地改变自己。

《北京考试报》2012 年 12 月 22 日

是引导还是棒喝？

媒体报道，某校学生在微博上发表批评学校食堂的言论。校方认为其"在网上散布谣言"、"煽动罢餐"等言行违反校规，作出开除学籍的处分。尽管学生已经发布致歉信，依然无济于事。

可以肯定地说，这条微博没有造成严重的后果，校方的指责有些过于上纲上线了。微博时代，不少学生成了微博控。如何看待微博？如何使用微博？校方有责任因势利导，但没有必要草木皆兵。对于学生的意见和建议，更要本着有则改之无则加勉的态度，而不能动不动就开除。

《北京考试报》2013 年 6 月 8 日

管学习也管方便

媒体报道，武汉某师范大学新近改扩建"厕所样板间"，将男女蹲位由原来的 1:1 改为 6:17。另有媒体报道北京某校图书馆因经费紧张未能给读者提供厕所手纸，遭到学生吐槽。

其实女士如厕难、厕所无手纸是普遍存在的现象，但到了大学里就被放大了许多，成了媒体报道、社会关注的热点。这的确应了一句话，大学无小事。

既然如此，校方就需要重视大事小情，不但要管学生的学习，也要以学生为本，管学生的"方便"。蹲位比例造成的女生如厕难，症结在没有引起高度重视，主要靠设计或改造解决；而提供厕所手纸则需要增加经费。一些人的浪费加大了投资是严峻的现实。养成"尽量用最少的纸"的习惯需要一个过程，但这不能成为不作为的理由。

《北京考试报》2012 年 12 月 29 日

警惕网络文体侵蚀校园

不少大学的录取通知书瞬间变成了卖萌的"小正太"（网民对年龄较小的可爱男孩的统称）时，可能没有意识到，"亲，祝贺你哦！录取通知书明天'发货'哦！"

会对学生产生什么负面影响。华中科大的老师、南航大的辅导员们用"咆哮体"来布置作业和工作时,可能没有意识到,此举会为网络文体侵蚀校园起到推波助澜的作用。那些大学校长们热衷于大量使用网络语言"给力"演讲时,可能也没有意识到,在赢得掌声的同时失去了些什么。

大学早就不是什么象牙塔了。在网络将世界一网打尽的同时,大学不可能不受到社会的冲击和网络的影响。在适当的场合、适当的情况下、适当地选用一些热词赶潮也无可厚非,有助于拉近和学生的心理距离,但凡事都要有个度,一旦过了底线恐怕就走向了歧途。看对象,分场合,掌握尺度和分寸,这些都是应该把握的基本原则。受网络传播的特点所决定,有些网络上流行的文体、语言,不能或者不马上能替代多年来已经形成的文体和语言。在口语传播、书面传播和非语言传播中,一味地迎合学生(其实最多是部分学生)、不管不顾地滥用网络语言,有悖于教育的引导功能,对知识、对文化的传承都会带来不容忽视的负面影响。这应该引起学校和教育工作者的高度警觉。

《北京考试报》2011 年 8 月 24 日

网络时代远离课堂?

中国青年报有一篇名为《网络时代,何必非要把学生拉回课堂》的文章。作者的主要观点是:在"填鸭式"教育早已广受诟病的教育大环境下,我们为什么非要把学生拉回"课堂"?更何况是网络时代!对此我不敢苟同。

尽管网络时代知识的存在形式、知识的载体、知识的传输与获取方式都发生了改变,但起码在眼前网络还代替不了课堂上老师的讲授。网络可以承载知识,网络资源是获取知识的重要渠道。学生的确可以从网络上获取知识,但并不等于就可以因此远离课堂。除了网络学校之外,目前任何一种学历教育都离不开课堂讲授,甚至连网校也时有集中辅导之类的面授安排。何况许多学生远离课堂并不是去学习,而是沉溺于网络游戏、网络社交……

《北京考试报》2013 年 1 月 26 日

课堂拒绝雷言雷语

现在有的人说话太随意了。老师若这样就太不应该了。报载,广东某大学一副教授的"女生化妆论"就很出格。如果在非公开场合说说也就罢了。这老兄先在课堂上面对学生说了一通，随后又发到了微博上。

女生该不该化妆先不说，化妆是为自己还是为鼓励男生也不论，是否对女生构成性别歧视和性骚扰也不判，单说这位所倡导的取消早晨第一节课，成为女生化妆的专用时间，哪校的教务处都不会同意，没有任何可操作性。

课堂是严肃的，老师讲授也应该是有底线的。面对学生，信口开河不行，毫不顾忌不妥，完全凭个人好恶讲话不该。这是教师最基本的职业道德。

《北京考试报》2013 年 4 月 3 日

考试作弊如何根治

研究生入学考试已经结束，大学生却刚刚进入考试季。身在校园，我曾看到因作弊受到处理的学生。问题到底出在哪儿？

学校监管措施不严，老师不尽心尽责，还是学生自甘堕落？似乎都有点关系，但又不那么简单。除了改进考试方式方法、加强监管教育之外，还要加大惩罚力度，不能让作弊成为风气。一位青年教师在微博上给我留言说，抓了作弊学生之后非常纠结，因为这会影响到他的一生。我的回复是："犯了错，就应该付出代价。只要日后加强教育，为其指明方向，定能在他心里留下深刻记忆，兴许永不再犯。"这些原本就是教师的职责，并不新鲜。相信老师的苦心一定能够触动学生。

《北京考试报》2013 年 1 月 12 日

考题忌高冷莫任性

西南某大学外国语学院的学生，在这个期末考试中可开眼了：临场翻译清末辛亥革命题材的德语著作，一人一页，随机发放。学生直呼，考试怎么可以这么任性？德语高级阅读考试则刮起高冷文艺风，让学生现场做一种德国体裁的诗歌。

按说该为这样锐意改革创新考试方式的精神叫好才是，但我却有一些担忧。因为改革也好、创新也罢，都不能过于高冷，更不能太任性。

一般情况下，考试和教学即便不是一一对应的关系，也不是风马牛不相及。期末考试的目的是什么？显然是检查教学效果。既要检查学生学得怎么样，也要检查教师教得如何。虽然考试题多由老师来出，学生总是处于被动考试的地位，但是在确定考试题目时,老师也要充分考虑课程教学的主要目的和基本要求,而不能过于随意和任性。考试题目的难度既要有一定的区分度和灵活性,也不能过偏太怪。

考试题目的确定,应该遵循科学规律、谨慎抉择,而不能一时性起,仅凭个人的好恶取舍。考试题目的确定,也不能成为某位老师的个人行为和专利及为难学生的手段,而要在有效的监督监管之下进行。对于题目的难易程度、合理与否,要有科学的评价,而不该仅由出题的老师自己说了算。

《北京考试报》2015 年 1 月 31 日

别被虚名遮望眼

八字还没一撇,某学院就急着宣布改名为大学。名称对办学本身影响不大,改名是为了吸引考生,吸引家长,吸引社会。

绝大多数人的名字从一而终。即便没房,也没人改名叫"潘石屹",因为改了,没房还是没房;即便再想当官,也没人改叫"奥巴马",因为就算你叫"黄帝",该干嘛还的干嘛。但大学就不一样了。大学改名,有时是大势所趋,有时是缺少自信。更多的时候是为了唬人,唬学生,唬家长,唬社会。还别说,学院改大学,录取分数线立马上升。学院也好,大学也罢,关键还在办学实力。人家改名我们说了不算。我们所能做的就是,把眼睛睁大点儿,千万别唯"名"是图,不要被虚名所迷惑。

《北京考试报》2013 年 2 月 2 日

恋爱教育不能忽视

某高校的调查结果显示,恋爱过和正在恋爱的学生占到了 90% 以上。如果这个数据基本可靠的话,说明学会恋爱真的已经成了几乎每个大学生的必修课。

遗憾的是,大学生的恋爱虽然不再遭到学校、老师、家长的强烈反对,但有关的指导、帮助却并不到位。有人说恋爱是教不会的,这话也有道理。但如何选择恋爱对象、如何处理恋爱和学习的关系、如何与恋爱对象相处、如何处理恋爱中遇到的各种各样的问题,即便不需要别人指手画脚,也需要有人在他们希望倾诉时能够找到对象,需要帮助时能够得到可靠的帮助,迷茫徘徊时能有人指一条明路。

谁来承担这样的角色？学校、老师、家长责无旁贷。

《北京考试报》2013 年 1 月 12 日

出身到底有多重要

眼下渐入应届毕业生求职高峰期。有媒体报道，一些名牌高校的硕士、博士求职时屡屡遇到被查本科"出身"的尴尬。即便硕士、博士出自"名门"，但如果本科是二本或非名牌院校，用人单位很可能不留情面地让你出局。

以前曾听说过求职拼爹的，用人单位招人时看毕业生的家长能否带来更多的资源。现如今又看起学生毕业学校的类别了。

客观地讲，在一般情况下，一本、二本、三本学校的学生入学成绩会有点儿差别。但青年学生都是在不断成长的。高考时没考上重点的，不等于一辈子就学不好、做不好。简单地以第一学校是否名校为取舍标准，显然是片面的、不科学的，不利于人才选拔的，会挫伤学生的积极性。在一定程度上，也会损害用人单位自身的社会形象。敬请三思而后行。

《北京考试报》2012 年 12 月 22 日

第一学历别神化

就因本科就读的不是"211 工程"高校，找工作屡屡碰壁，甚至连面试机会都没有。武汉大学一女博士网上吐槽，痛说用人单位过分看重第一学历的做法。这位女博士求职不顺能否全怪第一学历未加考证，但用人单位过分看重第一学历的现象的确有一定的普遍性。

就业形势严峻，竞争日益激烈，是用人单位神化第一学历的原因之一。百里挑一、千里挑一，条条框框自然就多了。但第一学历究竟有没有那么重要？由于这样那样的原因，一些考生上大学时未能考进"211""985"，只能说明当时的学习成绩不够理想，并不能说明他一辈子就没有作为。用人单位在招聘人才时，要重能力，而不能只看学历；重现在，而不能只看过去。

一些用人单位在招聘时只图省事，单凭简历就淘汰人。把工作做得细一些，探索建立科学的考评体系，多给毕业生一些机会，才是最重要的。

《北京考试报》2013 年 3 月 27 日

英雄不问出处

北京高校有位教授指导的 20 多名博士、70 多名硕士生中,"985"学校的学生只有 1 名,"211"学校的学生连十分之一都不到,绝大部分来自"地方普通院校"甚至"地方高等专科院校"。经过努力,他们做出了很好的成绩,有的在读期间就在著名国际刊物上发表了数篇高质量论文。这位老师写了篇博客记录此事,其题目就是《三流学校的学生也能做出好的科研成果》。

自打明代诗人杨基写下"英雄各有见,何必问出处"诗句以来,人们总是试图打破门第的偏见。但时至今日,这种现象依然远没有杜绝。有的老师招研究生非名校的不取,有的单位招聘员工不是名校的不要。这些单位和个人真该好好和这位教授学学。唯出身论早就该摒弃了。重要的是全面考察这个人有无成为"英雄"的潜质。同时也需要指出,非名校的学生决不能自暴自弃。只要教育得当,只要自己努力,三流学校的学生同样能成为人才。

《北京考试报》2013 年 8 月 28 日

斩断黑手　保护女生

女大学生失踪、失联的连续报道,给刚刚过去的这个 8 月蒙上了阴影。谁是杀害女生的罪魁? 女生要如何自保? 社会应该做些什么? 如何汲取这些生命换来的惨痛教训? 这些问题值得研究,并抓紧亡羊补牢。

这几起女生遇害案件引起社会极大关注,有媒体集中报道的原因,也的确从一个侧面反映了社会治安形势严峻的现状。警方对此绝不能等闲视之,也不能仅仅停留在发发"识别黑车教你六招"之类的帖子和所谓的预防提示,而要加大执法力度,从严从重惩治犯罪分子,从根本上维护社会治安。

从报道的几起女生受害案件看,大都属于可预防的。误上黑车遇难,找"干爹"失连,在一定程度上都和受害者与家人缺少必要的安全意识有直接关系。有媒体做试验,被邀的 7 名女生中竟有 5 名上了陌生人的车,令人惊愕。尽管这个试验不一定具有代表性,但自我保护意识太差是较为普遍的现实。

对于频发的案件,既不能草木皆兵、风声鹤唳,连家门都不敢出,也不能大大咧咧,缺少必要的警惕。对于未成年的孩子,家长、学校、社会应该真正负起监护的责任来,不能有半点马虎和闪失,不给犯罪分子可乘之机。对于已经成人的大学生们要警钟长鸣,尽快学会保护自己。哪些事儿能做,哪些人能交,哪些情况为危险,心里都应该有个谱儿,切不可麻痹大意。

《北京考试报》2014 年 09 月 03 日

不能让校园暴力成时尚

　　报载,甘肃中学教师马某教室殴打数名女生视频"网红"当天,有关部门就对其给予行政记过处分、调离该校。学校主要负责人受到警告,主管部门书面检查,县里对责任人诫勉谈话,校方公开道歉,对全县教师开展教育。看起来处理神速、环环相扣,但是否奏效还不能贸然下结论。该教师是否触犯法律尚需继续调查,校园暴力屡屡发生的深层次问题远未解决。

　　近来,网上频频曝出校园暴力视频,有学生殴打学生的、学生殴打老师的、老师殴打学生的,画面惨不忍睹。不可否认,这类视频在从快惩处施暴者上起到了积极作用,但广为传播之后的负面影响不容小觑。虽然手头没有具体数据支撑施暴现象剧增与网上视频大肆传播有直接关联,但为规避这类暴力视频传播后产生的负效应,理应进行必要的限制而非任其泛滥。其解决路径是,设立有极高信任度的机构专门受理此类事件,使其从大众传播、众人围观变成有效举报、及时惩处。既保证问题得到及时高效处理,又尽力避免负面影响。

　　除此之外,防范校园暴力要未雨绸缪、综合治理。不能等事件发生后才亡羊补牢。要进行深入研究,制定相应的预防措施。对广大师生要进行经常性的教育和引导,讲明道理、打好预防针,发现苗头及时解决。对于校园暴力要尽快出台合法合规的处理办法,从严处理,决不能姑息迁就,更不能纵容。要积极营造有利于学生健康成长的社会环境。各类媒体要承担社会责任,不应随意报道和渲染暴力事件。

《北京考试报》2016 年 3 月 30 日

另类规定当刹车

　　广西大学学生公寓启用门禁系统本是好事,而"一天未出门要受处分"的另类规定却引起了学生强烈不满。校方表示将修改相关规定,但这类规定为何能出台的根子如果找不到,还会有类似情况的发生。

对于学生的管理,中国大学承担着无限的责任。担心学生出事是管理人员的普遍心理。对学生负责是好事,但在管理上切不可简单化;管理规定出台要慎重,要反复论证,不能过于草率;和学生相关的规定,应该多听听学生的意见和建议,而不能仅凭管理者一厢情愿;即便规定科学、合理、以学生为本了,在出台前也要加强宣传和解释工作,赢得学生的理解和支持。

《北京考试报》2013 年 5 月 29 日

多点灵活性　多些人情味

不少人总喜欢把"以学生为本"挂在嘴边,但实际上却往往做出些令学生反感、不利于学生成长之事。对于这样的老师和管理者,有两则新闻可供学习参考。

一是"把毕业答辩放在病房里进行"。河北工大一学生在北京某医院的病床上完成了毕业论文。校方特派 4 位老师组成答辩组,为其在病房里单独答辩。学校在执行教学规定中的灵活性,使得这位按规定完成了学业的学生如期毕业;二是"校长下蹲和袖珍女孩拍毕业照"。洛阳师范学院毕业典礼上,校方为身高不足1.2 米的女生定制了袖珍学士服,校长带头蹲下与其"平等"合影。学校负责人热心对待学生的人情味,不但感动了"袖珍女生"本人,也感动了在场的 5000 多名毕业生,当然也感动了我。

许多事情做起来并没有想象的那么困难。其一,要真正把有利于学生的成长放在首位、落到实处;其二,多从学生角度出发考虑问题,千方百计地帮助他们克服困难而不是设置障碍;其三,在具体执行过程中不要教条、切忌死板,要敢于突破框框束缚,多一点灵活性;其四,舍得放下身段、甘于放下架子,把自己摆在学生的位置上换位思考,让教育、管理充满人文关怀,而不是冷若冰霜、不近人情。

《北京考试报》2014 年 06 月 28 日

答不出问题就罚款?

有网友爆料,陕西某学院出台奇葩管理规定:上课回答不上老师的提问罚款10 元。除此而外,还有挂科一门罚款 50 元等不一而足。舆论抨击其为"抢钱"规定。在学校里乱罚款就已是管理无能的表现了，连回答不出问题也不放过，就更让人不能苟同了。

学校原本是教育人的地方，不管出于什么目的，罚款都是欠妥的。至于在课堂上回答问题的情况就更复杂了。学生什么都会了，还进学校干什么？如果学生真回答不出问题，首先追责的应该是老师。讲清楚了没有，说明白了没有，解释是否易懂，举例是否贴切，这些问题的研究与解决，哪一个不比罚学生款重要？

因回答不出老师的问题而罚款，在实践上也缺少可操作性。许多问题的正确答案，不一定在老师手里。简单地由老师来判断对错，显然有失公允。用统一的答案做标准来衡量，极容易禁锢学生思维。

我想起在英国访学时经历过的一些课。几乎所有老师在学生回答问题后，都会毫不吝啬地夸奖一番。尽管在我看来，许多回答简直是驴唇不对马嘴。但这样一来，学生就不用担心回答错误会露怯了。老师则可视学生回答问题的情况，采取不同的办法继续讲解。

学生不爱回答问题、不愿参与讨论，是课堂上的普遍现象。其原因虽然是多方面的，但作为课堂上的主导，老师、学校难辞其咎。该校不从改进课堂教学上下功夫，而是一罚了之，有悖学校、老师的称号和职责。当下，想方设法调动学生参与课堂教学的积极性是当务之急。希望老师都能从鼓励、引导学生积极回答问题做起。

《北京考试报》2016 年 4 月 13 日

拍照点名防旷课？

南京师范大学文学院推出上课点名新法。每节课前，学习委员先拍老师和到课同学 360 度全景照。学院根据照片"揪出"旷课者，被称为"史上最严"的大学点名方式。

除此之外，据说还有刷卡上课、查摄像……总之校方费尽了心机，但并非聪明之举。其效果如何姑且不说，就说这些方法本身也不大科学。如果想钻空子，可以做图像处理、可以一下子拍下若干张……即便是学生因为惧怕而勉强坐在教室里，也会"身在曹营心在汉"。防止旷课的主要方法应该是，老师千方百计提高教学质量，激发学生学习热情，调动学习积极性，而不是怎么捆绑学生。钱钟书早就批评过，不合格的老师有三种，教而不学、学而不教、不教不学。现在这样的老师究竟有多少？说实话，就算是又教又学，在当今时代，能吸引学生也并不是件容易的事儿,需要在内容、方法、技巧等方面下许多功夫。

《北京考试报》2012 年 3 月 31 日

点名神器不会万能

为防止大学生逃课,老师们奇招频出:拍照点名者有之,蓝牙点名者有之,视频点名、指纹打卡、按表决器……真可谓绞尽脑汁、花样百出。如此种种"点名神器",虽然可能暂时把学生圈在教室里,但教学效果如何还是不容乐观。

把学生吸引到教室里,难!让学生听得进去、理解得了、记得住,更难。仅仅在研制、发明点名神器上下功夫显然不够,关键是老师要想方设法调动学生学习的积极性、主动性、自觉性,不断提高讲课技巧,丰富讲课形式,增强人格魅力,提升学生的关注度。用精彩的演讲,让学生放下手机,把学生从睡梦中唤醒……

《北京考试报》2013 年 4 月 26 日

质疑民国范儿图书馆

报载,某大学图书馆新近换成了民国范儿:古色古香的长桌椅凳,橙黄的铜质桌灯,民国时期的俊杰照片,偶尔还会有身着民国制服裙装的学生徜徉其间……

有人说这是个浅阅读时代,还有人说是个恨阅读时代。甭管叫啥时代,总归是读书的人越来越少。前些年我开课前,总有不少学生追着问用什么教材、看什么参考书,现在的学生大多成了低头族、屏幕族。从绞尽脑汁吸引读者的角度看,校方这样煞费苦心给图书馆变样应该肯定。但仅仅靠换个装潢、做点儿表面文章,就能让学生捧起书本吗?且不说搞这套复古的东西是否合乎政治上的要求,就说这三天的热乎劲儿过去之后,低头族、屏幕族还会觉得这民国范儿新鲜吗?

劳民伤财,于事无补。时代变化,再怎么装修图书馆也回不到民国了。这类治标不治本的事儿还是少来点儿吧。引导学生明白读书的重要性、必要性和紧迫性,才是最根本的。有了动力、有了兴趣,读书才会变成主动的、积极的行为。

再者,电子阅读、数字阅读、网络阅读已经成为发展趋势,读书的内涵和外延也随之发生或将要发生变化,不一定非要把学生吸引到图书馆看纸质的书。

《北京考试报》2014 年 11 月 19 日

请嗑瓜子与演唱"小苹果"

有媒体报道，某卫校一老师买了100斤瓜子，让上课时爱嗑瓜子的男生嗑个够。更过分的是，他请客的时间正是学生上课的时间。

我把这笑话一般的段子讲给周围人听，大家的第一反应是，这哪里是教育啊，简直是斗气。一个学生告诉我，他的两个男同学喜欢打篮球，因为打了太长时间球而没完成作业，老师竟让他俩打了一整天球。看来，老师用这种以毒攻毒的方法还不是个案。

平心而论，这老师一定是气得实在是没有办法了。而且这个老师自掏腰包买100斤瓜子，也真体现了他对学生的爱。只不过这样的爱，即便能起到一点威慑作用，也会伤害学生的心灵，留下负面的阴影。

当老师的都喜欢好学生，但调皮的学生、不听话的学生也是学生啊！对于他们，老师应该有更多的爱心和耐心，而不能嫌弃他们，更不能一气之下丧失理智，做出这类出格过分之举。否则，不但不能收到好的教育效果，还会败坏教师的形象和声誉，甚至激化矛盾，造成师生对立，引发恶性事故。

写到这里，想起了另一个老师管理学生的另类措施。他不怒不恼、不急不忙，只是让迟到者当众演唱"小苹果"。说实话这方法我也不好恭维，但比比想出让学生嗑100斤瓜子损招的老师，这样算是温和的了。

方法总比问题多。只要努力去想，按教育规律办事，一定能有更好的点子。我们要对认真思考的老师点赞。

《北京考试报》2014年12月03日

吃剩饭倡导节俭不靠谱

这几天，某报正热火朝天地报道某大学7名餐厅保洁员吃学生剩饭的消息。对此，我的感受十分复杂。用行动倡导节俭本该提倡，但具体到吃剩饭则欠妥当。不卫生不说，其效果也不显著。

在食堂就餐不能光盘的原因是：很多。根本原因在于食堂是大锅饭，众口难调。毕竟不是在自己家里，不能随心所餐，想咸点咸点，想淡点淡点，想吃什么做什么，想吃多少做多少。食堂一方面要尽量提高饭菜质量、丰富饭菜品种，满足就餐人的多种口味；另一方面要提供小份饭菜，尽量把可能造成的损失降到最低。馒头能否买四分之一的？炒菜能否卖半份？能否考虑采取自助的方式？

总之，苦情戏虽好，但采取点具体的、有效的措施更好。

《北京考试报》2013 年 11 月 27 日

校友餐桌有启示

中国科大邀请杰出校友与在校生共进学生餐。据称，活动不定期举行，每次都在 bbs（电子公告板）上预告，接受学生自由报名。4 月以来已邀请了 10 名杰出校友。在我看来，这比拍卖价格为 234.5678 万美元的"股神"巴菲特的慈善午餐更有意义。进餐时不设定议题，没有框框，学生有什么感兴趣的话题都可以问。无论是形式和内容都很贴近学生。更重要的是，校友和学生在心理上也有很强的接近性。他们的话更具针对性，对学生的影响更大。"校友餐桌"的创意启示我们，只要用心就能想出好点子，花钱不多，效果还好！

《北京考试报》2011 年 8 月 6 日

求职者怎么就不能同情？

一个人如果连同情心都没有，真的是一件非常可悲、可怕的事情。尽管主持的《非你莫属》栏目饱受非议，张绍刚却在这条路上越走越远。他的理由是："在职场里没有绝对的弱者，同情是要不来的，要获得尊重就要靠自己的努力。"这话听起来一点毛病也没有，但人家要是能找到好的工作，还上您的节目干吗。对于求职无门的人、对于屡屡碰壁的人、对于初出茅庐和没出茅庐的人，给一点同情怎么就不行呢？并不是说不能批评，要看怎么批评。为了提高节目的收视率而不惜伤害求职者的做法，是不符合媒体的社会责任的。据说，张绍刚还是个大学教师，教师更要懂得自己的职责是什么。主持电视节目虽然不能等同给学生上课，但媒体的教育功能、引导功能是不该忘记的。

《北京考试报》2012 年 6 月 6 日

戴着戒指离开母校?

毕业季来袭。说起毕业礼物,真是"各家的地道,都有许多的高招。"清华穿上了毕业衫,北大设计了学术猫,人大发起了毕业银行,北林大画了各种明信片。较为新潮、另类的当属中国科大,给每个毕业生发个价值三五十元的戒指……

这个毕业戒指也不怎么新鲜,其实也是舶来品。据说,美国西点军校打1835年起,就开始给毕业生做毕业戒指了。中国科大今年给本科生、研究生制作了5980枚戒指。人的手指有粗有细,估计会有人戴不了这个戒指。每个人的习惯也有差异,戒指有人喜爱也会有人不以为意。可以判断其象征意义一定大于使用价值。

萝卜白菜,各有所爱。理论和实践都证明,推出啥样的毕业礼物也会是众口难调。在这方面下点功夫是值得的,但是否非要闹出个"礼不惊人誓不休"来,我看未必。我并不反对给毕业生的手指戴个戒指。毕业生离校是件大事,除了做点儿新颖个性的毕业礼物,还要针对毕业生多做点儿深入细致的思想工作,多提供点儿贴心贴肺的个性化服务,多组织点儿毕业生喜闻乐见的活动。这些小事、琐事、普通事做好了,也可能给毕业生留下一生难忘的记忆。

《北京考试报》2014年06月04日

且慢跟风"宋仲基"

据报道,厦门某中学英语老师布置的英语作业韩范儿十足。"如果你想邀请宋仲基一起吃晚饭会怎样说?""尹中尉想问对方能否让徐上士听电话该怎么问?""柳时镇想邀姜暮烟一起看电影要怎么讲?"

在韩剧《太阳的后裔》热播的背景下,老师的这种做法还真赢得了一些人的拍手称赞。有人认为,这是有意义的创新和尝试,"增强了学生的求知欲",有人呼吁不仅英语学习需要"宋仲基",语文、数学学习也都需要这样做!对此,笔者真的不敢苟同。

笔者对韩剧并无偏见。但自己喜欢的,未必别人都喜欢。即便学生喜欢,是否也需要正确加以引导?对于中学生而言,有无经济条件成为同步收看的付费会员?有无时间上网收看这部连续剧?对于那些没有看过、不喜欢看的学生而言,做这样的作业是否有失公平？……诸如此类问题，作为教师不能不充分加以考虑。

盲目跟风的民族不会真正有力量，盲目跟风的教改更容易迷失方向。尽管一个"宋仲基"的确葬送不了我们的文化，但学习方式改革、课堂教学改革还是要有正确的导向和原则的。作为一种调剂偶尔为之未尝不可，作为一种探索小试牛刀也不宜上纲上线，但推而广之，甚至上升到教育改革的层面，如此跟风就值得警觉了。

暂时流行的东西未必一定是好的。我们的教育要科学地引导学生正确对待、理性分析。在教育教学中，要充分考虑学生的兴趣、爱好和需求。但不应该是单纯地迎合、机械地适应和片面地满足。教育的神圣职责不仅在于告诉学生愿意学习的、喜欢了解的，更要告诉他们应该学习的、必须了解的。

还有一个更重要的问题需要强调：课堂不是老师的自留地；教学不能由着任课老师自己的性子来；怎么留作业不能以老师个人的好恶为取舍的标准。一切都要遵从教育的规律。一切都要遵守教学的规矩。

《北京考试报》2016 年 4 月 27 日

尊重是基　信任为本

安徽省一小学为防学生月考作弊，竟把二年级的学生轰到了教室之外。可怜的"小豆包"们或趴在地上，或席地而坐，完成了上下午各 90 分钟的考试。本以为这是个案呢，不料有学生微博里吐槽，他上小学时也有过同样遭遇。

防止作弊从娃娃抓起，这出发点没错。错的是老师对学生的不尊重和不信任。二年级的学生，几乎就是一张白纸。老师把道理讲清楚、把利害关系说明白了，都会按照老师的话去做的。即便有点不合规范的举动，老师提醒一下就可以了。老师信任学生，学生才会诚信。

《北京考试报》2013 年 4 月 11 日

作业抄袭谁之过？

一小学生放学后不看电视、不玩电脑、不摆弄手机，一门心思埋头做作业，做完后反复检查。问其为何，答曰：一个同学抄挣 5 块，十个同学抄就能挣 50 块啊。

不保证准确率,客户就会减少……

　　不少博友惊呼,这孩子太有经济头脑了。而我想到的却是:这样抄袭,作业还有什么意义? 小小年纪就开始抄袭,难免会留下学术不端的种子。是"买"作业的错了,还是"卖"作业的错了? 我看是留作业的错了。如果留的作业无法或者难以抄袭呢? 如果尽量利用课堂精讲,不留或者少留作业呢? 如果给学生讲明白自己做作业的好处呢? 如果家长和老师能够有效地监督孩子做必要的作业呢……

《北京考试报》2013 年 6 月 8 日

微写作的秘诀藏在哪儿?

　　在"微"时代,一切都受"微"的影响。这不,今年北京高考语文写作都增加了"微写作"。如何才能把这 10 分拿到手,成了许多老师、学生、家长热议的话题。

　　窃以为,增加微写作的意义超越了写作考试本身,而是对学生的一种积极引导。当然,引导的不仅仅是写短文,更是与时俱进的精神和态度。时代在变你不变,马上会 OUT。年轻的学生更应该成为顺应时代之变的先驱。

　　写长文章不易,微写作更难。写了几十篇《微观校园》,对此深有体会。寥寥200 字的微写作,不是把字数压缩一下就万事大吉了。独特的选题、巧妙的构思、高度的概括、精要的描写、一言以蔽之的评论……似乎都不可少。写好的秘诀藏在哪儿? 其实就在您笔下。千万别迷恋什么"微培训"、"微辅导"。不练,万万不能! 多练,熟能生巧。

《北京考试报》2014 年 02 月 22 日

既要敢言　更要实干

　　有家网站设立的"敢言奖"日前颁奖,向那些敢于给中国教育指出问题的人士表达敬意。获奖者都是人们已经熟知的活跃在各个媒体上的意见领袖们。向他们表示祝贺的同时,我想仅仅提出问题是远远不够的,更重要的是如何解决问题。

　　和其他行业不同,教育和每个人都有联系。每个人差不多都上过学,家里都有孩子,教育的问题都可以评说几句。但说者容易做者难。教育存在的问题很多人都看出来了,有关教育的批评指责也不少。现在关键是如何解决。要考虑中国的国情,要用积极推进的态度对待发展中的问题,更要踏踏实实、一步一个脚印地去解决教育的问题。社会需要敢言的人，更需要实干的人。

《北京考试报》2013 年 1 月 19 日

与其指责不如自省

自打心肝宝贝涉案之后，歌星夫妇成了社会舆论抨击的对象。但不少人吐槽时、拍砖时或许忘记了这一点：在指责别人的时候，是否对照检查了自己的言行。

站着说话不腰疼。说别人容易，自己做难。不是说不能批评别人，而是强调要以别人的失误、差错为镜子，找找自己身上的问题。

谁敢在家教问题上拍胸脯？现在的孩子都不好管。或多或少都存在这样那样的问题。如何加以引导是大问题。亡的虽然是别人的羊，但也要借机补自家的牢。这比一味地指责别人更有意义。

《北京考试报》2013 年 3 月 9 日

考后平安成必考题

高考结束了，中考也结束了。到大学、高中开学还有近 2 个月时间。高考、中考生们如何平安度过考后这段时间？家长、学校、社会和考生自己都不能掉以轻心。

安全是第一位的。考后这段时间，没有学校和老师管了，家长忙着上班，不少学生就放了羊。自制力差点的学生成了"危险分子"，个别的还成了悲剧的主角。有记者统计，9 年来公开报道的全国高考生涉及刑事、治安案件的多达 29 起，一些考生未进校门先进牢门令人惋惜。

寒窗苦读多年的考生适度放松是合情合理的，但考后期的虚度、荒废却不值得提倡。作息时间紊乱，整天挂在网上，玩起游戏没够，总是无所事事，如此种种都不大妥当。对过去的学习总结回顾、拾遗补阙，为即将开展的学习生涯做必要的准备。如何科学规划、充分利用好这段时间，让考后期过得更有意义，这对每个考生来说都是一道必答题。

《北京考试报》2013 年 7 月 3 日

社会实践作业别变味

中小学寒假最后一天，许多家长和学生一起恶补社会实践作业，节后补写春联、扫雪摆拍……一些家长吐槽，社会实践作业是凭空增加的负担。

社会实践从孩子抓起，无需讨论和争论。在考虑年龄特点的情况下，通过留适当作业的形式引导学生参加社会实践活动是必要的，对学生成长是有益的。做主题小报、参观博物馆、参加适当的社区公益活动等，都是小学生力所能及的，不应受到指责。

之所以出现"恶补""恶搞"作业的状况，主要原因在于家长对社会实践活动缺少应有的重视。不少家长自己患有假期综合征，对孩子更是疏于管理。有些家长还能督促孩子完成文化课作业，但对社会实践作业就得过且过了。

作为校方，不能只是简单地布置社会实践作业，而要注意帮助家长和学生认识这类作业的重要性和必要性；要采取一些恰当的形式督促和提醒学生提早完成作业，对于完成作业中遇到的困难和问题提供解决的思路和方法。否则，社会实践作业不但会流于形式，起不到应有的作用，还会引发社会的负面舆论。

《北京考试报》2014 年 03 月 01 日

遏制校园"暴剪"之手

报载广西梧州某初中曝出"暴力剪发"事件。副校长在校内强行给长发男生理发不算，还用广播招呼师生同来围观。事后，当事学生都不得不到校外重新修剪了头发，但他们人格和心灵受到的伤害却很难痊愈。

姑且不论《中学生守则》中要不要有男生的刘海是否盖过眉毛之类的规定，也先不说家长的态度究竟如何，只说作为教育管理者强行剪发之举极为不妥，更何况还故意暴露在大庭广众之下呢。

为学生负责，或许真的是这位负责人"暴剪"的出发点，但也绝不能成为"暴剪"的理由和借口。因为，在"暴剪"中被剪掉的除了头发，还有刚刚上初中的小男生们正在成长的心灵和人格。暴行之下，他们领会不到老师的爱心，却体味到了丧失自尊的痛苦。有许多学生因为喜欢老师而喜欢了一门课、喜欢了学校，同样也有不少学生因为反感某一个事件而反感了老师、讨厌了一门课、背离了学校。

教师是教育者,一言一行、一举一动都应该对学生的成长有利。学校是教育人的地方,制定的每一项校规、采取的每一个举措,都应该有助于学生的明天和未来。如果真的是为学生负责,就该耐心细致地做他们的思想工作,给他们掰开了、揉碎了讲留长发为什么不美、不好的道理,而不是用粗暴的措施解决问题。

《北京考试报》2014 年 10 月 25 日

洗碗方法也研究?

哥伦比亚大学曾经有学生本科论文研究"洗碗的四种方法"。这要遇到我们的专家十有八九会通不过。在他们看来,这样的选题太琐碎、意义不大。其实,人家的思考路径是"科学管理思想",学问也大着呢。

贪大求全,是一些学生和导师共同的弊端。动不动就把题目定成"全国某个领域的发展战略",要么就是"一些重大战略问题的模型构建"。其实根本驾驭不了,写出来也是东拼西凑、空洞无物。这样的论文就算写出来了、勉强通过答辩了,也没有什么意义。

学生的研究也需要提倡接地气,多接触社会现实,多聚焦实际问题。再有,导师对于学生的选题不要望文生义,不要轻易否定,要鼓励和保护学生的创新性思维。

《北京考试报》2013 年 11 月 6 日

多给专家点版面

学界又一位大师离我们远去。同一天,不少媒体把刘翔结婚的消息炒得火热,而对学养深厚、著作等身的国学大师汤一介先生的逝去则吝啬版面。两相对照,天壤之别,让人不平。

随机询问了一些人是否了解这位大师,回答是否定的。许多青年人甚至连他是做什么的都不知道。原因之一,媒体报道得太少了。

有人说这是个娱乐至死的时代。的确,许多媒体对各类明星(专家除外)的大事小情,报道起来总是不遗余力。一些编辑、记者片面追求收视率、点击数、阅读量,而在迎合受众中迷失了自己。他们忘记了自己的社会责任,忘记了仅仅满足受众的需求是远远不够的,更需要引导受众的需求。

事实上,并不是所有的受众都喜欢明星的琐闻轶事。在教育兴国的时代、在科技腾飞的时代,在文化繁荣的时代,人们需要专家、需要学者、需要大师。这种需求媒体绝不能也不应该视而不见。媒体应该加大对专家、对学者、对大师的报道力度,让他们的成果、他们的思想、他们的精神被人民所了解、让社会所周知,成为推动社会前进的动力。

对专家、学者、大师的报道别等着他们远去之后。媒体要把关注点适当地转移,加大报道力度。一方面是量的增加,另一方面是质的提高。多一些这类鲜活的、生动的、有意义的报道,不但是媒体之责,更是社会之福和受众之幸。

《北京考试报》2014 年 09 月 17 日

有关教师幸福指数的调查

教师节到了。教师们幸福吗? 一家知名网站的调查结果不容乐观。只有 2% 的教师感到幸福,15% 的人认为较幸福,而比较不幸福的人达到了 27% ,55% 的人自认工作生活一般;有一半教师每天工作 8 到 10 小时,工作在 10 小时以上的占 33% ,其中工作 12 小时以上的占 11% ;一天工作结束后,感到疲惫不堪的占 69% ; 34% 的人对工作感受感觉一般,26% 的教师感到厌倦,喜欢工作的只占 13% 。这些数据不一定特别准确,但值得警醒。教师的不幸福,会直接影响到教育教学的质量。教师有了幸福感,学生才可能在学习中体验幸福。提高教师的幸福指数迫在眉睫。这仅仅靠设立教师节是难以解决的。要多为教师办点实事,而不能只停留在口头上、形式上,或者仅在教师节这天,甚至教师节这天都徒有其名。

《北京考试报》2011 年 9 月 13 日

老师行为别过激

近日,某大学数百名教师聚集校门"维权",学校内外一片哗然。不管他们的要求是否合理,采取这样的行为是不妥当的。老师要为人师表,在校园如此"维权"会在学生中产生不良影响。

据说,事件的导火索为校方的绩效考核实施方案被指严重歧视一线教工。即便真的存在这样的问题,教师维权的方式、方法也多得很啊。为什么一定要采取这样过激的行为呢? 虽然老师们很克制,在这一过程中没有发生冲突或造成更严重的后果,但这种行为本身给学生造成的影响显然是负面的。有人还将这一过程的视频挂在网上,使不良影响扩散到了其他学校。如果以后学生遇到了自认为权利受到侵犯的情况,也效仿这样做法,老师该如何引导、教育自己的学生?

真理再往前一步就是谬误。做老师的更要头脑清醒、充满理智。维权重要,为学生做表率更重要。

《北京考试报》2013 年 3 月 27 日

老师:吸引学生靠什么?

近日国内某理工科大学的一老师因手持 AK - 47 授课而走红网络。据说,他带来了多个型号和款式的国内外自动步枪展示讲解,并让学生亲手拆解枪械,使其很快就掌握了这些步枪的工作原理和枪体构造。不少网友感叹如此上课不会有人翘课。在我看来,这类授课方法其实没啥新鲜的。据我所知,不少老师在理论联系实际方面做得还是比较好的。之所以网友们感兴趣,不外乎是因为此兄讲的课是枪的原理和构造,而枪在局外人眼里有太多的神秘感罢了。现在的课确不好讲,难就难在知识的及时更新、授课方法的灵活多变,而难上之难是如何调动起学生的积极性。单纯地迎合学生不行,用粗俗、低俗、庸俗的方法也不行。最好的方法还是既要研究学生的心理、满足学生的需求,更要引导学生、激励学生、培养学生的学习兴趣,教会学生应该掌握的知识。

《北京考试报》2012 年 12 月 8 日

老师不要给学生发红包

某大学一班主任自掏腰包,给班上 55 位同学每人发了一个 100 元钱的红包。这花去了她 1 个多月工资。此事在网上引发热议,某网站还设置议程,鼓动网民晒身边这样的好老师。

首先应该充分肯定这位老师的爱心,但我并不提倡用这样的方式来表达对学生的关爱。令人感动是一回事,让人为难又是一回事。如果您是学生,一定会为这红包感到左右为难。接了于心不忍,不接驳了老师的好意。如果学生遇到经济上的困难,老师伸出援助之手是应该的。但拿出这样一大笔钱来沟通与学生的情感并非上策。

记得在英国访学时看到,老师送给 36 位同学的圣诞礼物,是她亲手为每位同学私人定制的贺卡,上面写下了有针对性的寄语。我想这样的礼物花钱不多、用心良苦,会让学生更加受益。

作为老师,重要的是对学生在思想上关注、精神上引领、学习上指导、生活上关心,但这一切不一定用物质的形式体现。我们反对学生以各种形式向老师赠送礼品,也不倡导老师用物质的形式和学生增进情感。

《北京考试报》2014 年 01 月 18 日

发红包点名该不该点赞

为了吸引大学生上课,老师们也真是绞尽脑汁。福建一大学老师每节课发 66 元红包,抢红包的同学要输入姓名和学号。有不少网友点赞称,大家再也不逃课啦!

应该肯定的是这位老师的初衷和创意。这门课名曰"电商创业",依托网络的点名方式与讲课内容十分贴切,同时也抓住了大学生的兴趣点,对于吸引学生而言,能够起到一定的积极作用。

转念一想,靠发红包来吸引学生上课,与其说是教育方式的与时俱进,不如说是一种无奈和悲哀。这样的点名方式既不能持久,又没有普遍意义。同学们的新鲜劲儿过了之后,老师们又会有什么招数?

再者,即便是靠发红包把学生聚在了教室,并不等于他们就仔细听了、认真学了。身在曹营心在汉的人太多了。玩手机的、看笔记本电脑的、打瞌睡的、卿卿我我的,恐怕大有人在。人在心不在的问题,恐怕发再多的红包也无济于事。

深层次的问题是大学生学习积极性不高。而造成这一局面的原因又是多方面的。课程设置如何调整,讲授内容如何更新,教学方式如何改变,诸如此类的问题都亟待下大力气加以解决。要科学分析学生们厌学、不学的深层次原因,有针对性地、精准地采取应对方法。对于那些无故旷课的学生,除了用发红包的方式吸引之外,还要强化校规校纪,做深入细致的思想工作。

《北京考试报》2016 年 3 月 23 日

杨校长讲课重在持久

12 月 10 日,复旦大学校长杨玉良给本科生上了堂公开课。据称,500 人的教室挤进了 700 人。

杨校长认真备课,制作了 154 页的 PPT 资料。听课学生反映,信息量大、理论讲授清晰,洞悉前沿科学,体现了很高的学术素养。杨校长自称目的有二:一是将跨学科的通识教育理念贯彻到教学中,二是引导更多的专家教授投身教学研究。

对于杨校长的率先垂范,我深感必要。校长等校领导走进课堂益处多多:可直接触摸学生的脉搏,可促进对学生的了解,可密切校方和学生的关系,可发现教学中的问题。当然,校长公务繁忙,不可能也没有必要天天上课,每学期抽出一点时间来就够了,这比坐在办公楼里听汇报要有意义得多。杨校长能否坚持下去?其他校长是否效仿? 我等拭目以待。

《北京考试报》2012 年 12 月 15 日

校长你去哪儿

我所在的大学,老师吃饭都和学生在一起,校长也不例外。一直以为各校都是如此,直到看到某报才知道自己错了。某大学取消了校领导日常工作餐制度,今后他们也和师生一起在食堂就餐了。

真不希望这样的事儿成为新闻。如果不是群众路线教育实践活动,真不知道这样的校领导工作餐独自吃到哪一天。一下子想起了时任副校长的季羡林,在烈日下竟在马路边为素不相识的学生看了两小时的行李。不知道从啥时候起,校领导离学生越来越远了。办公室的门儿不知道朝哪儿开,不少学生到毕业了还不知道校长长啥样子。近年来校长们热衷开学致辞、毕业演讲,有"卖萌"的,有唱歌的,有请学生喝下午茶的,有微博与"童鞋"互动的。总说以学生为本,还是落在实处为好。不指望校长们天天泡在学生堆里,但总要尽量多点时间和学生接触吧。

《北京考试报》2013 年 12 月 25 日

参与教学　别等退休

原新华社总编辑南振中出任郑州大学新闻传播学院院长的消息传来,喜忧参半。喜的是,南总宝刀不老、退而不休、发挥余热,参与人才培养,这对新闻人才的培养是有好处的;忧的是,南总已年过七旬,能有多少时间和精力投到学院的管理和教学上?

一些新闻界大腕退休之后,到新闻院系任职已成惯例,其积极作用不必赘言。但参与新闻人才的培养何必一定要等到退休之后呢?现在新闻专业学生的最大问题是理论和实践的脱节,而解决之道显然是借助新闻从业人员的力量,主动和新闻业的需求接轨。多聘请一些在新闻界一线工作的编辑、记者兼任教师,采取多种形式与学生互动、交流,不但可行,而且必要。

《北京考试报》2013 年 4 月 11 日

师生心理距离不该渐行渐远

我一直在教学一线上课。每门课开讲时,我都会请在座的同学们猜一下,坐在最前排的几位学生是谁?估计您也已经猜到,他们肯定是我名下的研究生。而选修这门课的不少学生,毫不夸张地说,如果不是墙挡着,还会坐得离讲台更远。这时,我都会讲一个所谓的规律:离老师越近,学习成绩越好。然后,请在座的同学们思考原因。接下来我会询问同学们有无愿意坐到前面来的,结果总是有些同学向前挪几排。对于他们,我给予坚定的鼓励。

曾在网上看到一张既有点夸张,但又很贴切的课堂座位图。那些所谓的学霸总是坐在前几排最中间的位置。这在一定程度上,支撑了我的观点。

"后排效应"在大学课堂上是司空见惯的现象。认真分析和研究一下这个现象,对于改进课堂教学和师生关系有重要意义。心理距离决定了空间距离,或者说空间距离是由心理距离决定的。表面上看,学生是上课时喜欢挑老师视线难以顾及的位置坐,本质上还是学生和老师的心理距离太远。

接近性是人与人有效交流与沟通的基础,也是增强教育效果、提高教育质量的基础。只有心理接近了、情感交融了,老师的话才能在学生中引起共鸣,我们的教育教学才可能奏效。因此,对于教师而言,重要的不仅仅是把课备好、讲好,更要先研究学生心理,和学生打成一片、亲密无间。老师要想方设法多和学生接触,多和学生交谈、交流、交心。

不可否认,爱坐后排的学生中有不少人对老师是敬而远之的。他们对老师是崇敬的,但却不愿、不敢、不会与老师接触。在此状况下,教师要在"破冰"中发挥积极主导作用。教师不能只是远远地站在讲台上,而要走近学生、走进学生中间。只有这样才能了解学生的喜怒哀乐,才能摸准学生的脉搏,才能把握"95后"的特性特点,使教育和引导更具针对性、分众性和有效性。

应该看到,教师和学生相距太远,不仅仅表现在课堂上、教室里。一些老师上课来、下课走,平时极少和学生见面。课上缺少互动,课下缺少交流,使师生中间横亘了一条心理鸿沟。有的学生听完课后,都不知道任课老师姓甚名谁,这不能不引起我们的警觉。

更应该引起关注的还有,后排效应并不仅仅出现在大学的课堂上。注意观察一下即可发现,大学里的各种会议都存在着不同程度的后排现象。这是对大学管理者的警示。作为各级领导也要扪心自问,你们离师生员工的心理距离是否远了点?

《北京考试报》2016年6月22日

政治常识三不知

全国政协委员陈云泰院士在分组讨论中举例,在研究生入学复试中,随机问了政治课上的一个名词,连续8个考生都没答上来。考查专业基础时也是如此。

学生不熟悉、不了解政治课的一个常用的名词,的确令人感到遗憾。我随机调查过一些学生,他们对刚刚闭幕的两会不感兴趣,也没有被正在掀起的学雷锋热潮所打动。不关心时事、不关心政治的学生大有人在。一方面,两会报道、学雷锋报道需要改进,多讲点草根喜闻乐见的事情,少来点虚头巴脑的报道;另一方面,大学生们也要提高对政治的认识。实际上,人生在世,很难摆脱政治的影响,对于社会的热点问题、焦点问题、冰点问题,都需要有一定的了解和掌握。这不仅仅是为了应付考试,更是为了更好地生存、生活和生长。这个道理早晚要懂的,懂得越早越好。

《北京考试报》2012年3月21日

青年学生要关心时政

虽然十八大已经落幕,尽管我不管讲党课,但还是要说,十八大和你和我的关系,非常非常紧密。

十八大是全党、全国的一件大事,关系着党和国家的未来,自然也关系着你和我的未来。建成小康社会、人均收入翻一番、建设美丽中国、海洋强国,这哪一项和你我无关? 且不说新一届党的领导人发表的施政演说多么激动人心,也不说十八大报告阐述的治国方略多么让人振奋,就说高考、研考中的政治备考吧,如果不关心恐怕是过不了关的。

记得考试文化版头条曾刊发我的一篇短文,恰好与当年的北京高考作文题目吻合。许多人说我押中了题,我说关心时政才可能做到有备无患。

《北京考试报》2012 年 12 月 1 日

拼爹不如自强

一位男生说,爹有亲爹、干爹两种。作为男生,亲爹拼不过,拼干爹也没有什么优势。据他反映,"拼爹现象"使得不少没有家庭背景的大学生失去了信心,有的甚至自暴自弃。

不容否认,当今社会上的确有些"官二代""富二代""知二代"凭借父辈的能量,找到了理想的工作、得到了相应的提拔,而许多优秀的学生却没有用武之地。但是,爹不是自己选择的,也是改变不了的。一味地抱怨爹不如人,不但于事无补,还会影响自己的斗志。与其"恨爹不成'刚'",不如男儿当自强。爹拼不过,咱就更加努力地锻造、冶炼自己,把自己炼成钢。有了真本事,即便一时找不到合适的工作、挣不了大钱,也能增加自己竞争的砝码。假如拼爹的现象一时半会儿绝不了迹,咱也要努力使自己成为下一代能拼的爹。

《北京考试报》2013 年 8 月 28 日

对照保安当自强

今年报到的新生中有一位是清华大学的保安。他已 27 岁"高龄",靠自学、蹭课考上了大学。业余时间他一直刻苦学习,常到教室旁听课程和名家讲座,终于一考中榜,成为名副其实的大学生。

前几年清华就出过"馒头神"。这位家境贫困高二就辍学打工的师傅自学英语,通过了国家英语四、六级考试,托福得了 630 分。他在清华食堂卖馒头时有意识说英语,就连不太爱吃馒头的学生也排队和他对话。

令人遗憾的是,来之不易的学习机会被一些大学生轻易地放弃了。优越的条件,反而使得他们不珍惜大学时光。总是觉得老师讲得不好,学习没意思,上学最没劲。跷课成了家常便饭,考试常常亮红灯,还威胁着老师给提分。几年时间一晃就过了,到毕业时四级英语考试也没过。有的连毕业证都拿不到。不是他们笨,也不是保安、炊事员聪明,而是学习的劲头相差太远了。他们根本就没有把心思用在学习上。对照保安、炊事员,是不是该有点惭愧之心?

新学期伊始,我们该好好想想,怎样珍惜宝贵的大学时光,如何充分利用难得的学习机会。

《北京考试报》2011 年 8 月 31 日

善待上铺的兄弟

媒体报道,某校的调查结果显示,近四成的大学生认为寝室关系不够融洽,近七成女生对寝室的人际关系不满意。

曾有一首耳熟能详的校园民谣《睡在我上铺的兄弟》,唱出了大学寝室里让人难忘的室友情谊。的确,按照接近性的原则,同一宿舍的同学关系应该十分紧密才对。朝夕相处,互相帮助,同窗几载,情谊深厚。虽然会有些小小摩擦,但也没有什么大的原则问题。

今天的寝室关系竟成了令人纠结的事儿,原因是多方面的。大家共处一室,要包容理解,求同存异。不能过于计较,要经常沟通,切勿激化矛盾。让"上铺的兄弟"成为大学岁月美好记忆的一部分,而不能成为一场噩梦。

《北京考试报》2013 年 5 月 25 日

没钱要不要做慈善?

大学生有热情,但能力有限,拿什么来贡献给慈善事业? 6 月 11 日,比尔·盖茨在北京大学给出的回答是:虽然你没有足够的钱来捐献,但可思考慈善,可走出校园,参与志愿服务,参与社会实践,去贫穷的地方调研,去了解那里的人需要什么。

许多人都误以为慈善是富人的专利,其实不然。捐献钱财只是其中之一且不是唯一的方式。慈善的目的在于,让更多的人享受到社会发展带来的成果。慈善需要众多的志愿者参与其中,而年轻人在其中作用重大。尽管我们没有钱,但有一颗慈善的心。这对社会而言,或许比捐点钱更重要。所以,不要因没钱远离慈善。

《北京考试报》2011 年 6 月 23 日

醉驾的青春不美好

6 月 7 日,两名在校大学生被北京朝阳检察院提起公诉,相同的罪名是"危险驾驶罪"。俩人的故事也是一个版本:醉酒驾车上路,发生交通事故后被查获,经酒精检验认定血液中酒精含量超标。接受讯问时,均承认自己心存侥幸,对自己醉酒驾车的行为追悔莫及。

醉酒驾车的后果,谁人不知,谁人不晓? 但以身试法者还是前仆后继。明知故犯的根源在于侥幸。总以为这么大的地方,怎么就查到自己了。殊不知天网恢恢,疏而不漏。但愿他俩在拘役的日子静心思过,更希望大家引以为戒,切莫重蹈覆辙。年轻人容易冲动,但醉驾的青春,一点儿都不美好。

《北京考试报》2011 年 6 月 23 日

假证明非真本事

用人单位青睐有工作经验的求职者,于是就有人钻实习证明的空子。购买假证明以蒙混过关者多,网上公开售假者众。慨叹世风日下的同时,真想提醒一声:

切勿因小失大。

假证明和真本事之间不可能画等号。人家要的是在实践中摸爬滚打过的,你拿出的却是一张假证。不用火眼金睛,问几个问题就会露馅。牵扯到诚信问题,一旦被识破,不但求职无望,还会影响自己美誉度。不值当啊!一方面呼吁用人单位对大学生实习经历的要求不要过于苛刻,另一方面建议大学生尽可能多参与实习实践。少想点儿歪点子,多练点儿真本事。

《北京考试报》2013 年 8 月 17 日

实习经历金不换

有记者在网上搜"毕业实习盖章",立马跳出来不少卖实习证明的主儿,最低只需 10 元钱。不但能根据需要提供不同的岗位,而且还帮着对付学校的回访。看起来无比贴心的服务,实际上除了赚点黑心钱外,既坑了学生,又害了社会,还败坏了实习的名声。

社会对学生实习不热情、不欢迎,不少学生的所谓实习只为完成学校的任务,学校除了提出实习要求之外还缺少必要的指导……如此类的问题,使得实习成了"鸡肋",这不能不说是个很大的遗憾。

实习的好处不必多说:鼓励学生接触社会、了解社会、熟悉社会、融入社会,引导他们学习课堂上、书本里、学校中学不到的知识和技能,帮助他们丰富经历、增加阅历……这一切的一切,首先取决于学生是否真的参与了实习。弄虚作假的结果肯定是有百害而无一利。

据说申请美国的大学时,伪造的实习经历很容易露馅。因为,人家会问得很细、很透。不仅仅问参加过什么实习,而是还要求讲出实习的具体细节和切身体会,甚至还要有生动有趣的故事。我们的学校也不能仅仅满足于一纸证明,而要借用有效的方法来科学考核学生的实习情况。学生更要提高认识、高度重视、认真对待。要知道,社会是个大课堂,丰富的实习经历是多少钱都买不来的!

《北京考试报》2014 年 08 月 15 日

鼠标不能轻易点

有网友在 QQ 群里求淫秽视频。南宁市某职业技术学院 21 岁的大学生韦某,

"好心"将非法下载的视频放在群上"共享",而这一随手之举带给他的却是刑事拘留。

去年 4 月的事儿,今年 10 月 23 日才拘,证明了网络没有清除键,每个人在网络里留下的痕迹都被永久"记录在案"。因此,每个人都应该格外注意检点自己的言行。有两条底线无论如何不能忘记,一条是法律底线,一条是道德底线。警方称,即使传播淫秽物品数量不大、次数不多,但被传播的对象人数众多、造成后果严重的也能构成犯罪。点了几下鼠标,就触犯了法律。这样的教训每个人都该汲取。

《北京考试报》2013 年 10 月 30 日

线上线下莫分裂

北京某高校一学生越来越不愿在人前讲话,懒得参加校园活动,但在网络社交空间却像换了个人。各种网络社交平台他都熟悉,与别人互动频繁。据调查,这样线上线下"分裂"状态的大学生不在少数。

正在为他们担心呢,又看到另一组惊人的数据。网上的社交用户群,中国高达 91%,在全球最活跃,远高于日本的 30%、美国的 67%。

数据是否真实可靠姑且不论,但线下忽视人际交往、不屑人际交往、不会人际交往、惧怕人际交往的现象,应该引起我们的重视。不能否认,网上社交已经成为人际交往和沟通的重要渠道和方式。更不能简单地否定利用网络社交平台拓展自己的人脉、促进交往的重要作用。但有一点同样也是肯定的:线上交往显然不能替代线下的交往。网络再强大,也没有囊括人类生活的全部。线下的人际交往依然必不可少。缺少线下交往的欲望、能力,不仅人生不完整,也会给自己的生存、生活、生长带来许多弊端。

《北京考试报》2013 年 12 月 28 日

好玩儿是要代价的

今年七夕,一款"××神器"的恶意手机病毒大面积爆发,使上百万手机用户深受其害。该病毒极具欺骗性、传播性极强,能盗取用户账号、密码、身份证等个人资料。经公安机关调查,该病毒竟出自某大一学生之手。据其交代,制作此款恶意程序仅仅是"为了好玩儿"。他万万没有想到的是,好玩儿的代价是因涉嫌非法获取公民个人信息被警方刑事拘留。

图好玩儿而耽误了自个儿前程的人并不少见。某大二学生攻击国内两大型物流网站,非法获取公民个人信息1400多万条,涉嫌非法获取和出售公民个人信息被刑拘;某大学生入侵某校数据库修改学生成绩获刑两年。十余名大学生组团入侵十多个省的政府网站,被警方以涉嫌破坏计算机信息系统罪逮捕……

许多年轻大学生走上歧途,主观上并不是为了犯罪,而是追求刺激、寻求快感、满足猎奇心等。但这并不能成为逃脱法律惩处的理由。贪图一时之快、一事之乐,可能会酿成不可挽回的恶果。

每个人都应有起码的做人做事的底线:一是遵纪守法,违法的事儿绝对不能做;二是遵守公德,损人不利己的事儿绝对不能做。这就要求每人首先要学法知法,其次要严格自律,再次要理智清醒,学会分析判断、明辨是非,学会为自己、为社会负责。

《北京考试报》2014 年 08 月 23 日

9000 元是否买到了教训?

报载,武汉某高校一研三学生花 9000 元购买一篇 2 万字的论文。店家一再承诺:由专业人士撰写,保证通过。结果这篇论文被学校检查出抄袭率高达 60%!

应该指出,一些研究生没有把心思用在学业上,到毕业时才开始着急。自己写不出或者不想写,就动了歪心思。没想到"魔高一尺,道高一丈",一用软件检测就露了原形。我们应该谴责黑心的店家赚黑心的钱,但同时更得提醒学生不要走歪门邪道。

有的学生从网上"down(下载)"篇文章充当自己的作业,复制粘贴点儿网上的东西糊弄糊弄,或者请人代笔,其结果不但影响了自己的学业,还败坏了自己的形象。但愿这位学生用 9000 元买的这个教训,更多的学生能够汲取。学习是自己的事儿,来不得半点儿虚假。塌下心来认真地读书、细致地调查、耐心地研究、严谨地写作,拿出一篇高质量的论文为自己的学习生涯画一个圆满的句号。

《北京考试报》2013 年 11 月 18 日

900 小时定律

　　周末研讨会,上午的内容已进行了一大半,几个研究生还没露面! 一个学生还在微信圈里炫:没起床的支持一下! 懒,是现在许多学生的通病。

　　头悬梁、锥刺股,是古人描述学习刻苦样子的老词儿。如今学得好的都改称"学霸"啦。网上新推出了"清华 2013 特等奖学金学霸的十大定律",每人一两句话,讲的全是切身的体会。最打动我的,当属田禾同学的"900 小时定律"。4 年里,他投入 15000 小时做科研,每篇论文的背后是 900 小时实验的支撑。我推算了一下,他用来做科研的时间平均每年达到 156 天! 有耕耘才有收获,可就是有不少人光想着收获,不想翻地、播种、除草、浇水……搞调查的,样本少得可怜。做研究的,根本就沉不下心来。这样写论文时,就只能东拼西凑了。这些人缺的,就是这 900 小时的定律吧。

　　　　　　　　　　　　　　　　　《北京考试报》2013 年 12 月 23 日

用命占座不应该

　　济南大学的公共教室竟成了硝烟弥漫的战场。备战研考者为了占座,采用了各种令人毛骨悚然的手段:课桌绑上砖头,椅子打了封条,铁链锁上了桌椅……那张贴在砖头上的白纸让人看了心里发毛:"2015 考研占座,重占拼命!!!"网民们感叹说,你用生命来学习,我用生命来占座!

　　非常敬佩这些学生,为了学习、为了考研有股子拼劲儿。但如此"高调"占座不惜拼命的行为,还是不能苟同。人多座少是实情,如果您老兄比别人早到,那座位还不是随便您挑吗? 公共教室大家享有,怎么能"一占永逸"呢? 占座之后如果没去教室,那座位不就闲着了? 宁可闲着都不能让别人使用,未免太霸道了吧。

　　先学做人,再说做事。遗憾的是,不少人只看重学习的分数,而忽视了学生的品质和素养。高分低素质者不是我们和社会所期望的。做人的培养要从小抓起,否则成为一种习惯或者性格之后就很难改变了。如此蛮横、跋扈的人即便考上了研究生,也没有导师敢带。

　　对于如此占座现象不能听之任之。一方面校方要积极改善办学条件,多为学生提供些学习、特别是考研冲刺的便利。另一方面也要加强引导、科学管理、有效疏导。作为考研者也要平和心态。谁说的只有坐到那个位子上才能复习好？如果真有决心、有信心，咱没占到座位，在楼道里也能学得好。百分之百地可以断定，导师们喜欢的、欣赏的、愿意指导的，肯定不是那些剑拔弩张的占座者，而是踩碎了重重困难依然艰辛跋涉的赶路人。

《北京考试报》2014 年 09 月 17 日

莫到毕业时才后悔

一名大四学生求职时看着 60 分、70 分的成绩单颇为感慨，写下了网帖《同学，我大四了》，希望正在重蹈覆辙的学弟学妹尽早"醒悟"。这个帖子在网上很火，引起了许多临近毕业的大学生的共鸣。

对大学生而言，毕业时才后悔的确有些太晚了，宝贵的大学时光一去不复返了。社会竞争如此激烈，你就是悔青了肠子也没人心疼。古往今来，从不缺少"劝学篇"，也常有"书到用时方恨少"的感叹，但"后悔哥"们还是前仆后继。尤其是现在的诱惑这么多，意志稍不坚定，宝贵的时间就会消磨过去了。电视节目里一哥们儿"大放厥词"，大学应该上一年课，其余三年都用来谈恋爱。他说他的，咱学咱的，否则没地儿去买后悔药。等到走出校门那一天你肯定会知道，社会凭的还是真本事！该读的没读，该练的没练，咱凭啥得到社会的认可，靠啥得到理想的岗位？

《北京考试报》2013 年 3 月 16 日

加油鼓劲为了人民币？

"加油鼓劲，为了人民币！"稚气未脱的小男孩喊出这话，不是在自家的客厅里，而是在某卫视的节目中。都说童言无忌，按说不该上纲上线，但孩子小小年龄竟把知识竞赛的胜败和人民币紧紧挂钩，不能不引起大人们的注意。更何况在电视中播出后，还会影响那些在电视前观看节目的孩子们。

这档节目制作质量的高低姑且不论，但如此拜金主义的口号能毫无阻拦地和观众见面，也说明电视台的疏忽、迟钝甚至失职。我还常常在一些二三线城市电视台的广告里看到这样一条："不怕没有人民币，就怕没有好家具"。表述方法虽然不同，但意思怎么琢磨也差不多。

还有更令人吃惊的事。某晚报报道，初中生小虎家有 14 套房子，绝大多数用于出租。他说，自己家租房收多少钱他心里有数，那些钱够吃三辈子了，为什么还要上学？这话问得好，不知道大人们要怎么回答。其实，厌学表现在孩子身上，问题肯定出在家长和社会上。

大众传播媒体覆盖广、影响大，而且在我国没有分级。因此，无论是主持人还是出镜的嘉宾，都应谨言慎行，切不可随心所欲。把关者也要真正负起责任来。否则，败坏了社会的风气、污染了人们的心灵、搞乱了百姓的思想，尤其是玷污了孩子的纯洁，就真的是千秋罪人了！

《北京考试报》2014 年 11 月 05 日

好心也不能办坏事

一小学三年级的英语老师向约 80 多位学生家长群发短信，不但公布了测验中"差生"的姓名和成绩，还称不到 80 分的是"垃圾成绩"、50 多分则是"垃圾中的垃圾。拖了别人后腿、累街坊"等过激言论。值得注意的是，此举在网上还得到了不少人的"声援"，称老师责任心强，关心学生的出发点是好的。

出发点好并不能掩盖错误的性质。老师的这一做法显然违背了教师的职业道德。应该肯定，绝大多数教师的愿望是好的、是对学生负责，但即便如此，也不等于就能够采取不当的方式和方法来教育学生。要特别明确的是，无论出发点如何，体罚学生、伤害学生、侵犯学生隐私等行为都是不能原谅的。对此，不能有任何含糊。

《北京考试报》2013 年 4 月 26 日

恶搞校长为哪般？

据某报报道，最近某中学的学生因不满学校管理太严，把校长的照片做成了三国杀的身份牌在网络上恶搞。

翻学生书包收手机是恶搞校长的起因。为何出此下策？因为学生带手机上课非常影响学习。学生的不满还有监督早睡。校方的考虑是，高三的学生本来晚自习后就已经很晚了，不抓紧睡觉第二天怎么学习？如此看来，校方的严格不无道理。可惜，缺少了必要的说明、耐心的解释、积极的引导，只是简单的严、武断的管,必然会遭到学生的不满。这一点也不奇怪。

好在大度的校长不追究此事,否则可能会激化学生与校方的矛盾。但仅仅是不追究就够了吗?学生对学校管理的不满,有没有正常的渠道反映?听到学生的反映之后,学校会不会重视?重视之后,有没有采取相应的措施?这些问题应该回答。遗憾的是,校方只说学校还会坚持严格管理,并没有正面回应学生的不满。寄希望学生长大之后会理解校方的良苦用心没什么错,但已经看到学生不满却置之不理,显然不是一种积极的、负责任的态度。

《北京考试报》2014 年 03 月 15 日

减负不能只靠学校

从今年起,北京市小学将取消期中考试。市教委通知说,初中每天家庭作业总量不超过 1.5 小时,各中小学不得早于 8 点安排教育教学活动。

这些为孩子减负的措施出发点是好的,也能收到一定的效果。但孩子的负担并不都是学校给的。在很大程度上,家长加码猛于虎啊。学校老师减负,家长校外报班;老师不留作业,狼妈虎爸施压。如果没有家长的密切配合,很难做到真正的减负。

还有一个问题值得关注:减负减下来的时间如何利用?不做作业了,学业压力减小了,但一天到晚挂在网上也不行啊。

《北京考试报》2013 年 3 月 9 日

不能让校园暴力成时尚

报载,甘肃中学教师马某教室殴打数名女生视频"网红"当天,有关部门就对其给予行政记过处分、调离该校。学校主要负责人受到警告,主管部门书面检查,县里对责任人诫勉谈话,校方公开道歉,对全县教师开展教育。看起来处理神速、环环相扣,但是否奏效还不能贸然下结论。该教师是否触犯法律尚需继续调查,校园暴力屡屡发生的深层次问题远未解决。

近来,网上频频曝出校园暴力视频,有学生殴打学生的、学生殴打老师的、老师殴打学生的,画面惨不忍睹。不可否认,这类视频在从快惩处施暴者上起到了积极作用,但广为传播之后的负面影响不容小觑。虽然手头没有具体数据支撑施暴现象剧增与网上视频大肆传播有直接关联,但为规避这类暴力视频传播后产生的负效应,理应进行必要的限制而非任其泛滥。其解决路径是,设立有极高信任度的机构专门受理此类事件,使其从大众传播、众人围观变成有效举报、及时惩处。既保证问题得到及时高效处理,又尽力避免负面影响。

除此之外,防范校园暴力要未雨绸缪、综合治理。不能等事件发生后才亡羊补牢。要进行深入研究,制定相应的预防措施。对广大师生要进行经常性的教育和引导,讲明道理、打好预防针,发现苗头及时解决。对于校园暴力要尽快出台合法合规的处理办法,从严处理,决不能姑息迁就,更不能纵容。要积极营造有利于学生健康成长的社会环境。各类媒体要承担社会责任,不应随意报道和渲染暴力事件。

《北京考试报》2016 年 3 月 20 日

换电子书包别太急

新学期开学,南京某中学 30 名高三学生告别书包,带着新版 iPad 上学去了。报载,当地有 21 所中小学的"电子书包"悄然推进,拿着 iPad 上学堂的时代已经到来。

按说身为研究新媒体传播的教师该对此高兴才是,但我却想说,换电子书包的速度还是别太快为好。如今不少学生早就成了"屏幕族",每天接触的不是手机屏幕,就是电视屏幕、电脑屏幕……如果学校再一刀切地把纸质书本丢了,恐怕别人再怎么想控制也无能为力了。iPad 的优势毋庸置疑,但其劣势也很明显。在这种情况下,拿着正在发育成长的学生做实验,就有些不负责任了。在学生使用新媒体上,还是稳妥、适度为好。

《北京考试报》2013 年 3 月 9 日

靠什么学会口语交际

报载,新课标要求小学开"口语交际课",每周一次,目的是让孩子学会交流表达。这当然是个好消息,但指望这个课让孩子学会交流表达的想法,未免太天真了。

和人打交道是门学问,需要娴熟的运用口语、书面语和非语言符号,不能全靠老师来教。家长是孩子的老师,媒介也是孩子的老师,实践更是孩子的老师。他们和它们的作用是潜移默化的,对孩子的影响可能更大。

和人交流不能仅仅靠理论上的讲授、靠课堂上的训练,更需要大量的、丰富的实践。让孩子多和小朋友交流,多和社会接触,多一些在大庭广众下说话的机会,别整天在这个班、那个班里奔波,别整天关在教室里、家里玩 ipad、网聊,对他们来讲一定会有好处的。

《北京考试报》2012 年 12 月 1 日

要肌肉不要赘肉

体质不强,何谈栋梁。这个道理并不难理解,谁都知道身体是本钱。但如今坚持锻炼的多是些退了休的老人。正在发育阶段、最需要锻炼的学生身体素质却每况愈下。

媒体近日报道,从明年起全面监测学生体质健康,对持续 3 年下降的地区和学校,在评估和评优中"一票否决"。相信这对改变学生体质差的状况会有一定帮助。但监测毕竟是马后炮,问题还应该从根本上加以解决。

上体育课、课外锻炼是必须的,除了保证有一定的时间外,更要有趣味、有吸引力。动不动就长跑、测试,只能使学生敬而远之。不要限制太多,只要是对身体有好处的活动、安全的项目,都可以让学生尽情地玩。减轻学业负担、保证学生的睡眠是重中之重。

提高学生素质,学校要重视,社会要重视,家长也要重视。眼睛不能只盯着学生的成绩单,只顾着给孩子增加营养。没有必要的锻炼,没有健康的体魄,大脑不会灵活,学习力也不会持久。

《北京考试报》2012 年 12 月 29 日

考试题目你别猜

每年高考、中考的作文题,不仅是考生、老师、家长关注的热点,也是社会关注的话题。无论是"科学家与手机"的高考作文,还是"好奇"的中考作文,今年同样也引起了人们的热议。

前几年,我在高考前写了篇短文发在考试文化版上,竟和当年的高考作文题吻合。不少人说我押中了题,只有我自己清楚纯粹是一个巧合。

作为出题者来讲,总会尽量使题目更有新意、更加巧妙。也就是说,有的考生、任课老师、家长比较喜欢猜题押宝,但从概率上说,猜中的机会应该等于零。与其把功夫用在猜题上,莫不如打好写作的基础,关心时事政治,积累大量素材,加强写作训练。以不变应万变才是最重要的。

《北京考试报》2013 年 7 月 27 日

临考前跪拜校门不顶用

过去常说将一些学生仓促备考称为"临时抱佛脚"。然而在网上刚看到的一张照片让人大跌眼镜。两名中国学生跪拜在外国某大学校门外,以保佑考试不挂科。不知道他们平时学习是否刻苦,只想说靠跪拜校门来祈求通过考试恐怕无济于事。

学习是个过程,需要付出努力。不学而获,几乎是不可能的。平时不用功,考试就发蒙。所以通过考试的唯一途径,就是按照学校和老师的要求,在平时下足功夫。

对于那些平时学习不错的学生,重要的是调整好心态。要有自信,别自己吓唬自己,多运动,睡好觉,别过度紧张,正常发挥,考试就没问题。

《北京考试报》2013 年 11 月 27 日

别拿毕业证撒气

一个应届生将自己撕毕业证的照片放在微博上,引起了不少喝彩声。我却十分揪心,对此举不敢苟同。

如今,证件虽多,但使用价值不同。人生漫漫,用得着学历证明的机会太多了。前几日参加评审,组织者还要我这个半大老头子的毕业证呢。据我所知,毕业证仅此一件、不能补发,最多校方给你开个证明。一旦遗失,诸多不便。维权也好,抗议也罢,只要合理合法都是可以的。但不管什么原因,拿自己的证件撒气,都是不理智的。提醒诸位大学生切勿一时冲动,做出"一撕证成千古恨"的傻事来。对于围观者不负责任的叫好声,也要有全面的、客观的分析。

《北京考试报》2013 年 8 月 17 日

爸爸并非在天国

波兰 12 岁女孩玛利亚自缢身亡前写下便条:"亲爱的妈妈,请别难过,我只是太想爸爸了,我想去看看他。"快乐的小女孩只因思念 4 年前去世的爸爸而走上不归路,实在令人惋惜。惋惜之余真该想想,该怎么告诉孩子真相。

人死不能复生,去了天国也看不到爸爸。这样的道理应该让孩子知道。要了解、研究孩子的心理,采取适合的方式方法,告诉他们事情的真相。即便不大适宜告诉孩子的事情,也不能用谎言欺骗,哪怕出于善意。

不少人都对小时候那句玩笑"你是垃圾箱里捡来的"耿耿于怀,也有人被"再哭,就让大夫给你打针"之类的恐吓影响了一辈子。许多未成年的孩子对家长、老师的每句话都信以为真。因此,和他们说话一定要十分讲究,切不可信口开河,图一时之快。别以为他们好糊弄,家长、老师说的每一句,孩子们可都记着呢,甚至有可能付诸行动。

《北京考试报》2013 年 10 月 30 日

一岁娃娃半年学

有孩子才一岁多,但已经上了半年的辅导班了。不知这样的班能学到点什么,但是有一点可以肯定:上这样的班,银子是少不了的。这么点就上辅导班,上到哪年哪月算一站啊。路漫漫其修远兮……

经常看到一些妈妈、爸爸带孩子时,就是单纯地看着孩子,最多是照料生活和安全。在他们看来,教育的职责、辅导的职责已经交给那些辅导班了。他们或许忘记了,家长才是最好的老师。孩子越小,爸爸妈妈的教育越重要。家长不擅长的专业知识,才有必要向辅导班求助。否则,钱打了水漂不算,还有可能坏了孩子的前程。爸爸妈妈和孩子的互动、交流最重要。假如有一天,你突然发现,你想和孩子交流时,竟不知道从何说起。天底下最悲惨的事,莫过于此。

《北京考试报》2013 年 2 月 2 日

2岁女童吃罚单?

在有的人看来,这肯定是个玩笑:美国一位2岁女童竟然收到了警察的罚单。原因是她开玩具汽车出门兜风时超了速。警察因其"鲁莽驾驶"开出了一张4美元的罚单。

警察煞有介事,引来众说纷纭。在一些人眼里,警察和2岁的孩子较真,简直是开玩笑。我却以为警察的做法很有道理。许多习惯都是从小养成的。小时候不加管教,大了之后再纠正就困难了。违反了交通法规,哪怕是2岁的孩子也照罚不误。这样的警示,一定会在幼小的心灵里打下烙印,让孩子从小就知道违法是要付出代价的。

我还十分欣赏这位警察哥的灵活性。面对2岁的孩子违章怎么个罚法,也是很有讲究的。不罚不行,罚多了也不行。区区4美元的罚单告诉我们,警察此举的目的不是罚钱,而是教育孩子。

发生在美国的一件恶性交通肇事案,给我们另一个参照。中国留学生徐某驾驶新买的奔驰飙车,致1死3伤。其母亲日前一下子拍出了200万美元后,将其保释出狱。真怀疑这笔巨款会不会让这位年轻人真正汲取教训!

《北京考试报》2014年04月30日

12岁学生要留学

近5年来,赴美读高中的中国学生增长了10倍。带来的必然结果是赴美门槛一再提高,收费以每年5%的速度递增。赴美参加了一次夏令营后,12岁的袁凡迪产生了到美国读书的愿望,家人将满足她的愿望。不少孩子的留学生涯从初中开始,图的是压力小,尽早地适应国外环境,日后可申请到更理想的大学。其实,凡事有利有弊,出国留学也是如此。低龄学生出国弊大于利。学生的年龄越小,面临的问题就越多,这是基本规律。对此,十来岁的孩子不懂,但家长不可简单地顺着孩子的意志来,更不能盲目跟风。躲到世界的哪个角落也会有竞争,也需要学习。出国留学后暂时学业压力可能会小一些,但眼下的生活压力、经济压力、文化压力,未来的就业压力、工作压力、社会压力,并不是所有的家庭、所有的孩子都能够笑对的。要不要留学,到哪个国家留学,何时出去留学,都需要冷静地、科学地、客观地分析和权衡。留学有风险,出国当慎重。

《北京考试报》2011 年 11 月 9 日

切莫娱乐小孩子

这真是个娱乐化的时代。当媒体找不到更吸引人眼球的东西时,开始向孩子们下手了。打开某知名网站的教育频道,既有"自幼就星范儿十足的明星",又有西禅寺爆红的"小和尚",还有萌翻了网友的喜感小正太。不顾传播效果的以孩子为娱乐对象,其结果只能影响孩子的正常成长。这种现象和倾向值得社会和有关部门警惕。

现在许多老师抱怨孩子越来越不好教育了。老师苦口婆心引导半天,比不了网上一句话、一张图、一个段子。这种现象的出现和蔓延,充分说明了社会教育、家庭教育的重要性。在媒介时代,媒体在教育孩子中的影响和作用尤为重要。每一个人自己或者亲戚朋友都会有孩子,都应该关心、关注、关爱孩子们的健康成长。媒体人要自觉以传播的社会效果为底线,摒弃那些炒作孩子、娱乐孩子、消费孩子的做法。这是社会的责任,是媒体的责任,是公民的责任。对于这种现象,有关部门不能放任自流,要加强监管。社会公众要自觉抵制,不能一笑了之。

《北京考试报》2014 年 06 月 14 日

好心送儿进虎口

近来媒体报道的两件事特别值得深思。其一,9 岁女童参加国学培训惨遭虐待、奄奄一息。将她送进虎口的不是别人,是疼她爱她的母亲。无独有偶,19 岁少女满身伤痕地死在了戒网瘾的矫治学校里。将她送进虎口的也不是别人,还是疼她爱她的母亲。读了这类浸满辛酸的新闻之后不禁要问,这些母亲究竟怎么了?

令人扼腕的是,这样的家长并非少数。戒网瘾致死事件频频发生,没有任何办学资质的"国学班"竟能招揽到不少生源。孩子们少不更事、难以判断,当家长的怎么也如此容易受骗上当呢? 那些坑蒙拐骗者固然可恨,有关管理者也有渎职之嫌,但将自己的孩子送进虎口、甚至送上不归路,家长恐怕也难逃其责。

学国学本身没错,但起码要看看这个国学班有没有资质,要看看这个大师究竟有什么道行;孩子沉溺网络固然危险,但拯救孩子也不能有病乱投医啊! 说实话,这类国学班也好、矫治学校也好,骗术既不新鲜,也不怎么高明。之所以在直接危害孩子生命安全的大事上被冲昏了头脑,关键在于这些家长的轻信。而造成轻信的原因则主要是对许多问题缺少起码的了解、分析和判断。疼爱孩子仅仅凭美好的愿望是不够的,还要科学、还要理智、还要讲求方式方法,而不能轻信、不能偏颇、不能感情用事。这些值得每一位做家长的三思。

《北京考试报》2014 年 07 月 16 日

孩子轻生该质问谁?

　　内蒙古的 14 岁初一学生跳楼身亡引发热议。10 天后北京某报头版头条载文诘问家长:是不是太纠结于分数。窃以为,即便这样的发问有道理,也缺少起码的人文关怀。孩子出了意外,最伤心的莫过于家长。逝者尸骨未寒就质问并无直接责任的家长,未免太残忍了。

　　为鲜花夭折而惋惜的同时,寻根求源、力避重蹈覆辙是必要的,但不能把问题简单化。对于分数的崇拜,不是哪一个人的问题,也不是现在才有的问题,而且一时半会儿也不可能解决得了。在这样的大背景下,简单地指责解决不了任何问题。当务之急,恐怕是如何帮助孩子正确对待分数,帮助孩子们增强抗挫折的能力。

《北京考试报》2013 年 1 月 26 日

"到此一游"需反思

　　涂在埃及卢克索神庙浮雕上的汉字"到此一游"引发了网民的吐槽。始作俑者原来是个中学生。孩子哭了一夜,父母也已公开道歉。

　　作为孩子的父母的确应该道歉,出门之前告知孩子注意事项,这是监管者的起码责任。但该道歉的,还有哪些人?"到此一游"显然不是这个孩子的发明。多少国人在多少旅游胜地写下、刻下过这样的字眼?恐怕谁也无法统计。这些人不但自己败坏了国人的形象,更恶劣的是给下一代做出了坏的榜样。因此,最该道歉的应该是他们。

　　客观地说,国人在国际上的形象并不像我们想象的那样好。其原因之一,就是因为有些人不检点自己的言行,丢了中国人的脸。他们的不妥言行带来的后果显然不能低估。每个成年人都应约束自己的言行,给我们的孩子带个好头。

《北京考试报》2013 年 5 月 29 日

孩子放假　家长上心

假期马上就到,许多家长的心又吊了起来。特别是身边缺少帮手的爸爸妈妈们,更不知道如何是好。放假不能放羊。既要让孩子休息好,更要让他把假期利用好,不是件容易的事儿。

安全是第一位的。千万不能把孩子往家里一锁了事。关爱下一代也是社会的责任。单位对那些带着孩子上班的职工要宽容点儿。社区尽量提供一些集中看管方面的服务。虽然放假了,老师也要费点心儿。打打电话、发个短信,督促督促。家长要帮孩子规划好假期,多提醒、多检查、多引导,千万别让孩子天天宅在家里、挂在网上。

《北京考试报》2013 年 1 月 19 日

家长:陪到哪天算一站?

报载,一公司副总应聘到女儿就读的初中做宿舍管理员。职位改变,收入锐减,但妈妈觉得值。"知道她在我身边,心里才踏实!"妈妈还表示,将来上高中也陪读,去国外读大学有条件也会跟着一起。我想问的是,然后呢? 然后的然后呢? 无论如何,当妈的都不可能陪孩子一辈子。早放手比晚放手强。教给孩子自立,或许比教其他技能更重要;孩子希望从母亲那里得到的,除了生活上的照料、情感上的抚慰,还有思想上的交流、精神的支撑和心灵上的互通。一个没有事业心的妈妈,或许有一天会被自己的孩子看不起的。按说,陪不陪读是人家的私事,本不想说三道四。但这条报道里说,仅在这所学校里就有三位这类陪读妈妈。可见有这类想法、做法的妈妈不在少数。还是善意地提个醒吧,陪读见好就收! 孩子总要独立,家长也要"断奶"。

《北京考试报》2012 年 12 月 8 日

家长玩手机莫成陋习

本应该是家长教育引导孩子适度使用手机,没想到家长过度玩手机反成了孩子眼中的最大陋习。在刚结束的一个作文比赛中,3000 多名六年级小学生在文中数落家长玩手机。这的确令人大吃一惊。

媒体报道称,在名为《成人的"陋习"》的作文题中,家长"玩手机"意外地遭到了孩子们不约而同地控诉。在孩子们的笔下,随时随地低头玩手机已经成为成年人的通病,甚至有的父母喜欢手机胜过孩子。对此,家长们是不是应该幡然梦醒?

说实话,孩子们的作文里,很多时候是艺术上的真实而非现实里的真实。但即便学生作文里写的有夸张的成分,也不能否认的确有不少成人对手机的依赖已经到了无以复加的地步。如果不做家长、孩子不在身边,沉溺手机后影响的还只是自己。但身为家长,如果给孩子带个"玩手机丧志"的头儿,就太不妥当了。这样的行为一旦被孩子效仿,那真的是贻害无穷。

手机是现代生活的标配。现代人离不开手机是客观现实。动不动就收学生手机的做法,我不大赞成。解决问题的关键是趋利避害,而非因噎废食。家长已是成年人,应该更加理性理智、更有自制力,给孩子做个积极的表率。如果家长自己先成了手机的俘虏或奴隶,会给孩子带来极大的负面影响,直接影响孩子的学业和健康成长。对此,家长不可掉以轻心。玩手机要有尺度、有分寸,特别是在孩子面前时,更要有必要的节制和约束。

《北京考试报》2016 年 4 月 6 日

禁烟从大人抓起

笔者注意到了权威部门在媒体上发布的本市吸烟率。其中尤其扎眼的是,不但中学生达到了 5.7%,而且小学生竟有 2%! 小学男生尝试吸烟率为 10.3%,到了初中这个数据超过了 20%。也就是说,五个中学男生中就有一个曾经吸过烟。

我们有句话常说,从娃娃抓起。以我所见,在禁烟这个问题上,还是要从大人抓起。

调查结果可以支撑我的这一观点。母亲吸烟的家庭引导孩子吸烟的风险更高,达到父母都不吸烟家庭的 2 倍多。如果父母均吸烟的家庭,孩子现在吸烟率竟高达 10%;和不吸烟的家庭相比,父母吸烟使孩子吸烟的风险大为提高。爸爸吸烟的,孩子的风险是 1.55 倍;妈妈吸烟的,风险是 2.31 倍;父母都吸烟的,风险则为 2.37 倍。

我并不认为烟瘾是可以遗传的,但吞云吐雾的父母对孩子的影响是显而易见的。我特别想知道那 2% 吸烟的小学生中,到底有多少是受爸爸妈妈的影响。每位父母都应该为孩子的健康负责。孩子的健康,比考多少个第一名都重要。

平心而论,禁烟令发布之后取得了一定的成效,但还是有许多死角。由于监控难度大等原因,禁烟更多还是要靠吸烟者的自觉自愿。特别是那些为人父母的,更要给孩子做个好的表率。能不吸,尽量不吸;实在想吸,不但要在规定的场所去吸,而且要尽量避开孩子。对于已经尝试吸烟的孩子,要耐心地加以引导,不能放任纵容。

《北京考试报》2016 年 6 月 11 日

别忘他们是孩子

看了几眼天津卫视的《我的校友是明星》,发现观众席上一水儿的小学生。遗憾的是,明星也好,主持人也好,常常忘记他们还是孩子。某明星眉飞色舞地说起在中戏谈恋爱时的趣事,孩子们听得懵懵懂懂。

许多电视节目的观众都是些老人,恐怕是因为他们有的是工夫。是否该拉小学生充当成人节目的观众值得思考。如果一定要请他们观看,就不能忘记他们还是些孩子。节目的内容必须适合他们,而不能毫无忌讳。

除了这个节目,我还想提醒所有的媒体人。我国的媒体没有分级,孩子们都有可能看到、听到。节目内容有益于孩子的身心健康,有益于孩子的成长,是所有媒体应该承担的责任。

家长亦是如此。我看到一些年轻的妈妈抱着孩子时都不忘玩手中的 ipad。花里胡哨的屏幕会不会伤害孩子的眼睛? 长期下去孩子会不会产生对电子产品的依赖? 这些问题家长们并没有考虑到。他们只惦记着自己玩,忘记了还有这些孩子。

《北京考试报》2014 年 03 月 08 日

大一新生不能用电脑？

　　似乎荒唐的事情，在一些学校还挺盛行。据报道，华中科大今年继续执行大一学生不得在寝室配电脑的规定，引起了学生们的反感。校方出于对学生的爱护做出这样的决定，其初衷肯定是好的；但是，这种做法实在是太落伍了，而且在实践中也很难落实。首先是在网络时代，电脑的作用越来越大。其次是你不让他用，他会和你躲猫猫，偷偷摸摸地用。现在的手机越来越智能，上网易如反掌。总不能把学生的手机也没收了吧。正面教育、积极引导，讲清利害关系，帮助学生增强自制力，总之有很多文章可做。简单的、一刀切的命令，可能会暂时收到一点儿效果，但副作用会更大。

《大学生周刊》2011 年 9 月 22 日

大学新生名叫奥巴马

　　南京某大学的新生名单中，奥巴马赫然纸上。不过这老弟不是中国哥们，而是来自赤道几内亚的外国留学生。当地晚报以此为噱头调侃的时候，我想到的是，中国大学如何教好日益增多的外国留学生。过去外国留学生大多冲着我国的名校来，如今许多校园里都能看到外国留学生的影子。不同的文化背景，不同的风俗习惯，不同的价值观念，其教育和引导的方式、方法，也应该有所差异。多年形成的、以中国学生为对象的管理、教育体系，能否适应符合这些黑皮肤、白皮肤的学生。对于日益增多的外国留学生该采取什么样的教育、教学方法更加有效？中国学生该如何与外国同学们相处？这些问题在一些学校还没有提到议事日程上来。这显然不能适应国际化的需要。

《大学生周刊》2011 年 9 月 15 日

高考那股劲儿哪去了？

　　6 月 7、8 这两天，每一个中国的大学生都不会忘记。"高考最牛的钉子户"甚至第 15 次走向考场。这种精神动天地、泣鬼神 ss。可惜的是，真的走进大学校门之后,我们中间的不少人似乎忘记了当年拼搏的目的。

熬过高考之后,在有些人看来,一切都变得重要了,唯独学习不再重要。上网、游玩、恋爱以及各种各样的活动,塞满了大学的所有时光,学习反而成了可有可无的了。

学生学生,以学为生。即便学校不理想,专业不喜欢,老师不养眼,也不应该成为远离书本、逃离课堂的理由。关于学习的重要性毋庸赘述。想想曾经度过的6月这两天吧!尽管情况发生了变化,但学习的劲头不该减啊!

《大学生周刊》2011年6月9日

《北京考试报》2011年6月23日

新生扫厕所出啥名堂?

在接下来的一年里,天津科技大学179个班级的5475名学生将轮流负责扫10间公厕,平均每班值一周。据说,这一做法在该校已延续12年。如果不参加,学习成绩再好也没有机会得奖学金。清扫公厕不合格,不能参评优秀班级。物业公司则成了为学生表现打分者。值日生须在早六点半至七点半间清扫完毕,全天不定时维护。相信在参加清扫厕所的过程中,每个同学的心灵都会有所触动,每个人或多或少都会有点收获。我想说的是,除了清扫厕所,培养和锻炼学生的形式很多,不但大一新生需要锻炼,以后的几年仍需要巩固和加强。只限于新生、只是清扫厕所、只是一两次,对于一个人的影响来说或许很大,或许也很小。如果搞成了集体的行为艺术,如果在学生中产生逆反心理,就事与愿违了。多动动脑子,多想些更好的点子吧。

《大学生周刊》2012年1月3日

大学生寂寞的风险

网上热播《大学生寂寞成灾》的视频,看了之后百感交集。不得不佩服制作者的功力,竭力搜集了千姿百态的大学生照片,浓缩在了短短几分钟的视频里。令人遗憾的是,这些照片绝大多数都是"丑态"或是"艳照"。别人看了之后,可能会开心一笑。但我是无论如何笑不出来的。因为,这不但会败坏当代大学生的名声,也会给学生自己留下后患。如果我是一家公司的老板,是不会用一个喜欢展示裸体的雇员的;如果我聘职员,也不会要一个恶搞得忘记了底线的人。这些照片的主人拍照时或许还觉得是一种时尚、是一种表达、是一种行为艺术,但过不了多久,他们就会为自己的行为感到羞愧。有人说这是个性在告别大学时的彻底爆发。我要说,发昏比寂寞更可怕。

《大学生周刊》2011 年 6 月 30 日

大学生不是自杀高危群体

　　5 月 25 日,是我国第 12 个"大学生心理健康日"。北京市卫生局负责人表示,大学生并非心理问题的高发群体,也不是自杀的高危群体。近年来各方面的调查显示,当前大学生心理健康状况总体是好的。之所以使人们产生误解,我以为是媒体过度渲染大学生自杀事件惹的祸。只要是有悲剧发生,记者蜂拥而至。过度的报道不但给社会以假象,还容易诱发个别人的心理疾病。如果真的关心、爱护大学生,就应该帮助他们增强挫折耐受力,积极开展心理健康教育,提供咨询、会诊、治疗、危机干预等一条龙心理健康服务,采取一切努力尽量避免不幸事件的发生,而不是在事后过分渲染。

《大学生周刊》2011 年 6 月 2 日
《北京考试报》2011 年 6 月 23 日

对另类职业排行榜一笑而过?

　　半月谈网对近年来大学生"另类就业"情况进行了盘点,根据另类指数列出了"大学生另类就业排行榜"。上榜的职业依次是保姆、卖红薯、大学生"船娘"、殡葬师、参加选秀、擦鞋匠、卖猪肉、网店老板。尽管我对这类炒作式的报道并不赞成,但对大学生选择传统意义上的"非高学历行业"就业,还是抱以支持态度的。社会要营造有利于大学生就业的良好舆论环境,别动不动就戴上"另类"的帽子。大学生们则要依据实际情况择业,尽量排除不必要的干扰。说到底,路还是要我们自己走的。

《大学生周刊》2011 年 4 月 21 日

屡落传销陷阱为哪般

8 日的中青报又披露了兰州一大学生落入传销窝点的经历。大学生因受蒙蔽误入歧途的报道不绝于耳。在校大学生成为目前受到传销危害最大的群体,已经成为不争的事实。大学生正在接受高等教育,为什么依然缺乏警惕? 为什么会重蹈覆辙? 除了传销的欺骗性、隐蔽性强之外,还有没有其他原因? 结论是肯定的,一夜暴富的心理,对于金钱的渴望,都会使人们迷失方向。在严厉打击传销组织的同时,大学生也应该对传销时刻保持清醒的头脑,不要让自己成为下一个受骗的羔羊。

《大学生周刊》2011 年 4 月 14 日

杜绝那些无谓的牺牲

报载,本月 7 日,一条鲜活的生命在春天里逝去。北京工业大学学生小曹凌晨驱车妙峰山,坠入几百米山涧,被救时已经身亡。他和朋友在城里吃过晚饭,驾车去山上看夜景,凌晨 1 点多独自返回途中遇难。这样的悲剧原本是可以避免的。朋友相聚吃顿饭也不为过,想去看山白天也未尝不可。但夜幕中驾车走山路的危险系数该有多大,我们应该清楚。可惜的是,山中夜景的诱惑冲昏了头脑,断送了年轻的生命。青年人敢想敢干没什么错,但安全可是生命线啊!

《大学生周刊》2011 年 4 月 14 日

登山遇险该不该受谴责

北京理工大学 38 名师生登山遇险,警方 13 个小时艰苦救援,甚至还出动了警用直升机。原本是一曲英勇救人的战歌,却因一些网友的谴责使获救师生心理压力重重。的确,为了营救动用了大量公共资源,但对于遇险师生首先应该表达人文关怀,其次是帮助他们总结教训,而不是一味地谴责。探险前准备不充分、困难估计不足,对天气情况、地形条件缺少了解,都是造成遇险的直接原因。但简单粗暴的抨击,不但于事无补,还会阻碍今后更多的师生前进的脚步。

《大学生周刊》2011 年 4 月 14 日

"测谎仪"防作弊是无能表现

　　中南大学高调宣布,从今年起,所有申请学位(毕业)论文答辩的研究生均需通过"学位论文学术不端行为检测",否则不予答辩。据我所知这并非新闻。

　　这套反剽窃软件不能不说一点作用没有,但靠它难以杜绝学术不端行为。首先,这一软件只是将文章与资源库中的文献进行比对,而前人的许多文章、未能公开发表的文章等都不能统统入库;其次,系统只能检测出词句或段落跟以往论文的雷同之处,略加改写等抄袭手法不一定能够发现;再次,你有政策,我有对策,我担心会有一种"反测谎"的系统出现,将已有论文打乱后呈现。

　　依靠测谎仪,而忽视了对学生的教育、引导和管理,显然是舍本求末。制止学术不端的根本,关键还是在于学生的自律。学生从思想上高度重视,分清楚抄袭和借鉴、引用的区别,认识到作弊后给自己带来的恶劣影响,都有助于减少这类现象的发生。教师的以身作则也非常重要。

《大学生周刊》2011 年 4 月 7 日

世界上有没有后悔药?

　　报载,因为在考试中作弊,学生小李被取消了学士学位。他提出申诉没有获得支持,后又起诉了有关部门,结果败诉。我认识的一位学生也是因为作弊,悔得肠子都青了。该毕业了,联系工作、申请出国,都离不开学位证书啊。他请我帮助想办法,我说,神仙他姥姥估计也帮不上忙。这学生人不错,就是一念之差,但悔之晚矣。世界上什么都有,就是没有后悔药吃。

《大学生周刊》2011 年 4 月 21 日

飞行员只是一种向往?

　　解放军三总部近日联合发出通知,从今年开始在普通高校毕业生士兵中选拔军队飞行学员。这对许多志在蓝天的大学生来说应该是个好消息。但是到底有多少能够梦想成真,我心有疑虑。飞行员的选拔会有许多条件,政治条件、知识条件相对而言还好达到,但身体素质条件估计能够达到的是凤毛麟角。经常进行体育锻炼,增强身体素质,应该引起大学生的高度重视。否则,不但当飞行员是一种梦想、幻想、空想,估计许多工作也难以胜任。所以,即便我们不当飞行员,也需要把身体练得棒棒的。

《大学生周刊》2011 年 5 月 12 日

"犯嫌"行为排行榜说明啥

网络上针对大学校园里最不招人待见的行为做了一次调查,引起众多大学生的共鸣。上周某大学城的记者也针对"犯嫌"行为展开调查,搞出了个"犯嫌"行为排行榜。除了"查卫生"涉及宿舍管理者外,其余均为学生所为。"插队"列排行榜之首,"秀恩爱""占座""挂科""装叉""不男不女""不洗衣服"等也在前八之列。看来,反感这些行为者大有人在,只是大家不明说而已。建议大家还是要检点自己,注意细节,不以善小而不为,特别是在公众场合注意自己的形象。谁不想当个备受欢迎的人啊?讨人嫌的事还是少做、不做为佳。

《大学生周刊》2011 年 5 月 19 日

剥开"二奶"中介的画皮

报载,北京新近破获了一起"高校二奶中介"案。中介"陈老师"实为无业宅男,已因涉嫌引诱卖淫被警方处以治安处罚。闹剧虽然收场,但值得大学生们警惕。近来连续有网站、中介以帮助进入娱乐圈等各种名义,暗地里进行钱色交易的新闻见诸报端。一方面我们希望加大监管力度,打击这种丧失道德的行为;另一方面,要提高警惕,谨防掉进万丈深渊。天上不会掉馅饼,轻而易举就能一夜成名、不费吹灰之力就能暴富,统统都是谎言。自尊、自爱、自强、自立,才是女大学生成长之本。除此之外,神马都是浮云。

《大学生周刊》2011 年 5 月 19 日

健全人也应珍惜学习机会

"上天给了我残缺的双腿,我却用它走出坚强的轨迹"。湖北工业大学大三学生郭百岭刚刚获得了全国大学生自强之星称号。他一岁时突患小儿麻痹症,左腿失去了行动能力。他撑板凳求学15年,直到考入大学才有了第一副拐杖。为他鼓掌的同时,我想起了不少不大爱学习、甚至极度厌恶学习的人。他们和郭百岭的差别在于,虽然有健全的双腿,却缺少了学习的热情。必修课必逃,选修课选逃,总之是不想学、不爱学。学习是学生之本。不学习,还叫学生吗?可能老师的课讲得枯燥乏味,可能看书没有上网有意思,但要想获得今后在社会上闯荡的本事,不学习恐怕是不行的。

《大学生周刊》2011年5月26日

过度上网猝死,伤不起!

同一高校的两名大学生,在不到两个月的时间内先后猝死,而且都是在上网时突然倒地身亡的。发生在河北燕郊某高校的上网猝亡事件,应该引起高度警觉。一些大学生禁不住网络的诱惑经常熬夜上网,还有带着"尿不湿"上网的传说,连去厕所都嫌耽误时间。过度沉溺网络,不但耽误学习、荒废学业,而且长时间上网对自己的健康乃至生命都是潜在的威胁。留得青山在,不怕没网上。身体棒棒的,学习好好的,以后肯定有机会尽情地玩。生命属于每个人只有一次。只图一时痛快,为了上网把命都搭上了,不值得啊!

《大学生周刊》2011年6月2日

与一生一世挂钩太牵强

刚刚过去的这个5月20日可不消停,特别是13点14分,更是被不少人解读为"我爱你一生一世"。仅仅是开个玩笑也就罢了,但如果太认真了就过了。这一天是同济的校庆日,毕业生将这天作为向母校的"告白日"也不可厚非。但如果非要和"爱你一生一世"挂起钩了,就显得没多大意思了。如果选择这个时刻表达自己对爱情的真挚,甚至采取极端的方式,那就更是大错特错了。数字就是数字,不可过分解读。选一大堆8、8、8,也不一定就发、发、发,找一大堆6、6、6,也不一定就顺、顺、顺。同样,13、14 和一生一世也没啥必要的联系。

《大学生周刊》2011 年 5 月 26 日

陪父扫街不丢人

　　父亲节那天,大学女生陪父扫街的新闻广为传播。女生深知父亲辛苦,课余时间总是陪着当环卫工人的父亲上街扫地。母亲残疾,父亲扫街是全家唯一的经济来源,但从未放弃供姐弟俩读书的想法。女儿无以回报,则用陪父扫街的行动来表达对父亲的敬意,体味父亲的艰辛。这类新闻对我来说不算新鲜。我认识的一位女生,父母在学校家属区里卖菜,她的课余时间常常出现在菜摊上,读研之后亦是如此。顾客多为自己的老师,她总是落落大方,没有一点儿难为情。有段时间看不到她的身影了,她的父亲告诉我,她出国读博去了。每个人的家庭情况千差万别,这是客观存在。关键不在于别人用什么眼神看我们,而在于自己用什么态度对待家庭。陪父扫街也好,陪父卖菜也好,不但不丢人,还会让人们看到自强、自尊的力量。

《大学生周刊》2011 年 6 月 23 日
《北京考试报》2011 年 7 月 20 日

微博卖画不一般

　　近段时间的微博和博客上,"隔壁小伙儿"因拍卖绘画作品引起了广大网民的关注。我的这位网友是师范大学美术学院的免费师范生,暑假他要和学生去四川凉山和云南省红河中学支教,路费需要 1000 多元钱。因家庭困难,只好通过微博卖画凑够路费。短短时间内,微博上的 10 幅画都被买走。除了路费外,他将余款用于资助支教学校的贫困学生。对此我颇有些感慨。一是这位大学生虽然家境贫寒,但依然挂念着比自己还贫寒的中学生,这种责任心和使命感应该肯定;二是这位学生不等不靠不怨,用自己的努力创造条件去实现自己支教的愿望,这种积极的态度和切实的努力值得赞扬;三是这位学生选择了时尚的微博传播手段,在短时间内达到了预期目的,这种善于接受新事物、与时代同步的意识和做法可供我们借鉴。

《大学生周刊》2011 年 6 月 23 日
《北京考试报》2011 年 8 月 6 日

宿管员受热捧的背后

在南京某大学的毕业典礼上，一位宿舍管理员作为教职工代表应邀上台，不到 800 字的讲话，被学生热情的掌声打断了 11 次；南京另一所大学则把优秀的保安员、炊事员、清洁工邀到毕业典礼上，接受大学生们的鲜花；香港大学授予宿舍服务员"三嫂""荣誉院士"。这类新闻告诉我们许多，比如普通劳动者在高等学府也能赢得敬重，比如大学生的培养离不开后勤服务人员。但我还想到了另外的问题：令大学生们感动的不应该只有吴阿姨和"三嫂"，还应该有他们的任课老师、他们的辅导员、他们的班主任等等。这些人应该对大学生们产生更大的、更直接的影响。告别之际，毕业生对这些人如果没有感激之情、没有难舍之意，不是这些人努力不够、为学生做得不多，就是毕业生们缺少感恩之心。

《大学生周刊》2011 年 6 月 30 日

校友会先行的启示

一位中国学生刚被美国一常春藤大学录取，就接到了该校校友会的通知，邀请他和在京的准同学们一起聚会联谊。他兴奋地告诉身边的人说，我们学校召集我们了。在国人的眼里，校友多指那些已经毕业甚至是毕业多年的学生，而还没入学就被校友会盯上的事情我还没有听说过。国内今年的研究生早就录取完了，没见哪所学校提前和自己的准学生们联络联络。不得不佩服美国的大学，思想工作做得细、做得早，而且渗透在生活和学习的具体指导和帮助上。这对我们来说，应该有所启示。凡事不但要趁早，还要讲究小处着眼。

《大学生周刊》2011 年 6 月 30 日

让学生回归课堂

辽宁大学七旬老教师上课只有3人听。这在网上引起热议。其实,这只是各大学普遍存在的逃课现象的一个缩影。我在微博上向网友请教"学生逃课该怪谁",瞬间收到了很多评论。有的说怪制度、怪环境;有的说学生、老师都有责任;没有惩罚和约束,没有尊敬和畏惧,没有兴趣和收获,没有真知和魅力……道理大家似乎都明白,但逃课现象愈演愈烈。我清楚,即使硬把学生圈到教室里,不少人也是身在曹营心在汉。缺少学习的积极性是症结所在。把学生引回课堂要靠知识的魅力、老师的魅力,把学生留在课堂更要靠新的知识和新的传播方式。但无论如何,学生缴费上学而不去听课,不但浪费了钱财,还浪费了青春,怎么说都不划算。去教室听听吧,说不定老师讲得不像你想象的那样糟糕!

《大学生周刊》2011年9月22日

拜托学长别"坑弟"

新生入学是个大市场。9月14日,焦作市突击检查高校周边床上用品交易市场,发现了"黑心棉"制品。更让人痛心的是,经营这些"黑心棉"的竟是在校学兄学姐。新生入校人生地不熟,两眼一抹黑,学长就成了他们最信任的人。可惜的是,这些学长利用了师弟师妹的这种心理,大发不义之财,于情于理都说不过去。大家都是从新生成长起来的,都经历过那段没依没靠、没着没落的日子。将心比心,怎么下得了手呢,赚那个昧心钱呢。

《大学生周刊》2011年9月22日

求大叔包养的玩笑开大了

北京某高校的校园论坛蛋蛋网征友板块中,一19岁女生"求过而立之年的大叔包养"的帖子十分扎眼。据称,这是同一宿舍的6个大一女生试探社会的调查,"实际上子虚乌有"。她们将有关情况写出调查报告,以此提醒女大学生。无论如何,这样的玩笑还是开得太大了。实名发帖不但会强化社会对女大学生的误解、败坏学校的声誉,还会给自己的形象带来损伤,极易使别有用心的人钻了空子。了解社会、接触社会的愿望是好的,但选择的方法、采取的途径一定要得当、科学,而不能当成儿戏。

《大学生周刊》2011 年 9 月 23 日

别轻易和大学说拜拜

某第三方教育机构发布数据说,国内每年约 50 万名大学生退学,由此引发了众多议论。而教育部则澄清,近年来高校普通本专科学生中,因各种原因退学人数占在校生数平均每学年为 0.75% ,即每学年约 16 万人。好家伙! 两个数据一下子差了 3 倍多。还是该相信权威部门的。教育部早就实施高校新生入学学籍电子注册,每学年各校在数据库中对在校生包括退学在内的学籍变化进行网上标注。据此统计出的数据,显然比什么公司发几千份问卷得出的结论要准确得多。

这不必多议。我关心的是那 16 万名退学的学生。如果是生病等不可抗拒的原因也就罢了。仅仅是不喜欢自己的学校就和大学说拜拜,或者次年再考,显然过于草率。学生们自主意识强是好事,但是否退学、是否二次高考的确算得上人生中的一件大事了,还是要慎重、反复权衡才是。依我所见,如果不是万不得已,不应选此下策。接受高等教育是大趋势,大学迟早都应该读。再拿出时间来应对二次、N 次高考合不合算? 时间成本也是成本,而且是很大的成本啊。

《大学生周刊》2011 年 10 月 27 日
《北京考试报》2011 年 10 月 31 日

牵手成功给高分没道理

俗话说,出水才看两腿泥。大意是指没有见到结果时,不要轻易下结论。但广东某学院讲《爱情心理学》的梁老师竟在课堂上声称,"如果有同学告诉我'牵手成功'了,期末就得最高分。"没有依据对梁老师的讲课质量产生怀疑,但以"是否牵手成功"作为评分标准特别值得商榷。学习"爱情心理学"是为了妥善处理爱与不爱、如何去爱等错综复杂的问题,而不一定以牵手为目的。

退一步讲,牵手成功到底是个什么概念,你梁老师能讲得清吗? 前脚你给了高分,后脚人家又分手了,你还改不改分数了? 如此这般的哗众取宠、讨好学生,除了糊弄一些不知深浅的人之外,到底能给学生多少真正的帮助?说实话,这门课学得好的人,不一定爱情幸福。暂时的牵手成功就施以高分的做法不应提倡。以此为噱头不但对学生的爱情无益,还可能产生为了高分而牵手的负面影响。把学生都搞成自己的粉丝不算本事。做教师的关键是引导、帮助学生健康成长,而不能以简单的成败论输赢。

《大学生周刊》2011 年 10 月 27 日
《北京考试报》2011 年 10 月 31 日

献点爱心难不难?

两个有关拾荒的报道很耐人寻味。一是中国石油大学"自强社"发起了"爱心宿舍"计划,鼓励大家将宿舍里的废品收集起来卖掉以帮扶山区学校的孩子。大学生们所做的是,到"爱心宿舍"收废品,集中出售,将所得善款全部捐赠给需要帮助的贫困人群。据说,已经有十几个宿舍报名成为"爱心宿舍"。二是在郑州大学校园里,有 1500 多名同学参加过"拾荒"。他们都是"筑梦基金"的志愿者。两年间,通过拾荒募集资金 14000 元,仅废旧塑料瓶就捡了 13 万个,帮助了 5 名失学儿童重返校园。这两所大学的学生们做的都不是什么惊天动地的大事,甚至是一些人所不屑一顾的事情,但奉献了爱心,帮助了他人,温暖了社会,其意义十分重大,其影响较为深远。他们的故事告诉我们,有一点爱心并不难。只要我们用这份心、有这种情,举手之劳就足以帮助别人改变命运。与其一味地抱怨社会日益冷漠,不如从身边的小事做起,从点滴做起。献一点爱心并不难,关键是我们想不想做。

《大学生周刊》2011 年 11 月 10 日

硕果仅存的板书

这两天的微博上,一组漂亮的"杨柳体"板书被大学生们竞相转发,并引发争议。据说,像南京某校这位古文老师保留板书习惯者不到 20%,绝大部分老师早就换用 ppt 了。很多学生上课时带的不是笔和纸,而是相机或 U 盘。

不少人都怀念自己的老师写板书的情形。我也不例外。中学数学老师从左向右,写满一黑板时,下课铃声肯定响起。但是,时代总是在前进。任何东西都不能一成不变。板书有板书的优点,ppt 有 ppt 的长处。既不能单纯为了展示自己的书法功底慢慢悠悠地耗费时间,也不能贪图省事用 ppt 对付。用什么能对学生接受、理解、消化、吸收有好处,老师就该用什么。

《大学生周刊》2011 年 11 月 17 日
《北京考试报》2011 年 11 月 23 日

55 岁的考研哥

今年硕士研究生报名信息确认现场,一位 55 岁考生在"90 后"考研大军中十分扎眼。据称,这是他第 6 次报考了。与独木桥上的千军万马相比,他屡败屡战的原因十分简单:"我就是喜欢数学,想有新的突破。"千金难买一喜欢。可以相信,一旦考研通过,他会把全身心都投入到所喜爱的学习和研究中去。遗憾的是,报名现场的那些学生中,有多少是出自对学问的热爱和喜欢呢? 有的迫于就业压力,有的为了转换岗位,有的想和恋人在一起,有的甚至不知道自己为什么报考。这样的学生拿到录取通知书后,就开始在无所事事中虚度光阴。学习研究缺少动力和激情,是因为心中缺少那份执着和追求。

《大学生周刊》2011 年 11 月 17 日
《北京考试报》2011 年 11 月 30 日

大学生恨嫁为哪般?

现在的人真厉害。一个普通的日子,愣包装出了个"神棍节"来。一些大学生也抵挡不住诱惑,想方设法让自己"脱光"。4 位女生在上海交大 BBS 上发了"征婚帖",将各自的择偶要求"明码"标明,还附上了个人的生活照,希望在毕业前找到"另一半"。有的女大学生还报名参加相亲类节目。更让人大跌眼镜的是,不仅仅"恨嫁族"大有人在,"恨生族"也风起云涌。一位老师带了两个女研究生,刚刚 20 岁挂零就相继怀了孕。学习已经不再成为这些学生的第一需要,或者说他们不想把时间和精力花在学习上。这固然和老师的教学、学校的管理有关,也和他们缺少学习的动力脱不了干系。

《大学生周刊》2011 年 11 月 24 日
《北京考试报》2011 年 11 月 30 日

说声谢谢有多么难？

老师走进教室，不少听了几次课的学生却熟视无睹，连个招呼都不打；几个学生跑过来要上电梯，差不多关上的门又打开了，他们对电梯里的人连声"谢谢"都不说。一个老教师进出教学楼时多了个心眼，记下了每次开门的情况。结果令人失望。90%的情况都是老师刚推门，就有学生刺溜一下进去了。在大学校园里见到的这类事情，说大不大，说小不小。但作为一个受过高等教育的人，起码的礼貌、基本的礼仪还是应该懂的。连个"hello"都不愿意说，连声"谢谢"都很吝啬，作为一个人来说，总是显得缺了点什么。写到这里，特别怀念在英伦遇到过的那些陌生人。每次问路时他们都面带微笑，即便不知道也会耐心地用手机帮你搜索地图。

《大学生周刊》2011 年 11 月 24 日

《北京考试报》2011 年 12 月 7 日

追星和上课哪个重要？

复旦大学哲学系一教授在网上发文称，香港艺人梁朝伟来访，35 名武警班学员因维持秩序而请假。教授最感到愤怒的是，"分不清楚教学科研是第一位，还是娱乐追星是第一位"。的确有不少人分不清楚哪个更重要。在大学里，还有什么比学习更重要的？对学生来说，还有什么比学习更重要的？遗憾的是，在很多人看来，什么都重要，都可以成为逃课、跷课、旷课的理由。一些学生这么做，是和不晓得利害关系有关。而学校的管理者如果不明白这一点，那就更没有道理了。事后该校学生会发了微博向教授致歉，但值得警惕的是有网友认为教授有点小题大做。我赞成教授的小题大做。所以写了这段文字。

《大学生周刊》2011 年 12 月 1 日

《北京考试报》2011 年 12 月 7 日

八年连读太可怕

报载,四川大学最近率先推行本硕博连读的项目,即本科读 3 年、硕士读 2 年、博士读 3 年。这虽然比常规拿下三个学位节约了两年时间,但让一个十八九岁的学生一下子读 8 年的确太可怕了。8 年啊! 太漫长了吧。谁能保证刚刚毕业的高中生一定适合读某个专业的硕士和博士呢? 谁又能保证这个人在 8 年间心无旁骛、一定能一条道走到底呢? 一个人能有多少个 8 年? 都在同一所大学、在同样的教育下成长,悲剧的色彩是不是太浓重了? 学制适当的压缩是必要的。国内已经有一些高校实行硕士读两年了。国外的大学一年半、甚至一年就能拿到硕士、博士学位的也不罕见。这类 8 年契约式的捆绑教育弊多利少,实施起来需要慎之又慎。因为培养人的制度可以尝试改革,但谁的青春、谁的岁月都不能再来,都经不住任何的试验。如果仅仅是为招生多个噱头,就更不合适了。比 8 年连读更可怕的是,一项政策出台的随意性。

《大学生周刊》2011 年 12 月 8 日
《北京考试报》2012 年 1 月 4 日

图书馆一座难求如何破解

又到了期末复习的时间,图书馆门口排队占座的队伍越排越长。好不容易排到一个座,就用书、杯子甚至铁链占起来。为了应对学生的占座不用的行为,各校高招、新招频现,但是似乎都不怎么见效。学生爱去图书馆是好事,总比泡网吧、泡酒吧要好得多。一座难求主要是供求关系失调所致。破解的最好办法是扩大阅览室、自习室。潜力全都挖完之后还不能解决的,就要靠大学生的自觉、自律了。将心比心,换位思考,设身处地,自己不在却让座位闲置于心不忍啊。当然,图书馆的管理也应该科学化、规范化、人性化,既讲求原则性,又要有灵活性。每次看到寒风中排队的学生时我都在想,图书馆的大门为什么不能早开一点儿呢?

《大学生周刊》2011 年 12 月 15 日
《北京考试报》2012 年 2 月 22 日

为蹭课而逃课值不值？

逃课现象在大学校园里并不罕见。《中国青年报》前几天报道说，有部分学生不上自己的课，却喜欢去蹭别人的课。对于这种现象评论不一。不少人认为，学生愿意上什么课就上什么课，为了蹭课而逃课的行为不但可以理解，而且应该支持。乍听起来这话似乎有一定的道理，但我还是不敢苟同。

哪门课有用、哪门课没用，不能仅靠学生以自己的好恶为取舍的标准。大学是为将来走向社会打基础的最好时机，我们所学的知识应该有科学的、合理的结构。而未来所需要的知识，不一定都是我们感兴趣的课程讲授的，粉丝越多的老师讲的知识也不一定越有用。一方面，我们寄希望于大学进一步科学修改完善教学计划，寄希望于老师不断提高教学水平和讲课技巧；另一方面，也希望学生能更加理性地思考和判断，千万别这山望着那山高。蹭了些不一定有用的课，耽误了本该学好的课，并不是最佳的选择。

《大学生周刊》2011 年 12 月 29 日

饮水机发微博说明啥？

如今，微博微了一切。就连浙大的饮水机都发微博卖萌了。她住在学校的一间实验室里，在水开和没热水时发一条微博。饮水机发的第一条微博是：这水大约的确是开了罢。发布之后受到众多网友疯狂转发，该校计算机学院的那位博士生也因开发饮水机微博成了新闻人物。

除了感叹微博的力量无孔不入，我还想到了许多许多。起码有两点应该注意。一是处处留心皆契机。远不说树上掉下来的苹果，诱发了牛顿的万有引力。就说饮水机微博的灵感也纯粹是那位童鞋从生活中得到的；二是千万不要 out。一定要跟上社会发展的步伐。如今科学技术发展分新秒异，稍不留神，年轻人也会落伍。

《大学生周刊》2011 年 12 月 29 日

封口令能防学生被封杀？

本科生刘路破解尘封十年的"西塔潘猜想"。中南大学就此召开新闻发布会后表示，不在接受对此事及刘路本人的采访和报道。校方表示，之所以下这样的"封口令"，是担心一轮又一轮的报道，会让学生变得浮躁，导致一个大有希望的数字人才最终被封杀。尽管看起来里有似乎很充分，但这样的封杀令该不该下、下后有没有价值值得掂量。如今是媒介时代，记者无处不在，任何事情都很难"封"得住。如果记者真的想报道，你不接受采访，他会找那些接受的人去。与其这样，还不如适度地接受采访。对于学生本人来说，正面引导其正确对待成功，正确对待名利、正确对待记者，也是完成社会化的一个内容。

《大学生周刊》2011 年 12 月 30 日

大学毕业前该拿几种证？

4 月 30 日，某网站谈大学生毕业前应该拿到 7 种证。其中仅英语证书又细分了 8 种，还不算二外证书。大学生多学点东西没有错，但不一定要盲目地成为考证机器。现在有的学生成天忙着备考。得到的证书越来越多，但本事不见得长多少。还有的为了考证把应该完成的学业都耽搁了，真有些得不偿失。证书不能说没有一点用，但最终还是要靠真本事吃饭的。是不是啥证都要考？需要三思。

《大学生周刊》2011 年 5 月 5 日

重口味的毕业照

11 月 7 日，广州某高校女生在微博上发布了师兄师姐们拍的重口味毕业照。只见数十名身穿西装、套装，打着领带的男女学生，煞有介事地站在学校行政楼门前台阶上，用队列排出了英文字母样式，其内容粗俗至极。不少人都抱怨中国学生缺少创新精神。在拍摄另类毕业照上，学生们的花样不断翻新，令人眼花缭乱，甚至瞠目结舌。

我虽不是保守之人，但还是有些担心他们日后会为此感到尴尬。有朝一日，这些人的孩子们问他们排列的这个英文单词是啥意思？这些受过高等教育、为人父母的人该作何回答？有句话说得糙点儿，"长得丑不是错，但不该出来吓人"。毕业时拍几张照片不值得上纲上线，但这类重口味的毕业照拿出来展示和传播就不妥当了。需要创新的地方实在太多了，还是把这种"照不惊人死不休"的精神用在正事儿上为好。

《大学生周刊》2011 年 11 月 17 日
《北京考试报》2011 年 11 月 23 日

毕业生离校的赠言

毕业生要离校了，说点啥？一是"吃着碗里的，看着锅里的"，既要干好眼前的事儿，更要有长期发展的打算；二是不要拒绝小事，一切从零开始；三是害人之心不可有，防人之心不可无。

没有任何一个地方能像学校这样包容你。显规则、潜规则，都需要了解和掌握。底线是不丧失人格，不违反法律。该低头时，别抬头；该忍让时，别嘴硬。心里有数，态度要好；尊重他人，保护自己。少说，多看，勤思，巧干。

走出校门之后你会发现，社会上需要的东西没学到，学到的东西又没用。对策：1. 不要轻易说"我不会"。2. 抓紧时间向可靠的人求助。3. 老师是你坚强的后盾。即便他也不会，但会给你一些指点。

《大学生周刊》2011 年 6 月 30 日

赛百味是大学生创业的产物

报载，2011 年 3 月 7 日，赛百味在全球的连锁店数量首次超过麦当劳，成为按门市数量计的全球最大快餐企业。无意为其做软广告，我感兴趣的是，这家已有34225 家连锁店的公司当年竟是大学生创业的产物。

1965 年，17 岁的德鲁卡刚刚考上大学，他希望找个门路赚取学费和零花钱。家里的一位朋友建议他开家三明治店，借给他 1000 美元。他用借来的钱在康涅狄格州的布里波特办起第一家店。他脑子里只想上大学，并没有意识到自己这辈子会和三明治生意为伍。

我不清楚德鲁卡在创业路上吃过多少苦头，但还是可以从他身上看到大学生创业的希望。只要方向对头,只要坚持下去,就能获得成功。

大学生成功创业者,赛百味不是第一个,也绝不是最后一个。相信会有更多的大学生,能够在创业中树起自己的品牌。

《大学生周刊》2011 年 4 月 7 日

休学旅行不值得

某晚报报道,宋某大一便休学旅行,走了长城、长征路、西藏等地。近 3 年来花了 8 万多,其中有 6 万元是全家赚来的血汗钱。远在农村的父母辛苦挣钱,姐弟辍学打工,都一直被蒙在鼓里,含辛茹苦供着这个"大学生"。他在媒体上宣称,下一步计划是 3 年环绕地球、2 年走遍世界。乖乖,我看你还是算了吧!

且不说为了旅行放弃学业该不该,也不说这家里的 6 万元血汗钱花得是否物有所值。就说这一而再、再而三地欺骗家人,就已经大错特错了。行万里路是没错的,但读万卷书也是有用的啊。你不想读书,可以赚钱供姐姐、弟弟读啊。每个人的条件不同、情况不一,旅行的时间、地点、范围、花销也应该因人而异。不顾家庭极度贫困的现状,只顾自己登长城、赴西藏,无论如何也说不过去。

宋某虽是个案,但也值得警醒。人有理想并不是件坏事,但脱离开现实之后,就可能是空想、妄想、瞎想,就可能是万恶之源。

《大学生周刊》2012 年 1 月 5 日

向老师要分该不该?

有家网站就学生向老师"要分"进行网调。2 万多人中,近半数的人认为,"成绩低会影响升学找工作,老师不该这么较真"。也有四成的人则称认同,这是大学的悲哀,是教育功利化的结果。过去就有句老话,"分,分,学生的命根"。如今分数依旧是衡量学生学习情况的标准之一。不看中分数,不好;过分看中分数,也不好。问题是,分数应该实打实才有意义。没有学到真本事,给 100 分也没啥用。建议用人单位别只拿分数说事,要在面试等环节加上必要的能力测试。老师也应该坚持必要的原则,别拿分数当礼物送给学生。

《大学生周刊》2011 年 11 月 24 日
《北京考试报》2011 年 12 月 7 日

给青年教师提供条件

山东大学刚刚出台了青年教师教授职务特别评审制度,媒体报道称有望一步到位。但从制度本身来看,尚有一定难度。其中硬杠杠是,要有以自己为主完成国内外具有重大影响的创新性重要成果。据我所知,年轻的教师很难申请到重大课题,不少人都是给学科带头人打工,极难取得有重大影响的成果。如果真的想让青年人尽快脱颖而出,首先要为其创造成长的环境和条件;否则,只是用一个美好的未来诱惑青年教师,至多是"望梅止渴",除了提供一个宣传的由头之外,没有太多的意义。

《大学生周刊》2011 年 5 月 12 日

教师的幸福指数太低

教师们幸福吗? 一家知名网站的调查结果不容乐观。只有 2% 的教师感到幸福,15% 的人认为较幸福,而比较不幸福的人达到了 27% ,55% 的人自认工作生活一般;有一半教师每天工作 8 到 10 小时,工作在 10 小时以上的 33% ,其中工作 12 小时以上的占 11% ;一天工作结束后,感到疲惫不堪的占 69% ;34% 的人对工作感受感觉一般,26% 的教师感到厌倦,喜欢工作的只占 13% 。这些数据是否可以描述全国教师的幸福指数,不一定特别准确,但值得警醒。教师的不幸福,会直接影响到教育教学的质量。教师有了幸福感,学生才可能在学习中体验幸福。提高教师的幸福指数迫在眉睫。这仅仅靠设立教师节是难以解决的。要多为教师办点实事,而不能只停留在口头上、形式上,或者仅仅在教师节这天,甚至教师节这天都徒有其名。

《大学生周刊》2011 年 9 月 15 日

叶校长织围脖的启示

有多少大学校长织围脖我不知道,至少杭州师范大学叶校长是其中之一。他从 3 月 18 日发了自己的高中毕业照开始,截至 5 月 3 日凌晨已发微博 691 条,拥有粉丝 30420 个。他说,因为工作繁忙,不能一一回复大家的来信,但会尽量看大家的评论，了解大家的心声，努力为大家多办实事。4月24日、25日他两次发信息，邀请同学们在田径场一起夜跑。一句"不见不散哦"，受到学生热捧。仅凭织围脖与学生互动这一点来评判校长的业绩显然不大全面，但他能够顺应潮流，采取学生喜闻乐见的方式了解学生、接近学生，这样的做法应该得到肯定。

《大学生周刊》2011年5月5日

校领导秀个性走近学生

南昌大学校领导超猛MV视频网上爆热。校领导班子成员戴着耳机、站在麦克风前，演唱歌曲《心手相连》，虽不时跑调，还是引发了热议。早在2008年元旦，北大老校长许智宏就以一曲《隐形的翅膀》成为"网络红人"。去年华中科大毕业典礼，校长李培根来了个网络热词"大串烧"，16分钟的演讲词网上疯传，"根叔"也被评为"最感动最性情"的大学校长。高校负责人的这些个性举动，有一定的积极意义，有利于树立学校领导的亲民形象，有利于缩小与师生的距离。需要提醒的是，拉近和学生的距离，不能仅仅停留在秀个性上，还要更加注重和学生心理上的接近。多到学生宿舍、食堂、教室走一走，看一看，听一听。这在某种程度上更容易了解学生的心声。

《大学生周刊》2011年5月26日

北大校长给保安写推荐信

北大校长周其凤自谦说，很少有人请他写推荐文章，也不大敢写。但一位保安来信请他为自己的书稿《行走在未名湖畔》写推荐的话时，他却欣然命笔。我仔细读了周校长的回信，对其中一句话尤为赞赏。他说，最聪明的学生应该是那些能够最大限度利用北大资源武装、提高自己的学生。这位保安在利用北大资源上的智慧发挥到了极致，3年间写下了诸如"驻足博雅塔"、"留恋未名湖的风光"的12万字的文稿。其实，何止是北大的资源用之不竭，每一所大学都是人类知识和文化的宝库。这不但值得北大学生学习和效法，也值得每个大学生深思。拥有丰富的大学资源是大学生的优势，充分地加以利用则是每个学生成长的必由之路。

《大学生周刊》2011年12月15日
《北京考试报》2012年2月22日

北京东路的日子别虚度

这几天，一首名为《北京东路的日子》的 MV 爆红各大视频网站、论坛和贴吧。仅一家网站的视频点击率已近 680 万次。词曲作者拉着 12 位同学走进录音棚，将这首歌作为毕业留念。他们坚信，多少年后即便老得已经不再记得彼此的面容，也一定会想起自己求学时的岁月。

我的微博里收藏了中国传媒大学某班的"毕业班鉴"视频，也非常感人。即将离开生活了 4 年的校园时，苦也好、恼也好，都变成了每个人的不舍和留恋。

我非常理解他们。但我更想说的是，珍惜现在所拥有的一切，或许比怀念流逝的岁月更重要。

《大学生周刊》2011 年 6 月 9 日
《北京考试报》2011 年 6 月 23 日

清华真维斯与北大砍大树

清华的真维斯楼刚刚消停，北大又因砍树惹起了风波。没办法，树大招风。这些不大不小的事件，在社会上引起了争议，也引发了人们的思考。在这些事件中，大学生该饰演什么角色，也值得我们深思。

高校的每件事情，都可能成为媒体的热点；校方的每个决策，都需要顾及学生和社会的感受。但作为学生是不是也该为维护学校的形象、促进学校发展做点什么呢？

善意地、积极地提出意见和建议，应该得到支持和鼓励。但如果站在一边指手画脚、甚至破口大骂，就有些过了。在某种意义上，学生和学校都在一条船上航行。学校乱了，学生也好不了。

不能仅仅满足于做个批评家，还要当个建设者。无论对学校，还是对国家，都应该如此。

《大学生周刊》2011 年 6 月 9 日
《北京考试报》2011 年 7 月 20 日

录取通知要变潮？

今年的大学录取通知书也成了媒体关注的一个热点。"亲,祝贺你哦！你被我们录取了哦"。南理工的"淘宝体",复旦的"小清新"、北京大学的游戏光盘……网络时代的大学录取通知书也开始变"潮"了。一些没领到个性化录取通知书的考生据报道说还有点小失落呢。

其实,真的没太大的必要为此伤神。大学录取通知书,是新生接到的来自大学校方的第一封重要的凭证,的确具有特殊的意义。至于什么风格好,什么算特色,也是众口难调。我听到、看到不少人对变"潮"的通知书大为不满,有的不欣赏网络语言,有的认为过于轻佻……

在我看来,录取通知书的风格和特色,还是应该符合学校的大学文化。在满足新生入学信息需求的前提下,融入一些时尚的元素、设计一点个性的语言,都是可以的。但通知书就是通知书。形式虽重要,内容价更高。重要的是,指导新生迈好大学生活的第一步。

从这个意义上说,南开大学的录取通知书有可取之处。在校方致新生的一封信中提出具体建议,在这个暑期里做份义工或找份工作,引导新生体会被别人感恩和对社会感恩的快乐,从现在起树立职业意识。这或许对新生更有意义。

《大学生周刊》2011 年 9 月 8 日

用什么激励学生最合适

"当你40岁时,没有4000万身价不要来见我,也别说是我学生。"这是北京师范大学一位教授对研究生的要求。作为一名教师,激励学生没有啥错。作为奋战商界的人,用钱来激励一下,也没有什么不妥。我激励学生的话是:"别去当狗仔队或者花边新闻写手,如果是,千万别说是我的学生。"遗憾的是,教授的话被过分解读为,贫穷意味着耻辱,拜金主义等等。不少人按照自己的假设发表评论,结果与教授的本意越来越远,站在一边说三道四没多大用,关键还是要教育和引导学生有远大志向,要发奋努力图强。

《大学生周刊》2011 年 4 月 14 日

无人学哲学的尴尬

听起来难以置信。偌大的浙江大学,哲学系今年只有 3 名本科毕业生。据我所知,在许多大学里,许多专业每年都有三四个班的学生,都在大批量"生产"。而两年前,浙大人文学院的学生自主选择专业,在新闻、中文、历史、哲学的选项中,只有 3 人选择了后者。这个数字的确少得可怜。是不好就业吗?"本科生、硕士生、博士生就业率都在 90% 以上甚至更高。"该校哲学系主任称,显然学哲学并非像人们想象的那样没有出路。这种局面究竟是什么造成的?是哲学本身出了问题,还是哲学教育出了问题?是学生出了问题,还是社会出了问题?这一两句话很难说清楚。但可以肯定的是 3 个学生学哲学并非正常现象。哲学教育何去何从,教育界应该好好研究研究,哲学专业如何和社会、市场对接,大学应该好好探讨探讨如何让哲学专业的学习变得生动有趣,老师应该好好琢磨琢磨;如何在热门和冷门之间进行抉择,学生应该好好掂量掂量。

《大学生周刊》2011 年 9 月 15 日
《北京考试报》2011 年 9 月 21 日

科学管理自行车

看了几眼电视新闻,被台湾大学的自行车管理所吸引。和大陆的许多学校相似,该校也是自行车多为患。该校近来实行了计算机管理。如有乱停乱放,管理员就会将车拖到指定地点。超过一定时限无人认领,则公开拍卖,其所得则补充作为管理经费。新规实行之后,校园环境大为改观。与其说赞成这样的管理,不如说欣赏该校发现问题肯下功夫解决的态度。类似问题哪个学校没有?是视而不见、置若罔闻、指责抱怨,还是积极地、主动地、科学地下力气加以解决?体现了一所大学的管理水平和治学态度。真诚地希望校方能认真研究和解决校园里的实际问题,而不是只停留在口头上和规划上。

《大学生周刊》2011 年 12 月 8 日
《北京考试报》2012 年 1 月 4 日

骑车需驾照的恶搞不妥当

"无照骑车者,取消其保研、三好资格,硕士生、博士生则延期毕业一年。"校园论坛上的这条帖子落款是某大学"保卫部自行车管理中心",但实则是学生冒名所为。帖子写的煞有介事,不但标明了无照驾驶的处罚细则,还对考试的七个科目做了详细阐述,明眼人一看就是"恶搞"。虽只是给媒体报道增添了点佐料,并未酿成严重的后果,但在网络上发言不负责任的做法切不可蔓延。冒名别人发帖不妥,发布不实信息不妥。如果越过了法律的雷池,酿成严重后果,还要承担法律责任呢。

《大学生周刊》2011 年 9 月 23 日

方便学生更重要

位于台湾新北市深坑区的东南科技大学虽不是名校,但在为学生服务上还是有可供借鉴之处。已经晚上 9 点了,学生服务中心的大门还是敞开的,老师们还在热心地为前来咨询和办理有关手续的大学生们服务。隔着健康中心的窗户可以看见,几位老师在分别与学生促膝谈心……其实,不少大学都一直在提以学生为本,只是在许多方面都没有体现出来。学校的许多管理和服务部门的上班时间都和学生上课时间相重叠。等学生下课了,他们也早就下班了,想办点事儿只好趁上课时间溜出来。有的校区一下课连老师的影子都很难看到。相比之下,东南科大晚上办公的做法值得推介。虽然会给老师带来诸多不便,但方便学生或许更为重要。

《大学生周刊》2011 年 12 月 8 日
《北京考试报》2012 年 1 月 4 日

教授接待日别流于形式

上海海事大学开始推行"教授接待日"制度,让学生有机会定期得到教授面对面的指导。教授们在百忙之中挤出时间来和学生见面,重要的是讲求实效。老师上课来下课走是事实,但有些学生不积极不主动和老师互动也是事实。一方面,老师要采取多种形式深入学生中间,指导学生学习和生活;另一方面,学生也要多和老师接触,多向老师请教问题、研讨学业。这是双方的事情,仅仅是老师主动还不够,还要学生的主动。仅仅是教授也不够,还要有更多的专业课老师来参与。

《大学生周刊》2011 年 5 月 12 日

规定出台太随意

湖北经济学院规定,"有抽烟、酗酒、赌博等不良习气者"不能被认定为贫困生。显然,这条规定不够严谨、有失偏颇。大家都知道,被认定为贫困生的学生,才有获得国家助学金等资格。因此对于那些家庭经济条件确实很差的人来说,能否被认定至关重要。抽烟、酗酒、赌博,这三者的性质并不相同,相提并论实在不妥。我国的烟民太多了,但抽的烟档次有千差万别。即便是家里穷的揭不开锅了,也有人烟瘾过大而卷树叶子抽的。显然,因为某人抽烟就不认定其贫困,既不合情也不合理。问题的关键是,这类漏洞百出的规定为何竟能频频在高等学府出台? 这说明管理者自身的素质还有待进一步提升。任何一条规定,都涉及广大学生的切身利益,切不能掉以轻心、草率行事。应该进行科学论证、多听建议、反复权衡,而不能自己一拍脑袋就定了。

《大学生周刊》2011 年 10 月 20 日

夸张简历　听信他人遇尴尬

看了几眼《职来职往》,18 位达人正在痛批一位想做主持人的女生。其原因是她的求职简历做得太夸张了:去了两次公司就成了兼职半年,短短时间竟参与了 100 多场商演……这些达人是置人死地而后快,我却担心这位女生的心理承受力。不仅仅是众目睽睽之下,而且还是卫星电视反复播放啊。她一再辩解自己是诚实的,委屈地说"是同学们告诉自己,简历就应该做得唬人"。

真替这位女生难过。明明诚实,却做了份夸张的简历;但诚实的女生之所以"弄虚作假",是听信了同学们的话。不是说同学的话不能听,但还是不能盲从。不少人考试作弊,就是听周围人说作弊不会被人发现才冒险的。其实对任何人都不能"唯命是从"。一定要过过自己的脑子。有两条底线任何时候都不能逾越。一是法律,二是道德。违法的事儿,说出大天来也不能做;缺德的事儿,无论如何也别沾边。除此之外,千万别有侥幸心理,以为能骗得过谁。这年头,比我们傻的人不多了。

对达人们也有几句话要说,毕竟是档教育类节目,还是要与人为善,不要竭尽讽刺挖苦之能事。对于未出茅庐、或者刚出茅庐的学生们还是要循循善诱,多加指导。嘴下无德,必会伤人。

《大学生周刊》2012 年 1 月 5 日

伪校史水分别太大

热热闹闹的大学校庆你方唱罢我登场,已经很少能玩出什么新花样了。于是,不少学校开始往老祖宗上靠了。百年老校如雨后春笋般冒了出来。不但闹出了前一年 50 年校庆、第二年百年校庆的笑话,个别学校还摇身一变成了千年老校。但百年、千年之前,中国究竟有没有大学、有几所大学,谁的心里不清楚?绞尽脑汁追溯历史,过分牵强地往这个学堂、那个书屋上靠,说到底还是不自信的表现。即便是自封为百年、千年老校,你还是今天的你,对教育质量的提高、科学研究的产出、社会服务的力度等不会有什么直接的影响。某地一中学的校史,上溯到东汉时代的石室精舍。这类笑话除了为掩耳盗铃、自欺欺人提供些笑柄之外,不会有任何意义。踏踏实实做几件事儿吧,比搞这些游戏、花样有意义得多。

《大学生周刊》2011 年 10 月 20 日
《北京考试报》2011 年 10 月 26 日

我们要不要当孝子?

10 月 25 日,北京大学向获 2012 年"中学校长实名推荐制"资质中学的学生发放了《优秀中学生素质养成手册》。内容包括每月填写"你为父母或亲人做了哪些有意义的事"等。这将作为校长实名推荐和北大自主选拔录取的重要依据,直接影响到能否跨入北大校门。此前,北大将"不孝敬父母"列为不得推荐的第一条高压线,在社会上引起了争议。有人质疑孝敬父母是做人的基本准则,怎么能变成择优的标准呢?的确,孝敬父母是做人的最基本的素质,将其作为选才标准看起来要求太低。但从近来的几则报道看,这样的基本素质也不是人人都能达到的。暴打父母的硕士毕业生,机场刺母的 24 岁留日学生,因早恋遭到反对掐死亲生母亲的 15 岁中学生……这样的人虽然是少数,但还是应该引起必要的警觉。每个人都应该扪心自问,百善孝为先,自己究竟做得怎样? 当自己的知识不断增加、视野不断开阔、能力不断增强的同时,是否淡忘了自己的父母?

《大学生周刊》2011 年 11 月 10 日

大学生胸怀祖国放眼世界

温家宝总理前不久和宁波诺丁汉大学的学生座谈,大大提升了这所我国首家经教育部批准的中外合作大学的知名度,还使"胸怀祖国,放眼世界"再度成为流行语。温总理说,胸怀祖国就是要珍惜我们国家的悠久文化;放眼世界就是要开放兼容。只有开放兼容,国家才能富强,教育才能发展。应该指出,现在有的大学生关注祖国不够,考虑自己较多;虽然也放眼世界,但更多的是关注国外的大学和优越的条件,"洋为中用"不够。所以说,温总理的希望和要求还是值得我们深思的。

《大学生周刊》2011 年 4 月 21 日

邀请总理和大学生打场球

5 月 13 日,温家宝总理的回信转到了日本上智大学棒球队学生们的手中。这些 3 年级的学生用中文生涩地给中国总理写信的时候,没想到回复如此之快。"我们想再和您打棒球。"学生们在信里写出了最真挚的话语。大约一年前,温总理访日期间,和这些棒球手们切磋了球艺。早在 2007 年,他也曾在京都立命馆大学与日本大学生共享"棒球时刻",并得到了"35 号球员"的雅号。温总理和中国的大学生互动也很多,经常到校园里看望和鼓励学生。我想替大学生们向温总理提个请求,啥时候您也能和中国的大学生们打场棒球? 这对大学生们而言,也会是一个极大的鼓舞。

《大学生周刊》2011 年 5 月 19 日

谁喜欢和学生对话？

温家宝 4 月 27 日在与马来亚大学学生对话时表示，喜欢同青年学生们对话。"因为我知道，只有对话，才能理解青年人的感情、理想和愿望。"温总理的话让人感动。一国总理，如此关心青年学生，堪称榜样。遗憾的是，眼下和青年学生直接对话的渠道并不多。无论是政府还是大学，都没把这种对话当回事。常常是遇上问题，临近敏感期，才想起来要找学生。曾经有校领导请学生喝下午茶的报道，可惜是凤毛麟角，也不知道现在还喝不喝了？要知道，和青年学生对话，贵在平常，贵在坚持。

《大学生周刊》2011 年 5 月 5 日

立住立好立牢报效祖国之志

习近平近日走进贵州大学正在举行主题读书会活动的师生中间，兴致勃勃地听学生演讲和老师点评。他嘱咐同学们要把为中华民族伟大复兴而奋斗这个"志"立住、立好、立牢。对此，我深有感触。每个人的命运都是和国家、民族的命运紧紧地联系在一起的。只有国家的富强、民族的复兴，才可能实现个人的理想和愿望。有的人总愿意把自己个人的价值摆在第一位，认为爱国的提法太假了。其实，立住、立好、立牢为民族复兴而奋斗之志，才是发奋学习、努力实践、积极奉献的力量源泉。

《大学生周刊》2011 年 5 月 19 日

望省长多和学生吃几顿饭

5 月 19 日，河北省长前往河北工业大学调研并与学生共进午餐。自称和省长一起吃饭的学生称，当天食堂的"西红柿炒鸡蛋终于变成鸡蛋炒西红柿了"，菜价原本多为 3.5 元或 4 元，当天有很多菜只卖 2.5 元。划定固定的区域，"安排好的人"才能坐，让学生等着和省长吃饭。省长和大学生一起就餐原本是好事，却惹出了麻烦。一方面学校宣传部否认故意安排一说，一方面媒体报道了学生的强烈不满。没有亲历不敢对此妄加评论，但建议省长再去几次大学食堂。一次、两次安排估计不难，但次数多了，也就安排不过来了。如果提前不打招呼，校方也无法安排了。需要提醒校方的是，现在媒体太发达了，弄虚作假肯定会很快露馅儿的。

《大学生周刊》2011 年 6 月 2 日

丁肇中一问六不知

"您认为'世界一流大学'应该怎样定义？""国内不少大学正在尝试创新拔尖人才培养，您对这种培养方式有何看法？"……10 月 16 日，面对媒体记者和大学生们的提问，大名鼎鼎的丁肇中教授一脸认真地说了六个"不知道"。对于丁先生的"无知"大家非但不感到失望，反而报以雷鸣般的掌声。是啊，得了诺贝尔奖，只能说明其对所在领域做出了突出贡献，并不等于无所不知。不知就是不知。丁先生做出了实事求是的榜样。那些什么都知道、什么都敢发言的专家、院士，应该对着丁先生这面镜子好好照一照；丁先生的"不知"，除了严谨的态度之外，还有对这类问题本身的鄙视。这类大而空、空而泛的问题，潜心研究的丁先生或许真的不知道说些什么。建议喜欢用这种方式提问的人好好自省一下。别总玩概念，来点实的为好。

《大学生周刊》2011 年 10 月 20 日

该怎样拥抱 2012 年？

再过两天 2011 年就和我们拜拜了。该如何拥抱新的一年呢？在这个辞旧迎新的时刻，在今年这个专栏最后一篇，该为大家写点什么？突然想起中国人民大学新闻学的泰斗甘惜分老先生 95 岁高龄开微博的故事来。甘老一辈子都在追求新的东西、研究新的事物。他开微博不是一般意义上的赶时髦，而是要跟上时代发展的步伐。

和甘老相比，我年轻多了。风华正茂的大学生们的年龄只有甘老的四分之一。

《大学生周刊》2011 年 12 月 29 日

网络公开课爱还是不爱

　　网上最红的公开课要数哈佛的《公正课》。前几天,主讲者桑德尔在清华开讲,更是受到了热捧。在为公开课叫好的同时,越来越多的人对国内知名大学也充满了期待。到底如何看待网络公开课,也成了一个热点话题。如果对学习不感兴趣,估计啥课也吸引不了他。公开课的渐成风尚,对于那些讲课效果不好的老师将带来越来越大的压力。大学生们见识了世界名校大师的风采,就更不容易被糊弄了。但对公开课的作用也不宜过分夸大。面授的优势是网上课程难以取代的。在网上学习公开课需要更坚强的毅力和决心。同时,在欣赏国外教师讲课艺术的同时也要有所警惕,并不是所有的课程、所有的内容都是正确的。

《大学生周刊》2011 年 5 月 26 日

高跟鞋课不另类

　　报载,英国南泰晤士学院新开另类课程,专教女学生如何穿高跟鞋走路。这门课还受到了政府资助。校方高薪邀请一位"精通穿高跟鞋的艺术"的职业歌手执教。据称,开这门名为"都市性感高跟鞋"课,是为了让年轻女生在"进入商业世界和社交生活"前做好准备。修完这门课学生反映很好,但有人认为是浪费时间和金钱。依我所见,这样实用性很强的课开开无妨。现在的学生死知识学了不少,但能力极差,甚至连基本的生活常识都不懂。开这类选修课程恰好可以弥补一下。学习的外延和内涵都应该扩大,只要是社会需要的、工作需要的、生活需要的、情感需要的,都可以给学生讲讲。遗憾的是,我们现在开的许多课程实用价值很少。那才真是瞎耽误工夫呢。

《大学生周刊》2011 年 6 月 23 日

汹浦留学潮中别忽视留学生

　　据教育部统计,我国出国留学人数每年正以超过 20% 的速率增长,在北京、上海等地增幅更达 30%。在境外留学人数已达 127.32 万,相当于一座二线城市的人口规模。2010 年,我国出国留学人数达 28.47 万,意味着平均每天有约 800 名学生踏上境外留学的旅程。该如何对待这些留学生?人走茶凉,不管不问,显然是不合适的。但据我所知,许多学校、许多老师、许多同学,甚至许多家长好像都忘记了他们。除了一般性的联系之外,很少有人过问他们的喜怒哀乐、酸甜苦辣。他们往往是"一个人在战斗"。这些留学生都是我们国家辛辛苦苦培养出来的准人才,他们留学并不等于和国家、和母校就没有了关系。关心他们、帮助他们、爱护他们,不但有利于他们的成长,也有利于吸引他们学成归来、报效祖国。

《大学生周刊》2011 年 9 月 23 日

牛津留学生巧用五万英镑

一位大学校长讲述了在牛津访问时听到的故事。该校设立了一个 5 万英镑的资助项目。一个中国留学生用这 5 万英镑当作路费,邀请所在领域的各国专家到英国研讨。无名小卒一下子站到了大师面前,为他自己申请欧盟的资助项目奠定了基础。他很快获得了 500 多万欧元的资助,自己把自己推上了科研的最前沿。少花钱多办事,不花钱也办事。这是水平,是本事。好钢用在刀刃上。关键是要判断什么才是刀刃。在当今社会,人脉的重要毋庸置疑,把自己推介给世界更为重要。在课上我常说的三句话是,一个人的才能只有自己知道是孤芳自赏,一个人的才能只有少数人知道是小本经营,一个人的才能让全世界都知道才是品牌!

《大学生周刊》2011 年 12 月 15 日

名人叫早遏制旷课有奇效?

据美国纽约市政府官方网站报道,纽约市针对旷课生开展了一项名为"醒来!纽约"的活动。经常旷课的学生会收到名人的电话,告诉他们不要赖床,赶紧起来上学去。

此举的效果尚未显现,但一市之长关注学生旷课之事值得肯定。更值得肯定的是,这种关注不是仅仅停留在口头上,也不是一般性的要求,而是采取了具体的措施。

按说市长大事都忙不过来,还管什么学生旷课不旷课?但鼓励学生出勤,关系到降低辍学率、青年犯罪率、少女怀孕率以及青少年未来对政府福利的依赖。从这些角度说,市长必须把学生旷课当成一件大事。

有些人对待大事的态度是写批示、发通知、搞督察、做评估,华而不实,形式主义,不但于事无补,而且还引起了社会的反感。纽约市长把想法落到实处,虽有可商榷之处,但基本路数是对的。

《大学生周刊》2011 年 4 月 7 日

苹果造英雄轮不到自己?

"苹果造英雄"。原本就有两个苹果改变了世界的说法,如今除了名垂青史的牛顿、如雷贯耳的乔布斯,一个默默无闻的大学生一夜成名,又给苹果涂上了神秘的色彩。遗憾的是,这类好事怎么总也轮不到你我头上?创意简单之极,就连香港十九岁的大学生麦郎自己都觉得 idea 太正了,却因无人想到而闻名于世。他用乔布斯的剪影替代了人们熟悉的那个苹果图案的缺口,竟成为悼念已故教主的最佳标志,更被盗用制成网络热卖商品。他本人也成为海内外公司争先招揽的"抢手货"。无数个苹果落地,只有牛顿发现了万有引力定律;IT 行业万马奔腾,唯独乔布斯靠"苹果"领先。原本默默无闻的大学生虽然远未达到这两位大师境界,但"人无我有""人有我新"的创意也使其尝到了胜利者的滋味。与其抱怨老天爷不公、上帝不公,怨恨天上的馅饼、树上的苹果总砸不到自己的头上,不如下点功夫培养、锻炼、激发一下自己的创新热情和创新能力。相信,即便我们一辈子也没成了牛顿、乔布斯,创新也会使我们的生活更加美好、事业更加辉煌。

《大学生周刊》2011 年 10 月 13 日

读半年大学也一样成功?

无数果粉痛悼乔布斯,使其许多鲜为人知的故事广为传播。不少人对乔布斯只上过半年大学就辍学创业并一举成名的桥段颇感兴趣。有的人甚至以为找到了证明"读书无用"的最有力的证据,还有的学无劲头的大学生动了退学的念头。的确,乔布斯、比尔·盖茨等 IT 巨子均没有完成自己的大学学业。大学教育很重要,但并非适合每个人。靠自己刻苦自学很重要,但同样也并非适合每个人。如果想在世界上找到说明任何问题的例子都不难,关键是看其是否具有普遍性。乔布斯也好,比尔·盖茨也好,都是成功的个案。事实上,接受了大学教育而走向成功的例子更是不胜枚举。当然,并不是说上了大学就一定能成功,同样要靠大学生自己的不懈努力、不断探索、不辍创新。假如脑瓜一热就退了学,自己不但成不了乔布斯,恐怕连后悔药都找不到地方去买。

《大学生周刊》2011 年 10 月 13 日

《北京考试报》2011 年 10 月 12 日

话题圆桌

　　《话题圆桌》是《北京教育》高教版的品牌栏目。栏目时间从 2013 年开设至今。

　　其特点是:一、专家主持:栏目特邀北京林业大学教授铁铮主持。组织相关专家学者就选题撰写 400 字左右的短论。这些短论观点纷呈,对高教热点、难点问题进行了很好的思辨与回应,引导舆论。

　　二、集体策划:为了让每期的策划更耐读、促反思、引争鸣,编辑部全部成员对每月高教信息进行收集、整理,共同探讨,精心选题。每期在 10 个左右的选题中精选 3 个 - 4 个。

　　三、作者层次广泛:有丰富人脉与较强专业能力的主持人每期会邀请全国各地高校的专家和学者广泛参与讨论。作者群属地南至宝岛台湾,西达四川、新疆,中到河南,东抵天津,北及北京,先后共有 30 所高校的专家学者参与话题讨论,扩大了刊物在业界的影响力与知名度。

　　四、关注难点热点:每期栏目选题,集中在刊物出版周期内国内外高等教育领域发生的热点和难点问题,力求实效和时效,力争短期内形成理性的舆论导向。

　　五、反馈反响强烈:栏目的打造形成了刊物特有的个性,每期内容中国教育新闻网全部转发,有些选题内容在《人民日报》《光明日报》先后刊发,读者的关注度同比较高。

大学章程的制定与落实

大学需要怎样的章程,应该怎么制定章程、章程后时代应该怎么做? 大学需要的是有特色的章程,我国有 2,600 多所高校,各自的章程需要彰显自己的特色。正在撰写、准备撰写章程的高校,不能照搬抄袭人家的章程,要在国家法律的规定下,在大学章程中凸显出自己的风格和特色。大学章程的制定,要对学校历史的深入研究,对学校风格特色的全面把握,对以往办学之路的科学总结,对国内外办学经验的学习借鉴,对国家的法律法规和教育政策消化理解,对今后改革发展的憧憬和展望。做到这些显然不是笔下功夫就能完成的。制订大学章程不是面子工程、政绩工程。制订和公布的章程只有真正发挥作用才有意义。决不能把章程束之高阁,更不能打入冷宫,而要真正在办学的工程中照章办事。如此看来,制定大学章程重要,但同样重要的是制定出具有特色、符合本校实际的大学章程,更重要的是把它认认真真地落到实处。

《北京教育》2014 年 01 月 17 日

我们离世界一流大学有多远?

国务院发布的《方案》提出,到 2020 年,部分大学进入世界一流行列;到 2030 年,若干大学进入世界一流大学前列。从字面上看,这个目标有很大的伸缩性。"部分"是多少?"若干"又是多少? 目前可以理直气壮地说是"世界一流的大学"的高校并不多。在短短 5 年中,使部分大学跻身世界一流行列,还需要付出更多的努力。除了教学、科研、社会服务之外国际影响力也是世界一流大学的重要构成因素。而国际影响力不仅取决于大学自身的内部发展和建设,而且还和国际传播力有直接关系,离开了"世界知名"不可能成为"世界一流"。国内一流大学的国际传播力与世界一流大学相比还有很大差距,这是客观存在的事实。对于增强大学的国际传播力,高校在思想上要高度重视,要有总体规划和具体方案,要付诸行动。要有专门的机构和人员负责,投入必要的经费。更重要的是要研究大学国际传播力提升的科学规律和有效方法。科学地确定传播的内容,认真研究传播对象的接受心理,精心选择适当的传播途径和媒介,采取行之有效的传播方法,力争达到事半功倍的传播效果。

《北京教育》2015 年 12 月 24 日

"创新精神"成为国家标准之后

创新不仅仅是一个永久的热门话题,更是整个国家、整个民族、整个社会前进的永恒动力。举国繁荣之时,需要创新为持续发展加油充电;民生萧条之际,更需要创新为之输血、造血、唤醒青春。但创新并非易事,不可能一蹴而就,也不能一劳永逸。创新不能只凭满腔热情,也不能仅靠良好的愿望,而需要确立创新的理念、培养创新的思维、掌握创新的规律、学习创新的技巧。这些可以通过自己的经历和实践来完成。创新教育可以加快这个进程但不能替代它。理论上讲,创新教育应该走在创新实践的前面。但在当今条件下,创新教育的滞后也是不争的现实。这种局面要尽快改变。对此,既不可视而不见、掉以轻心,也不能操之过急、急于求成。创新教育的重点应放在创新理念的树立和强化、创新思维的训练与培养、创新实践的探索与尝试。要建立科学的评价指标体系来检验教育效果,而不能简单化、情绪化。创新教育是一项系统工程,需要校内校外配合,需要贯穿整个教育过程,需要渗透到学校工作的方方面面。

《北京教育》2015 年 10 月 19 日

高校管理该如何应对"吐槽"?

高校的管理者不要畏惧"吐槽",一切吐槽都可以转化为继续改进、改善高校管理的动力。要畅通"吐槽"的渠道,建立必要的搜集反馈机制,让人们对高校的管理评头论足。即便是对带有恶意的"吐槽",也不必大光其火、老羞成怒,而要多从自身找原因、找差距、找努力方向。要高度重视各方面的意见建议,不但态度要好,更要注重借此改进管理。要有专人负责搜集、研判、解决、回应。区分性质特点,确定轻重缓急。能够马上解决的,抓紧解决;能够创造条件解决的,尽力解决;暂时解决不了的,作必要的解释和说明。在"互联网+"时代,任何"吐槽"都有可能被放大。对此,高校管理者需要有应对的预案,着力点放在如何回应、解决和处置"吐槽"反映的问题。

《北京教育》2015 年 12 月 24 日

"规"的开始，也是"归"的起点

教育部公布的《规程》3 月 1 日开始执行。五章的二十六条对学术委员会的方方面面进行了详细规定，成为各校规范学术委员会的行为准则。《规程》是否完美无缺姑且不论，人们关心的是由谁来监督各个学校对这一《规程》的执行。不执行的、执行不力的，由谁惩处？如何惩处？在实践中一定会遇到许多具体问题，而这些问题在《规程》中没有明确或者没有提到，又该何去何从？任何《规程》都不能只是看起来很美，管用才是硬道理。公布《规程》仅仅是万里长征走出了第一步。学术委员会的科学发展还有漫长的路走：

一是广泛宣传，让师生了解《规程》，积极参与其中。二是透明公开，及时通报公布学术委员会工作情况。三是加强监管，除教育主管部门外，请社会、师生共同监督。

《北京教育》2014 年 03 月 10 日

依法治校之感与思

依法治校的关键是落到实处：一是要把握好依法治校和依法治国的关系。学校的一切行为，都必须遵循国家的法律法规。同时，应该根据学校的特色，制定和出台切实可行的规章制度并纳入法律的轨道。注意避免章程是一套、行动又一套的现象。二是要加强全员的法制教育。采取多种形式、内容丰富的教育实践活动，让教职工和广大学生不但知法、守法，而且成为法律知识和观念的宣传者。三是发挥人才优势、学科优势，为国家和社会提供依法治国的人才支撑和智力支撑。紧密结合国情、社情、法情，开展深入的法学相关研究，培养适用人才，承担咨询等任务。

《北京教育》2014 年 12 月 18 日

"三培计划"助力人才培养

尺有所短，寸有所长。在高水平人才交叉培养上，应该进一步打破高校的院墙。不但要首都各大学一盘棋,还要大学与科研院所一盘棋、大学与社会一盘棋。

一是要进一步解放思想,把交叉培养的步子迈得更大些。只要对人才培养有利的,政策上就应该大开绿灯。

二是资源共享,优势互补,协同作战,共同培养。鼓励教师到其他学校授课、作讲座。鼓励学生跨校选课、学分互认。

三是大力推广已有的学院路教学共同体模式。学生们不但可听到外校教师的讲课,还可与其他学校学生进行交流。希望更多高校加入共同体,希望更多相邻的高校、相似的高校,建立起各种各样的共同体,共同承担培养高水平人才的重任。

《北京教育》2015 年 4 月 22 日

"等级制"带来的期盼

清华大学 2015 级学生的成绩单将以等级制形式呈现,使用多年的百分制将成历史。对此我们既予以肯定,又抱以期望。肯定的是,等级制在一定程度上可以降低教师和学生对考试结果的关注度,有利于他们重视学习过程本身;期望的是,改为等级制毕竟只涉及评价改革的表层,建立科学有效的学业评价体系只迈出了第一步。理论上讲,根据不同课程的不同性质、采取不同的方法进行考核才是最理想的。要认真研究讨论、妥善解决在全面推行等级制中可能遇到的问题,规避等级制带来的弊端和负面影响。改革评价方法是必要的,但教学改革是个巨大的系统工程,仅仅对某一个环节动点小手术容易,但对整体改革而言显然是微不足道的。教学方法不改、教学内容不改,仅仅是用等级制给个最后的成绩,对学生的学习未必能起到促进作用。要尽快出台一系列相应的配套措施加以保障,以推进切实有效的教学改革。窃以为,应该从课程的教学改革入手,想方设法通过改革调动学生学习的积极性、主动性、自觉性,并辅以灵活的、科学的、有效的考核、考试、考察。这样做起来更符合逻辑、更符合教育规律。

《北京教育》2015 年 6 月 24 日

"互联网+"时代,我们准备好了吗?

"互联网+"时代,作为教师和教育管理者理应站在前列。首要的是克服本领恐慌,了解、熟悉、把握互联网传播方法、传播技巧、传播规律。应该指出:在这一点上,教师没有学生强、老教师没有青年教师强、管理者没有普通工作人员强的现象是普遍存在的。如果这一点没有改变,是无法引领"互联网+"时代潮流的。克服本领恐慌没有捷径可走,只有不断地摸索、研究和探讨。教师和管理者应该充分认识到"互联网+"时代的特点,充分认识并掌握互联网传播规律的重要性、必要性和紧迫性,尽量多学一点、多用一些。要虚心向学生学习、向青年教师学习、向实践学习。要结合工作实际,结合学生特点,不断研究探索,积极使用实践新媒体。要特别警惕的是,对互联网一知半解却误人子弟,外行指导内行。这样不但让学生贻笑大方、授人以柄,还会贻误战机、影响教师的形象。

《北京教育》2015 年 7 月 19 日

大学能否成为"安静的象牙塔"

人们常用象牙塔来泛指那些脱离现实生活的小天地。在不少人眼里,大学正是这种地方,对此我颇有些不以为然。如果说在过去那种封闭的社会环境下,某些大学或许还可能与现实脱节的话,那么在新媒体时代,这种可能早已荡然无存。事实上,如今的大学和社会有着千丝万缕的联系,无论是办学方略还是师生思想,无论是教学科研还是人才培养,都受到了社会现实的多重影响。大学原本就是社会大系统中的子系统,在互联网的影响和作用下,大学不可能成为某些人期待的那种"象牙塔"。大学应该了解社会,应该为社会服务。大学不仅需要和社会同步,还应该引领社会。"躲进塔里成一统、哪管冬夏与春秋"的想法和做法都应该摒弃。为自己、为大学虚拟一个象牙塔并陶醉其中,无异于掩耳盗铃,不但害己,更会害校。当然,大学应该持有独特的风骨和崇高,公众对大学给予更高的期望,大学人自己也应有更高的追求、承担更多的社会责任。对于社会的不正之风和阴暗面,大学要有一定的抗体和定力,保持自己的纯洁与品质,决不能同流合污,更不能用知识和智商为其推波助澜。

《北京教育》2015 年 9 月 18 日

高考英语改革,您怎么看?

北京无小事。高考英语降分、语文升温,不但京城热议,而且全国关注;不仅在中小学引起反响,而且在高校也引发思考。如何看待这一举措的出台?英语降分了,还要不要下功夫学?语文升温了,怎样才能学好?这些问题的确值得认真思考。在国际化的大背景下,学好英语的必要性、重要性和紧迫性毋庸置疑。在文化大繁荣、大发展的态势下,母语的意义、价值、作用不言自明。问题不在于要不要学,关键是怎么学、怎么教、怎么用。作为大系统中的一个环节,高考改革显然牵一发而动全身。大学对此不能不引起高度关注。大学英语教学如何与改革后的高中英语教学衔接?研究生入学考试中英语该占多大比重?诸如此类的问题,需要尽快研究、深入研究。

《北京教育》2013 年 11 月 10 日

高考模式一分为二　还需细节求解

教育部将出台新的人才选拔模式,应该说这样做的初衷是好的,但还有大量工作要做。首先,要帮助社会、学校、考生、家长正确看待这两种类型的人才,否则技术型人才的招生、就业、成长都会遇到问题。现在的部分专业硕士就面临这样的尴尬:培养中没有富有特色的培养方案,只是简单地压缩时间,降低培养标准;就业时用人单位另眼看待,难开绿灯。希望这样的情况不要提前到高中后时代出现。其次,如何打通这两种人才的培养也需要考虑。过早的分型,可能导致部分学生错误的选择。采取恰当的途径,使两类人才的培养既有区别,又有互换机制,有利于学生的成长。再次,技术型人才培养也需注意其适应性和宽口径,过于单一的技术技能会给就业带来难题。最后,技术型人才培养的师资队伍要加紧培养,方案要抓紧研讨。毕竟我们培养的是技能型人才,而不是普通意义上的技术员工。

《北京教育》2014 年 04 月 24 日

北京本科录取率"破六",高校核心竞争力在哪?

大学之大,在于大师,在于大楼,也在于"大树",即办学环境。办学环境既包括大学文化等软环境,也包括地缘等硬环境。同样的情况和条件下,大学所在的地域是大学核心竞争力中非常重要的砝码。特别是在当前背景下,地缘优势明显的大学,在招生、就业、学术交流、国际合作诸方面,同样有明显的优势。某业内人士告诉我，某校的食品专业在全国名列前茅，但因地处南方某小城，限制了其优势的发挥和专业的发展，类似的例子不胜枚举。因此，在大学的发展进程中，除了在各个方面苦练内功之外，大学校园不宜轻易变更。一旦地域变了，大学的文脉就会随之发生变化。应该正视环境、地域对大学办学的反作用，尽量维护和保持大学的稳定性，不是越偏远、越僻静越好。

《北京教育》2015 年 7 月 19 日

考试作弊的"罪"与"罚"

有学习，就有考试。有考试，就有作弊。我没有做过考试史研究，也没有专门分析过作弊产生的历史根源和社会环境。但我的判断是，只要考试这种形式存在，就会有作弊的潜在危险。尽管对作弊的处理一直没有停止过，但作弊的现象从来没有得到根治。这并非过于悲观，而是想说明应对作弊的艰巨性、复杂性、长期性和持久性。按说，对于作弊的处罚已经达到了史上最严厉的程度但作弊入刑的警示作用似乎微乎其微。如此看来，适当的处罚惩治是必要的。但显然不是一罚就灵、一判就万事大吉了！因此，要严格执行有关的规章制度和法律法规。同时，还要多种举措并举、各种方法同用。目前，有关作弊的报道依然屡见不鲜，说明威慑力不够，一些人对于法律法规缺少必要的敬畏。再有，一些作弊者年轻幼稚、涉世不深，对后果预期不足，一旦事发，无法弥补。某高校一名女硕士马上就要毕业了，因替考锒铛入狱，本人追悔莫及、后悔不已，家长、老师、学校爱莫能助、扼腕叹息。因此，还是要以正面教育、积极引导为主，大力营造遵纪守法的良好社会氛围。

《北京教育》2016 年 3 月 1 日

学术不端，咋办？

教育部根据相关法律、法规研究起草的《高等学校预防与处理学术不端行为办法》，向社会公开征求意见工作已于 4 月 29 日结束。据悉，该办法体现了坚持预防为主、教育与惩戒结合的原则。预防与处理学术不端是个巨大的系统工程，要综合治理、协同作战。仅靠高校的力量是不够的，全社会都要为形成积极、健康、向上的学术风气贡献力量；要深入开展相关的教育活动，从小学、中学抓起，而不能等到大学再算总账;要认真分析学术不端发生的深层次原因,并采取有效措施尽快加以解决;领导要以上率下,教师要为人师表。对于教师和担任领导职务者发生的学术不端行为,要从严处罚,而不能与"庶民"同罪;要以预防为主、关口前移,加强监控,不要等到出问题之后才开始处理;要研究、实施行之有效的办法进行全面预防。例如:广泛推行论著答辩前、结题前、发表前、出版前的查重机制,能在很大程度上预防抄袭和剽窃等行为;要建立预防与处理学术不端的长效机制,警钟长鸣,未雨绸缪,明确主责单位和责任人,全面实行责任制,真正做到"守土有责、守土负责、守土问责"。

《北京教育》2016 年 5 月

学生毕业论文存在的意义

毕业论文考核的是学生的科研能力、学术基础、写作水平和综合素质。论文的写作和答辩过程,是学生学术成长、成熟、成功的必由之路。没有写过论文、没有经历过答辩的大学生,不能算是真正意义上的大学生。不能因为抄袭成风、不能因为论文水平下降,就怀疑和否定毕业论文环节本身。要采取有效措施强化这一环节,而绝不能迁就姑息。同时,毕业论文环节也应该与时俱进、不断改革。论文的选题既要考虑学术、理论标准,又要提倡问题导向、国家需求。对于不同学科的学生,需要提出不同的要求、确立不同的评价指标。对于特殊的学科,也可考虑用毕业设计等形式替代。论文答辩可以适当公开,条件成熟的可向社会开放。论文答辩通过之后,可在网上或用其他形式加以展示,既可接受各界的监督,又可发挥其辐射作用。

《北京教育》2014 年 06 月 19 日

毕业季忆

毕业记忆,关键是给毕业生们留下了怎样的记忆。花里胡哨的活动和仪式,可能会引起一时轰动,但缺少实质内容和纪念意义,无法成为他们永久的记忆及前行的动力。因此,在策划中要追求新颖、力求丰富,但更要注重内容、注重实际、注重鼓舞和激励作用,而不能仅仅成为一场"秀"。学校也好,教师也罢,要想方设法多为毕业生办实事、办好事。例如,赋予毕业生永久使用学校邮箱的权利、向毕业生发放永久性学校图书馆借阅卡、让毕业生永久性地优先享有学校多种优质资源的便利等。建立毕业生网上联络平台，永久性地听取他们的意见和建议，帮助他们解决在社会上遇到的各种问题。

《北京教育》2014 年 08 月 10 日

一个人的毕业照折射了什么？

北京大学古生物学专业从 2008 年创立至今，每年都只有一个毕业生，至今已是"六代单传"。对于出现这种特别的"一个人的毕业照"现象，还是应该辩证地看：既不可简单地拍手叫好、草率复制，也不能轻易地加以否定、一味棒杀，而要根据具体情况具体分析，采取不同的对策。在高等教育从精英化走向大众化的进程中，为了提高办学效益、满足更多人求学深造的需求，扩大招生是大势所趋，并且在人才奇缺的情况下发挥了积极作用。那时，一个班、一个专业，学生众多、甚至人满为患，是可以理解的。因为，单纯从办学的经济效益这个指标来看，用较小的投入培养了较多的学生，是十分合算的。随着高等教育改革不断深入，随之而来的将是高等教育培养人才的精准化和小众化。在满足社会对人才一般性需求的同时，逐步重视有针对性的、量身定做式的精细化培养，会成为高等教育发展的趋势。这也是社会不断发展、改革不断深入的一个标志。需要注意的是，这种精细化、小众化培养的前提是科学把握教育教学规律、科学地预测和分析社会的需求，需要有科学的决策，既不能搞"长官"意志，也不能想当然。

《北京教育》2016 年 6 月 14 日

就业质量报告"初长成"

说实话我不大看好凡事都搞一刀切。一声令下，各校齐秀就业质量报告，看起来似乎很美，实际上问题很多。从校方来看，有多少学校通过撰写这个报告，真的找到了人才培养的薄弱环节，真的研究了就业难在那里，真的在报告公布后切实下功夫改进？就业质量报告不仅是为了公布，而且应成为教学改革和强化培养的指南。从社会来看，有多少人真正关心这个报告，仔细看了、真正看懂了这个报告？如果没有引起社会的关注、没有对公众起到必要的警醒和引导作用，这样的报告公布不公布又有多大意义呢？如何科学地看待就业质量？如何衡量就业质量？除了就业率还应该多些什么指标？作为培养人的大学，不考虑就业不行，但只看就业率显然也不行。大学生的选择日趋多样化，不少人为了考研、出国暂时不就业；有的人急着结婚生子不就业；有的还没想好干什么不急着就业。类似情况显然会拉低就业率，但这和培养质量真的有关系吗？就业质量报告的公布只是万里长征的第一步。如何写好这篇大文章，达到提高办学效益的目的，对社会有更大的帮助，都是需要研究解决和实践探索的大问题。

《北京教育》2015 年 3 月 27 日

创新创业教育如何"落地"

理想很丰满，现实很骨感。创业也好，创新也罢，都不是件容易的事，都需要下很多功夫和力气，不可能在短期内奏效。因此，创新创业教育既要有短期打算，更要有长期规划。从指导思想上，不能操之过急、急于求成，更不要搞形式主义和政绩工程。创业和创新虽然相互之间有十分紧密的联系，但还是有不同的内涵和特点。创业教育和创新教育也不能完全等同起来。从教育对象看，创新教育更具有普遍性，教育对象更加广泛，要面向广大学生开展。创新教育不是孤立的，不能只指望开几门课程加以解决。教育理念的创新、教育体系的创新、教学方法的创新，都对学生产生着潜移默化的影响。教师的以身作则、率先垂范也十分重要。创业教育在一定程度上会受专业、学科的限制。要注意研究不同学生的心理特征、性格素质、家庭背景，根据其性质和特点，加以必要的引导。不能搞"大拨轰"，更不能搞群众运动。创业教育首先是帮助学生树立科学创业的理念，实际操作层面要视情况而定。要重视给学生创造创业实践的环境和条件，引导他们正确地领悟创业的甜酸苦辣。

《北京教育》2015 年 6 月 24 日

高校科研评价的"困境"与"破局"

科研评价改革直接关系着高校的发展和未来。毋庸置疑，改革是大势所趋，迫在眉睫。问题的关键在于到底怎么改？首先，要通过改革，进一步明确科研的目的。新的评价体系和方法，应该能吸引、激励高校教工为满足经济社会发展的需求投身科研，而不仅仅为了发几篇论文、评评职称。是否促进了社会的前进，是否解决了现实中的重大问题,应该成为评价科学研究的最重要的指标之一。其次,科研评价的改革不能一刀切,不能简单化,而要建筑在科学分类的基础上。对于不同类型的科研,评价的指标、评价方法也应该是不同的。再次,由谁来实施评价也应该成为改革的重点之一。只由几名专家进行评价、仅由校方进行评价显然是不全面的,要加大开放评价的力度,引入第三方评价的机制,要接受社会的监督。最后,改革要进行科学论证,积极稳妥,注重实效。不搞形式主义,不能一阵风。

《北京教育》2014 年 05 月 10 日

科研诚信:约定,"孰"成?

29 所高校研究生共同签署了《中国研究生科研诚信公约》,这是件好事,体现了当代大学生的思想觉悟和社会责任感。我既为研究生的这一举动叫好,同时也认为坚守学术诚信、完善学术人格、维护学术尊严、摒弃学术不端,仅仅靠这些研究生的力量显然是不够的。这是全社会的一项系统工程,需要各方面的共同参与,而不能让这些研究生孤军作战。首先,研究生的导师应该做践行科研诚信的榜样和典范,检点自己的言行,端正学术态度,恪守学术道德,对学生言传身教,引导、帮助、监督研究生在这条路上走下去;其次,校方也应该履行相应的责任,建立健全有关的奖励和惩处机制,在高等学府中真正营造科研诚信的浓郁氛围;再次,高校是社会的一个子系统。社会风气如何,对高校、对学生都会产生这样或那样的影响。社会不讲诚信,怎么好苛求这些学生们呢。在社会主义核心价值观教育中,全社会都要把诚信放在重要的位置上,形成人人讲诚信的社会风气。

《北京教育》2014 年 07 月 22 日

构建科研成果收益分配"新常态"

长期以来我国的科研成果转化率低,而科研成果不转化成生产力就没有意义和价值。其原因之一,就是科研人员转化科技成果的积极性不高。常常是一项科研通过鉴定了、验收了、得奖了,就重打鼓、另开张了。这是《中共中央国务院关于深化体制机制改革加快实施创新驱动发展战略的若干意见》将科研人员成果转化收益比例,从现行不低于 20% 提高到不低于 50% 的一个理由。相信在这一利好政策的鼓励下,能够在一定程度上调动科研人员的积极性,鼓舞、激励他们重视转化、致力转化。

但仅仅是提高转化收益的比例显然是不够的。因为,利益的杠杆可以在一定程度上发挥作用,但并不是调动科研人员投身成果转化的唯一动力。特别是对高校的教师而言,并不是人人都把钱看得那么重。因此,强化科研成果转化,还需要出台更多的引导性政策、采取更多的措施。例如:科研成果验收、结题时,加大对成果转化的考核力度;科研成果评奖时,增加成果转化情况的权重;科研人员考核、晋升时,重视其科研成果的转化率,而不是仅仅看完成了多少科研项目等。

《北京教育》2015 年 4 月 22 日

教学与科研的"相爱相杀"?

教学与科研,是大学教师的双翼,缺一不可。即便是那些以教学为主的高职院校的教师和本科教师,也需要做一定的科学研究。科学研究不一定非要是承担多高级别的项目,而是结合教育教学实际、学生实际,选择一定的题目进行。这显然有助于提高教学水平、补充教学内容、提升教学质量。在大学里,离开了科研的教学,很可能是肤浅的、不深入的。但是,以教学为主、以科研为主的分工是必要的。教师的时间、精力、条件总是有限的。主要承担教学任务、或者主要从事科学研究,是符合教师和学校实际的。但两者不能截然分开,在大学里也不可能完全分开。现在的大学里,存在两种倾向:其一,重科研、轻教学。其主要原因,在于政策导向和评价指标体系过多向科研倾斜。其二,只教学、不科研。一些教师对科研的作用认识不够,不愿意开展必要的科研活动,完成教学工作量就万事大吉。要求既能讲好课、又能搞科研,看起来似乎标准高了点,但作为大学教师两者不能偏废,而要相辅相成。

《北京教育》2016 年 12 月 13 日

学科评估"成建制引进"须克服"水土不服"

学科评估并不新鲜,新鲜的是上海首度成建制地引进外智评价地方高校学科发展潜力。让中国高校的学科进入国际评估平台"对标",这的确是个创举。到底和国际一流差距有多远,用国际标准衡量一下是有好处的。但是中国有中国的国情,中国高校有中国高校的实际,不加任何修改地全盘照搬国外标准是否妥当值得商榷,其评价结果有何意义也值得存疑。从公布的结果看,半数学科都得到了5星或4星,证明此标准偏低。如果据此误以为达到或接近了国际一流而沾沾自喜则大错特错。国外先进的、科学的东西要引进,但也要充分考虑中国的具体实际。切勿走上拿有利于自己的标准说事、用国外的幌子为自己贴金的歧路。

《北京教育》2014年10月10日

专业如何"自由转"?

自由从来都是相对的,而不是绝对的。转专业也不例外。任性地转专业,在当前和未来一个时期内,都只能是一种美好的憧憬和愿望。任何一个专业的教育资源、师资队伍、设备条件等,都是有限的。再退一步讲,如果学生转完专业又后悔了、变卦了,又当如何? 一方面,一些专业对于学生也有基本的要求,并不是所有的人都适合学的。因此,设定一定的转专业的门槛是必要的。另一方面,一个专业定终身也是极其不合理的。所以,给学生一定的转专业的自由,是大学教育的一大进步,其步伐还可以迈得更快些。首先,要采取多种措施,让考生、家长了解不同专业的不同特点,尽量选择适合自己的专业;其次,要缩小各专业之间的教育教学资源的差距,不要用世俗的眼光给专业划分三六九等;再次,提倡入校后给学生一定的适应期、犹豫期、选择期,在可能的情况下,尽量满足学生合情、合理、合规的转专业需求;最后,学生也要有正确的认识和务实的态度,能转争取转,实在转不成则尽量适应所在专业的学习、培养专业兴趣,待日后考研等机会再转,而不能怨天尤人、消极怠学。

《北京教育》2016年12月13日

政府官员上大学讲台讲什么?

领导干部上讲台怎么讲? 我们丝毫不怀疑领导干部的口才和能力,但给大学生讲课显然和领导干部们已经习惯了的说话方式、话语体系有很大不同。是否能把控得了课堂局面,是否能让学生入耳、入脑、入心,的确不是个小问题。最好不要让学生听大报告,更不要搞什么现场转播,不要让学生们对着屏幕看领导,不要照本宣科,尤其是不要念秘书们写出来的官话、套话。多讲点生动的故事,采取大学生喜闻乐见的形式和熟悉的语言,谈论他们关注的话题。要适当和大学生互动,注意及时收集大学生们的反馈。其实,我更看重的是领导干部上大学讲台讲思政课的示范意义和榜样的力量。领导干部讲课本身固然重要,但更重要的是以身作则、率先垂范,重视关心大学生思想政治教育。领导干部要认真了解大学生思想政治教育中存在的难点问题,深入了解思政课教师中存在的普遍问题,进行必要的调查和研究,切实帮助和支持高校加以解决。也希望有关部门的管理者、大学校长和书记们、教务部门的负责人以领导干部为榜样,争先恐后为大学生讲思政课,脚踏实地地为开展行之有效的大学生思想政治教育创造条件、铺平道路、营造氛围。

《北京教育》2015 年 10 月 19 日

"红七条"之我见

人活在世,总是要有底线的。法律底线、道德底线,万万不能逾越。以身试法者,应该也必须受到法律的制裁。应该肯定"红七条"的出台,对于推动师德建设有一定的积极作用,但是否能真正发挥作用,需要注意两点:一是谁监控、谁处理、怎么处理、不处理怎么办? 因此,亟需建立健全监督管理机制,出台细化的、具体的管理惩处办法。对于逾越底线的人,力争尽早发现,依规依法处理;对处理不及时、不妥当的部门和人员应该问责。二是师德问题必须综合治理。师德问题发生在高校、发生在教师身上,但绝不仅仅是高校的问题、教师的问题。要彻底解决这些问题,仅靠高校的努力和教师的自律显然是远远不够的。高校早就不再是象牙塔了,也不是与世隔绝的净土。所有的社会问题都会在高校有所反映,都会在教师身上产生影响。许多问题出在教师身上、发生在校园里,根子在社会。因此,要下大力气加强社会主义核心价值观教育,营造积极向上、遵纪守法的社会风气,为师德建设营造有利的舆论氛围和社会环境。

《北京教育》2014 年 11 月 21 日

警惕伸向象牙塔的"金融黑手"

今天,大学早就不再是"象牙塔",大学就是社会的一个组成部分,社会上有什么,在大学里也会有相应的表现。甚至由于学生涉世不深、阅历较浅,社会上一些负面的东西在大学里造成的恶果还会更严重。对此,社会、校方、教师、学生、家长都应该持有必要的警惕:不要一厢情愿把大学看成远离尘世的所谓"净土",更不应该为了保护学生免受其害,就有意无意地拉开学生与社会的距离、掩饰社会的真相。要帮助学生擦亮自己的双眼,把这个世界看得清清楚楚、明明白白、真真切切。在各种骗术相继登场之后,金融骗术又开始粉墨登场,开始在大学里殃及学生。之所以他们能屡屡得手,原因虽然是多方面的,但和学生们缺少必要的警惕、家长们缺少必要的指导、大学里缺少必要的提示有直接的关系。大学不能只是教给学生金融知识,而要教会他们识别"金融黑手"的能力,要加大教育、引导的力度。一些类似的案件应该成为反面教材,不能让其他学生重蹈覆辙。笔者想强调的是,对于"金融黑手",显然仅仅"警惕"是远远不够的,要加大执法力度,斩断这些"黑手"。

《北京教育》2016 年 7 月 14 日

做个让学生点赞的教师?

　　教师作为传播者,一定要考虑受传者的感受,考虑受传者是否愿意接受自己传递的信息和情感。从这种意义上说,教师必须赢得学生们的点赞,但是教师和学生的关系又不是一般意义上的传授关系。一个负责任的教师,不但要告诉学生想知道、愿意知道的知识和信息,更应该告诉他们应该知道的知识和信息。而履行这一职责的过程,教师可能被学生理解,也可能暂时不被学生理解。也就是说,不能简单地以学生是否点赞作为教师的行动指南,而是要从立德树人的大目标出发,从教书育人的高度考量,从职业道德标准来要求。不能简单地迎合学生,更不能为了让学生点赞而丧失了教师的基本原则。对学生是否点赞要客观分析,对教师不被点赞的言行也要科学评判。既不能不考虑学生的特点、接受心理,按照教师的好恶,一厢情愿地进行教育;也不能一味地迎合学生,单纯地追求学生的好评和欢迎。事实上,若干年后可以发现,让毕业生点赞的就是那些认真负责、严格要求、当时并没有被学生完全理解的教师。

《北京教育》2014 年 09 月 19 日

"教师难当",职业背后的挑战

"教师难当"是个伪命题。因为教师从来就没有好当过,既要学为人师,又要"行为世范",怎么可能是轻而易举的事情?之所以不少人再次发出"教师 难当"的慨叹,和"后喻时代"的到来不无关系。过去知识都掌握在教师手里,学生只能依赖教师的传授,教好、教不好的问题还较为隐蔽。如今,获取信息的渠道日益增多,教师没有学生知道得多的现象越来越普遍。特别是在新知识、新技术、新媒体面前,教师的自信越来越少是不争的事实。在这种大背景下,当好教师之难更加凸显,有效解决"本领恐慌"迫在眉睫。只有做"四有"好教师的美好愿望是不够的,还必须要多下功夫才行。不管年龄是几零后,思想都要与时俱进,知识都要即时更新,都要因势而谋、应势而动、顺势而为。还要了解学生、贴近学生,不断分析学生的变化,科学把握学生的心理,不能仅凭过去的老经验办事。教育教学方法也要符合时代的特点、满足今天学生的需求。还有一点特别需要强调,教育不是教训,教育也是服务。真正做到以学生为本,在提供必要的服务中实现教育目标才是最好的教育。

《北京教育》2015 年 11 月 10 日

学校如何应对教师的"个人表达"

对于教师的个人表达,我不大赞成使用"应对"这个词。"应对"有"采取措施、对策以应付出现的情况"的意思。这样似乎把校方和教师摆在了对立面。事实上,教师和学校是命运共同体。教师不仅是各种教育教学活动的实施者,也是学校事业的建设者。学校决策需要广泛而认真地听取教师的意见,注重调动教师关心和参与学校管理工作的积极性。要给教师个人表达提供畅通的途径,采取多种形式主动征求他们的意见,多走进教师中虚心地听取他们的看法。同时,要引导教师依法依规地进行个人表达。对教师个人表达的内容要科学分析,接受正确的、合理的,解释误会的、模糊的,对暂时难以解决的给予必要的说明,争取教师的理解。如果对教师在个人表达方面提点建议的话,我最想说的是:依法依规,三思后行。对学校工作的意见和建议,还是先通过内部途径表达为宜。借助舆论的力量施加压力,或许有可能促进某一具体问题的解决,但也可能给学校带来被动或负面影响,反过来影响教师的自身发展和切身利益。

《北京教育》2016 年 1 月 25 日

如何构建"中国式师生关系"?

教师与学生的关系,是互为依存的。从这种意义上说,教师在处理师生关系时,应该以学生为本,一切从有利于学生成长、成才、成功出发,适应学生心理、满足学生需求、为其提供全方位的服务。当然,这并不等于教师一味地迎合学生,而要真正做好"四个引路人"。学生应该给教师以必要的尊重与敬意。这也不等于简单、被动地接受教师的教诲和训导,不能师云亦云、亦步亦趋、不越雷池一步,而要在继承的基础上不断创新,要教学相长、后浪推前浪。所谓的中国式师生关系,既要遵从国际教育的一般规律,又要符合中国的国情:中国的教师不但要教书还要育人,不但要管学生学业,还要管学生的思想品质;不但要在课堂上对学生负责,还要为学生的全面发展服务。

《北京教育》2016 年 10 月 17 日

人师之甘

与其他职业相比,做教师的幸福显然不是一年多两个假期。事实上,寒假也好、暑假也罢,教师们基本上也很难休息:没有结束的上学期工作,即将开始的新学期准备,平日里没有功夫写的论文,拖了很久的课题,会把每一个所谓的假期塞得满满的。当教师最欣慰的莫过于过了许多年之后,遇到早已不是当年模样的学生亲切地叫自己一声"老师",富有深情地讲述教师自己都早已忘却的小事。教师的每一点点付出,学生们都知道、都记得;做教师的幸福,心理年龄总是小于社会年龄,总觉得自己还年轻。身边的学生总是那么青春盎然、生机勃发,感染得自己都不好意思说自己老了;为了履行好职责,教师们要不断学习最新的东西、了解最前沿的动态,不断地更新观念,不断地突破自己。在教育和引导学生的同时,自己也在与时俱进。不被时代所淘汰,不就是幸福吗?教师对学生的关爱,是发自内心的、是无私的,燃烧自己的同时带来照亮学生的充实和丰盈。当教师最最幸福的,就是看到学生的每一点进步和成长。

《北京教育》2016 年 9 月 18 日

人师之苦

在后喻时代里，一个教师承受的各方面压力之大、所面临的困难之多，超过了以往任何一个时期。如今的教师面对的不再是传统意义上的学生。过去师道尊严，是因为知识掌握在教师手里，学生获取知识的渠道十分单一，离开了教师，学生就无学可学。而现在学生和教师拥有同样的信息获取权，甚至在学习、掌握新知识、新技术、新媒体等方面，学生比教师有更多的优势。由此带来的压力使得不少教师都苦不堪言。站在讲台上的教师已经不再像过去那样自信，教师在学生面前的形象也不再像过去那样无所不知、无所不晓。对此，教师既要有必要的心理承受能力，更要不断地更新知识，和学生一起学、向学生学。教师的苦，还来自于没有时间充电，没有途径进修，没有条件补充、完善、更新自己的知识结构。教学任务重、科研压力大、论文要求高，还要应付各种没完没了的检查、评估，没有时间和精力不断提升自己的能力和水平。教师的苦，还源于无法倾诉。教师天生就是做学生表率的、做学生思想工作的，而他们的苦恼、烦闷却无处诉说、无人诉说。

《北京教育》2016 年 9 月 18 日

扣好大学生活的第一粒纽扣

这几天的大学校园热闹非凡。一个又一个帅哥靓妹怀揣着梦想、肩负着父母、家庭甚至全村人的期望，从祖国的四面八方，跨进了高等学府的大门。作为一个在大学校园里生活、工作、浸泡了 30 多年的教师，在这个时候最想对新生说的是，一定要扣好大学生活的第一粒纽扣。

今年"五四"青年节，习总书记在未名湖畔和大学生们谈话时，用了一个十分贴切的比喻。他说，人生的扣子从一开始就要扣好。如果第一粒扣子扣错了，剩余的扣子都会扣错。对整个人生来说的确如此，对人生中最重要、最宝贵的大学生活而言亦是如此。

为什么要扣好大学生活的第一粒扣子？道理非常简单，开头没有开好，头三脚没踢好，就会直接影响大学生活的质量。几年时间眨眼就过，连后悔的机会都没有。有些问题如果开始没有处理好，不但贻害无穷，还有可能造成无法挽回的损失。

大学生活是与以往的各个学习阶段有本质不同的新时期。对于新生而言，需要思考的很多、需要适应的很多、需要学习的很多、需要实践的很多。窃以为，有以下几个方面特别需要引起注意。

确保安全。不少学生第一次远离家乡、远离父母，在一个全新的环境里开始了大学生活。确保安全应该放在首位。这几天看到的大学生遇害、受骗等方面的报道，警示我们应该增强安全意识、尽快学会自我保护。生命是最宝贵的，健康是学习之本，失去了生命、危害了健康，一切都无从谈起。无论是在校园里，还是出门在外，人身安全、财物安全、交通安全，哪一样都不能马虎大意。

独立生活。不少新生会说，我已经长大成人了，不需要家长和老师的管束了。这话没错。大学生的确需要"断奶"、不能再靠家长的拐棍行走了，要学会自己照顾自己；学会科学安排作息时间，学会合理搭配饮食，学会花好自己钱包里的每一分钱，学会把学校、把班级、把宿舍当成新家；还要适应集体生活，适应和同学在一间寝室里相处，适应和众多人在一间浴室里洗澡。

喜欢学校。一些新生对学校不了解，对专业不喜欢，直接影响了自己的情绪。既来之，则安之，先耐下心来了解学校的情况、了解专业的特点，让时间帮助自己喜欢上学校和专业。如果实在不喜欢也不能破罐子破摔。据我所知，许多学校都有二次选择专业的机会,但前提都是要求第一学年学习成绩优秀。即便是为了调整专业,也要先把眼前的课程学好。

自主学习。大学的学习较之中小学有质的变化。是否能迅速培养自主学习的能力,对于新生来讲至关重要。首先是要把主要的时间和精力放在学习上,不能以为考上大学就完事大吉了,放松对自己在学习上的要求。不少学生的挂科大多是在刚入学的第一学期。没有家长看管、没有老师监督、没有同学督促,有的人玩起来像脱缰的小马,上起网来没白天没黑夜的,一到考试时就傻眼了。除此之外,学生要适应大学的教学方法,提前预习、课上专注、课后复习还不够,要积极和老师、同学互动,大量阅读参考书,还要学会独立思考、创新思维。

确立目标。大学前的目标就是考上大学、考上好大学。一旦进入大学校门后,许多学生却一下子没有了目标。其结果是,整天无所事事,做什么都缺少动力。复习考研吧,不知从何做起。准备就业吧,为时过早。我的建议是,不妨先确定一些小的目标。比如对每一门课程的学习要求,比如制订好每周的读书计划,比如要求自己参加一些学术活动。目标一旦确定,要激励自己、约束自己,竭尽全力去实现。

勤于实践。大学生虽然要以学为主,但绝不能把自己整天圈在教室和图书馆里。读书是学习,实践也是学习,而且是重要的学习。在实践中要善于观察问题、分析问题、思考问题、解决问题,培养动手能力和实际操作水平。大学生活也是社会化的关键时期,既要积极参与学校组织的多种社会实践活动,还可以走出校门、接触社会,在社会实践中汲取丰富的营养。

结交人脉。大学生活是真正意义上的集体生活。大学新生要学会和宿舍的同学、班级的同学相处,学会和老师相处,学会拓展自己的人脉;要求同存异、豁达包容,不小肚鸡肠、斤斤计较,和来自五湖四海的同学互帮互助、和睦相处;遇到困难积极向同学、老师求助;适当参加社团活动和文体活动,结交更多的人脉。当然,学生也不要忘记自己的父母、家人,经常和他们联系,向他们介绍自己的大学生活,耐心听他们的嘱咐和叮咛。

《北京考试报》2014 年 08 月 30 日

给孩子"断奶",家长要先断

据报道,随着"95 后"大学新生入校,一些家长忙着在大学周围租房陪读。一位母亲称,陪读 4 年,唯一的任务就是照顾儿子。儿子没洗过袜子,没自己在外面吃过饭，一下子独立生活肯定不行。抱有这种心理的家长并非个别。

婴儿长到一定阶段就必须断奶，母乳不可能成为孩子一辈子的营养。这样的道理人们都懂。哪怕断奶的过程再痛苦，最终百分之百都能成功。但让孩子独立、在生活上"断奶"，许多家长做起来就困难多了。

绝大多数孩子断奶时都会哭闹，会有各种不适。断得好的，大体有两种情况：一是家长痛下决心，孩子再哭再闹也会坚持；二是个别孩子对母乳已经不感兴趣，母亲不断也得断。在让孩子独立的问题上，显然家长承担的责任更大些。一定意义上说，要想给孩子"断奶"，家长要先断！

许多孩子高考前只有学习这一个任务，家长包揽了一切。冷不丁一下家长撒了手，孩子的确会不大适应。进入大学后独立生活的适应过程，因人而异，有长有短。但绝大多数"小鲜肉"都是没问题的。吃饭有食堂，洗衣送洗衣房，周围有的是同学和老师，遇事谁不能帮把手呢？事实也证明了这一点：孩子适应大学生活，远比家长适应孩子不在身边的日子，要容易得多。

对于许多家长而言，有了孩子以后的日子，孩子即便不是人生的全部，也几乎是业余生活的全部。一切围着孩子转了10多年，冷不丁一下孩子上学走了，较难适应的是家长。他们常常以孩子不适应为借口，实际上掩饰的是自己内心的孤独和空虚。虽然没有什么可以指责的，但家长这样的情绪不但对孩子的成长不利，对自己的身心健康也没有什么好处。所以急需加以调整。

鼓励孩子走向独立。这是个态度问题，也是个策略问题。家长哪怕有一百个不放心，也没有必要在孩子面前表现出来。因为，这不但对孩子的独立没有任何帮助，反而会加剧孩子对大学生活的恐惧和紧张心理，不如正面的帮助、积极的引导、恰当的鼓励来得更有效。

加强与校方沟通联系。据我所知，大学辅导员、班主任绝大多数是愿意和家长接触的。家长有多种方式可以通过他们了解孩子的成长情况、学习情况、生活情况。他们毕竟天天和孩子在一起，对孩子的帮助会更大、更直接。

循序渐进，逐步放手。一下子断了不但难，效果也不一定好。家长可以慢慢减少打电话询问的频率，逐步减少赴校探望的次数，尝试着让孩子做力所能及的生活琐事。时间长了就会发现，一切根本就不像自己想象的那样糟，孩子拥有许多以往没发现的潜能。

当然也要防止另一个倾向，就是以为孩子上了大学就万事大吉，大撒手什么也不管。这样做的结果，和什么都大包大揽同样可怕。升入大学，孩子的种种不适应，需要家长在各方面加以指导、引导。在孩子的教育问题上，家长永远不能成为旁观者。所以，关键是个度的问题。如何做到放手不放松、引导不误导，对于大学生的家长而言是门新学问。同样，大学生家长也需要学习。

《北京日报》2015 年 9 月 2 日

《北京考试报》2015 年 10 月 10 日

大学新生到底该准备啥？

随着大学新生报到日期临近，所谓的大学新生必备物品清单据说较为流行。这份物品清单上，有两样东西很特别，一是家乡特产、二是一套正装。北京某报还以"新生忙着选正装"为题做了相关报道。不知道别人看了怎么评价，笔者总觉得不大靠谱，忍不住啰嗦两句，不敢说以正视听，也算是一个高校人的建议和忠告吧。

先说家乡特产，说什么"用家乡特产和同学、老师沟通感情是最合适不过的了。这可真是一块很好的敲门砖！"对此，笔者颇不以为然。如果有个新生刚一见面就递上一包所谓的特产，估计不但给人留不下什么好印象，还会显得过于油滑。依我看，初次见面，还是以诚相待为好，千万别送什么物质的东西，难免会引起不必要的误会。

再说说正装。说什么"正装是入校以后竞选学生会干部时用的。"当不当学生会干部是一回事儿，但谁说竞选学生会干部就非得着正装啊？其实，学生就是学生，除了一些特别的场合，穿适合学生身份的休闲装就挺好，真没必要闹得那么事儿事儿的。青春、阳光、朴素、大方，比啥都强。

依笔者看，大学新生的准备不外乎是心理上和物质上的准备。在很大程度上，心理上的准备更为重要。

要有独立生活的心理准备。大学生活的开始，揭开了人生新的一页。凡事不要再依靠家长、不要再依靠老师，要有一定的自理能力。生活上自理，学习上自强，事业上自立。

要有过集体生活的心理准备。学会和同学相处，培养团队精神。在家咱一个人一间屋子，想干啥干啥。进了大学就不能这样了。少说也三四个人一室，要学会过集体生活。宽容待人，别过分强调自己。和大家相处愉快了，大学生活就会更加丰富多彩。

要有发愤学习的心理准备。对所考的学校、所学的专业理想的也好、不如意也罢，都有一个进一步了解学校、熟悉专业的过程，要面对现实，踏下心来，好好谋划谋划怎么过好这四年。学习的方向是什么，目标是什么，具体措施是什么。四年真像小鸟一样,眨眼就飞走了,等到你后悔时,晚了。

要有全面经受锻炼的心理准备。大学生活和中学生活最大的不同就是,学习不再是生活的全部。学习是重要的,但光是埋头学习是远远不够的。接触社会、投身实践、参与科研,都是大学生成长的一个个新的课堂。

《北京日报》2010 年 8 月 18 日

《北京青年报》2010 年 8 月 13 日

大学生活从和人打交道开始

北京青年报载,很多新大学生还没跨进校门就开始通过网络联系未来的同学。据说,他们大多通过 QQ 群,或者人人网等社交网站联络,交流的内容从校园指南、社团信息到吃喝玩乐,话题五花八门。一方面,我为网络发达以及准大学生的交往沟通意识感到欣慰;另一方面觉得有必要想提醒大家,初入大学,和人打交道还得悠着点儿。

报道说,一新生通过网络提前认识了几名师兄,解答了他关于转专业等方面的问题。他认为从"过来人"口中得到答案,比其他渠道更可信。这话也对也不对。也可能这位师兄说得有道理,但也有很大可能说得没有什么道理。怎么能逮着个师兄就以为是权威呢?

记者查询到 2000 多个大学新生 QQ 群。不但有准大学生群,还有准研究生群。大学生聚集的社交网站上,在主页开辟"2010 级新生注册专用通道"。注册后可通过层层搜索,寻找到未来的同学及师兄师姐。这在一定程度上说明,在网上找新同学、找学长成了一种时尚。"加入学生社团耽误学习吗"、"考研应该从大几开始准备"……这些未来大学生活可能遇到的问题,常常成为网上讨论的热点。有的大学生几乎每天都要到群里逛逛。"虽然没见过面,但已和好几个本专业的同学联系上了。每天网上聊天,玩网络游戏。"从报道来看,全是网上结识新同学的好。

恰好我看到了西班牙《世界报》8 月 11 日的一篇报道,说的是德国教育部门准备在学校开设有关保护网上隐私的新课程。我们的学校没有这门课,现开也来不及了,但我认为有必要提醒提醒这些准大学生们。

网上交友还是要慎重些好。要有自我保护的意识。寒暄寒暄是可以的,但哪些该说,哪些不该说,自己一定要有个谱。这年头,好人多,但坏人也没有绝迹,骗子也不少,还是提高警惕为好。

即便不是骗子、不是坏人,说的话也不能全信,甚至可以全不信。每个人都有自己的立场、自己的角度、自己的想法,千万不能听风就是雨。有个新生被第一志愿学校、专业录取,本来挺高兴的,但网上遇到个"学长",说什么"那个专业学起来一点儿意思都没有",一盆冷水浇了下来。从这位"学长"的角度来看,或许真是如此,但不一定适合我们啊!

大学新生一张白纸,接触啥样的人,就会受啥影响。所以,还是应该有所选择。不能逮着个师兄学姐就拜佛。对于别人介绍的情况,表达的看法,也要多问几个为什么,顶多做个参考,不能说啥咱就信啥。

网上交友,不能盲目;网上聊天,不可盲从。更不能听风就是雨。至于考研啥时候准备,过几天再掂量还来得及。所学专业有没有意思,学学才能知道。

大学是新生活的开始。新生活,要从和人打交道开始。尤其是在新生阶段,人生地不熟,两眼一抹黑,更需要谨慎小心。多长两个心眼,没啥坏处。学会识别好人、坏人,也算是个基本功。

《大学生周刊》2010 年 9 月 23 日

初进大学　以诚相待

随着大学新生报到日期临近,所谓的大学新生必备物品清单据说较为流行。一些纸媒也不甘寂寞,我看到了北京某报以"新生忙着选正装"为题做了相关报道。不知道别人看了怎么评价,我总觉得差些火候,甚至不大靠谱。忍不住啰嗦两句,不敢说以正视听,也算是一个"院里人"的建议和忠告吧。

据说这份物品清单上,有两样东西很特别,一是家乡特产,二是一套正装。

先说家乡特产,说什么"用家乡特产和同学、老师沟通感情是最合适不过的了。这可真是一块很好的敲门砖!"对此,我颇不以为然。新生入学百事待做、万事开始,用什么家乡特产做敲门砖,太滑稽,太小儿科了。说实话,很难找到有特色的家乡特产,新疆的葡萄干、山西的柿饼子、青海的牦牛干、黑龙江木耳、浙江茶叶等,估计也没啥新鲜的。再说,您带多少啊,给什么人送啊?如果有个新生刚一见面就递上一包所谓的特产,估计不但给人留不下什么好印象,还会显得过于油滑。依我看,初次见面,还是以诚相待为好,千万别送什么物质的东西,以免引起不必要的误会。

再说说正装。说什么"正装是入校以后竞选学生会干部时用的"。当不当学生会干部是一回事儿,但谁说竞选学生干部就非得着正装啊?再说了,您刚入校门,加入个社团,参与点儿社会活动是可以的,竞选也要过一阵子人家改选的时候才行啊。如果真有必要,您到那时候再准备也来得及。其实,学生就是学生,除了一些特别的场合,穿适合学生身份的休闲装就挺好,真没必要闹得那么事儿事儿的。青春、阳光、朴素、大方,比啥都强。

让我说,大学新生的准备不外乎是心理上和物质上的准备。在很大程度上,心理上的准备更为重要。物质上的准备缺了、少了,可以弥补,但心理上的准备不到位,补起来就困难得多了。

物质上的准备应该坚持少的原则。没有把握一定用得上的东西,先别买。能够在学校买到的东西,就不一定带。原来就有的东西,不一定买新的。有不少新生大包小裹地到了学校,发现许多东西都用不上。糟蹋钱不说,多麻烦啊!再就是要坚持不攀比的原则。到了大学,有钱的人有,没钱的也有。咱就按照自己的条件来准备。生活必需品准备,那些华而不实的不准备也罢。实在经济条件不允许,到了学校走绿色通道也能入学。别管别人怎么样。咱上大学是学习的,不是搞什么时装表演,也不是走秀的。即便是那些条件宽裕的,你把钱准备好,缺什么买什么也都来得及。

心理上的准备,比物质上的准备更重要。

要有独立生活的心理准备。大学生活的开始,揭开了人生新的一页。不管过去怎样,这应该是独立生活的开始。凡事不要再依靠家长、老师,要有一定的自理能力。生活上自理,学习上自强,事业上自立。家长送送也是情理之中的事情,但千万别搞得太夸张,前呼后拥的没啥意思。

要有过集体生活的心理准备。学会和同学相处,培养团队精神。在家咱一个人一间屋子,想干啥干啥。进了大学就不能这样了。少说也三四个人一屋,要学会过集体生活。宽容待人,别过分强调自己。和大家相处愉快了,大学生活就会更加丰富多彩。

要有发愤学习的心理准备。所考的学校、所学的专业理想也好,不如意也罢,都要有一个进一步了解学校、专业的过程,要面对现实,蹋下心来,好好谋划谋划怎么过好这四年。学习的方向是什么,目标是什么,具体措施是什么?四年像小鸟一样,眨眼就飞走了。等到您后悔时,晚了。

要有全面经受锻炼的心理准备。大学生活和中学生活最大的不同就是,学习不再是生活的全部。每个跨进大学校门的人,都将要接受各方面的锻炼。学习是重要的,但光是埋头学习是远远不够的。接触社会、投身实践、参与科研,都是大学生成长的一个个新的课堂。

《北京考试报》2010 年 8 月 28 日

准大学生网上交友悠着点

连日来,很多准大学生还没跨进校门就开始通过网络联系未来的同学。据说,准大学生们大多通过 QQ 群或人人网等社交网站联络,交流的内容从校园指南、社团信息到吃喝玩乐,话题五花八门。一方面,我为网络发达以及准大学生的交往沟通意识感到欣慰,另一方面觉得有必要提醒大家,找新同学时还得悠着点儿。

报道说,一新生通过网络提前认识了几名师兄,解答了他关于转专业等方面的问题。他觉得从"过来人"那里得到答案比其他渠道更可信。这话也对也不对。可能这位师兄说得有道理,但也可能说得没有什么道理。

记者查询到 2000 多个大学新生 QQ 群,不但有准大学生群,还有准研究生群。大学生聚集的社交网站开辟有"2010 级新生注册专用通道",准大学生可从中搜索到未来的同学及师兄师姐。"加入学生社团耽误学习吗?""考研应该从大几开始准备?"……这些未来大学生活可能遇到的问题,常常成为网上讨论的热点。从报道来看,全是网上结识新同学的好处。

恰好我看到了西班牙《世界报》8 月 11 日的一篇报道,说的是德国教育部门准备在学校开设有关保护网上隐私的新课程。我们的学校没有这门课,现开也来不及了,但我认为有必要提醒这些准大学生,网上交友还是慎重些好。准大学生要有自我保护的意识,哪些该说,哪些不该说,自己一定要有个谱。这年头,骗子无孔不入,还是提高警惕为好。

即便不是骗子,说的话也不能全信。每个人都有自己的立场、观点和看法,千万不能听风就是雨。有个新生被第一志愿学校、专业录取,本来挺高兴的,但网上"学长"说那个专业学起来"一点儿意思都没有",一盆冷水浇了下来。

对于别人介绍的情况,表达的看法,要多问几个为什么,顶多做个参考,不能说啥咱都信。

大学是新生活的开始。新生活,要从和人打交道开始。尤其是在新生阶段,人生地不熟,更要谨慎小心。

《北京考试报》2010 年 8 月 31 日

大学之义究竟是什么？

新学期伊始。不少新生跨入大学校门，更多的学生继续大学生活。但究竟什么是大学，恐怕 100 个人会有 100 多种说法。大哲杜威在北京大学 22 周年纪念日演讲之际给出的大学之义是，大学的重要不在它所教的东西，而在它怎样教和怎样学的精神。它是活水的源头，不是贮藏财产的铁箱。

最近，上海交大和《福布斯》杂志等都分别推出了最新的大学排名。因其对大学的理解不同，所以差别很大。比如，在上海交大排名第一的哈佛大学，在《福布斯》的排行中位列第 8，其中排名榜首的却是一所只有 2000 多名学生的小型私立高校——威廉姆斯学院。

据说，威廉姆斯学院成了黑马的最主要原因，是它的师生比例为 1 比 7。在美国人看来，这"极其有助于师生之间的交流"，可以带给学生"强烈的归属感"。想想我们的学校，动辄就是数万人，且不说生师比大还是小，就说一两千名教师中究竟有多少称职的、多少人把心用在和学生交流上，都是个问号。

值得我们关注的是，这类小学院之所以首次凌驾于常青藤名校之上，规则的更改是原因之一。在今年评选中，取消了大学教授科研成果获奖情况这一指标。不知道这是不是从一个侧面证明，美国人心目中的大学还是应该以教学为首要任务。同时也应该注意到，欧盟教育界对上海交大的排名表示不满，认为其过分关注科研成就，忽视对人文素养的培养评价。

在我看来，大学大学，既大又学。大，自然是大气之大、大文之大、大师之大、大美之大、大爱之大，而不是大楼之大、大门之大、大手大脚之大；学，则是学习之学、学问之学、学用之学、学术之学、学生之学，而不是学历之学、学痞之学、学霸之学和简单的学校之学。两者的结合，使得大学既区别于其他社会团体、科研院所、政府机构、企业商家，又有异于幼儿园、小学和中学。

现在的人们务实很多。没有多少人研究"大学"。呕心沥血考大学的人，说不清大学到底是啥东东。含辛茹苦供养孩子上大学的家长，只想着让孩子拥有大学生的头衔，也不怎么顾及大学的内涵和外延。至于大学圈里，有多少人真正在研究大学的本质和如何把大学办得更像大学？老师忙着工作量，忙着科研，忙着发表论文，管理者忙着总也忙不完的大事小情，学生们要么是埋头读书以继续读研、考博，要么就是刚入学就忙着找工作，要么就是社交、谈朋友，要么就是懵懵懂懂地混日子。

历尽千辛万苦进入大学校门的学生们,都应该能够在有限的时间里学到更多的东西、更有用的东西,更快地成长。

真希望更多的人研究研究大学之义究竟是什么。

《大学生周刊》2010 年 9 月 2 日
《北京考试报》2011 年 1 月 15 日

大学之学

学是一个汉字,有动词和名词两种词性。这是网上"度"来的结果。释义之一,学是个传授知识的地方。比如大学,就是传授较高层次知识的学校。而其基本解释之一则是,效法、钻研知识、读书等。尤其是做动词时,主要的就指学习了。

顾名思义,学生就是主要从事学习的人,或者说正处于以学习为生的人生阶段。对于学生而言,学习好显然是比较重要的,是衡量正处在这个阶段的人是否合格、称职的重要标准之一。

大学里的学与小学、中学是不同的,和在社会上的学也有差异。这首先是由大学的性质和特点所决定的,也要充分考虑大学后时代社会对学生的需求。也就是说,大学的学毕竟不是孤立的。大学生总有一天要走向社会的。今天的学,必须要给明天在社会上的做打基础。

大学里学得好不好,不能只拿大学本身的标准来衡量,更重要的是要用是否满足了社会的需求来判定。正所谓"出水才看两腿泥",说的就是这个道理。不少人在大学里风生水起、八面威风,可一旦进入社会就傻了眼。当然一个人的成长要靠天时地利人和,但是否能抓住天时,是否能利用地利,是否能构建人和,也是对人的一个基本要求。也就是说,一个人在社会上混得不好、混不下去,或多或少都会有自己的原因。

大学的性质和特点究竟是什么呢?大学不是专门讲授知识的地方,或者说不是单纯讲授知识的。按现在较流行的说法是除了教学,还有科研、社会服务和文化传承与发展。这不但对教师和管理工作者提出了与中小学教师和管理工作者不同的要求,就是对大学生而言,也与中小学生有不同的要求。大学生不但要有一般意义上的学习,还要参与科研活动和社会服务,承担文化传承与发展方面的使命和责任。

大学与中小学不同,大学的学也和中小学不一样。最重要的是目的不同。有一些学生和家长认为,幼儿园的学习是为了不输在起跑线上;小学的学习是上个好初中;初中的学习是为了在中考中独占鳌头;而高中学习的目的趋向于金榜题名、高中名校。因此,在大学以前阶段的学习目的,就是在激烈的升学竞争中获胜,紧紧围绕高考的指挥棒转。高考考什么,就学什么。高考的重点是什么,学习的重点就是什么。但大学的学主要是培养能力。

除此之外,学习的方法也不同。大学前学习主要是跟着老师学,老师指东向东、指西向西,很少或者说不用自学。大学前的学习在知识的衔接上并非一点用处都没有,但学习方法前后会有很大差别,甚至是本质的不同。一些之前学习成绩出类拔萃的人,进了大学反倒不适应了,学习成绩也会一落千丈。对于这样的学生,尽快地转变、尽快地适应、尽快地赶上,是大学后的第一课。

再有就是学习的动力不同了。大学以前的学习不能说没有一点儿自觉自愿的成分,很多孩子都有着求知欲、好奇心,但还有很多孩子很大程度是家长求着学、老师逼着学。进了大学就不一样了。家长鞭长莫及,就算是在学校附近租个房子继续陪读,也不可能再事无巨细、大包大揽了。老师也不再逼你了,学不学习是你自己的事儿,都已经成年了,应该对自己负责。两大动力瞬间消失,高考的目标业已实现,还需要学吗?还为什么而学?

当然,还有学习的环境也发生了极大的变化。过去在家学,一个人一个屋,想学到几点就几点。现在在宿舍里要看舍友的时间,到教室里要排除周围的干扰,要去图书馆那还要有占座的本事;过去是他学、你学、我也学,现在满眼看到的除了"学霸",还有不少"学渣"。即便是"学霸",也和过去埋头死读书的类型截然不同了,别人几乎看不到人家学习,人家却就是屡屡名列前茅。如果你看人家干嘛你干嘛,非傻眼不可。

一起学习的人也发生了变化。过去就是一个班、最多一个年级,谁不知道谁的底细?再到大学里一看,强中自有强中手。大学里缺什么,也不缺状元、榜眼、探花啥的。以往在当地也算是小有名气的主儿,进了大学后再一看,原来自己真的算不了什么。和强手一起同窗学习,既可能激发斗志,也容易让自己泄气。因此,调整好心态最重要。取人之长、补己之短,相互学习、共同提高。

大学里学习的内容也比以往有了更大的变化。过去基本上就是在教室里听老师讲,然后就是没完没了地做题。而在大学,听课只是学习的一种途径。学生要参加学术报告会,要去图书馆查阅资料,要钻实验室里做实验,要出野外实习,还要搞调查、参加社会实践。而这样的学习也是有方法和规律的,也是需要学习的。

《北京考试报》2015 年 4 月 11 日

历练成大学的学霸

　　大学的学霸，不仅要会做题、考分高，而且要会学习、效果好、素质高。如何把自己历练成真正的学霸？只能靠学习！

　　大学里的学，首先要向老师学。大学之大，在于大师。大师是撑起大学的支柱，是大学的脊梁，也是大学问的载体。对于老师不能敬而远之，要多多接触。学习他们的治学态度和严谨学风。有的学生连自己的任课老师姓甚名谁都不知道，未免太遗憾了。要向任课老师学习。即便他们再年轻、再不成熟，但他们能站到那个位置总会有自己的理由。不仅是听老师的课，更要争取课上积极互动，课下保持联系。除了任课老师之外，做学术报告的老师、校园里偶遇的老师，都可能给自己带来机遇。甚至校外的老师也能成为自己的老师。微博互动、邮件联系、QQ聊天，都会让我们受益多多。

　　大学里的学，向同学学也同样重要。大学是什么地方？大学是藏龙卧虎之处，哪个同学没有三把刀子两把剪子，哪一个又会是等闲之辈？他们身上总有一些我们所不具备的东西，总有一些对我们来讲是长处的地方，即便他们有这样那样的不足，也可以让我们引以为鉴，让我们少犯类似的错误。留心注意同学是怎么和老师互动的，听听他们是如何回答老师提问的，看看他们是怎么参与课上课下讨论的，学学他们的学习方法和学习技巧，都可能使我们受益匪浅、收获良多。大学里同学之间即便有竞争，也应该是良性的、是相互促进的。

　　大学里的学，还包括向身边的每一个人学。三人行必有我师。这话的确不假。不要看不起食堂的师傅、电梯的职工、宿舍的管理员，在他们身上可能有我们所缺少的吃苦精神、耐劳品质、坚强意志、执着态度。尊重身边的每一个人，虚心地向他们学习，一定会让我们有更多的收获。

　　大学里的学，特别需要强调全方位的学。上课是学习，读书是学习，做实习、实验都是学习。听讲座是学习，参加社团活动、志愿服务、公益劳动等都是学习。区别不过是，有些是学知识，有些是学技能，有些是学素质。有些学习是直接为现在的学业，有些学习则是为将来融入社会打基础。处处留心皆学问，这在大学校园里是绝对的真理。有的同学同时参加了好几个社团、分身乏术，耽误了学业，好几门课亮了红灯，这算是本末倒置。但有的同学大学几年没有参加过一次社团活动，不能不说是一个遗憾。

　　大学里的学，绝对不能局限在大学校园里。社会是个大课堂，在社会上我们可以学到课堂上、书本上、校园里、老师那学不到的东西。既要读万卷书,也要行万里路,还要阅人无数。社会实践中的学习,对于学校学习是最好的补充。大学的学,尤其是高年级的学,一定要和社会的需求紧密结合起来,和社会实践结合起来。大家要通过学习了解社会的显规则和潜规则,接近社会需求,尽量缩短融入社会的"缓苗期"。离开了向社会学习、向实践学习,大学的学习一定是不完全的、不完整的、不完善的。

大学的学,分数高低只是其衡量标准之一,而不是全部标准。不能单纯为了追求高分,就选那些喜欢给高分的老师的课。能力的锻炼和素养的提升尤其重要。学习的最高境界是举一反三、触类旁通和学以致用。所以,能得高分的学生不能说不是好学生,但全面发展的学生才是最好的。

大学的学,不是死读书,不是傻读书,而是要学活、学巧、学妙。这当然不是投机取巧,而是要在学习中找到乐趣,找到快感、找到幸福。尽管学习可能枯燥乏味,可能需要坐冷板凳,但学习绝对有其快乐。在大学学习,要想法设法找到学习的快乐,历练成学霸。

《北京考试报》2015 年 4 月 18 日

"苹果三件套"盲目攀比不可取

中关村一家苹果产品销售店门前,一名女孩儿一脸愠色。不远处一名中年女子蹲在墙角,手捏纸巾,低头不时抽泣。这名女孩儿即将去外地上大学,今天特意过来买数码产品,她上来就要买"苹果三件套",而且都得是高配,2 万多元的支出让母亲觉得有些吃不消。女孩儿大喊一声:"不给我买,就让我在大学丢脸去吧。"说完便扔下母亲,扬长而去。

大学开学在即,不少家长和新生都忙着准备起"装备"来。此时,最令人担心的是数码市场上刮起的盲目攀比风。媒体报道,一些新生动辄要求购买"苹果三件套",让不少家长直呼"伤不起"。据中关村的苹果产品经销商透露,近来,大学新生成了客户主力军。每卖出 5 台 iPad3,至少有 2 台是卖给大学新生的。一次性购齐"三件套"的不在少数,其他高端的数码产品也成为新生的宠儿,高端智能手机、笔记本电脑都挑贵的买。

其实,入学装备也是时代的写照:第一代大学生报到时,往往仅仅是一个背包;后来,新生的三大件成了"随身听、皮箱、手表""手机、笔记本电脑、数码照相机"……

时代不同了,经济发展了,大学新生确实没必要像父辈、兄长入学时那样当苦行僧,但高消费,尤其是不顾家庭经济条件的盲目攀比则不可取。

对于一些家庭而言,供一个大学生并不容易。学费、生活费以及学习的必需品购置等等,四年下来也不是个小数目。对于有的经济困难家庭,支付这笔开支会更加困难。节衣缩食的家长有之,兼职的父母有之,辍学打工的兄妹有之。在这种情况下,如果还强求家长买什么苹果之类的"奢侈品",的确太过分了。

对于大学生来说,并非配置越高、价钱越贵的产品就越好。关键是看自己是否需要、是否适合自己。据销售人员介绍,5000 元左右的笔记本电脑、2000 元左右的手机对大学生来讲绝对够了,真没必要买那么贵的。另外,几乎所有的学校都有计算机房,基本可以满足学生上网的要求。

从另一个角度来讲,作为即将独立生活的大学生而言,即便是我们消费得起、真的需要,恐怕也需要考虑一下周围同学的反应和感受。即便是家里条件十分优越,也没有必要在别人面前炫富。

笔者所在学校的一个女生每天开车上学,但都是在离学校还有一段距离的地方就泊车,然后像其他同学一样走进校园。我欣赏这样的学生。还有一位女生,所有的老师们都曾在校园家属区货摊上见到过她。下课之余卖菜,卖菜之后上课,是她大学生涯的写照。她总是热情地和熟悉的老师、同学们打着招呼,从没有因为帮父母卖菜、卖水果而感到难为情,校园里也没有任何人因为她家境不宽裕而低看她。如今,她早就不卖菜了。因为,她远在大洋彼岸,读博士去了。

如果非要说有什么在别人面前丢人的事儿,我想,那恐怕就是为了莫名其妙的虚荣心"打肿脸充胖子"吧。如果说还有丢人的事儿,那应该是虽然用着"苹果三件套",但学习还总是挂科……

《北京日报》2012 年 8 月 15 日
《北京考试报》2012 年 8 月 15 日

大学生宿舍的爱恨情仇

一间大学生宿舍里住着四个人。一个"富"二代,一个"官"二代,一个"知"二代,一个"贫"二代。他们该如何相处? 这个话题在我的微博里引起了粉丝们的关注,甚至还招来了媒体的微访问,可见这个话题还是有点意思的。

在接受微访问时,我的回答是:富二代奉献点钱财,官二代动用点人脉,知二代思考点点子,贫二代多卖点力气。

我想，如果真是这样，这个宿舍肯定会非常和谐。

有人说，哪会有这么巧的事儿。的确，家庭背景不同的几位同学分到一间宿舍里的概率并不大。但小小的空间，也会成为社会的缩影，却是客观的现实。

说实话，我并不赞成给每个同学的身份都加上家庭背景的因素。这个二代、那个二代，用来区分大学生并没有太多的意义。但是，家庭背景的确会给人们打上各种各样的烙印，会使得他们思想观念存在差异，其生活习惯、行为方式也会有不同。但大学生虽然多数已经成年，毕竟从学校门进学校门，社会上的潜规则、显规则懂得还不多。所以，和谐相处起来应该是有基础的。

首先，要有良好的愿望。每个宿舍成员，甭管啥二代，与舍友的关系都是同学。淡化家庭背景，从和大家和谐相处的愿望出发，许多事情都会变得简单。能有机会同在一个屋檐下住上几年，缘分呐！人海茫茫，几个人能聚到一起，多不容易啊！我们应该珍惜才是。

其次，要用发展的眼光看问题。能够进入大学的，都是同龄人中的佼佼者。不管他们现在的情况如何，过若干年后，绝大多数都会成为社会的栋梁。自己能和将来的精英和谐相处，是多么幸运啊。山不转水转，水不转山转。你是富二代，富下去不但要靠自己的努力，也要靠良好的人脉；今天的贫二代，不定哪天就翻了身呢。官二代也好，知二代也好，今后的路都需要自己走，每走一步都需要别人的帮衬。今天善待每一个同学，日后没有亏吃。

再次，要发挥优势，求同存异。尊重他人，就是尊重自己。富二代不炫富，官二代不张扬，知二代不自傲，贫二代不自卑。既然自己在某一方面有特长、有优势，就适度地发挥出来吧。家里拿钱不当回事的，可以适当地接济接济贫困的学生；自己学习起来像玩似的，就耐心细致地辅导辅导学习中遇到困难的同学；父辈门路广，多为同学提供点信息；手头紧点咱省着花，实心实意地为同学做点力所能及的事情。

大学四年稍纵即逝。等到多少年后想起往事，和同宿舍的哥们、姐们相处的点点滴滴，一定会成为我们最美好的回忆。

《大学生周刊》2011 年 3 月 24 日

和老师互动很重要

每次上课，我总是把我的邮箱、电话等联系方式都告诉大家。但遗憾的是，很少有同学和我联系。第二次选我课的同学遇到我，还会一低头就闪了。我并不觉得同学不尊重我,也不认为自己缺少亲和力。在许多！同学看来,和老师的关系就该是这种若即'若离的样子。其实,真的错了。

上了几年大学,连老师都认识不了几个,或者没有几个老师认识你,真的是一个很大的遗憾。和老师互动,是向老师学习的基本路径。大学,首先是大师之学,和大师学。不敢说大学里的老师个个是大师,或者说有些老师离大师还差得很远,但多数老师在某一领域、某一方面还是有一些可学之处的。退一步讲,即便他真的不怎么样,也可能为我们提供一个反面教材吧。

向老师学习,不仅仅是课上听老师讲。何况即便是课上,也需要和老师互动才能更好地学习和领会呢。有的同学身在曹营心在汉,老师的话根本就没听进去,下课就！跑了。这样的学习效果恐怕不大好。当然,我们可以通过自学和其他形式完成学习,但如果是这样,还上大学干什么？te:多结识老师,有助于扩展人脉,获得老师更多的支持和帮助。老师不仅仅给我们知识,还可以在很多方面给予我们帮助和指导。你拒老师千里之外,即便是老师想帮你也找不着你啊。更何况,现在的老师都忙得很,怎么可能上门求着帮你呢。

不少同学或许还没有认识到和老师接触的必要性,而是事到临头才想起找老师。比如,你考试成绩不理想,希望老师写推荐信了,想报老师的研究生了。临上桥才扎耳朵眼,效果往往不好。没有平时的接触和交往,遇到事情时怎么张得开嘴呢？即便是求上门了,老师对你连印象都没有,怎么能谈得上使劲儿帮你呢？

和老师的互动其实并不复杂,建立一个紧密的、健康的师生关系就足够了。千万不要阿谀奉承,请客送礼那一套用上。个别老师可能会为之所动,更多的老师还是希望和学生一起探讨问题、切磋学术。

我常常告诉同学们,要想得高分,首先要让我记住你的名字。其目的,不外乎鼓励大家多和老师互动。在学校和老师都互动不起来,到了社会和人打交道也会有障碍。当然,有些老师对学生不够热情,那是另外一个问题。

《大学生周刊》2011 年 3 月 10 日

《中国教育报》2011 年 4 月 7 日

《北京考试报》2011 年 5 月 28 日

师生心理距离不该越来越远

我一直在教学一线上课。每门课开讲时,我都会请在座的同学们猜一下,坐在最前排的几位学生是谁？估计您也已经猜到,他们肯定是我带的研究生。而选修这门课的不少学生,毫不夸张地说,如果不是墙挡着,还会坐得离讲台更远。这时,我都会讲一个所谓的规律:离老师越近,学习成绩越好。然后,再请在座的同学们思考为什么。接下来我会询问同学们有无愿意坐到前面来的,结果总是有些同学向前挪几排。对于他们,我总是给予坚定的鼓励。

曾在网上看到一张既有点夸张,但又很贴切的课堂座位图。那些所谓的学霸们总是坐在前几排的最中间的位置。这在一定程度上,支撑了我的观点。

"后排效应"在大学课堂上是司空见惯的现象。认真分析和研究这一现象,对于改进课堂教学和师生关系有重要意义。心理距离决定了空间距离,或者说空间距离是由心理距离决定的。表面上看,学生们是上课时喜欢挑老师视线难以顾及的位置坐,本质上还是学生和老师的心理距离太远。

接近性是人与人有效交流与沟通的基础,也是增强教育效果、提高教育质量的基础。只有心理接近了、情感交融了,老师的话才能在学生中引起共鸣,我们的教育教学才可能奏效。因此,对于教师而言,重要的不仅仅是把课备好、讲好,而是先要研究学生心理,和学生打成一片、亲密无间。老师要想方设法多和学生接触,多和学生交谈交流交心。

不可否认,爱坐后排的学生中有不少人对老师是敬而远之的。他们对老师满怀崇敬,但却不愿、不敢、不会与老师接触。在此状况下,教师应该在"破冰"中发挥积极主导作用。教师不能只是远远地站在讲台上,而要走近学生、走到学生中间。只有这样才能了解学生们的喜怒哀乐,才能摸准学生们的脉搏,才能把握95后们的性格特点,才能使教育和引导更具针对性、分众性和有效性。

应该看到,教师和学生相距太远,不仅仅表现在课堂上、教室里。一些老师上课来、下课走,平时极少和学生见面。课上缺少互动,课下缺少交流,使得师生中间横亘了一条心理鸿沟。有的学生听完课后,都不知道任课老师姓甚名谁,这不能不引起我们的警觉。

更应该引起关注的是,"后排效应"并不仅仅出现在大学的课堂上。注意观察即可发现,大学里的各种会议都存在着不同程度的后排现象。这是对大学管理者们的警示。作为学校管理者也需要扪心自问,你们离师生员工的心理距离是否远了点?

《中国教育报》2016 年 6 月 16 日
《北京考试报》2016 年 6 月 22 日

别把学业当副业

当一些毕业生为求职跑断了腿、说破了嘴、伤够了神的时候，网上风传的《2011最给力的求职简历》视频让人们看到了一缕阳光。作者彭帅把自己学到的动漫专业真功夫，浓缩到了1分零8秒的"视频简历"中，赢得了30多家企业的青睐。他之所以身患"选择恐惧症"却不愁没有工作，不仅仅是他的另类简历，更重要的是他学有所成。

大家到社会上混，还是要凭真本事的。人家需要的，不仅仅是拥有一纸大学文凭的人，更是有真才实学的人。不少老总都抱怨，面试的学生不少，真正看上眼的不多。这里不排除CEO、HR们过分苛刻的因素，但一些学生眼高手低、学无所长，也是重要的原因之一。

现在就业形势严峻是客观现实，但"难就业"不等于"无就业"。而是就业竞争越激励，越需要我们有真本事。真本事不是与生俱来的，也不是从天上掉下来的，需要通过踏踏实实的学习得到。等到找工作时才知道"四年匆匆流过，神马都是浮云"，那就真应了"书到用时方恨少"的老话了。

学习的积极性不高是个令人挠头的事情。一个学生告诉我，上中学时，老师激励学生的方法是，告诉他们大学是个很好玩的地方。等跨入大学校门之后，他们就真的玩了起来。这虽然是个玩笑，但缺少学习动力是个很重要的原因。小学时学习是为了上个好中学，中学时学习是为了读个好大学，大学时学习为了啥？不少人说不清、道不明。

以前学习都有人用鞭子赶着、拿好吃的哄着、好言好语地求着。上了大学之后，我们都已经成年了，不会有人再威严厉色地逼着我们、死乞白赖地求着我们、一天到晚地管着我们了。于是，不少人就"放羊"了。人虽已经成年，但缺少自制力。多少时光匆匆逝去，青春岁月枉自流。

学生学生，应该以学为生，起码应该以学为主，而我们现在一些大学生却把学业当副业。热衷社会工作，没错；喜欢交友联谊，没错；爱好游山玩水，没错；踢球、演戏、购物、上网，都没错，错的是不该忘记自己的学业。一个学生即将毕业了，才突然发现在大学里不该做的都做了，该做的却没有做，肠子都快悔青了。

大学的学习和中学、小学都不一样。既要学习理论，又要积极实践；既要课堂学习，又要走向社会；既要学习专业，又要提升素质；既要向老师学习，又要向同学、向周围的人学习。不读书，不行；死读书，读死书，也不行。

虽然说，现在提倡终身学习，但大学时代是人生学习的最好时光。不但记忆力好，学习效率高，各种资源丰富，而且还为我们走上社会奠定基础。人的一辈子都需要学习，但大学的学习却更为重要。

现在有一种不正常的现象：一进校门就忙着到什么地方实习、忙着四处找工作，等面试时才醒悟到什么都没有学到。"误把学业当副业"的结果必然是"书到用时方恨少"。不是说不需要有就业意识，但学习是就业之基，学业是就业之本。如果忘记了这一点，很可能就会"本末倒置"。

《北京考试报》2012 年 2 月 29 日

寒假让学生离校不离教

不少高校都迎来了史上最长的寒假。学生欢呼着赶在春运潮前飞向了四面八方。老师开始忙着判考试卷子，校方管理人员大松了一口气，热闹的大学校园一下子成了空巢。成千上万的大学生怎么度过这个长假，值得议论议论。

怎么过好这个长假，既是学生自己的事儿，又不仅仅是他们的事儿。学校、老师、特别是辅导员都有引导、监督、激励的责任，而不能一放了之。以放假为借口放松和学生的联系、放弃对学生的管理，是学校的渎职、教师的失职。

现在的通信手段十分发达，只要想联系，与离校的学生沟通易如反掌。老师和辅导员要根据学生的实际、专业的实际、学校的实际，给学生提出些指导性的建议和具体的要求，采取一些妥当的方法对学生的假期进行遥控，力求使学生离校不离教。

大学生已经不是小孩子了。怎么过好长假，学校、老师的外因还是要通过大学生自己这个内因起作用。首先要拾遗补阙，特别是那些挂在"高数"和其他"树"的学生，赶紧为补考做准备，切莫"等上轿时再扎耳朵眼儿"。其次，充分利用假期学点儿平时来不及广学、深学、细学的东西。再次，为即将开始的新学期早做准备、做好准备。还有，利用长假写点论文、搞点调研、锻炼身体，多走走、多看看、多实践。

人生苦短，长假更短。谋划不好，一晃就过。放假伊始，啰嗦几句。如能引发思考，进而引发行动，也不枉笔者一番苦心。

《北京考试报》2015 年 1 月 21 日

谁家的孩子更容易上当

一女大学生本想利用暑假和同学办个家教补习班,可父母坚决反对。担心她难以独自适应社会,每月发 2000 元"工资",让女儿宅在家里。这个女生一开始还和家长抗争,但后来还是屈服了。一是知道家长是为自己好,二是在家呆着"挣钱"当然比打工舒服。

值得关注的是,这样的父母并不是少数。另一个学生找了份饮料推销员的兼职,月工资 900 元,随后被父母以 1500 元"月薪""挖"回了家。妈妈说,"黑心公司和机构以兼职打工为由骗大学生,甚至有学生被骗入传销组织,毁了前途可怎么办?"

家长的担心并不是多余的。但靠让孩子远离社会的方法来防止受骗上当,却不是个好的选择。现在的社会的确很复杂,这是客观存在的。而且,现在的骗子花样翻新,防不胜防,别说未出茅庐的孩子了,就是一些大人也有不少吃了亏的。但是,这绝不应该成为让孩子远离社会的理由。

成为鲜明对照的是,社会越来越乱,大学生却越来越天真。其中原因是多方面的,但家长不放手、不放心,事事代办、时时监管,是重要的原因之一。

差、自理能力差、社会交往和沟通能力差还不是最重要的,可怕的是对于如何在社会上闯荡一无所知。这其实才应该是家长最需要担心的。

身为父母,哪能不为孩子操心?但这种操心,要真正对孩子的成长起到推动作用而不是阻碍他们的成长。现在的家长十分重视孩子的培养。这个班、那个班上了不少。但相对而言,却忽视了对孩子社会素养的训练。其实,教会孩子学习很重要,但教会孩子适应社会更重要。

北京的天气今年最热。孩子在公司实习,早出晚归,十分辛苦。自己在空调屋子呆着还出汗呢,更何况孩子还要挤地铁啊。想想,真是心疼。但没有办法啊。孩子迟早要和社会同此凉热!平日里孩子们忙,接触社会的机会不多。假期,是个好机会。宅在家里,家长看起来放心,但也不是保险箱啊!

谁家的孩子更容易上当受骗?和一些家长的想法可能恰恰相反,那些过度保护的,可能首当其冲,易受其害。

《北京晚报》2010 年 8 月 2 日
《北京青年报》2010 年 8 月 5 日

给学生补补网络素养课

媒体近日披露,一初中女生"暑期兼职"刷60余次单、被骗6000余元。随着网络的普及,学生上网上当受骗的事时有发生,让人唏嘘不已。是时候给学生补补网络素养课了。

给学生补补网络素养课刻不容缓。现在的未成年人上网仿佛无师自通,但对网络陷阱却缺少必要的认识和基本的了解,给了骗子可乘之机。如何辨别信息的真伪,如何识破骗人的伎俩,如何规避网络的风险……这些基本常识都需要及时告诉学生,让更多学生在良莠难辨的网络世界里,长一双慧眼,避免吃亏、上当、受骗。帮助上网的学生尽快补补网络素养是当务之急,家长、老师、学校、社会都要重视才行。

给学生补网络素养课要结合实践。对未成年人,监护人不仅要监护他们的线下生活,也要监护他们的线上言行。这是大事,来不得半点疏忽大意,更不能掉以轻心。但空对空的说教不可取,要紧密联系学生的思想实际、生活实际和社会实际。要帮助学生观察、分析、判断身边的是非曲直,从而学会正确上网。比如可请一些兼职导师,帮助学生认清网上的骗人骗财行径,必要时结合案例,让其感同身受,会有较好的效果。

给学生补网络素养课的核心内容是思想品德教育。不少受骗者上当的原因是贪图小便宜,或是希冀不劳而获。说到底,该女生受骗的根源还是投机取巧的心理在作祟。天底下没有免费的午餐。在这个世界,没有刷刷单就能获得高额回报的"馅饼"。家长、老师、学校、社会都要告诉孩子"一分耕耘、一分收获"的道理。利用暑假兼职是好事,但投机取巧的想法半点儿不能有。否则,受骗上当是早晚的事儿。学生这方面的知识、素养、信念的普及、训练和坚定,需要大众在长时间内对其价值观、人生观、金钱观等正确引导和塑造。有了正确的理念武装头脑,网上再隐蔽的骗术、陷阱也能避过。

《北京考试报》2016 年 8 月 17 日

思想偏激怎么就会商不得？

近日,媒体对北京大学将"思想偏激"的学生纳入会商范围颇有非议,主持人孟非等有一定知名度的人也加入了拍砖之列。我却以为,对于那些思想偏激的学生会商一下不但可以,而且很有必要。会商并不等于限制,更不等于处分。人的培养不仅仅是学术、业务的培养,更是思想道德的培养。了解到一个学生的思想偏激之后,学校也好,老师也好,当然不能袖手旁观,需要加以分析并积极引导。这是对学生负责、也是对社会负责的表现。对于这样的会商不但应该,而且要提高质量并见成效。

校园该不该禁骑自行车要具体分析。南京理工大学紫金学院禁止学生在校园内骑自行车在社会上引起热议。北京晨报甚至用一个整版来讨论是与非,还有人提出了"老师开车、学生禁骑"的所谓质疑。到底该不该禁骑,不能脱离开校园的实际。如果校园不大,学生又非常多,不骑也不会对校园生活产生太大的影响,不骑也罢。但这并不等于学校采取相应措施可以简单化、行政化,更不能激化矛盾,使学生产生对立情绪。要采取多种形式帮助学生认识到采取措施的必要性,想办法解决学生面临的实际问题。

不看好高校聘请专家大撒网。143位"两院"专家受聘河南大学,这样的消息看起来更像是一个形象工程。虽然郑州离北京距离不算太远,但中科院、社科院研究生院这么庞大的专家学者群中,到底能有多少人认真履行导师义务,值得打个大大的问号。如果只是停留在协议上,如果仅仅是拿钱不干活,对学校、对学生,都没有任何益处。不希望大撒网聘挂名导师之风在大学蔓延,而希望这些导师用行动证明我这是杞人忧天。

专栏改微评论的示范意义。从这期开始,我将经营两年多的"铁铮专栏",改为"铁铮微评论"。其目的不仅仅是为了适应"碎片化"时代读者阅读习惯的改变,更重要的是想用自己的行动跟上时代的步伐,不管是思想、观念,还是行为方式。"秒杀""泛阅读""娱乐化"等等的风行,逼得我们不得不采取相应的对策。"僵化""守旧",不该成为我们的符号。我不是追风之人。但博客时髦时,我的博客得过大奖;微博盛行的今天,我也在求粉。这一切不为别的,就为告诉我的学生,在瞬息万变的时代里,每个人都不该"out"。

《大学生周刊》2011年3月31日

"枪手"悲剧如何避免?

用"一失足成千古恨"来比喻替考"枪手"的心情,恐怕再贴切不过了。教育部日前宣布,在河南"替考"事件中被查实的11名"枪手",将受到开除学籍的处罚。这些枪手都是在校大学生。当这些天之骄子过早地结束大学生涯时,心里剩下的怕只有"悔恨"二字了。可惜啊、可惜,天底下哪有后悔药?!

不是什么人都当得了"枪手"的。这些学生"考商"肯定是一流的,但却是"法盲",实在令人遗憾。千错万错,他们错在不辨是非、不明事理、不知轻重,自己断送了原本光明灿烂的未来。他们替考的动机或许不同,但有一点是肯定的,就是没有充分考虑到由此带来的一系列恶果。

令人担忧的是,存有侥幸心理、常常脑瓜发热、做事不计后果的学生,绝对不止这 11 名"枪手"。他们虽然不一定触犯法律,也不一定都这么严重,但因一时不慎,造成难以挽回恶果的事件的确屡屡发生。有的学生分不清借鉴和剽窃的界限,有的不以抄袭为耻,有的没有正确的是非观念……

对于这次替考的"枪手"来说,此事已经没有挽回的余地了。对于千千万万学生而言,他们无疑是反面教员,应该从他们身上汲取教训,引以为戒,时刻警示自己切莫逾越法律底线和道德底线,切莫等到无法挽回时才后悔。

但是,这些"枪手"的悲剧是怎么发生的?是谁让他们饰演了"枪手"的角色?除了"枪手"之外,还有没有人应该承担点儿责任?这些似乎不是一纸处分就能回答的。这些问题如果得不到有效解决,这样或那样的"枪手"今后还有可能会出现。

据知情者介绍,"枪手"从某种意义上说也是受害者。他们大多家庭经济困难,希望能打工挣点钱补贴家用。而那些别有用心的人正是钻了这个空子,打着招聘家教的旗号吸引他们上当受骗。因此,除了"枪手"自己增强法律意识、擦亮眼睛之外,社会、学校、家庭都有责任帮助他们明辨是非。要建立健全勤工助学的有关制度,进一步规范家教市场,切实保障大学生的权益,以防大学生误入陷阱、落入圈套。

如何对待这些一时犯了错误的青年也是个值得探讨的问题。他们该为自己的错误付出代价,但也不能将他们一棍子"打死",应该鼓励他们正确地对待失误,真正汲取教训,给他们以改过的机会。

总之,既要惩处错误、警示社会,又要采取积极措施筑牢防线,避免让"枪手"的悲剧重演。这比简单地处理几个"枪手"要重要得多。

《北京考试报》2014 年 07 月 30 日

大学生炒股不宜提倡

原本是某大学金融专业类学生炒股那点事儿,让不少媒体硬给套了个误导性极强的标题。认认真真看完某报近日发表的有关报道后,再看这样的标题,笔者也真是"醉了":《大学生上课盯手机看股市,班上20男生15个炒股赚到钱》,真的可以做"标题党"的经典案例了。

上课时用手机看股市波动的学生到底有多少,报道里并没有具体说。"班上20个男生,现在有15个在炒股,几乎都赚了钱",也只是某校投资学专业一个班的情况,不具有代表性。在浅阅读时代,这样的标题给人的深刻印象是:现在大学生炒股成了普遍现象,而且都赚到了钱。事实并非如此。

有的报道即便有些失实偏差、有的标题即便有点耸人听闻,也无大碍。但笔者真担心,如此这般的报道会产生负面影响,甚至会误导学生匆忙入市。

作为投资学等金融相关专业的学生,有些炒股的实践经历并非没有一点好处,但决不能把主要的时间和精力都用到炒股上。因为大学所办的投资学专业,显然不是简单的、一般意义上的股民培训班。它重点培养的是学生从事各类投资活动的科学决策和管理能力。其中既包括实务投资、金融投资,还包括人力资本投资等。学生要掌握财经、法律、管理等多学科的基本知识和技能,具备定性分析、定量分析及外国语言阅读交流的能力。这些只靠在股市里扑腾几下是远远不够的。也就是说,即便是对这类金融相关专业的学生而言,炒股也只能是点缀,而不能成为主业。为了在股市里赚点小钱而耽误了学业,无疑是本末倒置,也会得不偿失。可以取而代之的做法是采取模拟炒股的方法,既无经费之忧,又多了炒股的经历,还不影响学业。

至于非专业的学生而言更是如此。不能说股市猛于虎,但"股市有风险,入市需谨慎"这句话,每个投资者都应烂记于心,对在校大学生而言更是如此。

学生阶段应该强调以学为主。不能死读书、读死书,而要把理论和实践结合起来、把课堂教学和课下体验结合起来、把学校学习和社会实践结合起来。但也不能用单纯的某种实践活动来冲击学业。

世界这么大,诱惑实在多。应该看到,入市炒股的学生虽然并非主流,但现在的确有些学生没有把主要的时间和精力放在学业上。对此,社会、学校、教师、家长不能掉以轻心,要积极有效地加强对学生的引导和帮助,使其保持清醒。

《中国教育报》2015 年 4 月 30 日
《教育周刊》2015 年 6 月 16 日
《北京青年报》2015 年 4 月 30 日

对学生众筹少点指责多点指引

我们的社会一直鼓励大学生要敢于创新、勇于尝试,但当学生真的开始创新、尝试的时候,有些人不是热情鼓励、相助,反而要泼上几瓢冷水。

当不少人还搞不清楚"众筹"是什么的时候,它已经开始在一些大学生中逐渐流行起来了。据报载,台湾大学的 25 名学生为了登山培养"领导能力",在网上发起募款活动,遭到不少网友恶评,有的质疑活动没有公益性,质问"伸手要钱跟乞丐有什么区别";有的网友则讥讽说,你们是精英,难道我们就是 ATM 机?大学生的众筹尝试在大陆地区同样受阻。中国人民大学一毕业生要到哈佛大学攻读硕士学位,于是在网上发起众筹学费,"99 块和我一起念哈佛",也被很多人认为实质上是一种乞讨。

对此,笔者想说,众筹的特点之一是你情我愿。作为公众中的一员,如果能对大学生的尝试之举给予支持当然很好,即便自己不想当"ATM 机",也没有必要对他们冷嘲热讽。

众筹一词是舶来语,取大众筹资之意。其特征是低门槛、多样性、依靠大众力量、注重创意等,是一种向大众募资以支持发起的个人或组织的行为。如今,众筹已经成为一种较为成熟的商业模式,而且还有继续蓬勃发展之势。有数据表明,2013 年全球总募集资金达 51 亿美元,其中 90% 集中在欧美市场。世界银行的报告预测,2025 年众筹的总金额将突破 960 亿美元,而且亚洲地区占比将大幅成长。

在当下的社会背景下,让别人肯为你的倡议埋单,远比打工赚钱难得多。所以,台湾大学的教授才特意要求学生们只能通过众筹手段获得资金,并以此作为相关课程的期末考核。而此次台大的学生们众筹受到社会非议、讥讽,阻力重重,更证明了其难度绝非一般。要说服大众成功实现众筹,不但要有好的创意,还需要有能够打动大众之心的企划书,比如为什么要众筹,筹到的钱怎么用,掏钱人能得到什么回报等,都要讲明白、说清楚。众筹过程本身对大学生而言是一种非常好的锻炼,不但需要很好的表达能力和沟通能力,还需要有百折不挠的精神和荣辱不惊的品质。由此看来,在遵纪守法的前提下,让大学生多尝试尝试这一新生事物,未尝不可。

至于有人认为众筹是一种实质上的乞讨行为,违背了自食其力的价值观,这显然是对众筹的概念不理解造成的。事实上,众筹并不完全等同于传统意义上的募捐,也不是纯粹的公益活动。众筹的发起人需要为出资人提供等价的服务或者回报。其本质,是在市场经济环境下的等价交换过程。必须看到,众筹是一种完全自愿的行为,如果对发起人的项目不感兴趣或认为不值得,不参与就是了。

不知不觉间,网络众筹成为大学生解决资金需求的一种日趋流行的渠道。对待这一新兴事物持什么样的态度,是考验我们对待大学生真实态度的一块试金石。我们的社会一直鼓励大学生要敢于创新、勇于尝试,但当学生真的开始创新、尝试的时候,有些人不是热情鼓励、相助,反而要泼上几瓢冷水。其实,盲目批评大学生众筹是缺乏科学和法律依据的。对待新生事物、对待大学生的尝试,非但不应该给予嘲讽和质疑,反而应尽我们所能,给予他们适当的帮助和指导,保护他们的热情和闯劲,说不定可以催生出一批令人惊喜的成果。

不过,笔者也要给大学生们提个醒,任何时候都应该遵纪守法,众筹行为也是如此。众筹之前,下点功夫研究其特点、规律是非常必要的。切不可盲目跟风,更不能滥用众筹。必须遵守契约、履行承诺,切实对出资人负起责任来,不能投机取巧,更不能存心欺诈。

《中国教育报》2015 年 7 月 24 日

信任缺失更需坚守道义

前言:绝不能让做了好事的学生,还要承担心理压力、经济负担和其他责任,甚至付出生命的代价。这既不符合人性,也有悖于教育目标,更不利于见义勇为精神的传播和传承。

长沙理工大学两名大学生救助素不相识的伤者,被人四次当成骗子;云南大学一学生在火车上急救病人并送往医院,却被家人当成骗子,遭到辱骂。两则新闻联系在一起,更发人深省。反复读过几遍有关报道之后,既为这些大学生顶着压力见义勇为的精神所打动,更为他们的热情受到伤害而寒心。

第一则新闻里有这样几个关键情节:不断有人走过伤者却无人救助。大学生拨打伤者手机上的 4 个联系人,都被误当成了"亲人受伤、需要钱看病"之类的诈骗电话。伤者父母甚至怀疑救助者与伤者有过争执而发生了推搡,靠监控录像才解除了怀疑;第二则新闻几乎重复了上述情节。虽然大学生们称即便这样也没有后悔,遇到类似情况还会挺身而出,但我们还是要问:这样的反常现象为什么会成为社会的常态? 这类"好心不得好报"的现象如何才能得以避免?

在当前形势下,大学生不顾误解,即便被当成骗子依然坚持见义勇为,更彰显出他们精神的难能可贵。新闻中提到的这几位大学生,他们的高尚品格值得全社会为之点赞。但是,如果本着对青少年这一群体负责任的态度,我们或许不应当简单地鼓励他们不顾一切去见义勇为。决不能让做了好事的学生,还要承担心理压力、经济负担和其他责任,甚至付出生命的代价。这既不符合人性,也有悖于教育目标,更不利于见义勇为精神的传播和传承。在笔者看来,创造一个让人放心做好人好事的社会环境是当务之急。

大学生见义勇为做好事反遭辱骂、受误解,折射出很多深层次的社会问题。毋庸置疑,现在的社会环境、舆论氛围对见义勇为者挺身而出的确不利。其主要原因之一是骗子得不到必要的惩治。对此,社会上有不少质疑的声音:是法制不健全,还是有关部门不作为,抑或兼而有之? 笔者呼吁有关部门进一步完善有关法律和法规,强化法律的威慑力,进一步加大防范力度,严厉打击不法分子的欺诈行为,为公众营造一个良好、安定的社会环境。这个问题如果不解决或者解决得不好,其它措施恐怕都是治标不治本。

除此之外,重建人与人之间的信任也是任重而道远。当前社会上存在一定程度的价值缺失和扭曲,导致人与人之间的关系淡漠、缺少必要的信任。这恰好证明了倡导社会主义核心价值观的必要性、重要性和紧迫性。在个人层面,特别需要倡导诚信和友善。此前曾有警方挂出"不要和陌生人说话"之类的提示语,这非但不是保护自己的万全之策,而且还会拉开人与人之间的距离。要加强社会思想道德建设,积极倡导以诚待人、乐于助人、友善为人的社会风气。要大力表彰和奖励见义勇为者,为全社会树立学习的榜样而不是落魄的典型,营造良好的社会氛围。要让见义勇为者受到人们的尊敬而不是相反,让助人为乐成为大家的共识而不是某个人、某个群体的行为。受到别人的救助、帮助之后,应该学会感恩、予以回报。一时情况不明、误解了他人情有可原,但误会解除之后,还不对自己的不妥行为道歉就太不应该。

笔者建议,要建立健全必要的公共管理机制。各类突发事件、偶然事件中不能只有公民的身影。要有专门的机构负责接应见义勇为者,积极妥善地做好善后工作;社会媒体有责任营造良好的舆论氛围。既要及时曝光骗子的骗术,更要引导公众积极主动地防范,而非只是被动逃避。对于见义勇为者的行为,要给予积极、正面的报道和激励,而不能片面地报道他们受到的冷遇和不公,要注意避免因此而引发的负面影响。

在这个问题上,学校和教师也应该承担起必要的教育和引导责任,努力帮助学生妥善处理好这样的关系:既要见义勇为、多做好事,又要讲究方式、注意方法;既要有效地救助他人,又要科学地保护自己;既要挺身而出、做出表率,又要团结他人、发挥众人的力量。

《中国教育报》2015 年 5 月 5 日

走进社团,青春无悔

天津大学日前推出课外实践教育课程化的新举措,从今年的本科新生开始,把《社团组织经历》列入必修课,明确规定没有社团经历不能毕业。这引起了我关于大学社团的一些思考和感慨。

学生社团是学生按照自己的兴趣和爱好自愿自发形成的组织,是大学校园里最活跃的细胞。学生利用学习之余,参与一些社团活动,既是课堂教学的延伸和补充,又能充分发挥自己的特长和个性。

许多上过大学的人,都有参加社团活动的美好记忆。我上大学时,也是学生社团的积极参与者和组织者,加入过校广播台、学生记者团、文学社团等,让自己的记者情怀、文艺理想尽情地生长。写过的、编过的稿子内容早已忘记,但那时的历练对工作的好处,我深有体会。

那时候的我并不知道,大学创办学生社团在我国是有悠久历史的。有据可查的有 1904 年成立的京师大学堂抗俄铁血会。1919 年"五四"前后,一大批现代意义的社团都在历史上写下了重要一页。北大更是各种各样社团的摇篮。校方倡导、师生加入,是当年许多社团的特点。规格较高的数 1918 年成立的进德会。它的发起者不是别人,而是校长蔡元培。全校学生和教工都可加入这个"激浊扬清、改良风俗"的社团,其中还有李大钊、陈独秀、梁漱溟等会员的身影。

当时,许多学生社团都是爱国进步的。陈独秀在《新青年》中高举民主与科学的大旗之际,志同道合的北大学生聚集在新潮社,以刊物《新潮》予以呼应。该社面向全校学生敞开大门,还得到了蔡元培等人的支持,学校图书馆专门有个房间辟为新潮社的活动场地。当时较为活跃的学生社团还有 1919 年 1 月成立的平民教育讲演团,全校学生皆可加入,三五人一组,轮流在蟠桃宫、护国寺等地,向民众讲演时事、教育、社会、法律等问题,吸引了许多听众。

北大早期的学生社团中有不少专门研究学业的,其对象不局限于学校所设的科目。当时,我国新闻业日益兴盛,但新闻学研究还很薄弱。在蔡元培的倡议下,

1918 年 10 月成立了新闻学研究会,学生及教工均可入会。

国外的大学社团也非常活跃。俄亥俄州立大学约有 1000 多个社团。哈佛大学 2 万余学生有 400 余个学生社团,最小的爱尔兰舞蹈社团才 10 人。在哥伦比亚大学,学生成立社团组织只需有 5 个人提出申请就可。校方会对这个拟成立的社团进行评估,一年后如运营良好,就会正式批准其成立。根据社团的规模大小,校方还会决定给予一定的经费支持。社团中有"模拟联合国"社团、"世界领导人论坛"等,甚至还曾请到过当时的议员、现任美国总统奥巴马以及法国前总统萨科齐。

几年前,我曾在英国访学,至今对大学学生社团招新场面记忆犹新。几乎所有的学生都被吸引到现场,各种各样的社团展示让人应接不暇。社团大的数百人,小的只有几个人。为了让更多学生加入,不少社团都使出浑身解数,还有许许多多的小福利:披萨、饮料、鼠标垫……这样的招新,有谁能"Hold 住"呢?

很多人的实践都证明了这一点,学生社团在促进学生成长、锻炼学生才干、提升学生素质方面,发挥了积极作用。参与学生社团既是人才培养之必须,又是学生成长之必需。社团活动多由学生策划、组织、实施,可以增强学生的团队意识、提升学生的能力、增强学生的社会责任感和规范意识。没有参加过社团的大学生涯是不完整的。

卓越人才的培养标准涉及身心、品德、能力和知识等多个维度。达到这些标准,仅靠第一课堂的教学是远远不够的,必须借助课外实践教育的"第二课堂"来支撑和配合。其中,社团活动就是重要的课堂。问题是如何激起学生参加社团的积极性?如何帮助学生妥善处理专业学习和参加社团活动的矛盾?如何引导学生通过社团活动真正使自己得到更大的锻炼和提高?文章开头提到的将社团活动列为必修课的规定,能起到一定的作用,但还有许多深层次的问题需要解决。

为了让学生社团茁壮成长,校方是有责任的。既要放手,但又不能放任。学校要引导学生通过参加积极的、阳光的、向上的社团活动来提升自己,真正从中得到锻炼。学校老师要帮助学生妥善处理好社团活动和第一课堂的矛盾,不能让参加社团活动冲击第一课堂。有的学生热衷于参加各种社团活动,无暇顾及学习,甚至许多课程考试都亮了红灯,这就得不偿失了。同时,学生参加社团活动时,也要投入其中、注入真情,而不能蜻蜓点水、走马观花,更不能走过场、图虚名、混学分。

没参加过社团活动的大学不完整,有社团活动的大学更精彩。这是许多过来人的体会,也会被更多的学生所验证。

《北京考试报》2015 年 5 月 30 日

让学生多读书不能止于号召

希望高校领导、教师认认真真地搞点调查研究，搞好顶层设计，拿出点具体有效的措施来，并切实贯彻落实下去，真正达到引导学生读书、读好书的效果。

今年国内高校的开学典礼"书"味十足。据媒体报道，先是知名教授告诫新生不要只做"低头族"，要多读书、读好书；后是校领导鼓励新生把读书当作一种责任。另据媒体盘点，大学校长开学致辞里的高频词语中，"读书"名列前茅。有的校长认为"大学校园最需要强调读书成才""读书之味、愈久愈浓"；有的说"读书是享受和增长知识的过程"、呼唤学生"回归读书"；有的则提醒学生"读书，切不可偏食"。众多校长苦口婆心"劝读"，显然并非某人一时兴起，一家之言，也绝不能简单地认为是老生常谈。他们显然看到了当前学生疏于读书的突出问题，所表达的观点都经过了反复思考和精心准备，只是不知校长、师长们的苦心和肺腑之言，新生们能领会多少。

今年4月公布的第12次全国国民阅读调查结果是：2014年国民人均纸质图书阅读量算上教材、教辅仅为4.56本。与上一年相比，纸质图书的阅读量又有下降。可见，读书少甚至不读书，是当下社会较为普遍的现象，而非大学生群体独有。

有人说当下是"浅阅读时代"。试想，过去很多人的床头都会放本枕边书，后来书变成了杂志、报纸，现在又变成了手机。有人甚至半开玩笑地表示，治疗失眠的最好方法就是拿本书看。过去上课时，大学生们总是围着教授询问要用什么教材、看什么教科书，后来变成了拷贝老师讲课所用的演示文稿。现如今，拷贝也不用了，看哪张演示文稿有用，举起手机拍张照片即可。

一方面，笔者赞赏大学校长们"劝读"的良苦用心，也非常支持师长们对学生的谆谆教诲；但另一方面，笔者认为，在当前的阅读大环境下，只是讲几句道理，简单地号召一番，恐怕不会有太大效果。

古今中外，阐述读书的好处和作用的名言警句比比皆是，这里不再赘述。笔者思考的是：为什么人们会离书越来越远？

在传播学上，纸质媒体被称为第一媒体，其中书籍承载的信息层次最深，所以读起来需要下番苦功夫。头悬梁也好，锥刺股也罢，刻画的都是苦读的状态。于是，人们渴望解决各种各样问题的需求，成为新媒体层出不穷的动力。从广播、电视、网络，到微博、微信和客户端，哪一种媒介使用起来不比读纸质书轻松？当下很多人与纸质书籍越来越疏远,和书籍本身的局限性或者是缺憾有直接关系。因此,简单地批评、抱怨年轻的大学生们不读书有失公允。事实上,前文提到的国民阅读调查结果中,还有一个趋势值得重视,那就是数字化阅读比例首次超过了传统阅读,手机和微信阅读增长最为显著。所以,我们如今在谈论读书这个话题时,读书的内涵和外延需要与时俱进,重新界定。

人在哪里,我们的工作重点就在哪里。既然手机成为当前人们阅读的重要媒介,如何更好地发挥手机这个移动终端的作用,来吸引、促进学生阅读,应该成为一项重大的教育研究课题。手机以及新媒体和书籍的融合发展,将是解决问题的主要出路,对于这一趋势,大学的管理者和教育者需要有充分的认知。

当然,学生阅读纸质书籍依然十分重要。正因为如此,对学生们读书的要求,不能仅仅停留在一般性的号召上。希望高校领导、教师认认真真地搞点调查研究,搞好顶层设计,拿出点具体有效的措施来,并切实贯彻落实下去,真正达到引导学生读书、读好书的效果。校领导和教师们更应该做引领学生读书的带头人,倘若自己就少读书甚至不读书,教育起学生来恐怕也没有太多的说服力。

在笔者看来,还有一个倾向值得关注:现在的大学校领导和教师们把对学生的教育和引导更多地放到了新生致辞、毕业寄语上。这"一头一尾"是大学生成长的两个关键节点,校长和教师们予以特别重视无可厚非。但对于大学生们而言,还需要更多的与校长、师长对话的机会,还需要听到校长、师长们更多的教诲。

《中国教育报》2015 年 9 月 18 日

住"状元公寓"就能考状元?

据报道,随着研究生考试临近,名牌大学周边派生了一批"状元公寓"。北京几大名校周边的居民楼因盛传考试命中率高而"租情"看涨,吸引了大量考研一族纷至沓来,成为首选的"吉宅"。有房主称,自己的房客已连续 3 年金榜题名。不少人不惜出高价要在"状元公寓"蜗居,在"吉宅"争到一席床位,其租金比普通住宅要高不少。

花大价钱住状元公寓图啥?图能考中呗。问题是,考试结果如何,恐怕和这类吉宅没多大关系。住得离报考的学校近点,便于听课,便于找老师,便于蹭教室自习,便于到考场考试。这些都是选择的理由,都值得考虑。房子条件好点儿、安静点儿,有可能提高备考效率。但如果仅仅是因"状元"住过就高看房子一眼,似乎没有什么依据和道理。如果租金相差无几,图个吉利也不算过分,但如果多花好多钱光落个虚名,就没多大意思了。

曾经有人算过教育的投入,数额之大,实在惊人。其中有些花费的确必要,想省也省不了。但也有些花费不一定必要、甚至不必要。把这类冤枉钱都算到教育的投资上并不合适。有的孩子才两三岁就报所谓的亲子班,连汉语还说不利索呢就开始学外语。这类班有用没用还两说呢,钱可是没少扔。即便是明明知道没多大效果也没少花钱,总怕万一要灵验了呢。

有多少人赚学生的钱?有多少人靠学生养着?如果是生财有道也无可厚非,但如果是以此为借口,想方设法掏学生(家长)兜里的钱,就有些不地道了。可现实是,人家抓住了咱的心理:只要说是为了教育、为了考中,哪怕砸锅卖铁、甚至卖血也在所不惜。明知人家唬,也要掏腰包。虽然几分无奈、几分被动,但还是乖乖地进了人家的套。

咱也别只怪人家黑心。这类事情都是"周瑜打黄盖"。之所以我们频频上当,说到底还是不自信惹怪。考试的成败还是要靠自己学到的本事。靠读"状元"的书本,用"状元"的课桌,住"状元"的房子,喝"状元粥",很难有直接的效果。与其把希望寄托在"状元"用过的物件上、住过的房子上,还不如在复习、备考上多下点功夫呢。

应该看到,类似拿"状元公寓"说事儿的现象并不少见。为了考上理想的大学,为了通过有关考试,有人烧香拜佛,有人求签算卦。看起来是在寻找心理安慰,但其实是自寻其扰,没多大益处。

现在一些媒体的报道缺少明确的观点和态度。于己无关的人看了这样的报道,只当是茶余饭后的笑料;而那些有关的、或者当事人看了是否能正确对待,就是个问题了。所以,我来个"旗帜鲜明",说出自己的观点,提醒大家别被"状元公寓"这类的噱头所迷惑。

《北京考试报》2010 年 11 月 20 日

本科毕业再读本科不值

报载,北京学生张某从北大本科毕业后,工作半年辞职,复习准备参加二次高考。今年他被清华大学录取。这位老兄比同学大了 5 岁,要用 4 年时间才能完成新的学业。这样做真的不值得。按说,值不值都是人家的私事,咱没必要评头论足。但一转念,媒体报道后肯定会对其他学生和家长产生影响。絮叨两句,以期供别的学生再做决定时参考。

凡事都要考虑成本。学习也是这样。从这个角度来看,用8年时间读两个本科显然是不划算的。就算家里有钱支付第二个4年的学费,但人生又能有几个4年?何况又是黄金时代最美好的4年呢。这可是多少钱也买不到的啊!或许有人说他毕竟多学了些本事。这话不假,但关键是看付出了怎样的代价。不计代价的收获,不能算是真正的收获。即便是原来所学专业不大理想,即便是想换个专业深造,也没有必要再重新高考。占用了大学极其宝贵的录取指标不说,还要付出自己宝贵的光阴啊!尽管所学专业不同,但再读本科的4年中还是会有些课程重叠。比如几门公共课,比如体育等。过去说变化爱用日新月异,现在的变化却是分新秒异。等着第二个本科毕业时,许多机会可能都已错过了。

其实,这个学生完全可以用考研究生来实现自己的愿望,而且经济、实惠得多。或许跨专业考研需要学更多的知识、做更多的准备,但对于有志于深造的他来说,应该不是多大障碍。备考的过程中,可以学到新的专业知识,一旦考取了研究生,他就可以在新的领域有更大的作为。这比重复性地攻读另一个本科学位显然要经济实惠得多。

《北京考试报》2011年8月24日
《大学生周刊》2011年9月8日

牢记"三点希望"谱写奋斗乐章

4月24日,在清华大学建校百年庆典上,中共中央总书记胡锦涛提出了"三点希望"。这既是对清华学生的深情寄语,更是对全国青年学生的鞭策和希望。

"三点希望"概括起来就是希望大学生们努力做到三个结合。一是把文化知识学习和思想品德修养紧密结合起来;二是把创新思维和社会实践紧密结合起来;三是把全面发展和个性发展紧密结合起来。这三个结合具有很强的针对性和现实意义,指明了当代大学生努力的方向,也给教育事业确立了人才培养的目标。

"三点希望"是希望大学生们能够妥善处理好三组关系,或者兼顾,或者协调,或者统一,就是不能偏废,不能强调一方面而否定另一方面。其中包括了大学生成长、成才需要把握、认真践行的六个关键词:学习文化知识,思想品德修养,创新思维,社会实践,全面发展,个性发展。可以说,这六个方面应该成为当代大学生需要承担的主要任务和重要责任。

"三点希望"的重点还远不止此。他特别希望大学生们能够正确处理这三组关系。祖国建设和腾飞需要的是全面发展的人才,但并不否认和扼杀个性;大学生需要在实践中增长才干,在实践中培养创新思维、强化创新意识、检验创新成果;仅仅刻苦学习还不够,还需要注重思想品德修养,后者是发奋学习的动力。应该说,做到六个方面的哪一方面都不容易,更不容易的是正确处理好相互之间的关系。大学生既要夯实理论功底、提高专业素养,还要胸怀远大理想,陶冶高尚情操;既要不断认识和掌握真理,还要理论联系实际,不断提高实践能力、创新创业能力;既要符合德才兼备、全面发展的基准要求,还要保持个性,彰显本色。

道理清楚了,目标明确了,大学生要用这"三点希望"对照检查自己、激励鞭策自己,努力成为可堪大用、能负重任的栋梁之材。愿全国的青年学生们,志存高远,脚踏实地,共同为祖国和民族更加美好富强的明天奋斗、奋斗、再奋斗!

《北京考试报》

2011 年 4 月 27 日

大学生找个好工作有多难?

这年头,对老百姓来说啥事都不容易。考不上大学时,一门心思往里面钻。几年转瞬而过,又该为工作着急上火了。不仅中国如此,其他国家也都差不多。

英国的大学一般也会举办像中国一样的招聘会。一年两次,一次是在 6 月份,一次是现在这个时候。据说,秋季这次的规模要大些。因为,正好赶上有学生要毕业了。除了这两次之外,还会有一些专项的招聘。对于用人单位和大学毕业生来说,招聘会都很重要。

英国的大学在招聘会上不是主角。学校负责提供场地和条件,还要向参加招聘的单位收费。在入场的地方,工作人员会递给你相关的资料,还会有一份招聘单位的名录及所在位置的示意图。而中国的大学大多都是免费请用人单位来校,有时人家还不来呢。

无论是牛津大学,还是里丁大学,招聘会的形式基本上大同小异,只不过到牛津招聘的公司显得层次高些,多数都是些知名的大公司,而到里丁大学来的还有一些超市,当然,也是些知名的连锁超市了。

在很大程度上,这样的招聘会更像公司宣传和职业推介。大学生们不像中国学生那样西装革履,捧着一大摞简历到处递。他们多是一身休闲服,或三三两两,或一个人,到感兴趣的公司摊位前驻足,询问相关情况。

各个招聘单位不像国内用人单位那样趾高气扬,大多都很低调。招聘人员亲和力很强,回答问题十分耐心、细致。各公司都有印刷精美的宣传品。对待稍深入一点的问题,招聘人员都会告诉你他们的网址,请你去到网上查看。上面对职位的相关要求都非常清楚。有家公司还在网上设计了相关条件请大学生根据自己情况对照填写,马上可以打出分数来,自己就知道和公司要求差距有多大了。

每个公司的摊位前,都会摆着些小礼品。比如圆珠笔、冰箱贴、布袋,还有一些巧克力、糖果之类的。有的超市摊位上摆着一些水果,有的还有饼干等小食品、矿泉水。有吃有喝有拿。大学生们的注意力并不在这些小东西上。他们多数都是询问公司的基本情况,并不过多地展示自己。公司的重点在于推广自己的文化、形象,扩大自己的影响,也不过多地询问大学生的条件。有一家公司的笔记本电脑上,已经有 40 多个同学留下了自己的联系方式。

总的来看,招聘单位需要的人理工科的偏多,文科较少。

一些中国学生也前来找工作。好几位同学说,不一定非要留在英国工作,国内有合适工作也非常愿意回国,但国内究竟有多少合适的工作呢?天知道。

英国的公司招聘大学生除了对专业有要求外,还希望大学生有领导、组织才能,特别希望有较强的交往沟通能力,他们希望大学生参与过社会活动和一些课题,具有一定的综合素质。

一家农业公司也来招聘。据称,相比较 IT、医学等行业来说,这类公司还是有些冷,但发展前景很好。军队也和其他企业一起摆摊,军队的待遇很好,福利较高,年薪相对较高,还能带薪休假。招聘公司并不忌讳谈待遇,一般的公司起薪都在 2 万镑左右,高的能达到 3 万,而英国规定偿还学习贷款的工作额度是年薪 1.5 万镑。

《大学生周刊》2010 年 12 月 02 日

就业的坐标定在哪儿

不久前,在清华大学 2013 届毕业生就业洽谈会上,该校有关部门负责人称,10 年前,该校毕业生留京就业率超过 70%,而 2012 届毕业生京外就业率已接近 50%。

的确,越来越多的大学生把就业的坐标定在远方。我的一位研究生去年毕业后返回了新疆。说实话,我起初并不大赞成她的选择。她各方面条件不错,在北京找个工作并非难事。但她权衡再三,还是踏上了返乡之路。现在评价她的选择正确与否为时过早。不过,从目前情况来看,她在一所大学里做研究生管理工作得心应手,不用为高房价发愁;而留在北京工作的同学,不是上班挤地铁,就是为住房发愁……

就业是每个大学生都逃避不了的问题。当然要从多方面考量,不能简单而论。遥想20世纪80年代,我们大学毕业时一纸派遣函就定了终身。如今就业的难度虽大,但毕竟有了自己选择的余地。即便选择得不尽人意,还是有挽回的、弥补的、改变的余地的。依我所见,能找到工作就可以先做着,骑着驴找驴是最好的选择。因为,找工作这事没有最好,只有更好。

究竟把就业的坐标定在哪儿? 其中最重要的考虑因素是,工作的地点、工作的性质、工作的待遇和发展空间等。最终的确定是这几种因素通盘考虑、权衡的结果,而不能只求一点、不及其余。

过分地强调工作的地点,和过去发展不平衡、交通不便、通信不畅等有直接的关系。然而,时至今日,各地的差距不断缩小,陆海空交通日益发达,网络使整个世界都变成了地球村。在这种变化下,如果还继续坚持非大城市不留,可能会和许多好的就业机会擦肩而过。

不敢说,小地方就一定缺人才,欠发达的地区一定就有发展的空间,但在大都市竞争压力大是肯定的,要想成功付出的代价也小不了。看了无数期电视求职节目,不少大学毕业生求职的期望薪金都是三四千元甚至更少。在北京,这点钱混个温饱还行,但要买房就困难了。

据我所知,许多北京高校除了学生工作一线的辅导员之外,本科生留校基本上没可能。如果想搞教学、做科研,不是博士恐怕连报名的资格都没有。

留在城里、留在高校就一定有所作为? 那真的不一定。前几年,我精心挑选留下了一位"80后"男生。前年,他去应聘北京市远郊县副镇长,走出了当年梦寐以求的象牙塔。虽然上班远了,周末还常常不能休息,但却干得如鱼得水,很快他就被调到县里工作。比起困在高校中,空间大了许多。

还有一个问题需要说明,工作、就业城市是否适合自己,就像鞋子是否适合脚一样。别贪图虚名,别被他人的议论所左右。一位毕业后选择了贵州某县工作的研究生回校看我。他说,那里山清水秀,民风淳朴,县里给了他房子、安家费。谁能说,这不是一个好归宿呢?

就业的坐标到底定在哪儿? 如果非得说出个答案,我认为是具体情况,具体分析。如果说,为了干出一番事业来,毕业生就要全面考虑一下,哪个地方更需要自己。如果希望享受更多的亲情,那离父母近一点的地方就成了最好的选择。

话题再回到清华学生的就业来。"立大志、入主流,上大舞台、成大事业"一直是清华就业导向。不少清华大学生毅然离京,甚至去大西北创业,到国家最需要的地方。对许多清华学生来说,到需要自己的地方去建功立业不是一种口号,而是具体的行动。

不管我们把坐标定在哪儿,都应该是我们深思熟虑之后作出的决定。既不能坚守大城市不动摇,也不能随便去了远方了事。一旦决定了,接下来我们要做的事情就是,用自己的行动来证实选择是多么的正确。

《中国科学报》2013 年 04 月 19 日

延期毕业,利弊几何?

有媒体报道,"大五""研四"的学生如今越来越多。某校新闻学院申请推迟毕业的学生呈逐年递增的趋势。最多的一个班竟有一半同学申请"延期毕业",其缩写词"延毕"也有大火的趋势。学生该不该申请"延毕"?学校如何应对"延毕"?本期刊发两篇文章。

可提倡更需提醒

"延毕"者在考虑个人因素的前提下,要遵守学校的相关规定。校方也需要不断改进工作,以满足大学生多样化、个性化的需求,在"精准"教育上多下功夫。

申请"延毕"的理由五花八门。有的为了创业,有的为了考研,有的为出国交流,有的为结婚生子……一定意义上说,满足大学生选择接受教育时间的自主性要求,是对受教育者的一种尊重。作为校方,没有必要也没有理由硬性要求学生们同时入校,同期毕业。可以预见,大学教育学制的灵活性、受教育者选择的自主性,将成为一种新的趋势。可以想象,随着大学教育进一步普及,允许灵活地选择学制,可以为一所大学的竞争力增加砝码。对此,作为大学的管理者,需要有一定的预期和把握,及早准备,制定相应的对策。

我们不该把教育当成商品,也不能将大学教育简单地市场化。但在市场经济的大背景下,大学教育在一定程度上不可避免地呈现出其市场性。是一口气读下来,还是间隔一年甚至多年再学习,作为学生有一定的选择权利。只不过,在现阶段和未来较长的时间段里,学校各方面的条件和社会有关的规定及环境,还难以完全满足学生对学制的选择。大学管理者们应顺势而为,对何种情况下允许"延毕""延毕"后怎么办,应加以深入研究和审慎制定对策。

科学确定哪些专业的学生需要学多少年完成学业,说难也并非不可做。一般而言,现在的医学类、建筑类就比其他专业多一年。到底硕士生读几年合适,也不宜一刀切。对于那些有特殊要求的专业,本来就该在实事求是的前提下,确定其基本学制。国外大学的学制也有多种情况。大学生们在入学前除了考虑其他因素外,也可以根据自己的兴趣、爱好、实际情况,选择是读弹性大的学校,还是较受约束的学校。有约在先,可以减少受教育者想"延毕"而学校不允许"延毕"之间的矛盾。

甘蔗没有两条甜,"延毕"有利也有弊。对于申请"延毕"者而言,要慎之又慎,认真权衡,不可盲目跟风。在"秒杀"时代,一切瞬息万变,早进入社会一年说不定是最佳选择。如果没有确切的目标,没有利大于弊的充足理由,虚度了一年大好光阴,对自己而言是一大损失。如果选择"延毕",就要为此承担责任。打算读"大五"、"研四"的学生对此应该有充分的思想准备。

一些人一方面"延毕",另一方面又要保留在校生的权利,其省点住宿费之类的做法,笔者不大赞成。这对"延毕"者本人来讲,或许非常划算,但在教育资源较为紧缺的今天,不在学校学习却依然占用资源,显然不大妥当。但这类问题解决起来并非难事,有关规定跟上就可以。

对于申请"延毕"者,为自己今后的发展找到一个"最优解"是可以理解的,但教育毕竟是大学和学生双方的事。"延毕"者在考虑个人因素的前提下,要遵守学校的相关规定。校方也需要不断改进工作,出台相应的对策,以满足大学生的多样化、个性化需求,在"精准"教育上多下点功夫。

《中国教育报》2016 年 3 月 23 日

别放面试单位的"鸽子"

通知四人面试,三人没到。一项调查结果表明,五分之一的雇主有过这样的遭遇。有媒体报道,四分之三的雇主遭遇的爽约率超过 25%。求职者中,有很大一部分是应届毕业生。在就业形势严峻的情况下,出现毕业生放面试单位"鸽子"的状况令人费解。

为何爽约?原因是多方面的。其一,有些毕业生对面试缺少应有的重视。有人忘记了,有人睡懒觉起不来床,有人出门晚了堵车赶不过去,甚至天气不好都成了理由……多可惜啊!说不定就因为自己的大意、不在意,与理想的工作失之交臂;其二,有些毕业生是广种薄收,有的投出的简历数竟多达百份。答应的面试太多,有时难免会"撞车",也就的确无法分身。正在找工作的时期,多找几个单位面试也可以理解。但如果咱去不了了,起码可以提前给人家打个招呼、抱个歉啊。提前说明情况,对雇主是个尊重,也显得咱有修养。

放"鸽子"的做法本身,说明应聘者在许多方面没有通过"面试"。去不去面试是应聘者的权利,但如何对待面试却可以看出一个人的素质、责任心和应变能力等。希望毕业生能认识到这一点,不要放面试单位的"鸽子"。

《北京考试报》2015 年 4 月 4 日

创新英语教学不该盲目跟风"宋仲基"

据报道,厦门某中学英语老师布置的英语作业韩范儿十足。"如果你想邀请宋仲基一起吃晚饭会怎样说?""尹中尉想问对方能否让徐上士听电话该怎么问?""柳时镇想邀姜暮烟一起看电影要怎么讲?"

在韩剧《太阳的后裔》热播的背景下,老师的这种做法还真赢得了一些人的拍手称赞。有媒体刊登文章称,宋仲基进英语试卷是有意义的创新和尝试,"增强了学生的求知欲",甚至呼吁不仅英语学习需要"宋仲基",语文、数学学习也都需要这样做! 对此,笔者真的不敢苟同。

笔者对韩剧并无偏见,也有时会看看。但自己喜欢的,未必别人都喜欢。即便学生们喜欢,是否也需要正确地加以引导? 对于中学生而言,有无经济条件成为同步收看的付费会员? 有无时间上网收看这部连续剧? 对于那些没有看过、不喜欢看的学生而言,做这样的作业是否有失公平? ……诸如此类问题,作为教师不能不充分加以考虑。

盲目跟风的民族不会真正有力量,盲目跟风的教改更容易迷失方向。尽管一个宋仲基的确葬送不了我们的文化,但学习方式改革、课堂教学改革还是要有正确的导向和原则的。作为一种调剂偶尔为之未尝不可,作为一种探索小试牛刀也不宜上纲上线,但推而广之、甚至上升到教育改革的层面,如此跟风就特别值得警觉了!

暂时流行的东西未必一定是好的。我们的教育应该科学地引导学生正确对待、理性分析才是。在教育教学中,应该充分考虑到学生的兴趣、爱好和需求。但绝不应该是单纯地迎合、机械地适应和片面地满足。教育的神圣职责不仅在于告诉学生愿意学习的、喜欢了解的,更要告诉他们应该学习的、必须了解的。

还有一个更重要的问题需要强调:课堂不是老师的自留地;教学不能由着任课老师自己的性子来;怎么留作业不能以老师个人的好恶为取舍的标准。一切都要遵从教育的规律。一切都要遵守教学的规矩。

"学术研究无禁区,课堂讲授有纪律"。这不应该仅仅是对大学的要求,中学、小学同样应该如此。在一定程度上,对于世界观、人生观、价值观尚未成型的中小学生而言,老师的作用、教育的作用更为重要。

宣讲家网 2016 年 4 月 27 日

《北京考试报》2016 年 4 月 27 日

青年大学生要"不忘初衷"

4月26日下午,习近平总书记前往中国科技大学考察时与大学生们亲切交谈、真心互动,对大学生的寄语更是令人深思、给人启迪。他的话对于大学生们而言是鼓励、勉励和激励,对于高校思想政治工作者而言也是希望、期望和盼望。在五四青年节即将来临的时候,我们认真学习和领会习总书记的寄语,具有十分重要的意义。

一是不忘初衷。2011 年习总书记去科大考察时,有位同学向他汇报过去西部支教的计划。这次习总书记又出现在他面前时,这个同学已经结束了支教生活、返回科大校园攻读博士学位。当得知这是来自四川农村的学生时,他语重心长地说了四个字——"不忘初衷"。这四个字的内涵十分丰富。许多人出发的时候目标都非常明确、理想也十分远大,但走着走着就渐渐地把这些全都抛在了脑后。不少学生在小学、中学阶段踌躇满志、寒窗苦读、发奋学习,但考入大学之后在众多的诱惑面前慢慢就淡忘了自己当初的誓言。"不忘初衷"是多么好的提醒和警醒啊!只有不忘初衷,才会有继续拼搏的力量;只有不忘初衷,才能有坚持到底的决心。大学生们应该经常想想自己的初衷,高校思想政治工作者们也应时常提醒同学们回望一下自己的来路。

二是文化自信。在有关习总书记考察的媒体报道里,"寄语大学生增强文化自信"都做在了标题里,可见其意义深远。习总书记对大学生说,过去中国人口多、人手多,现在正转变成人才多。中国人民取得的成就很了不起。实现"两个一百年"奋斗目标,教育是基础。他对建设国际一流大学、培养国际一流人才充满自信。他鼓励大学生们不要妄自菲薄,而要开放胸襟、包容并蓄、自强不息。事实上的确如此。中国有悠久的历史、伟大的民族、先进的文化,特别是近年来取得的成绩更是举世瞩目。当代大学生既要拥有国际视野、学习借鉴国外的先进经验,更要增强文化自信,从而进一步增强对社会主义制度的自信、对走社会主义道路的自信。要科学分析、理性思考、准确判断,不要盲目地和别人比、和别校比、和别国比,不能盲目地追捧和崇拜,更不能全盘照搬。"幸福不是从天降。""同学们好好学吧!"这其中饱含了党和国家最高领导人对大学生们的厚望。大学生们要把文化自信转化为心无旁骛的实际行动,学成文武艺,报效祖国、报效人民、报效中华民族,为实现伟大复兴的中国梦贡献自己的力量。

三是踏实做人。在中国科技大学图书馆的自习室里,习总书记勉励大学生们要"踏踏实实做事,踏踏实实做人。"对于高校来说,传授给学生知识固然重要,但教会大学生踏实做事、踏实做人更为重要。培养中国特色社会主义事业的合格建设者和可靠接班人,要把立德树人放在重要位置上。衡量大学生是否优秀、是否成才,不能只看发了几篇论文,也不能只看考试的分数,而要看其是否真正做到了德智体美劳全面发展。应该指出,在一些高校里,对于教育引导大学生踏实做事、踏实做人重视程度还不够,措施还不多,效果还不明显。因此,一方面要更加有力地推动党的教育方针的全面贯彻和落实;另一方面各级党员领导干部、广大教师更要做踏实做事、踏实做人的榜样和表率。特别是要重视师德建设,预防和惩治学术不端、学术腐败行为,对于那些越出底线的教师要敢于批评教育,影响恶劣的要及时清理出教师队伍。青年大学生们不但要学会做事,更要学会做人,要做对党、对国家、对人民有益的事,更要做让党、让国家、让人们放心、满意的人。

宣讲家网 2016 年 5 月 3 日

莫等明年毕业季再道歉

毕业季,大学校园热闹非凡。除了五花八门的毕业照刷屏之外,就看大学校长们忙活了。一位位校长你方唱罢我登场,身着红色的学位服,汗流浃背地给学生们拨流苏、慷慨激昂、饱含深情地说些掏心窝子的话,以赢得学生们和社会的一些好评。

在愈演愈烈的煽情、告白风中,我注意到了这样一条新闻:安庆师大校长向毕业生鞠躬致歉。其原因是图书馆座位少,一座难求;食堂饭菜凉,不可口;住宿条件差,过于拥挤……说到动情之处,这位校长还走到台前,向毕业生们深深鞠了一躬。一时间,校长道歉之举在社交网络上引发热议。

按理说,安庆师大存在的问题,在我国其他大学里是普遍存在的。为什么只有安庆师大校长给学生鞠躬致歉呢?其他校长们在绞尽脑汁准备毕业寄语时,有没有想过因为自己工作的失误或努力不够,给学生们带来了烦恼?有没有想过,因为校方未能创造更好的学习条件,该向学生表达一下歉意呢?这绝不仅仅是毕业典礼上的程序设计、内容安排等问题,而是与大学校长们的思考重心、工作重心有直接关系的。说直白点儿就是心里到底有没有装着学生的利益和需求。

大学不止有诗和远方,更有眼前的生活。学生们行李都收拾好了,马上就要离开学校了,这时校长才来鞠躬、道歉,从态度上值得肯定,但从时间上说的确晚了些。大学生在校4年间,学校不妨自问,究竟为解决这些问题做了哪些努力?所做的努力有没有效果?

大学生们需要校长们的励志语言来为自己壮行,同样也需要校长们强化服务意识,为学生多做实事。在高校日常管理中,学生们吐槽最多的往往是这些与学生息息相关的基础设施问题。很多时候,这些看起来是鸡毛蒜皮的小事,很容易被大学管理者们忽视。但这些问题解决得好不好,既关系到学生的生活,也直接影响大学的声誉。

在校学生的生活质量和学习条件,同样是衡量大学办学水平高低的重要指标。在大学建设中,与学生切身利益直接相关的基础设施建设不应该缺位。以校长为代表的大学管理者们应特别注意倾听学生的吐槽。因为这正是改进学校管理的切入点和突破口。意识到问题并感到歉意,这仅仅是第一步。如何真正改善学校管理的细节,让学生们真正找到归属感,是众多大学校长们要做好的一门功课。

大学在发展中面临的困难很多,之所以说是困难,是因为解决起来有一定难度。人们不指望一天两天、一个月两个月就全都解决,但总不能等明年毕业季到来的时候,再看校长们鞠躬、道歉吧?说到底,校长们还应增强为学生服务的意识,拿出具体而实在的行动。

《中国教育报》2016年7月5日
《北京考试报》2016年8月17日

缓解面对的压力有无妙方?

人生在世,肯定会遇到这样那样的压力。你有,我也不例外。压力面前,我们会有一些反应。这并不是我们的心理问题,而是生理问题。压力对人们产生着许多影响,如何缓解是个大问题。

英国的心理咨询师阿丽西亚女士告诉我们,当人的需求和自己所具有的资源不平衡的时候,压力就产生了。外部的需求,社会的责任、财务的支出、家庭的期望等等;内部的需求,如对自己的期望,力求做一个完美的人,希望得到更多的尊重和喜爱等等。当我们所具有的能量不能满足这些需求时,压力伴随而来。

每天24小时,人的机体都在不断充电,不断补充能量。需要吃饭、需要运动、需要休息和交流。头脑是身体的一部分。脑子混乱时,不少人都以为是心理出了问题,其实不然。

左半脑管思维,右半脑管情感,总之头脑是要消耗能量的,而且消耗大约占20%～30%的能量。思考问题,需要花费能量。每做一个决定,都要左脑、右脑不停地活动,消耗大量的能量。这个过程是非常艰难的。如果一个人过于理性,就会感到疲倦。能量的过度消耗,就会使人感到困乏、疲倦,工作效率低,甚至吃饭习惯都会发生改变。在这种状况下,身体非常脆弱,极易生病,易冲动、易发怒,易产生沮丧、孤单、负面的想法。

一个同学写信给我,他精力很难集中,学习很难深入。出现这种问题的原因不是大脑出了问题,只是注意力难以集中而已。但这时候,如果不能适度缓解压力,自信心就会下降,主动性减弱。这时,我们所需要做的,仅仅是把所有的事情都放下来。我们需要充电、需要休息、需要一个安静的时间段。专家的建议包括,好的睡眠十分重要,晚餐不要吃得太多,还可以写下自己担心的事情等等。

不确定性的因素多时,压力就会增加。因为,找到解决问题的方法是一个过程。每个人都有足够的能力来应付这些问题,但可以尝试着把自己的步伐放得慢一些。要和周围的朋友保持密切的联系。情绪低落时,可以问一下周围的朋友。要试图找到有效的解决方式,别人的方法不一定能适合你。多到户外活动。对自己的期望不要太高。所有的事情都想做,都想做好,就会产生压力,就会耗费我们更多的能量。凡事不要过分自责,要相信自己能做得很好。对事对物都要保持好奇感和积极的态度。对所处的环境尽量去理解它而不是批评和指责。想法要灵活,善于变通,而不是一成不变去钻牛角尖。

一个熟悉的老师没打招呼就走了过去。有人就会产生压力。其实,或许他只是没有看见我们而已,并非对我们有了看法。即便他是因为不喜欢我们,我们也只需要考虑为什么会不喜欢自己?有没有其他解决的方法?怎么才能使他对自己有正确的看法,而没有必要过分地自责。

当身边的人遇到压力时,我们最好的做法就是善于倾听,听别人的倾诉,而不要做结论、下判断。多数情况下,没有必要告诉他们结论。

阿丽西亚女士给我看了几张图片,力图说明缓解压力的几个方法:一张图的画面是绿叶和水面,其意是让自己平静下来,有充分的休息时间;一张是沙滩上的脚印,其意是凡事要一步一步地来,不要急于求成;一张是几个苹果,其意是有平衡的饮食和营养;一张是几双手握在一起,其意是团队十分重要;一张是打开的书,其意是学习可以让我们享受到许多乐趣;一张是笑脸,其意是说努力使自己保持健康的情绪,要有幽默感等。

《大学生周刊》2010 年 12 月 23 日

感恩母校用情不用钱

　　学校也好、老师也罢,引导学生学会感恩,包括感恩母校、感恩老师等,不但无可厚非,也是教育应有之义。但用钱的方式来表达这种情感,显然偏离了感恩的轨道。

　　小草之所以感恩阳光、感恩雨露、感恩大地,皆因为阳光的哺育、雨露的滋润、大地的支撑。人也是如此。是否懂得感恩是人的基本素质的体现,但这种感恩首先是因为别人给予的恩惠深深地感动了自己。不久前,莫振高校长辞世后花圈卖断货,就连远在上海的学生都赶回去送他最后一程。莫校长之所以深受学生爱戴,是因为他资助上万名贫困娃上了大学。因此,学校不仅要教给学生知识,最重要的是给学生更多的关爱、更多的温暖、更多的历练、更多的空间。这是学生感恩母校、感恩师长的基础。俗话说:强按牛头不喝水。即便学生们真的交了100元感恩钱,嘴上不说,心里也会老大不痛快,进而对母校产生反感。

　　感恩一词是否舶来品另当别论,对于他人的帮助表示感激、给予回报是中华民族的优秀传统。同样,帮助他人、不求回报也是一种美德。作为教书育人、立德树人的学校,一方面要教育学生学会对他人感恩,另一方面也要引导学生帮人不计回报。从这个角度而言,学校不宜在学生中直接倡导感恩母校、感恩师长。即便学生们想自发表达感恩之情,校方也应积极引导,使其转化为感恩社会、感恩祖国之情,转化为更加努力学习、实践的实际行动。

　　说到底,感恩是一种发自内心的、自然而然的情感流露。感恩是不可以量化的,更不可能用钱来衡量。对经济尚未独立的学生而言,用钱来表达更是不合适的。作为学校,不但不能以任何名义号召和接受学生的捐款,还应该引导他们勤俭从事,力避借毕业之机请客送礼、铺张浪费。

　　如何引导学生用恰当的方式,来寄托对母校的感激之情、感恩之心呢?我以为有几点特别重要。第一是自发性。不管是何种方式、哪种方法,一定是学生的自觉、自愿、自主的选择,不能有任何强迫。二是多样性。有多少个学生,就有多少种表达自己情感的方法。他们的条件各异、想法不一、兴趣不同。所以不能搞一刀切,追求轰动效应,更不能扯上政绩工程。三是永久性。要尽量让学生把对母校的情感延续下去,使其瞬间的感动变为成长的永久动力。

　　其实,只要认识到位、思路对头,一定能找到合适的方法:在校园里种棵树,让感恩之情和小树一起成长;给教学、管理提点意见和建议,使学校更快、更好的发展；为学校、老师、同学创作一首歌，写几句诗，留下段视频……这样既表达了学生的情感，也没有花太多的钱，对学校的发展也有利。还想补充的是，学生对母校的情感会有一定的滞后性。毕业的时间越久，感情也会更深。学校不能把学生送走了事，而要重视做好校友的工作。校友是学校可持续发展的动力之一。

《中国教育报》2015 年 3 月 27 日

让母校永远不把毕业生当外人

每到毕业季，大学校园里的重头戏好像都是校长致辞，许多媒体争相报道，微信朋友圈里也刷了屏。对于学生而言，毕业，是一生中的重要时间节点之一。临别时刻，身着红色学位袍的校长给学生说些祝福的话、勉励的话、鞭策的话是必要的、有意义的，但不该成为一场秀：毕业生走了，一切都过去了，"没有带走一片云彩"。

我以为，相比那些华而不实、形式大于内容的排比句、感召语而言，校长和有关部门应考虑的问题似乎还有许多。在这一点上，我更赞赏有的学校的做法。输入"毕业生""永久"等关键词后，搜到的新闻远比校长致辞少得多，但对毕业生而言，或许来得更实在、更有用。比如某电子科大给每位毕业生留下的是永久有效的一卡通。凭借这张卡，毕业生可以自由出入学校、在图书馆免费阅览图书、在学校超市、食堂刷卡消费。对于有幸拿到这张卡的学生而言，母校永远没有把自己当外人。校友这种强烈的归属感对于学校而言，其意义不言而喻。这也远比"母校永远是你们的坚强后盾""母校永远是毕业生的家"之类的话实在得多。

类似的报道令人感到无比温馨：某矿业大学每个毕业生在校时创建的免费邮箱也将永久保留，成为他们与母校沟通的有效通道。某大学毕业典礼上同时举办"学劳模、做工匠"拜师仪式，母校邀请劳模任毕业生的导师，使他们踏上工作岗位后能得到劳模导师的全方位指导。可惜的是，这样"扶上马、送一程"的做法似乎还不够多、不够普遍。

大学的四大功能中排在首位的是人才培养。这种培养不能仅限于在校期间，也不能随着学生的毕业就彻底放弃。培养的人才水平和质量如何，显然不是毕业证和学位证能证明得了的，要靠社会来检验。大学有责任、有义务帮助自己的学生尽快适应社会，尽快成长。毕业生就像自己家的孩子。不能嘱咐几句，一走出家门就什么都不管了吧？毕业之季真该多考虑，如何加强与毕业生的联系，如何真正成为他们坚强的后盾。

校友资源是大学最重要的软实力和核心竞争力。校友捐赠是欧美世界一流大学的常态,是对一所大学办学水平的重要检验,是评价世界一流大学的重要标准,也是检验一所大学校友对母校认同度和高校校友工作成效的重要标志。国外大学不但有"超级富豪校友"的大笔捐赠,普通校友捐赠也是其重要的办学经费来源。校友捐赠率是评价名校办学质量的重要指标。别等到要校庆了、想筹款时才想到自己的校友。加强校友工作是当务之急,而校友工作则需要从学生在校时开始渗透,从他们毕业时进一步强化。对此,大学校长和有关部门负责人显然还没有充分的、必要的认识。

回到本文开头,窃以为,与其让写作班子绞尽脑汁为每年的毕业致辞出新出奇而纠结、苦恼,不如召集有关部门好好研究研究,怎么能让毕业生更快、更好地适应社会的需要,怎么能让毕业生更方便、更快捷与母校联系;不如出台些实实在在的措施,让毕业生更加眷恋母校、热爱母校,和母校的关系更加紧密。

《北京考试报》2016 年 7 月 23 日

保护学生感恩的情感温度

学生在毕业之际凑钱为母校购买纪念品的传统早已有之。在很多校园,都不难发现诸如"正冠镜"或是小型雕塑等纪念品,上面写着"XX 届毕业生留念"的字样。但此次事件中,真正刺眼的是图片中"感恩母校钱"的赤裸名目和"100 元"的收取费用。

我们可以接受关于此次事件系学生自发的解释,但即便不是校方所为,也和学校引导、教育不当有关,校方理应深思。

首先,学校应该弄清到底谁是毕业之际感恩活动的主体。学生在校三年苦读,老师和校方付出良多,学生临走收取费用为母校购买纪念品本也无可厚非。但关键在于,收多少钱、谁来收、如何花费并不应是学校解决的问题,而属于感恩的主体方——学生。消息被报道之后,校方表示已经退钱。这说明在此次事件中,钱最终还是到了学校手里。往深了说,一些办学者认为学校对学生有恩,理应得到回报,不自觉地扮演了施恩者的角色。可是,感恩之心如非自觉自愿,只能变得空具形式而毫无实质。再有,学校应该明白,感恩的方式多种多样,作为教育者应多鼓励学生用情感方式送给老师、母校祝福,真正让学生实现个人情感的升华,进一步融洽毕业生和母校的关系。

其次,学校应该弄清此次事件的真正意义在于感恩教育。感恩是一种高尚的情感,是发自内心地对他人给予回报的感激之情,这种感恩之情源自人内心善良的部分,需要培养。教育工作者应该在学生在校学习期间,身体力行、潜移默化,让学生切身体会感恩这一正面能量,从而树立这一高尚品质。如果等到临近毕业,用一种收费的简单方式来感恩,已经为时过晚,不仅不可能唤醒学生的感恩自觉,反而会使本来美好的一件事情变成一场对学生、老师和学校的情感亵渎。形式化的道德教育往往会适得其反。

最后,感恩教育应该排斥金钱介入。收费一直是教育发展中的敏感话题,更何况是所谓"感恩母校钱"。将母校的恩情冰冷地与100元钱画等号的时候,本应温暖的感恩行为被庸俗化了,"收钱强迫感恩"会给学生以明确的信息——金钱是感情回报的最好方式。同时,教育者也应主动拒绝一些金钱化的感恩礼物,即便是学生主动购买,也不应该接受,原因很简单——高尚的师生感情倘若能够用金钱衡量,其他莫不如此。

教育是温暖的,同时又是润物细无声的,我们应该主动将教育从名利之中拉回,保持教育从业者的尊严。

《中国教育报》2015 年 3 月 27 日

高校思想政治工作春风化雨

习近平总书记在全国高校思想政治工作会议上的重要讲话,从全局和战略高度回答了事关高等教育事业发展的一系列重大问题,是指导新形势下高校思想政治工作的纲领性文献。这一重要讲话不但对办好中国特色社会主义大学具有十分重要的意义,而且与每位学生的成长、与众多家长的关切、与广大教师的事业发展有着直接和紧密的联系。要通过深入学习领会、全面贯彻落实,使高校思想政治工作春风化雨,开创我国高等教育事业发展的新局面。

立德树人是中心。习总书记特别强调要坚持把立德树人作为中心环节。高校立身之本在于立德树人。培养什么样的人、如何培养人以及为谁培养人,是高校必须确立的根本问题。由于中国大学的性质所决定,高校承担着培养德智体美全面发展的社会主义事业建设者和接班人的重大任务。离开了立德树人这个中心,就忘记了创办、发展高校的初心。高校必须紧紧围绕立德树人这个中心开展工作,不断提高学生的思想水平、政治觉悟、道德品质、文化素养,通过深入细致的思想政治工作,让学生成为德才兼备、全面发展的人才,而不能只教书、不育人,只看学生分数、不问学生思想。

全程育人是关键。高校的思想政治工作是一个宏大的工程,不能仅靠党务干部、团干部、班主任、辅导员来做。要按照习总书记的要求,把思想政治工作贯穿教育教学全过程,实现全程育人、全方位育人。广大思想政治工作者要切实承担起责任来,不断探索,勇于创新,努力提升思想政治教育的亲和力和针对性,满足学生成长成才的需求和期待;要用好课堂教学这个主渠道,不断增强思想政治理论课的吸引力和感染力。其他各门课程也都要承担起相应的责任,保证与思想政治理论课同向同行,形成协同效应。高校教学管理、后勤服务、文化建设都要服务于育人的大局,都要做到守土有责、守土尽责、守土负责。

教师队伍是基础。教师是人类灵魂的工程师,承担着立德树人的神圣使命,是思想政治工作的主力军。习总书记要求高校教师努力成为先进思想文化的传播者、党执政的坚定支持者。作为传道者,所有的高校教师都要明道、信道,要不断地提高自身的政治素养和思想水平,以德立身、以德立学、以德施教,努力做到教书和育人相统一、言传和身教相统一、潜心问道和关注社会相统一、学术自由和学术规范相统一,真正肩负起做学生健康成长的指导者和引路人的责任。

齐抓共管是保障。高校党委要切实承担起思想政治工作的主体责任,掌握思想政治工作的主导权,保证正确的办学方向,保证高校成为培养社会主义事业建设者和接班人的坚强阵地。高校要积极构建党委统一领导、各部门各方面齐抓共管的工作格局。做好高校思想政治工作是全社会的共同任务。各地和有关部门负责人要经常深入高校,回答师生关注的理论和现实问题,做师生员工的知心朋友。全社会都要支持高校立德树人,为高校开展思想政治工作创造必要的条件。社会媒体要承担起相应的责任,加大正面报道的力度,不断净化舆论环境,积极营造有利于开展思想政治工作、有利于大学生成长成才的舆论氛围。

《北京考试报》2016 年 12 月 14 日

高校思想政治工作要从教师抓起

习近平总书记在全国高校思想政治工作会议上特别强调,高校思想政治工作关系高校培养什么样的人、如何培养人以及为谁培养人这个根本问题。这一论断抓住了加强高校思想政治工作的关键。为了切实解决好这个根本问题,需要认真思考"谁来培养人"、"怎么培养人"、"如何培养人"的问题。高校教师承担着培养人的神圣使命。加强和改进高校的思想政治工作,要把教师思想政治工作当成重中之重,努力做到以下六个方面。

一要认真把好教师入口关。高校教师直接和学生打交道,身处大学生思想政治工作的最前沿。他们的一言一行、一举一动,都对学生产生着直接或间接、显性或隐性的重大影响。没有思想过硬、素质过硬的教师队伍,难以承担和完成立德树人、教书育人的重要职责。"大学教师只要业务好就行"的观念是十分危险的。补充教师队伍、引进师资力量,特别要注意克服重业务、轻素养的倾向。不能只看业务能力、不看政治表现。要建立科学、全面、系统、精准的准入机制,严肃认真地进行考察和审查。既要对学历、经历等有明确的要求,对学术、成果有具体的规定,更要综合考量和考察其品德、思想、素养等。对于进入高校工作的其他人员,也需提出相应的条件和要求。

2016 年 12 月 7 日至 8 日,全国高校思想政治工作会议在北京举行。中共中央总书记、国家主席、中央军委主席习近平出席会议并发表重要讲话。

二要进一步落实全员育人。立德树人是对高校全体人员的共同要求,而不仅仅是一部分人的任务和使命。离开了"全员育人",很难做到"把思想政治工作贯穿教育教学全过程,实现全程育人、全方位育人"。高校的党政团干部、思政课教师和哲社科学课教师、辅导员班主任和心理咨询教师,都要因事而化、因时而进、因势而新,不断提高工作能力和水平,不断提升思想政治教育亲和力和针对性。在改进和加强思想政治理论课这个主渠道的同时,"其他各门课都要守好一段渠、种好责任田,使各类课程与思想政治理论课同向同行,形成协同效应"。对业务课教师、对教辅人员、对后勤服务人员、对管理人员等,都应有明确的立德树人的要求。高校所有教师和各类人员都应从有利于大学生健康成长的高度出发,做好本职工作,守土有责、守土负责、守土尽责。

三要高度重视教师思想政治工作。教师和大学生的思想政治工作,是高校思想政治工作的两翼。要比翼齐飞,而不能偏废。从根本上说,教师思想政治工作做不好、抓不紧,会直接影响大学生思想政治工作的质量。近年来,高校大学生思想政治工作取得了长足进步,但教师思想政治工作相对而言还有很大的提升空间。尽管教师比学生更为成熟,但对他们的思想政治工作丝毫不能放松。他们政治上的坚定、素养上的提升、思想上的进步、业务上的提高、生活上的改善,都会遇到各种各样的问题,需要通过思想政治工作及时加以解决、有效进行引导。在当前形势下,教师思想政治工作难度大、情况复杂,需要有更具体、更落地的政策和制度保障,需要有更有针对性、更具实效行动的举措和办法。

四是要切实加强教师思想理论学习。思想理论学习是提高高校教师政治素质的重要途径。不断加强和改进教师思想理论学习,是实现办好社会主义大学目标的需要,是完成立德树人、教书育人使命的需要,也是教师自身成长进步的需要。在经济全球化、信息网络化和文化多元化的现代社会里,进一步加强和改进教师思想政治学习,具有十分深远的意义和特别重大的作用。根据形势发展的需要和高校教师的特点,进一步加强和改进思想理论学习,不断探索新途径、新方法、新举措,努力使之有效化、常态化、制度化,是当前高校宣传思想工作的重要任务之一。近年来,一些高校对教师思想理论学习的认识不断提高,陆续出台了相关的规定、制度,采取了相应的措施和办法。高校教师的思想理论学习取得了新的进展和显著成效。但也存在着一些不容忽视的难题,需要引起高度重视,下力气加以解决。不重视、没时间、不坚持、无效果,是一些高校教师思想政治学习存在的较为关键问题。在新形势下,要把教师思想理论学习作为培养教师的重要内容来抓。要不断创新形式,积极探索,注重实效,根据教师的特点组织好思想理论学习,力争实现教师思想理论学习的有效化、常态化、制度化。

五要引导教师做以德立身的典范。习总书记在讲话中对高校教师提出了明确的要求,要求教师做以德立身、以德立学、以德施教的典范。他特别强调要坚持四个"统一":坚持教书和育人相统一,坚持言传和身教相统一,坚持潜心问道和关注社会相统一,坚持学术自由和学术规范相统一。这为高校教师指明了前进方向和努力目标。作为高校教师,仅仅是业务上精、学术上强、专业上棒、教学上钻是不够的,还要努力成为先进思想文化的传播者、党执政的坚定支持者。只有积极向上、充满正能量的教师,才能够更好地担起学生健康成长指导者和引路人的责任。现在有些教师忙于业务学术,忽视或放松了对自身的要求。这种状况需要尽快改变。

六要加强对教师队伍的管理。高校教师队伍能否真正承担起立德树人、教书育人的职责和使命,除了一般性的号召和普遍教育之外,还需要有科学管理作为基本保障。在加强日常的管理和教育的同时,要进一步完善考评机制,要加大立德树人、教书育人在考评中的权重;要全面贯彻落实意识形态责任制,要着力牢固树立教师的政治意识、大局意识、核心意识、看齐意识,加强对教育教学全过程的监控。做好相应的预案,努力将问题消灭在萌芽状态;切实执行"师德师风一票否决制"。对于那些有失师德、有悖师风的问题,及时进行必要的处理,实行退出机制;对于那些不适合留在高校教师队伍的人,要切实加强管理教育,绝不姑息,以保持高校教师队伍的活力。

宣讲家网 2016 年 12 月 13 日

高校教师思想政治工作是重中之重

习近平总书记在全国高校思想政治工作会议上特别强调,高校思想政治工作关系高校培养什么样的人、如何培养人以及为谁培养人这个根本问题。这一论断抓住了加强高校思想政治工作的关键。为了切实解决好这个根本问题,需要认真思考"谁来培养人"、"怎么培养人"、"如何培养人的人"的问题。高校教师承担着培养人的神圣使命。加强和改进高校的思想政治工作,要把教师思想政治工作当成重中之重。

一是认真把好教师入口关。高校教师直接和学生打交道,身处大学生思想政治工作的最前沿。他们的一言一行、一举一动,都对学生产生着直接或间接、显性或隐性的重大影响。没有思想过硬、素质过硬的教师队伍,难以承担和完成立德树人、教书育人的重要职责。"大学教师只要业务好就行"的观念是十分危险的。补充教师队伍、引进师资力量,特别要注意克服重业务、轻素养的倾向。不能只看业务能力、不看政治表现。要建立科学、全面、系统、精准的准入机制,严肃认真地进行考察和审查。既要对学历、经历等有明确的要求,对学术、成果有具体的规定,更要综合考量和考察其品德、思想、素养等。对于进入高校工作的其他人员,也需提出相应的条件和要求。

二是进一步落实全员育人。立德树人是对高校全体人员的共同要求,而不仅仅是一部分人的任务和使命。离开了"全员育人",很难做到"把思想政治工作贯穿教育教学全过程,实现全程育人、全方位育人"。高校的党政团干部、思政课教师和哲社科学课教师、辅导员班主任和心理咨询教师,都要因事而化、因时而进、因势而新,不断提高工作能力和水平提升思想政治教育亲和力和针对性。在改进和加强思想政治理论课这个主渠道的同时,"其他各门课都要守好一段渠、种好责任田,使各类课程与思想政治理论课同向同行,形成协同效应"。对业务课教师、对教辅人员、对后勤服务人员、对管理人员等,都应有明确的立德树人的要求。高校所有教师和各类人员都应从有利于大学生健康成长的高度出发,做好本职工作,守土有责、守土负责、守土尽责。

三是高度重视教师思想政治工作。教师和大学生的思想政治工作,是高校思想政治工作的两翼。要比翼齐飞,而不能偏废。从根本上说,教师思想政治工作做不好、抓不紧,会直接影响大学生思想政治工作的质量。近年来,高校大学生思想政治工作取得了长足进步,但教师思想政治工作相对而言还有很大的提升空间。尽管教师比学生更为成熟,但对他们的思想政治工作丝毫不能放松。他们政治上的坚定、素养上的提升、思想上的进步、业务上的提高、生活上的改善,都会遇到各种各样的问题,需要通过思想政治工作及时加以解决、有效进行引导。在当前形势下,教师思想政治工作难度大、情况复杂,需要有更具体、更落地的政策和制度保障,需要有更有针对性、更具实效行动的举措和办法。

四是引导教师做以德立身的典范。习总书记在讲话中对高校教师提出了明确的要求,要求教师做以德立身、以德立学、以德施教的典范。他特别强调要坚持四个"统一":坚持教书和育人相统一,坚持言传和身教相统一,坚持潜心问道和关注社会相统一,坚持学术自由和学术规范相统一。这为高校教师指明了前进方向和努力目标。作为高校教师,仅仅是业务上精、学术上强、专业上棒、教学上钻是不够的,还要努力成为先进思想文化的传播者、党执政的坚定支持者。只有积极向上、充满正能量的教师,才能够更好地担起学生健康成长指导者和引路人的责任。现在有些教师忙于业务学术,忽视或放松了对自身的要求。这种状况需要尽快改变。

五是加强对教师队伍的管理。高校教师队伍能否真正承担起立德树人、教书育人的职责和使命,除了一般性的号召和普遍教育之外,还需要有科学管理作为基本保障。在加强日常的管理和教育的同时,要进一步完善考评机制,要加大立德树人、教书育人在考评中的权重;要全面贯彻落实意识形态责任制,加强对教育教学全过程的监控。做好相应的预案,努力将问题消灭在萌芽状态;切实执行"师德师风一票否决制"。对于那些有失师德、有悖师风的问题,及时进行必要的处理;实行退出机制,对于那些不适合留在高校教师队伍的人,要及时清理,以保持高校教师队伍的活力。

《人民政协报》2016 年 12 月 14 日

教师的神圣职责应当好学生的引路人

核心提示:昔日的象牙塔早就不复存在,如今的学生们也不是生活在真空中。学校和社会的联系更加紧密,学生面对的环境更加复杂。除了教师之外,各种媒体的编辑们、网络游戏的研发人员、学生的家长们以及社会各界人士,都需要承担起为新一代引路的责任,配合学校、支持教师做好教育引导工作。沧海桑田,人间正道;教书育人,神圣职责;上善若水,厚德载物;宁静致远,千秋安稳。

"广大教师要做学生锤炼品格的引路人,做学生学习知识的引路人,做学生创新思维的引路人,做学生奉献祖国的引路人。"习近平总书记在考察北京市八一学校时对广大教师提出的做"引路人"要求,深刻阐明了教师在培养新一代学生方面的责任和使命,值得我们认真思考、细心领会。

每个人的成长都需要智者、导师的指引。广义而言,引路人可以是家长、可以是朋友、可以是伙伴、可以是身边认识和不认识的人,但其中最重要的还是教师。从进幼儿园开始,从中小学一直到大学读硕士、读博士,教师对学生的影响既是最大的,也是最深远的。在一定意义上说,教师引导得好不好、对不对、及时不及时、得当不得当、到位不到位,直接关系着学生的成长、前途和命运,关系着学生的一生,关系着整个国家和民族的未来。

教师对于学生的引路,是全方位的、多层面的。习近平总书记强调的,最重要的应该体现在四个方面:一是人品,二是学业,三是创新,四是爱国。这四者紧密联系、缺一不可。品格是一个人最基本的素质。没有良好的、健康的、积极向上、坚忍不拔的品格,人就等于没有灵魂,就是要教育学生牢固树立共产主义信仰和正确的世界观、人生观和价值观;学生以学为主,学习是学生的本分。在学习上循循善诱、诲人不倦,正是教师这个职业、教育这个事业所要求的;长江后浪推前浪,一代更比一代强。靠什么推? 怎么才能强? 创新思维的培养和锻炼是根本。教师对学生的引导,不是让学生跟在前人后面亦步亦趋,而是要让他们不断开辟新的境界;连自己的国家都不热爱的人,不可能有持久的前行动力,也不可能在事业上真正有所建树。引导学生热爱祖国、奉献祖国,是教育的应有之义,也是当今教育需要坚持的根本遵循。

当好引路人的前提是自己先走好路。教师要为人师表、为人楷模、行为世范,真正给学生树立榜样和典范。素质过硬,业务精湛,勇于创新,爱国爱民,是做一个好教师的基本条件。既要钻研教学、科研业务,又要不断提高自身修养;既要传承优秀传统文化知识,又要创新发展;既要教书,又要育人。总体而言,我们的教师队伍是符合这些要求的。但也应该看到,目前在一定程度上存在着重业务、轻品格的倾向,存在着重分数、轻素质的现象。特别是有的教师缺少创新思维和探索精神,不能与时俱进和引领潮流,在一定程度上禁锢了学生的创新思维。这应该引起高度的重视。脑海里从不闪烁创新思维火花的教师,很难培养出创新型的学生。创新教育只有从教师抓起,创新思维的培养才能真正落到实处。

引路人的这一定位决定了教师对待学生应有的态度。在学生成长的十字路口要正确指引。在学生找不到方向的时候,要及时指点迷津。学生前进时走了弯路,要耐心细致地说服解释,而不能简单粗暴。要培养学生辨别是非、判断真假的能力,逐步学会自己在错综复杂的情况下找到自己人生的坐标。教师的岗位不同,引路的方式和方法也不同。但无论如何,路,最终还是要靠学生自己选择、自己走。教师要指引学生的前进方向,而不能替代学生走,更不能背着抱着学生走。

平心而论,如今的引路人并不好当。做好引路人,不能居高临下、以势压人,而要和学生交知心朋友。不能讲苍白无力的大道理,而要结合学生的思想实际,春风化雨、润物无声。在互联网飞速发展的大背景下,教师还需要做好网络里的引路人。人在哪里,引路的教师就应该出现在哪里。特别是在网络使用者日趋低龄化、网络应用日益生活化的传播生态下,教师的引路更应该到位、而不能缺位。要认真研究、充分利用新媒体,力求和学生使用相同的话语体系,在一个频率上共振。

昔日的象牙塔早就不复存在,如今的学生们也不是生活在真空中。学校和社会的联系更加紧密,学生面对的环境更加复杂。除了教师之外,各种媒体的编辑们、网络游戏的研发人员、学生的家长们以及社会各界人士,都需要承担起为新一代引路的责任,配合学校、支持教师做好教育引导工作。

沧海桑田,人间正道;教书育人,神圣职责;上善若水,厚德载物;宁静致远,千秋安稳。

宣讲家网 2016 年 9 月 14 日

大学教授也受骗

为宣传"国家精品课程",北京、上海、山东等地的多位教授轻信骗子的谎言,将数以万计的宣传费打了水漂。日前,骗人的 9 人团伙因涉嫌诈骗罪出庭受审,但不知道被骗的教授从中汲取了什么教训。

骗子的骗术按说也不大高明。写一封电子邮件祝贺某教授获奖,然后忽悠其参加以下报纸的刊载和宣传。据说这些报纸包括《中国教育报》《科技日报》等,宣传费用从几千元到七八万元不等。某教授花了 2 万元想在《中国教育报》宣传一下。谁知约定的时间已过,文章却仍未刊登。被拙劣的骗术骗了的教授不止这一位,仅这个团伙就涉嫌诈骗金额达 7 万多元。

教授的动机是为了宣传国家精品课程,这原本没有什么错。已经跻身"国家级行列"了,也不存在沽名钓誉之类的问题了。这类文章就算发表了,也算不上工作量和成果。即便是有点直接或间接宣传自己的成分在内,也是在情理之中的。这和花钱买版面刊登自己的署名文章,还是有很大区别的。过去只会读书、做学问的教授如今开始有了宣传意识,这不但不能横加指责,还应该加以肯定和赞扬。出现这一问题的主要原因是,教授们在媒体时代,尚缺乏"媒体素养"。也就是说,没学会分析判断真记者、假记者,真新闻、假新闻。

其实,这也不能全怪教授们。这年头,媒体变着花样收费做所谓形象宣传的事儿屡见不鲜,还有不少人专门以拉这类生意为生。我们总能接到许多打着媒体旗号忽悠你做宣传的电话。我用座机给外地朋友打电话人家都不接,说 010 区号的电话多数都是拉广告、找赞助的。圈内人还能分辨出哪些是真新闻,哪些是软广告,老百姓们哪搞得清楚啊。教授们既不认识几个记者,也搞不清报社广告部门朝哪开,让骗子钻了空子,有了可乘之机。

这类问题如何避免? 除了教授们要补补媒体素养课外,我们的社会是不是也该反思一下:如何才能不给骗子留空子?

《北京晚报》2010 年 8 月 16 日

教师要有危机感

前不久,我坐在一家快餐店里等候几个小时后返回京城。突然,有人站在我身旁说:老师好。我听过您的课! 我一下子怔住了。说什么也没有想到,在这么偏僻的小城,在这么一家不起眼的快餐店里,还能遇到自己的学生。人的一生中会忘记许多,但自己的老师常常不会忘记。我相信,每一位老师都体会过这种快乐和感动。

在学生的内心深处,一定保留着不少和老师紧密联系在一起的记忆。在很多时候,我会因学生上课注意力不专注而沮丧,会因学生听不进老师的话而低沉,会因学生的不理解而缺少成就感。但当不经意间知道了一些微不足道的事情还被学生记忆犹新、自己的举手之劳就让学生心怀感激的时候,我的内心受到了深深地触动。

教师节来临之际,我想,还是说说教师的危机感吧。

如今,老师是很难当的了。事实上,在不知不觉中,老师的地位已经发生了变化,老师的权威早就开始动摇了。在许多学生的心目中,老师已经不再是无所不能、无所不知的神仙了。老师不如学生、落后于学生的情形时有发生。尤其是在网络时代,在新知识、新技术等方面,不少学生都比自己的老师强。对此,我们应该有清醒的认识。

学生嘴里不断更新的流行语咱听得懂吗? 学生手中的 iPad、手机咱玩得转吗? 尽管天天和学生在一起,咱还敢说对他们了如指掌吗? 在课堂上,一般的提问很难问倒学生了。我所提的问题,总会有学生抢着举手并马上站起来回答。原来,他能用手机上网,迅速搜索出答案。在这样的态势下,老师如何对学生充满吸引力、如何赢得学生的喜爱和尊重,的的确确成了一个大问题。

没有别的办法。我们所能做的就是继续学习,就是千方百计比学生学得更广、懂得更多、比学生更强。变,是永恒不变的法则。随着时代的发展,不断更新教学方法、补充教学内容、改进教学手段。这样做或许更累,但是别无选择。虚心向学生学习,其实这并不掉价,反而更容易赢得学生的青睐。贴近学生,寻找和学生的共同语言,走进学生的心灵,会使我们更加充满魅力。

《北京青年报》2012 年 9 月 10 日

提高青年教师收入不能再坐而论道

据媒体报道,中国高等教育学会薪酬管理研究分会课题组前不久发布调查结果显示:高校青年教师中,85.9% 的年收入在 15 万元以下,近半数的年收入在 10万元以下,近四分之一的人收不抵支。10 万元成了不少青年教师年收入的"天花板"。

据笔者了解,高校青年教师的收入在高校中偏低是不争的事实,甚至与一些在中小学任教的同龄教师相比都低。高校青年教师经济收入太低的直接后果是,不少优秀毕业生在选择职业时,已不再把高校作为首选,有的逃离北上广,回二线、三线城市就业,即便是留在大城市也选择去银行、金融等高收入的行业。毫不夸张地说,经济收入低已经影响到高校师资队伍稳定,加剧了优秀青年人才的流失,为弥补家用不得不兼职的现象并非少见。

前几年,笔者一直参与有关高校教师思想动态调研报告撰写,每每总是把改善青年教师的待遇当成一项重要的问题明确提出,遗憾的是多年过去,情况依旧没有改变。青年教师收入偏低的问题,不少部门、不少人都清楚、都明白,但却没有从根本上认识到解决它的重要性、紧迫性,更缺少具体的、可操作性的对策。不安居,无法乐业。青年教师队伍不稳,高校师资队伍就不稳。师资队伍不稳,教学、科研、学生工作等都会受到直接影响。

笔者认为,首先各高校要在分配制度上充分考虑青年教师的实际情况,在公平、公正的前提下,尽量向青年教师有所倾斜;但仅靠高校的力量显然是杯水车薪。建议政府在继续增加高等教育经费的同时,提高高校青年教师的收入水平,给高校青年教师发放适当的经济补贴,为高校青年教师设立奖教专项基金等等。社会、企业、知名人士都应关心高校青年教师的生活和成长。特别重要的是出台相关的政策,切实解决青年教师的住房问题。即便不能给他们更多的购房优惠,也可采取建设青年教师公寓等多种方式,满足其基本的住房需求。要重视解决青年教师的孩子入托、上学等实际问题,尽量创造条件使其能够不分心、少分心。青年教师是高校的明天,祖国的明天和未来需要他们培养和教育。支持和帮助青年教师,就是支持和帮助中国的高等教育。

《中国教育报》2014 年 08 月 08 日

20 年后学术大师从何而来

大学之大,在于大师、大楼、大树。其中,大师是基础的基础、条件的条件。没有大师,学生们以谁为师、向谁而学? 没有大师,何谈大学。遗憾的是,随着岁月的流逝,一位又一位大师逐渐年迈、衰老、离我们而去,各个领域的大师越来越少,而且后继乏人。人们不禁要问:20 年后的学术大师从何而来?

何为大师? 大师泛指在某一领域有突出成就、社会公认且德高望重的人。真正的大师不仅仅是学生之师,还是国家之师、民族之师。加速培养和造就20年后的学术大师,是当前和今后一段时期内高校乃至全社会的重要任务。

20年后的学术大师大都应该出自现在的青年教师(有人昵称"青椒")之中。但如今的青年教师现状的确不容乐观,主要表现在三个方面:资源少,知名度低,社会认可度差。其主要原因是,现在"青椒"们普遍面临着"竞争强、压力大、经济条件困难"等问题。他们自身也存在着经验少、定位模糊、专业方向不明等缺陷。

因为"文革"的原因,知识分子出现了严重的断层。随着改革开放之后大学改革和发展,问题得到了一定程度的解决,一代新人茁壮成长。但是随着时间的推移,二次断层已经显现。在一些高校,基本是恢复高考后的77级、78级毕业生挑大梁。他们现在的年龄大多已在60岁上下。他们的接班人不管是数量还是质量,显然还没有作好相应的准备。

纵观全国高校,青年教师面临的成长环境不断改善,各校为青年教师的成长做了一些工作,创造了一些条件,采取了一些措施。但相对于国家的需要、社会的需要、高校的需要而言,青年教师的成长并不尽如人意。青年教师成长缓慢的原因是多方面的,主要有社会原因、学校原因以及自身原因等。

社会上的急功近利、虚假浮夸等不良风气,对青年教师也产生了潜移默化的影响,埋下了学术不端的隐患。各校对青年教师的重视,嘴上喊得多,但具体行动少。规划计划多,贯彻落实少。青年教师自身努力不够。过于实际,害怕吃苦,事业心不强,缺少执着的精神,缺少远大目标和抱负。

"青椒"强,则大学强。青年教师队伍不稳,高校师资队伍就不稳。师资队伍不稳,教学、科研、学生工作等都会受到直接的巨大影响,进而影响到大学生的成长。青年教师能否健康、快速地成长,不但关系到高校教师队伍的建设,还直接影响高校的教学、科研和管理工作,甚至20年后的学术水平和学术队伍。因此,必须引起国家、社会、高校的高度重视,并切实采取如下措施加以落实。

一是国家层面加大培养力度。国家对青年教师十分重视,出台了相关的政策。有关部门出台了加强大学生思想政治工作的有关文件后,发挥了十分显著的作用。相比较而言,青年教师思想政治工作的对策还有进一步完善和强化的空间。要从战略的高度认识青年教师的成长,规定要具体,措施要明确,不能只泛泛地提要求,要有定量的指标。要加强对各高校的检查和监督,出台相关的政策,切实解决青年教师的住房问题。即便不能给他们更多的购房优惠,也可采取建设青年教师公寓等多种方式,满足其基本的住房需求。要重视解决青年教师孩子入托、上学等实际问题,尽量创造条件使其能够不分心、少分心。

二是社会层面营造良好氛围。祖国的明天和未来需要青年教师们培养和教育。支持和帮助青年教师,就是支持和帮助中国的高等教育。全社会对教育都很关心、关注,但评头论足多,具体帮助和支持少。要在分配制度上充分考虑青年教师的实际情况,要重提尊师重教,关爱教师,营造良好的舆论氛围。企业、知名人士都应关心高校青年教师的生活和成长,多在高校设立一些青年教师教学、科研基金,加大奖励力度;支持青年教师参与社会实践,设立科研、实践基地,为青年教师的成长创造必要的条件。

三是从学校层面出台有力措施。学校应该承担培养青年教师的主要任务。学校要把培养青年教师放在重中之重的位置,切实推出具体、科学、符合中国实际的解决措施和方法。要实行青年教师培养责任制和一把手工程,各部门密切配合,明确职责,构建青年教师培养的大格局;在公平、公正的前提下,分配制度上尽量向青年教师倾斜。设立青年教师培养基金,支持青年教师结合专业开展教学研究、科学研究,支持他们积极参与社会实践和社会服务。要帮助和指导青年教师制定科学的发展规划,实行以老带新的制度,切实解决他们成长中遇到的问题。

四是从个人层面更加发奋努力。外因虽然重要,但究竟自己能否在学术上有所突破、有所进展、有所创新,说到底还是要靠青年教师自身的不懈努力。青年教师要有当好学术接班人的责任感和使命感,要对自己有客观、科学的评价和剖析,要不断增强自信心,树立远大理想和抱负。要肯于钻研、善于钻研。要虚心向中老年教师学习,要在前人的基础上尽早明确学术发展方向,并根据形势发展、社会需求及时进行调整。要正确处理教学与科研的关系、眼前工作和长远发展的关系、个人努力和团队合作的关系等。

《中国科学报》2014 年 09 月 25 日

高校"青椒"的焦虑与困惑

眼下,高校青年教师面临较大的经济、科研压力。"小先生"要成为"大家",还有一些困难。长此以往,国家的学术梯队建设该如何保证? 文教之火又该怎样代代延续?

"青椒",是坊间对高校青年教师的戏称。他们大多出生在 20 世纪 70 年代或 80 年代前期,寒窗苦读 20 余载之后,在高校谋得一席教职。这些正在成为、或者即将是学术研究中坚的青年人,眼下却生活的并不容易。这些在学术研究道路上孜孜矻矻数十载的科研精英,究竟面临着怎样的成长困境? 再从长远来看,国家的学术梯队建设又该如何保证?

首先一点便是学术课题申请僧多粥少，"青椒"只好傍"大牛"。如今是品牌时代，知名度越高，越容易拥有更多的资源。雪中送炭者少，锦上添花者众。青年教师初出茅庐，万事开头难，头三脚更难踢。要经费没经费，要课题没课题。一些知名专家学者忙得团团转，挂名都挂不过来，而年轻教师申请课题却僧多粥少，中标率太低。课题申请一般都会看申报者承担过哪一级的课题，那些默默无闻、白纸一张的年轻人很难入评委们的法眼。自己申请不来课题，只能跟着老先生们做，尽管可能活干了不少，但发表论文时署名也好、申请奖励也罢，排名总是靠后。

另外，高校科研竞争激烈，压力大，"青椒"经济条件困难。许多青年教师刚上岗就需要承担大量的教学、科研任务，有的还要担任班主任、辅导员等工作。既要教育辅导学生，又要进修深造。既要独当一面，又要做助教、当助手、拾遗补阙。既要讲课，又要科研。既要批作业，又要写论文。大多青年教师在家庭中上有老、下有小，面对结婚生子、买房、孩子入托上学等诸多经济困难，生活压力较大。仅以购房为例，大多身在大城市的高校青年教师购房压力大，除了交房租、攒首付，基本生活费所剩无几，甚至捉襟见肘，有些甚至还要"啃老"。

从青年教师自身的情况来看，有些人科研经验少，学术研究和专业发展定位模糊、方向不明。许多青年只注重眼前的具体任务、具体工作，很少考虑长远的发展，对未来缺少规划。自己的兴趣、爱好、特长、潜力、素养，很难与所从事的专业有机结合。为了完成教学、科研任务，常常有意无意地改变自己的专业方向，科研方向不集中，研究问题不聚焦。注意力容易分散，力量不易聚合，较难在前人的基础上找到自己的突破口和切入点。一些青年教师整日忙忙碌碌，成效却不显著，难以崭露头角。

眼下的高校，基本上是恢复高考后的 77 级、78 级毕业生挑大梁，他们现在的年龄大多已在 60 岁上下。而他们的不少接班人不管在数量上还是质量上，似乎还没有做好相应的准备。20 年后的学术大家，从何而来？青年教师的成长有些缓慢，原因何在？

从社会层面来看，社会舆论对教师、特别是高校教师有一些负面评价，高校教师的社会地位不高。一些青年教师离开高校，转到收入较多的行业。社会上急功近利、虚假浮夸等不良风气，对青年教师也产生了潜移默化的影响，埋下了学术不端的隐患。坐得住冷板凳、耐得住寂寞的人越来越少。

各校对青年教师的重视，嘴上喊得多，具体行动少；规划计划多，贯彻落实少。首先，对青年教师缺少应有的重视。目前一些学校重点放在快速培养人才上，最好是能在短期内见效。重引进人才，轻自己培养人才；重现有人才，轻有潜力的人才；重使用人才，轻为人才的成长铺路搭桥。其次，现在的政策措施不利于青年教师的成长。考核指标体系、职称聘任制度、分配制度等对青年教师不利。政策缺少稳定性和可持续性,有的要求必须要有海外经历,还没等访学归来呢,就变成必须到国内的基层锻炼了。从分配制度上,对青年教师倾斜不够。老教师缺少必要的传帮带,有些老教师更多的关注自己的事业发展,忽视培养和指导青年教师。

另外,青年教师自身努力不够。过于实际,害怕吃苦,事业心不强,缺少执着的精神,缺少远大目标和抱负。或者眼高手低,不脚踏实地。不积极、不主动,遇到困难容易退缩。对自己的发展缺少规划。有的基础不牢,浅尝辄止,不求甚解。有的缺少定力,容易变化。

"青椒"不强,将直接导致学术研究的断层。从国家层面,要从战略的高度认识青年教师的成长,规定要具体,措施要明确,不能只泛泛地提要求,要有定量的指标。要加强对各高校的检查和监督。出台相关的政策,切实解决青年教师的住房问题。即便不能给他们更多的购房优惠,也可采取建设青年教师公寓等多种方式,满足其基本的住房需求。要在分配制度上充分考虑青年教师的实际情况。要重视解决青年教师的孩子入托、上学等实际问题,尽量创造条件使其能够不分心、少分心。

学校应该承担起培养青年教师的主要任务,要把培养青年教师放在重中之重的位置,切实推出具体的、科学的、符合中国实际的解决措施和方法。要实行青年教师培养责任制,实行一把手工程,各部门密切配合,明确职责,构建青年教师培养的大格局;在公平、公正的前提下,分配制度上尽量向青年教师倾斜。设立青年教师培养基金,支持青年教师结合专业开展教学研究、科学研究,支持他们积极参与社会实践和社会服务。要帮助和指导青年教师制定科学的发展规划,实行以老带新的制度。切实解决他们在成长中遇到的问题。

外因虽然重要,但究竟自己能否在学术上有所突破、有所进展、有所创新,说到底还是要靠青年教师自身的不懈努力。青年教师要有当好学术接班人的责任感和使命感,要对自己有客观的、科学的评价和剖析,要不断增强自信心,树立远大理想和抱负。要肯于钻研、善于钻研。要虚心向中老年教师学习,要在前人的基础上尽早明确学术发展方向,并根据形势发展、社会需求及时进行调整。要正确处理教学与科研的关系、眼前工作和长远发展的关系、个人努力和团队合作的关系等。

《大众日报》2014 年 08 月 27 日

应对"本领恐慌"之道

随着年龄的增长、阅历的增加,许多老师不但没有变得更加自信,反而心里越来越没有底儿、越来越没谱了。特别是在学生面前,话都不知道该怎么说。说旧的,学生不感兴趣;说新的,老师怕露怯;说大道理,容易太空洞;说小事情,自己也不清楚……窃以为,这或许是患了"本领恐慌"症的缘故。

"本领恐慌"不是啥新词。早在延安学习运动中,毛泽东就提出了这个概念。那是1939年的5月20日,在延安在职干部教育动员大会上的讲话中,毛泽东指出:我们队伍里边有一种恐慌,不是经济恐慌,也不是政治恐慌,而是"本领恐慌"。其意在于告诫广大干部要抓紧学习、增加本领,迎接革命高潮的到来。

时隔74年之后,在中共中央党校建校80周年庆祝大会暨2013年春季学期开学典礼上,习近平总书记在讲话中强调:"本领恐慌"在党内相当一个范围、相当一个时期都是存在的。实现党的十八大提出的各项目标任务,做好方方面面的工作,对我们的本领提出了新的要求。2013年8月19日,他在全国宣传思想工作会议上的讲话中,明确要求:要解决好"本领恐慌"问题,真正成为运用现代传媒新手段新方法的行家里手。

应该说,毛泽东、习近平都是在历史发展的紧要关头提出"本领恐慌"这个问题的,而且都切中了当时、当前的要害。不管是我们自己还是周围的人,在新的形势下或多或少都存在"本领恐慌"的问题。如何尽快加以解决,是当前的一个非常重要的任务。

为什么会产生"本领恐慌"?原因很简单,当一个人所具备的能力、素质、知识、理论、技能等,等于或低于实际工作中所需要的水平时就会使其产生"本领恐慌"。

应该说,人在社会上生存和发展中,经常产生"本领恐慌"是一种积极的、正常的反映。因为,社会总是在发展、在前进,而相对于社会的需求而言,人的储备总是不足的、总是会有差距的,"本领恐慌"总会伴随而生。可怕的其实并不是恐慌,而是已经有了差距、已经不能适应工作的要求了,还没有感到恐慌,如果再加上自以为是就更可怕了。

"本领恐慌"是一种动力。人类社会就是在不断克服恐慌中,不断丰富、不断完善、不断强壮起来的。在和外界的搏斗中,人类产生了恐慌,所以就开始学习制造工具,以战胜比自己强大、凶猛、顽强的动物,在优胜劣汰、竞者生存中逐步地成长、壮大、发展起来。与此同时,人类慢慢地对于恐慌有了记忆,有了必要的警惕,有了一定的前瞻性。对于饥饿的恐慌,使得人们贮藏粮食以备急需。一种技术还没有完全过时,新的替代技术就已经被研发出来,以免落在时代车轮之后。这些努力直接推动了社会的不断前进。

具体到个体的人而言也是如此。人的生存、生活、生长的过程,一直是在克服"本领恐慌"中完成的。学说话,学写字,学和人打交道,学各种知识和技能,学融入社会后所需要的各种本事。初涉人世,难免有些恐慌,见人脸红甚至连话都说不出来。随时慢慢地历练,见得人多了、阅人无数了,才逐渐变得如鱼得水、游刃有余。从事一项新的工作之初,总会心里没有底,莫名其妙地感到紧张。经过不断摸索、不断总结、不断尝试,慢慢变得娴熟起来。学习、实践,帮助我们克服了恐慌。

不幸的是,这些学习或者实践在"大学前阶段"或多或少地都打上了应试教育的色彩。因此,一旦学生考入大学之后,立马会产生"本领恐慌"。不单单是在老师指导下的自学本领的恐慌,更多是和同学相处、和老师相处的"本领恐慌",是生活自理的"本领恐慌",是离开父母怀抱后心理孤寂不知如何排解的"本领恐慌"。克服这诸多恐慌同样没有别的办法,还只能靠学习和实践。在大学校园里吃了几年食堂,洗了几年公共浴室,住了几年集体宿舍,谈了成或不成的恋爱之后,即将步入社会的学生们又会产生新的"本领恐慌"……

教师是人不是神,自然也会产生"本领恐慌"。过去讲究的是,台上一分钟,台下十年功。也就是说,台下的无数次磨炼成就了台上短暂的成功。还有一种说法是,要给学生一杯水,自己就要先有一桶水。这起码是一个量的问题。教师知道的一定要比教给学生的多得多,才能站在讲台上不发慌。其实还有个知识结构的问题。做教师虽然是术有专攻,但也都应该是本百科全书。上通天文,下晓地理,谈古论今,兼顾中外……曾几何时,老师在学生的心目中是何等的神圣啊!而老师们光环的背后付出的心血和汗水,只有他们自己心里最清楚。

圣人孔夫子肯定没有想到,几千年后会进入这样的时代,其特征表现为,学生比老师知道得多,孩子比家长知道得多。尤其在新媒体、网络技术等方面,学生比老师、孩子比老子强得多。在学生面前,老师越来越不自信;在学生面前,家长越来越没权威。尽管"本领恐慌"古已有之,但从来没有像今天这样来得急迫、紧迫,从来没有像今天这样表现得充分,以致一些人被恐慌所吓倒,也有人连恐慌都不敢承认。

最先感到"本领恐慌"的是教学一线和学生工作一线的教师们。学生嘴里的新名词层出不穷,他们关注的热点瞬息万变,许多新技术无师自通,许多新产品迅速更新换代。不但学生和 80 后教师之间有鸿沟,就连 90 后、95 后们之间也都有许多的差异。站在讲台上的教师,越来越搞不懂眼前的学生。再怎么努力讲,也讲不过"度娘"。手机媒体的飞速发展和不断完善,使得课堂上虽然鸦雀无声,但学生们都成了低头族、刷屏族。在娱乐至死的时代,赵本山的小品、郭德纲的相声、周立波的脱口秀潜移默化地养成了学生的欣赏习惯。在他们的潜意识中,老师讲课时的一句话都要有一个包袱,就不用说照本宣科了,更不要说教材陈旧了,就是老师费尽千辛万苦、精心准备的一堂课,到学生那里都不会太新鲜,甚至没有人买账。

毛泽东的话十分生动形象。他把学习比喻成开铺子,"本来东西不多,一卖就完,空空如也,再开下去就不成了,再开就一定要进货。"他的讲话成了当时干部掀起学习运动高潮的动员令。习总书记则看重著名学者王国维的三种治学境界。他欣赏的是,要有"望尽天涯路"那样志存高远的追求,耐得住"昨夜西风凋碧树"的清冷和"独上高楼"的寂寞。他倡导的是,勤奋努力、刻苦钻研,下真功夫、苦功夫、细功夫,"衣带渐宽终不悔",人憔悴也心甘情愿。他强调的是,独立思考、学用结合、学有所悟、用有多得,在学习实践中"众里寻他千百度",最终"蓦然回首",在"灯火阑珊处"领悟真谛。他的要求,为我们克服"本领恐慌"指出了明路。只有不断学习,才能帮助我们走出"本领恐慌"的沼泽地。问题是我们学习什么。"不日新者必日退"。我们特别要学习新的知识、新的技能、新的方法、新的思维。在网络时代、在新媒体时代,特别需要学习的是网络知识,提升新媒体素养。否则就会在瞬息万变的网络世界里迷失方向,无所适从,难以应对,被动挨打。

当然,仅仅学习还是不够的,还要和实践紧密地结合起来。读书是学习,使用也是学习,而且是更重要的学习。停留在书本知识上、仅仅停留在课堂论道上,显然是难以讨到真经的。要走出教室、走出书斋、走出校园、走向社会。学习的对象也要改变。过去是学生向老师学,现在教师也要虚心向学生学。不上网,怎么能真正了解网民心理?不发微信,怎么能理解圈子的意义?不打上几次网络游戏,怎么能明白为什么学生会如此着迷?

总而言之,统而言之,在新的时代里,"本领恐慌"并不可怕,可怕的是不敢承认,甚至强加掩饰。要用积极的心态来应对"本领恐慌",通过抓紧学习和勤于实践来补充、完善自己。极有可能的是,我们刚刚通过一些学习和实践好不容易熟悉、了解、掌握了某样知识或某样技巧,新的东西又涌现出来了,"本领恐慌"卷土重来。我们又需要新的学习和新的实践,循环往复,以至无穷。没办法,这就是我们的人生。

《北京教育》2014 年 11 月 25 日

领导干部讲思政课值得期待

8月5日,中组部、中宣部、教育部印发《关于领导干部上讲台开展思想政治教育的意见》,提出具体要求,以推动领导干部上讲台的制度化和常态化。这既是加强大学生思想政治教育的重要举措,也是领导干部与大学生亲密接触的有效途径。对此,我们有理由充满期待。

三部委的要求很实,既明确了走上大学讲台的重点是省级领导干部,也明确要求每位领导干部每学期至少上一次讲台,提出了"保证每所高校的学生每学期至少听一次地市级以上领导干部的报告或形势与政策课"的硬性指标。据了解,三部委每年将联合制定两期上讲台宣讲要点。各省级组织、宣传、教育部门结合大学生的需求和本地发展情况,编制授课计划。领导干部则需深入研究讲授内容,认真备课,撰写讲义,严格按计划时间完成授课任务。相信在三部委的推动和督查下,领导干部上大学讲台应该能够成为现实。

人们最关心的首先是领导干部给大学生讲什么。对于讲课的内容,三部委的文件中做了大体的要求:习近平总书记系列重要讲话精神,中国特色社会主义和中国梦,"四个全面"战略布局,改革开放和社会主义现代化建设的新成就、新变化,党和国家重大方针政策、重大活动和重大改革措施,经济发展新常态下的新形势、新特点、新任务,国际形势与国际关系的状况、发展趋势和我国的对外政策,世界重大事件及我国政府的原则立场教育,社会主义核心价值观教育,民族大团结教育等。作为党和国家的高级干部,他们讲课的政治方向肯定没有问题。到底对大学生讲点什么,还真不能一拍脑袋就定。各个领导之间要有所侧重、互为补充。内容确定上,最好虚实结合,在理论和实际的结合上下点功夫。既不能净讲些大道理,又不能像工作总结一样把自己分管的大事小情罗列一番。而要发挥自己统领全局、把握方向、熟悉内情、掌握数据的优势,切实针对大学生的思想实际,力争讲出大学思政课老师讲不出来的内容;要摸准大学生的脉搏,有针对性地回答他们关注的重大理论,帮助他们自觉划清思想理论上的是非界限,最好讲点大学生关注或者应该关注的热点问题、焦点问题、难点问题、冰点问题,既能吸引大学生的注意力,又能真正帮助他们解决点实际问题;不能回避矛盾,要帮助大学生正确地看待世界、看待中国、看待发展、看待成绩和问题。

领导干部上讲台,还有个怎么讲的问题。不注意讲课的方式和方法,只凭官大位高,仅靠一腔热忱,恐怕难以收到期待的效果。说得直接点,领导干部讲得好,受大学生欢迎,可以有效提升党的形象。反之,讲得枯燥乏味,让学生昏昏欲睡,也会让人从心里瞧不起。我们丝毫不怀疑领导干部的口才和能力,但给大学生讲课显然是和领导干部已经习惯的说话方式、话语体系有很大不同。是否能把控课堂局面,是否能让学生入耳、入脑、入心,的确不是个小问题。要让大学生打心眼里想听、爱听、听得进去,并非轻而易举之事。最好不要让学生听大报告,更不要搞什么现场转播,不要让学生对着屏幕看领导,这样的听课效果一定会大打折扣。领导干部最好不要照本宣科,尤其是不要念秘书写出来的官话、套话,多举点鲜活的例子,多讲点生动的故事;要放下身段,讲求贴近性,采取大学生喜闻乐见的形式和熟悉的语言,谈论他们关心、关注的话题;要适当和大学生互动,尽量调动他们听课的积极性;注意及时收集大学生的反馈,并据此及时做出必要的调整。

其实,我更看重的是领导干部上大学讲台讲思政课的示范意义和榜样的力量。领导干部讲课本身固然重要,但更重要的是以身作则、率先垂范,重视、关心大学生思想政治教育。领导干部要认真了解大学生思想政治教育中存在的难点问题,深入了解思政课教师中存在的普遍问题,进行必要的调查和研究,切实帮助和支持高校加以解决。与此同时,也希望有关部门的管理者、大学校长和书记、教务部门的负责人以领导干部为榜样,争先恐后为大学生讲思政课,脚踏实地地为开展行之有效的大学生思想政治教育创造条件、铺平道路、营造氛围。

新学期开学在即,我们期待更多的领导干部按照三部委的要求走上大学思政课的讲台。我们洗耳恭听。

《北京考试报》2015 年 8 月 8 日

老师为何只会唱儿歌?

人们起哄让一群大学教师唱歌。这些平时站在讲台上从来不犯怵的老师竟开始扭捏起来。实在搪塞不过去了,接过话筒他们唱的竟是一水的儿歌。"小燕子,穿花衣""我在马路边,捡到一分钱""我爱北京天安门""让我们荡起双桨"……鼓掌之后,一个问题始终萦绕在我的脑海:为什么他们只会唱儿歌?

这些老师的嗓音不错,音准也过得去。可惜的是,他们只会唱儿时学的歌,或者是哄孩子时唱的歌,尽管孩子早已长大成人。时代在前进,岁月在流逝,老师们的事业也在不断进步。只是他们对于歌曲的认知,还停留在自己或者孩子的童年。

　　对于日理万机的老师不该有过多的苛求,更不能要求他们除了忙教学、科研、家务之外,还要能歌善舞、十八般武艺样样精通。但遇到自娱自乐的场合、在非正式的聚会上,大大方方地唱首歌,好像也不算是过分的要求。这在某种程度上说,也是一个人能力和素质的表现之一。

　　或许,并非所有的老师都是这样,但起码有不少老师忙得根本没有娱乐放松的时间。有的老师认为自己年龄大了,所谓业余爱好都是年轻人的事儿,不听歌、不学歌,甚至听学生、孩子唱两句都认为耽误了学习、从心里嫌烦。除此之外,这些年还真没有出现多少适合老师唱的歌儿,也是原因之一。

　　真心希望老师们劳逸结合、苦乐相宜;真心希望作词作曲家也能为老师们写点歌。

《北京考试报》2015 年 8 月 19 日

大学章程路还长

教育部 11 月 28 日宣布,中国人民大学等 6 所高校的大学章程被核准,成为我国第一批拥有章程的大学。这是我国高等教育史上的一件大事。这些大学章程的出台,不仅对其学校有十分重要的意义,而且对整个高等教育事业的发展有举足轻重的作用,对推动其他高校制定大学章程也有重大影响。

大学章程是大学治理理念和制度的集中体现,是高校管理的基本准则,是学校明确办学方向、突出办学特色的重要保障。从这种意义上来说,大学章程不是可有可无的,而是事关高校前途、命运的重要文献。问题的关键在于,高校需要怎样的章程,应该怎么制定章程、有了章程后应该怎么做。

大学需要的是有特色的章程。有多少所大学就应该有多少个章程。我国有2600 多所高校,虽然有许多共性的地方,但各自的章程却需要彰显自己的特色。所处的地区不同,分属的部门不一,体制机制有异,办学历史、文化和发展特色也差别很大。因此,对于那些正在撰写、准备撰写章程的高校来说,人家的章程最多只是个参考,既不能照搬,更不能抄袭,而要在国家法律的规定下,在大学章程中凸显出自己的风格和特色。

章程不是写出来的。之所以这样说,是因为制定大学章程不能找几个笔杆子闭门造车,而需要对学校历史的深入研究,对学校风格特色的全面把握,对以往办学之路的科学总结,对国内外办学经验的学习借鉴,对国家的法律法规和教育政策的消化理解,对今后改革发展的憧憬和展望。做到这些显然不是笔下功夫就能完成的。大学章程的制定要有严肃谨慎的态度、科学的研究方法,而不能简单行事、草率出台。

制定大学章程不是面子工程、政绩工程。制定和公布的章程只有真正发挥作用才有意义,决不能束之高阁,更不能打入冷宫,而是要真正在办学的工程中照章办事。一方面章程本身要具有极强的可操作性,符合所在高校的实际情况;另一方面章程的贯彻执行要有强有力的保障。高校的管理者如果不遵守章程,需要校内师生员工的监督,需要社会各界的督查,需要有相关的制度监控,执行不力的应该受到警诫和处罚。同时,教育和相关部门也应该按照章程办事,切实负起监督高校办学的职能,支持高校把大学章程落到实处。

由此看来,大学章程的出台是件值得高兴的事情,但要使其真正发挥出应有的作用,还有很漫长的路要走,有更多的工作要做。

《北京考试报》2013 年 12 月 07 日

推进"两个一流"要走出"三个误区"

近日,国务院发布《统筹推进世界一流大学和一流学科建设总体方案》。方案提出,到 2020 年,部分大学进入世界一流行列,若干学科进入世界前列;到 2030 年,若干大学进入世界一流大学前列;到 2050 年,中国整体成为高等教育强国。这为中国高校发展描绘了宏伟蓝图,也提出了具体而明确的要求。然而,要实现"两个一流"目标,还有许多硬仗要打。最重要的是应走出认识上的"三个误区"。

一是要走出"盲目冒进"的误区。此前,我国已有不少大学提出了争创世界一流高校的目标,也作出了相应努力。不过,"两个一流"提出后,要谨防盲目乐观、草率冒进。要清醒地认识到,无论是整体实力,还是学科影响,我们距离世界一流大学还有很大差距。而这些差距不是一天两天、一年两年就能赶上来的。为此,要认真分析自身存在的问题,制定切实可行的措施,采取积极有效的行动;要力避政绩工程,不搞假大空、瞎忽悠,更不能弄虚作假。否则,不但实现不了"两个一流",还会败坏中国大学的名声。

二是要走出"悲观等待"的误区。持有这种思想的人对"两个一流"表示怀疑,看问题多、看困难多,缺少必要的信心和勇气。应当说,"两个一流"目标的提出,考虑了中国的国情和大学的现状。虽然实现起来有一定难度,但并非高不可攀。国家的重视提供了有力的保障,经济的发展奠定了一定的基础,大学软硬件的建设创造了有利的条件。只要认识到位、决策科学、方法得当、齐心协力、脚踏实地,就能逐步缩小和世界名校的差距。望而却步只会让我们失去更多的机会和机遇。

三是要走出"事不关己"的误区。应当看到,"两个一流"的提出并没有在社会上、在大学里得到应有的关注和重视。有的管理者认为,"两个一流"是名校、大校、强校的事儿;不少教师认为,"两个一流"是校长、院长、学科带头人的事儿;一些社会人士认为,"两个一流"是大学的事儿。这种与己无关的认识,显然对中国大学的发展和建设非常不利。"两个一流"的实现,要靠各方面的共同努力。缺少了教师的参与,离开了教师的积极性和创造性,什么一流都是空话。

"两个一流"是一项宏大的系统工程,是中国大学的共同目标,而不是某几所大学、部分大学的私事。方案提出的"到 2050 年中国整体成为高等教育强国"的目标,更需要各高校的共同努力、协同创新。同时,实现"两个一流"要举全国之力。全社会都要关心大学的建设和发展,都要为"两个一流"的实现和创建贡献力量。

《中国科学报》2015 年 11 月 11 日

院士当班主任是噱头还是新举措

8 月 23 日,不少媒体都报道了吉林大学的"名师班主任计划"。据称,该校的两院院士、资深教授等校内外知名学者将出任 2010 级新生班主任。名师除涵盖两院院士、资深教授外,还有国家"千人计划"特聘教授、国家杰出青年基金获得者和长江学者特聘教授以及全体校领导、各学院书记和院长、相关职能部门负责人等。

按说,我们应该为院士、资深教授走近大学生叫好,但看了这条消息我却有些高兴不起来。我担心,这其中宣传造势的成分大于实际意义。

我当年上大学时,班主任是工作在一线的。既然是一线,就需要有很多时间和学生在一起,事无巨细,都需要班主任操心费心、事必躬亲。虽然说现在情况发生了许多变化,还有了专职辅导员,但班主任的担子依然不轻,除非您当的是个挂名的。我身边的许多人都在担任班主任工作,据我所知,还是要投入许多时间和精力的。特别是面对新生和毕业生,麻烦事、琐事更多。

两院院士、资深教授及各类名师,哪个不忙得脚丫子朝天?让他们关心学生、接触学生、教育学生都没错,但问题是他们究竟能有多少时间和精力放在具体负责学生的成长和发展上。放得少了,履行不了班主任的职责;放得多了,会不会影响其科研、教学和管理工作?

院士也好,资深教授也罢,只是代表他们在学术上、专业上的成就。他们虽然有教书育人的职责,但不一定有做好现在大学生思想工作的好方法。至于那些职能部门的负责人们,整天忙得不亦乐乎,是否顾得上管大学生的具体事务,也值得打个问号。

我并不反对院士、名师走进大学生中间,做点学生工作,但希望能做些实实在在的工作,而不要为了宣传制造些噱头。如果实事求是点,聘请些热心学生工作的院士、名师给学生当当导师还差不多。给他们挂上个班主任的名分,实际上却做不了多少事情,对学生而言反而会有负面的影响。

我注意到,吉大目前只是发了个通知,有媒体做的标题是"动员"而非完成式。

也就说,到底有多少名师当这个班主任还没定论呢。当然,吉大如果真能下功夫把"名师班主任"计划落到实处并坚持下来,是件大好事。但愿,这不是一阵风;但愿,这不是挂个名、走个过场。

《北京日报》2010 年 8 月 25 日

校长做客学生宿舍应成常态

总体来看,我们的大学里学校负责人和学生的接触既不普遍,也不经常。

不久前,中国科学院院士、西安电子科技大学校长郑晓静走进女生宿舍做客谈心。此举不但受到了该宿舍学生的欢迎,笔者也由衷地为女校长的亲民之举点赞,同时更希望校领导深入学生宿舍不是做秀而应成为常态。

很显然,在中国大学里,学校的各级领导到学生宿舍做客谈心的情形太少了。事实上,贴近学生最好的方法之一莫过于走进学生宿舍,直接倾听学生的意见、建议,亲身体验学生生活的喜怒哀乐。有人或许说,一校之长要管的大事很多,没有工夫,也没必要到学生宿舍去做客聊天。但是,一校之长如果连自己学生住得怎样、想些什么都不清楚,无论如何也算不上是个好校长吧。

笔者注意到,女校长此次走进这个学生宿舍是在女生们临近毕业前夕。但早在半年前,学生们就有了邀请校长的愿望。之所以至今才得以宿舍相见,说明此事还是有一定难度的。不过还好,她们毕竟了却了一桩心愿。假如校长还一直忙碌的话,她们可能会和校长永远擦肩而过。如何让学生和学校负责人的亲密接触变得不这么难,恐怕需要建立一个校领导和学生联系、沟通、互动的长效机制。

笔者的本意显然不仅是主张校领导们到学生宿舍走门串户,而是希望校长们能真正走进学生中间,走进教室、食堂、操场……一本正经地坐在办公室、会议室里,也能了解到一些情况,但如果真想走进学生们的心灵,还是需要走进学生们生活、生长的环境中。因为这样可以获得许多真实的情况,可以让学生更加喜爱他们。而这也正是管理好一所大学的基础,也是教育教学改革的依据。

应该看到,近年来一些学校的负责人们在和学生亲密接触方面还是作出了许多努力的。很多学校都曾以邀请学生喝茶的形式,使得校长和学生坐在了一起。虽然没有喝茶前后的学生对校方评价的数据,但从报道中可以看出,这些有幸和校长一起喝茶的学生们内心还是很激动的,对校方都点了赞。

但是,笔者还是固执地认为,总体来看,我们的大学里学校负责人和学生的接触既不普遍,也不经常。因此,或多或少都让人感到这些偶尔为之的举动中,多少都有些作秀的成分。帮助人们去掉这个偏见的唯一做法，就是学校负责人把和学生广泛、深入的接触变为新常态。一方面当学生有诉求的时候，要尽快地满足他们的需要；另一方面不能被动地等着学生邀请，而要主动地走到学生中间，和学生交心、交友。

应该指出的是，不但一些大学管理者们和学生接触不多，就连一些学生工作管理者也接触不多，上课才来、下课就走的老师也不少见。我们同样希望这样的老师，提高对和学生接触的必要性、重要性的认识，并切实采取点具体措施。

目前，各校正在开展"三严三实"专题教育活动。真诚地希望大学及有关部门的负责人们，能够认真对照检查一下自己和学生接触的深度、广度和频度。相信这对大学各项工作一定会有积极的促进作用。

《中国科学报》2015 年 6 月 25 日

当大学新闻宣传遭遇新媒体

在一定意义上说，人类的发展史就是一部媒介史。媒介的每一次进步，都直接推动了人类社会的发展。同时也应该看到，任何一种新媒体都是在传统媒体的基础上产生的，同样也需要借助传统媒体的力量谋求自己的发展。当然，在新媒体环境下，传统媒体必须改革、必须发展、必须借力新媒体。

从 20 世纪 80 年代起，我就做了一名大学校报的编辑，亲历了校报的恢复、发展、繁荣、式微的全过程。我曾经撰写过《校报新探》著作，也曾主编《校报研究》一书。伴随着时代的发展，我又主编了《大学新闻网》《网络时代的大学校报》等书籍。这些书的字里行间，都浸透着同仁们和我的探索与追求。

令人没有想到的是，本以为常青的校报事业却受到了新媒体的冲击，就连我们自己的工作重心都慢慢地发生了转移。我任理事长的北京市高校校报研究会好新闻评选中增加了网络新闻类作品，工作范围也逐渐拓展，以至于原有的名称有了很大的局限性，阻碍了研究会工作的开展。

更名新闻传播与文化研究会的申请被批准那天，我的心情十分复杂，甚至有些伤感。有着 30 年历史的校报研究会更名，按理说是与时俱进，却让我感到有说不出的失落。我和大学校报一起，走过了青年、壮年、中年，一起步入老年。如今，研究会名称里竟然连校报的字眼都消失了。我差不多就要怀疑自己的做法是否错了。

我想起了已经停刊的、破产的报纸。2008 年 10 月 28 日，即将迎来自己百年寿诞的美国报纸《基督教科学箴言报》在自己的官方网站上宣布,从2009年4月起停出印刷版。它也成为美国首家几乎完全放弃平面媒体的报刊。此后,接二连三的停刊消息不断传来,使风雨飘摇的报业雪上加霜。就在今年1月1日,上海报业集团旗下的《新闻晚报》也已休刊。

大学校报也需要直面这样的遭遇。有其他学校的同行悄悄地告诉我,校领导已经问过几次:校报还有必要办下去吗? 我们自己的调查数据也表明,校报在大学生、青年教师中的影响力日益衰退。

校报到底该怎么办? 这个问题摆在每个大学新闻宣传工作者的面前。同样的问题,也摆在了大学校园其他传统媒体面前:校园有线广播覆盖面不够,闭路电视尚未全面推广,学校新闻网式微,官方微博、微信平台刚刚起步。

与此同时,面向社会的新闻宣传难度不断加大。想报道的,社会媒体不感兴趣;不想说的,社会媒体不断炒作。与记者打交道缺少章法,有的敬而远之,有的缺少技巧。在危机应对上难以掌握主动权,依然处于被动的局面。

新闻宣传是提升大学品牌的重要途径,在扩大学校知名度、提升美誉度方面起着不可替代的作用。需要讨论的不是新闻宣传要不要做,而是如何做、如何做得更好。

2013年,研究会组织开展了论文征集和评选活动,征集范围不再局限在校报范围内,而是扩展到了大学新闻宣传的多个领域。广大同仁积极响应,撰写了一篇篇颇有见地的文章。我们从中精选了一部分集结成书-《新媒体时代的大学新闻宣传》。书里,同仁们聚焦大学新闻宣传工作的创新、实效性、影响力等关键问题,研究了官方微博等新媒体的运用、手机对大学生的影响、大学校园媒体的重心转变、校报的发展与突围等重要问题,对进一步做好大学新闻宣传工作提出了意见与建议。

如何提高新闻宣传实效性? 如何增强新闻宣传影响力? 大学校报突围之路该如何走? 大学校园媒体如何改革创新? 这些都是大学新闻宣传工作者们必须思考和解决的问题。

据我所知,大学新闻宣传的同仁们总是忙于为他人作嫁衣,真正为自己写下的文字并不多。然而从这本书中,除了看到他们对大学新闻宣传的思考之外,我还看到了他们对这项事业的执着与追求。而后者,正是大学新闻宣传在新媒体时代改革和发展的根本动力。

《中国科学报》2014年03月20日

大学要学会"对外说话"

加强海外传播仅凭高度重视和满腔热情是远远不够的。谁来传播、传播什么、怎么传播,都值得深入研究和探讨。

日前,北京师范大学一课题组公布了国内首份综合评价高校海外社会影响力的研究报告。报告显示,我国高校与世界名校在英语网络世界上的传播力仍有较大差距。排名首位的北大得分仅是哈佛大学的 6.7%。同时,有将近一半的"211 工程"大学(52 所)总分不足 1 万。

这份高校海外影响力排行榜,以 112 所"211 工程"大学作为研究样本,选取了谷歌新闻搜索、维基百科英文词条、推特等 5 个平台作为考察维度,计算评估出中国高校的海外传播力度。同时选取了 8 所境外名校与中国大学对比,力求找到两者之间的差距。从专业角度看,这个排行榜无论是考察维度,还是评估方法,都有较大的改进和完善空间。但是,这个排行榜却给国内高校敲响了警钟。每所大学都该扪心自问,离国际知名究竟还有多远? 而这恰恰就是这个排行榜的意义和价值所在。

本以为在众多国内高校都把国际知名当成自己的奋斗目标的今天,要不要重视海外传播力的话题是不辩自明的。可一些高校的管理者认为还是练好内功最重要。重实干、轻传播,或许就是中国大学海外传播力还十分薄弱的原因之一。其实,笔者认为实干和传播两者之间并不矛盾,特别是在新媒体时代,"好酒不怕巷子深"之类的观念被现实证明早已过时了。缺乏有效的海外传播力,中国高等教育走向世界就是一句空话。海外传播力对大学办学方方面面的影响越来越大,是不争的事实。

当然,加强海外传播仅凭高度重视和满腔热情是远远不够的。谁来传播、传播什么、怎么传播,都值得深入研究和探讨。传播者是传播重要的要素。中国大学的海外传播重任由谁来承担? 据笔者所知,在不少大学这个职责并没有明确。一些宣传部门不承担海外传播的职能,而国际交流合作部门也没担此重任。连个牵头单位都没有,海外传播显然难以落到实处。即便是有牵头抓总的部门,能够担起海外传播重任的队伍也不够强大,缺乏精通外语和传播的双料人才。从大的格局来讲,海外传播需要更广泛的主体参与。每个师生都应该成为所在大学的形象大使,出访时、接触外籍师生时,都应为扩大学校影响作出自己的努力。每个校友特别是海外校友,都应该成为母校亮丽的名片。

除了传播队伍之外，海外传播还难在水平、难在思维、难在传播是否符合海外受众的接受习惯。即便是语言过了关，话语体系不改变，传播方式不调整，把校报、新闻网上的东西照搬到对外的网站和社交媒体上去，传播效果也好不到哪儿去，这方面的例子不在少数。比如，一位清华留学生刚入校时，总爱打听有关青岛啤酒的事儿，原来他把"清华"和"青岛"搅和在一起了。

在世界变成"地球村"的今天，海外传播不应该成为中国大学的短板。校方要重视，师生要重视，主管部门也需要重视。一个好消息是，有关部门正着手推动各校英文网站的建设。期待今后能启动更多、更有效的工程来推动高校海外传播力的提升。

《中国教育报》2015 年 10 月 27 日

别拿高校海外传播力不当事

日前，北京师范大学新闻传播学院传播效果实验室和教育与传媒研究中心研究形成了《中国高校海外网络传播力报告（2015）》。据悉，该校此次推出的排行榜以 112 所"211 工程"大学作为研究样本，选取了谷歌新闻搜索、维基百科英文词条、推特网等 5 个平台作为考察维度，评估了中国高校的海外传播力度。

当前，社会上对五花八门的排行榜非议连连。在此背景下发布中国大学海外传播力排行榜，显然不是一种讨巧的举动。但是在不断加速国际化进程中，确实有必要给中国的大学们敲响警钟。每所大学都该扪心自问，它们离国际知名究竟还有多远？而这或许正是该排行榜的意义所在。

笔者以为，中国大学要不要重视海外传播力、如何增强海外传播力，比该排行榜是否合理、比该研究是否科学更重要。

在众多中国大学把国际知名当成自己的奋斗目标的今天，要不要重视海外传播力的话题不辩自明。重实干、轻传播，或许是中国大学海外传播力十分薄弱的原因之一。

实干和传播两者之间并不矛盾。特别是在品牌时代、媒介时代、传播时代里，"酒香不怕巷子深"之类的观念早已过时了。

海外传播力对大学办学方方面面的影响越来越大，是不争的事实。加强海外传播仅凭高度重视和满腔热情远远不够。谁来传播、传播什么、怎么传播？这些问题都值得深入研究和探讨。传播者是传播重要的要素。但在不少大学这一职责并未明确。一些宣传部门不承担海外传播的职能，而国际交流合作部门也没担此重任。连牵头部门都没有，海外传播显然难以落到实处。即便是有牵头抓总的部门，能够担起海外传播重任的队伍也不够强大。

除了队伍之外，海外传播还难在水平、难在思维、难在传播是否符合海外受众接受习惯和口味。即便是语言过了关，话语体系不改变，传播方式不调整，把校报、新闻网上的东西照搬到对外的网站和社交媒体上去，传播效果也好不了。

此外，笔者还担心，一些社会媒体和公知有妖魔化中国大学的偏好。而这类报道、评论引发的恶劣影响也会波及至海外。中国大学的海外传播不是中国大学自己的事，需要媒体、公众的共同努力。

在今天的地球村，海外传播不应该成为中国大学的短板。校方要重视，师生要重视，主管部门也需要重视。一个好消息是，教育部有关部门即将推动各高校建设英文网站。笔者期待这项工程早点启动，也期待启动更多、更有效的工程来推动这项重要的事业。

《中国科学报》2015 年 11 月 3 日

大学海外传播亮出你的名片

北京师范大学日前推出的中国大学海外传播力排行榜，以 112 所"211 工程大学"作为研究样本，选取了 Google 新闻搜索、维基百科英文词条等 5 个平台作为考察维度，计算评估出中国高校的海外传播力度。在不断加速国际化进程中，笔者以为，每所大学都该扪心自问，离国际知名究竟还有多远？而这恰恰就是这个排行榜的意义和价值所在。

本以为在众多中国大学都把国际知名当成奋斗目标的今天，要不要重视海外传播力的话题是不辩自明的。发布会现场我在微信圈里发出"中国大学海外传播力任重道远"的感叹后，竟有一些同行评论说：还是练好内功最重要。重实干、轻传播，或许就是中国大学海外传播力还十分薄弱的原因之一。

实干和传播两者之间并不矛盾。特别是在品牌时代、媒介时代、传播时代里，没有必要的、有效的海外传播力，中国高等教育走向世界就是一句空话。海外传播力对大学办学方方面面的影响越来越大，是不争的事实。

当然，仅凭高度重视和满腔热情是远远不够的。谁来传播、传播什么、怎么传播，都值得深入研究和努力探讨。传播者是传播重要的要素。中国大学的海外传播重任由谁来承担？在不少大学这个职责并没有明确。一些宣传部门不承担海外传播的职能，而国际交流合作部门也没担此重任。连个牵头单位都没有，海外传播显然难以落到实处。其实,海外传播更需要大格局。每个师生都应该成为所在大学的形象大使,出访时、接触外籍师生时,都应为扩大学校影响作出自己的努力。每个校友特别是海外校友,都应该成为母校的名片。

除了队伍之外,海外传播还难在水平、难在思维、难在传播是否符合海外受众接受习惯和口味。即便是语言过了关,话语体系不改变,传播方式不调整,把校报、新闻网上的东西照搬到对外的网站和社交媒体上去,传播效果也好不到哪儿去。人大是中国共产党创建的第一所大学。问一外国留学生为何选择人大深造时,他的回答令人啼笑皆非。他看到资料说人大是一所"party University",误以为是一所经常开 party 的大学。英文"党"和"聚会"是同一个词,使他产生了这样的误解。同样例子还有,一位清华留学生刚入校时,总爱打听有关青岛啤酒的事儿。原来是把"清华"和"青岛"搅和在一起了。

海外传播不应该成为中国大学的"短板"。校方要重视,师生要重视,主管部门也需要重视。一个好消息是,教育部有关部门要推动各校英文网站建设了。期待启动更多、更有效的工程来推动这项非常重要的事业。

《北京日报》2015 年 11 月 4 日

高校新闻发言人要有"名"有"实"

新闻发布是一项十分严肃、认真、科学、复杂的任务,有大量的工作可做,仅仅是有人挂个名显然是不够的。

教育部日前公布了 2016 年教育系统和直属高校新闻发言人名单及电话。虽然定期公布此名单已成为常态的工作机制,但还是受到了媒体的极大关注。及时、有效回应社会关注和公众关切,教育新闻发言人重任在肩,公布名单和电话仅仅是万里长征迈出的第一步。

在我国,人们对教育始终有着极高的关注度。在建设一流大学、一流学科的进程中,办学信息的公开、公众形象的塑造更是重中之重。面对社会、公众和媒体,新闻发言人就是大学的形象大使。他们对自己严要求,社会对他们提出高标准,是理所当然的。

按照教育部要求,各高校都设立了新闻发言人。他们的职责是根据授权发布信息、阐述立场。新闻发布是一项十分严肃、认真、科学、复杂的任务,有大量的工作可做,仅仅是有人挂个名显然是不够的。公布的名单显示,各高校的新闻发言人多由宣传部长兼任。现在宣传部的日常任务很重,既要"牵头抓总",又要"六个统筹",同时面临着人员少、力量不足的共性问题。在这样的背景下,发言人们到底能有多少时间和精力用在新闻发布上? 切实提高新闻发布质量的有效举措之一,就是让发言人"实"起来,让他们有时间有精力分析、研究和解决相关问题。熟悉内情的人都知道,新闻发言人应该是一个团队而不是某个人。每次新闻发布都需要做大量准备工作。要提高新闻发布的数量和质量,配备专业团队十分关键。否则仅靠发言人单枪匹马,很难满足社会和媒体的需求。

对于新闻发言人的职责,应该有科学的认识。在有些人看来,只有在出现危机事件时,才需要新闻发言人露面。这其实是一种误解。在信息公开的大背景下,经常性地向社会发布新闻应该成为新常态,而非出现重大舆情后,才把新闻发言人推出来。认真研究社会需求、公众关切、媒体特点,积极主动地经常性发布新闻,应该成为新闻发言人工作的应有之义。

新闻发布不仅仅是新闻发言人的责任。教育部有关文件明确要求,各地各高校主要负责人是新闻发布工作第一责任人,要把握基调方向,解决突出问题,带头接受采访。也就是说,虽然有了新闻发言人,各地各高校的主要负责人依然肩负着领导好新闻发布的责任。要为新闻发言人开展工作创造必要条件,必要时也要主动地面对媒体。

在"互联网+"时代,新闻发布形式也应发生相应变化。运用好新媒体,是加强和改进教育新闻发布的重要突破口。新闻发言人要统筹好线上和线下的新闻发布工作。目前75所教育部直属高校都开通了官方微信平台,73所开设了官方微博,要切实发挥这些新媒体平台的作用。微博、微信、APP等,都应该成为新闻发言人的日常工作平台。但在实际工作中,这些新媒体在真正代表学校履行新闻发布职责方面,还有很大改进空间。

笔者以为,教育新闻发布的国际化,也应列入议事日程。"双一流"的目标显然是有其国际化背景的。应该加大推进力度,尽早建立起面向世界发布教育新闻的工作机制。此外,教育新闻发布机制在更大范围的推广也是当务之急。除了高校之外,规模较大的中小学校,也应尝试建立相应制度,根据自身特点,做好新闻发布工作。社会对于新闻发言人有较高期望是可以理解的,当然,对于教育新闻发言人这一新生事物而言,媒体和公众的适度宽容之心也是需要的。

《中国教育报》2016年1月7日

教育舆情科学管理是当务之急

随着高考进入倒计时,与此有关的谣言、谎言、流言、传言也多了起来。如何积极、科学、有效地应对各类舆情,对各级政府、教育管理部门及教育机构而言,都是十分严峻的考验。防范和应对由高考引发的、突发的舆情,科学有效管理教育舆情,是各有关部门工作的重要内容,要列入重要的议事日程,并不断提升管理水平,认真研究教育舆情发生、发展的规律,精心做好预案,准确研判形势,采取有效措施,努力为教育事业改革和发展创造良好的舆论氛围和社会环境。

报载,5月15日"有人"在网上发布信息称山东省2016年春季高考文化考试开考前泄题。山东省教育招生考试院当天即做出回应,称该信息为假,及时解除了考生及家长的疑惑,平复了由此引发的紧张情绪。这是第一时间积极回应的案例之一。及时回应,既澄清了事实,又表明了态度,控制了负面舆情的发酵与蔓延。

联想到前几日,教育部有关负责人及时就今年高校的招生计划有关情况答记者问,几乎所有主要媒体都普遍进行了报道,清楚地回应了社会关注、公众关切,解除了考生、家长的疑惑,消除了人们的误解,是及时有效回应的另一个典型案例。

牵涉到几乎所有家庭、而且不仅仅影响一代人,教育备受全社会的关注,从而使得教育舆情有了许多特殊的性质。在网络网住了一切的时代里,任何舆情都和网络有直接的关系。教育网络舆情的科学管理理所当然地成了重中之重。每年的高考又是教育中最引人瞩目的大事,因而科学管理与高考相关的教育网络舆情,就成了一项十分重要的工作。做好这一工作不是权宜之计,而要成为教育舆情管理的新常态。

一个谎言、谣言、流言、传言盛行的社会,是非理性、非和谐、非正常的社会。对于净化舆论环境,全社会都应承担相应的责任。但是教育管理部门应该承担更多的责任。在新的历史条件下,科学管理教育舆情应该成为教育管理部门的重要工作。之所以用"管理"而不用"应对"的概念,是因为不能等问题发生之后才来应对,需要事先做大量的工作,需要教育和引导等。

科学管理舆情要先把我们的人搞得多多的。这只能依靠加强教育、引导,借以提高全员的网络素养。否则只靠几个管理人员的力量,显然是杯水车薪,只能是按下葫芦浮起瓢,始终处于被动局面。中国近14亿人口中已有一半网民。可以想见,由于目的不同、立场不同、观点不同、素质教养不同,如此巨大的人群在网络上的表现也会有极大的差异。网络上"把关人"的丧失,使得各种各样的信息未加过滤、不加筛选地呈现在善良人或其他人面前。对此我们要有清醒的认识,要不断历练辨别真伪的火眼金睛,不能过于天真、不能听风就是雨,更不能推波助澜,盲目地点赞、转发、评论,甚至借题发挥。

分析一下网络发言者的情况可以发现,多数人并非有意传谣。对于这些人重在教育引导,要经常提醒告诫,以免上当受骗。不管微博还是微信,不管有多少粉丝和关注者,网络传播都具有大众传播的性质。任何人在网络上发布信息,都要为其产生的效果负责,而不能随心所欲。

文章的第二段开头,之所以用"有人"这个字眼,而不是像媒体报道这则消息时那样用"网友"一词,是因为不敢判定这则假信息的始作俑者是敌是友。即便真的是网友,在没有搞清楚状况之下就发布这样的消息,显然是不负责任的,应该受到批评甚至是指责。如果是别有用心的人故意而为之,则更要立场坚定地予以回击。有区别地、正确地对待造谣、传谣、信谣者,是科学管理教育网络舆情的应有之义。

不容否认,互联网是意识形态斗争的前沿阵地。每一个谎言的背后、特别是重大舆情的背后,都可能有别有用心的人从中作梗捣乱。对此我们要有十分清醒的认识。科学管理舆情是十分艰巨的政治任务。网上无小事,事事关平安。决不能掉以轻心、麻痹大意,给别有用心的人以可乘之机。

有这样一句比喻:当真理还没有穿上鞋子的时候,谎言已经走遍了全世界。面对如此这般残酷的现实,是束手就擒、坐以待毙,还是争分夺秒、积极回应;是满腹牢骚、怨天尤人,还是顺势而为、化解危机? 公众、社会显然需要的是后者,前者则是消极怠工、严重渎职。在秒杀时代,力争第一时间回应关切是教育网络舆情管理的重要环节。第一时间发现和掌握舆情是问题的关键。网民是全天候的、不放假的,教育网络舆情管理也应该是五加二、白加黑的。

各教育部门负责人先要更新观念、解放思想,正确认识和把握教育舆情管理的重要性、紧迫性,切实把教育网络舆情管理落实、落细、落小;建立和培养熟悉网络、精于传播的骨干队伍。真正发挥新闻发言人的作用。发布信息者要从根本上解决不愿说、不敢说、不善说的问题;建立和密切良好的媒介关系,善于借助社会媒体的力量扩大传播的影响力;不断增强自办媒体的影响力和感染力,使其发挥出更大的作用;要进一步加强相关研究和公众心理的分析,为教育舆情管理提供有力的理论支撑;要特别注意高考等时间节点,在重大政策出台前做好相应预案。

《北京考试报》2016 年 5 月 18 日

《中国科学报》2016 年 5 月 19 日

科学回应舆论关切的教育热点

许多误解都是信息不对称造成的。对于重大突发事件,及早阐明事实真相、观点主张和政策举措非常必要。

据报道,教育部办公厅日前印发了《关于贯彻落实国务院办公厅 2016 年政务公开工作要点的通知》。《通知》要求,要跟踪掌握舆论关注的教育热点难点,积极回应社会关切,对重大突发事件及早阐明事实真相、观点主张和政策举措。

应该说,《通知》对于科学管理教育舆情提出了具体要求。教育几乎涉及所有的家庭,而且不只影响一代人,这使得教育舆情有许多特殊的性质,因此科学回应舆论关切的热点、焦点问题,是科学管理教育舆情的重中之重。做好这项工作并非权宜之计、临时举措,而是现代教育管理的新常态。

跟踪掌握、科学回应舆论关注的教育热点难点,应该列入重要的议事日程,成为有关部门工作的重要内容。对此,应不断强化认识,提升管理水平,建立专业化的队伍,认真研究教育舆情发生、发展、管理的规律,精心做好预案,准确研判形势,采取有效措施,努力为教育事业改革和发展创造良好的舆论氛围和社会环境。

谎言、谣言、流言、传言的盛行体现了社会非理性、非和谐、非正常的一面。对于净化舆论环境,全社会都应承担相应的责任。教育部门应承担由教育热点、焦点问题引发的舆情管理重任。之所以用"管理"而不用"应对"一词,是因为不能等问题发生后才被动应对,而要在事前、事中、事后做大量深入细致的工作。

建立完善协调机制,搭建联络平台,应该充分调动专家学者、地方、学校、媒体等多方力量,否则只靠几个管理人员显然是杯水车薪,只能是按下葫芦浮起瓢,让工作处于被动应付的局面。中国近 14 亿人口中,已有一半网民。可以想见,由于目的、立场、观点、素养等的不同,他们在网络上的表现会有极大的差异。网络上把关人的缺失,使得各种各样的信息未加过滤、不加筛选地呈现在人们面前。在管理中要做好正面引导,不断提高网民的媒介素养,引导其对网络传播的特点有清醒的认识,不断练就辨别真伪的火眼金睛,而不能过于天真,不能听风就是雨,更不能盲目点赞、转发、评论,甚至借题发挥。

笔者不赞成泛用"网友"一词,因为不敢判定网络上发布信息者是敌是友。对于广大网民,应重在教育引导,经常提醒告诫,以免他们上当受骗。不管是微博还是微信,不管有多少粉丝和多少人关注,网络传播都具有大众传播的性质。任何人在网络上发布信息,都应为其产生的后果负责,而不能随心所欲。在没有搞清状况之下就发消息、跟评论,显然是不负责任的,应受到批评。

不容否认,互联网是意识形态斗争的前沿阵地。每一个谎言的背后,特别是重大舆情的背后,都可能有人从中捣乱,对此要保持警觉。科学管理教育舆情是十分艰巨的政治任务。网上无小事,事事关平安。决不能掉以轻心、麻痹大意,给别有用心的人以可乘之机。有区别地、正确地对待造谣、传谣、信谣者,是科学管理教育舆情的应有之义。

有这样一句比喻:当真理还没有穿上鞋子的时候,谎言已经走遍了全世界。面对如此残酷的现实,是束手就擒、坐以待毙,还是争分夺秒、积极回应?是满腹牢骚、怨天尤人,还是顺势而为、化解危机?公众、社会显然需要的是后者。在"秒杀"时代,力争第一时间回应关切是教育舆情管理的重要环节。而第一时间发现和掌握舆情,则是及时回应关切的关键。网民是全天候的、不放假的,教育舆情管理也应该是"五加二""白加黑"的。

许多误解都是信息不对称造成的。对于重大突发事件,及早阐明事实真相、观点主张和政策举措非常必要。各教育部门负责人要正确认识和把握教育舆情管理的重要性、紧迫性,切实把教育舆情管理落实、落细、落小;建立和培养熟悉网络、精于传播的骨干队伍,真正发挥新闻发言人的作用。发布信息者要从根本上解决不愿说、不敢说、不善说的问题,善于借助社会媒体的力量扩大传播的影响力,并不断增强自办媒体的影响力和感染力,使其发挥出更大的作用。

《中国教育报》2016 年 5 月 24 日

给"定规矩"定点规矩

4 月 11 日,南京大学图书馆出了新规矩,读者先关注微信公众账号后才能预约借阅室。上厕所、查书、用餐的时间也有规定,"超时"3 次被列入黑名单,15 日内不得选座。对此新规,校内舆论哗然,网上吐槽一片。

这规矩的确不妥。不用微信就不能去图书馆看书?没有智能手机就无法进借阅室?不熟悉微信的退休教工就不能走进图书馆?至于上厕所时间之类的规定,更是破绽百出,难以执行,引起师生不满和社会舆论差评也在情理之中。

自作主张定些所谓规矩的教师也大有人在。据报道,东莞理工学院女生课上玩手机被老师发现,涉事老师开学前便和学生"约法七章",不砸掉手机就要挂科。女生无奈先后五次将手机掷于地上以求考试通过。这类看似恶搞的事情竟发生在高等学府,值得人们深思、深究。

学校也好,老师也罢,加强管理、严格要求都没有什么错,出台一些规定、规矩也无可厚非。问题关键在于,出台任何一项和师生紧密相关的规矩,都不能太任性、太随意。定规矩者更应该遵守规矩,而不能是校方一厢情愿,也不能是某个教师的个人行为。

在学校,定规矩者起着十分重要的作用。因此,给定规矩者定点规矩非常必要,而不能放任自流。这也是学校依法治校、科学管理的应有之义。一是学校、教师制定的各项规矩,都应该在遵从法律的框架之下;二是各项规矩的出台都需要科学的论证,广泛听取各方的意见和建议;三是采取多种方式广为宣传即将推行的新规,赢得各方的理解和支持;四是要规定一下定规矩的权限。不能谁想定就定,更不能谁想怎么定就怎么定;五是有关部门应该加强对定规矩者的管理。定规矩者也应主动置身于社会、公众监督之下。

电话被打爆的南大管理者称,新规出台"没想到同学的反响那么强烈"。这证实了校方事先预判不够。草率出台新规的结果,不但会使规矩夭折,还会有损制定者的权威和形象。因此来不得半点马虎,而要慎之又慎。

《北京日报》2016 年 5 月 4 日
《北京考试报》2016 年 4 月 20 日

重视教育不能雷声大雨点小

近日,不少媒体都全文刊发了温家宝总理的文章,题目是《强国必强教强国先强教》。在碎片化时代,这样的文章算长了,不知道有几个人会认真研读研读。我想,一般人读不读的也就罢了,但政府的官员、教育主管部门、教育部门和教育工作者还是应该仔细读读的。因为,其中阐发了许多强教之道。

平心而论,党和国家的确十分重视教育。胡锦涛也好,温家宝也好,常常深入高校和大学生座谈,有时还会到中学听课,对于教育也提出了许多具体的要求。但给人的感觉是,雷声大,雨点小。相对于中国发展的需要而言,相对于广大公众的期望而言,教育似乎没有太大的改变,或者说没有什么根本性的改变。

毛泽东时代常说,一句顶一万句。这未免过于神化了领导人。但不管怎么说,党和国家领导人的话总是要有人听的。否则,说了半天有什么用处呢?可惜,最多是有关部门发个号召学习的通知之类的文件,似乎在社会上没有引起什么太大的反响。

温总理的文章,我读了读。比如"要想给学生一杯水,自己必须先有一桶水",

这类话过去说得多了。但还是有许多新的内容,只是没有引起社会、引起百姓的关注。比如,《国家中长期教育改革和发展规划纲要(2010~2020)》,尽管提到了非常高的地步,"是党中央、国务院着眼于全面建成小康社会和现代化建设全局作出的战略决策,是对我国未来十年教育事业发展进行全面谋划和前瞻性部署",但依然没有多少人关心、多少人关注。

纲要提出,再过10年,基本实现教育现代化、基本形成学习型社会、进入人力资源强国行列的战略目标。特别提出到2012年,实现教育财政性支出占国内生产总值4%的目标。这需要党中央、国务院下决心,更需要各级政府部门的贯彻落实,需要全社会的通力合作。

温总理说,教育是心灵与心灵的沟通,灵魂与灵魂的交融,人格与人格的对话。和温总理的要求相比,我们的教育还是有很大差距的。距学生千里之外,只管讲课和升学率,光想着办各种类型的辅导班赚孩子们的钱,谈不上沟通、交融和对话。

温总理的讲话中,提出了许多具体要求。比如说教育公平,切实解决特殊群体孩子上学问题等等,对职业教育、高等教育、学前教育等等,都有许多明确的要求。现在的问题是,对于这些要求的贯彻落实和执行情况,有没有必要的检查、督促?如果没有贯彻、落实和执行,是否得到及时纠正和处理?

令人担心的是,一国总理的话如果都不能及时贯彻、不能落到实处,平民百姓的话就更没有什么作用了。早些时候的"教育为本"也好,现在的"强国强教"也好,都是非常正确的,关键是能不能落实,能不能快点落实。时不我待。孩子们耗不起。国家也耗不起。

"说起来重要;摆起来次要;做起来不要",这种对待教育的做法,应该成为历史。

2010 年 9 月 9 日

警惕网络文体侵蚀校园

不少大学的录取通知书瞬间变成了卖萌的"小正太"(网民对年龄较小的可爱男孩的统称)时,可能没有意识到,"亲,祝贺你哦!录取通知书明天'发货'哦!"会对学生产生什么负面影响。华中科大的老师、南航大的辅导员们用"咆哮体"来布置作业和工作时,可能没有意识到,此举会为网络文体侵蚀校园起到推波助澜的作用。那些大学校长们热衷于大量使用网络语言"给力"演讲时,可能也没有意识到,在赢得掌声的同时失去了些什么。

大学早就不是什么象牙塔了。在网络将世界一网打尽的同时,大学不可能不受到社会的冲击和网络的影响。在适当的场合、适当的情况下、适当地选用一些热词赶潮也无可厚非,有助于拉近和学生的心理距离,但凡事都要有个度,一旦过了底线恐怕就走向了歧途。看对象,分场合,掌握尺度和分寸,这些都是应该把握的基本原则。受网络传播的特点所决定,有些网络上流行的文体、语言,不能或者不马上能替代多年来已经形成的文体和语言。在口语传播、书面传播和非语言传播中,一味地迎合学生(其实最多是部分学生)、不管不顾地滥用网络语言,有悖于教育的引导功能,对知识、对文化的传承都会带来不容忽视的负面影响。这应该引起学校和教育工作者的高度警觉。

《北京考试报》

2011 年 8 月 24 日

生命安全　警钟长鸣

暑假将至。我最想提醒的是,一定要将学生的生命安全放在第一位。尽管这个话题并不新鲜,但接二连三传来的噩耗证明,生命安全的警钟必须长鸣。

6 月 9 日,是个令人十分痛心的日子。在这一天里,16 名学生溺水死亡。正值青春花季的学生或因为游泳、或因为游玩,被水吞噬了生命。这对学生本人来说,是无可挽回的灾难;对家长来说,是灭顶之灾;对国家来说,是不可弥补的损失。

值得警惕的是,关于重视学生安全教育的呼吁虽然不绝于耳,但这类悲剧依然频频发生。原因何在? 如何杜绝? 值得学生、家长、教育工作者和全社会三思、反思、深思。

侥幸心理作祟是原因之一。那些去不安全地方游泳的学生,肯定没有想到河水会夺去自己的生命。只图一时痛快,把安全抛在了脑后,酿成了千古之恨。事实上,没有安全做保障,不出事是偶然,出问题则是必然。

安全教育需要进一步改进和完善。一定要教育学生,不安全的地方不去,不安全的事不做。还要具体指导他们,哪些行为是安全的,哪些行为是危险的。教会他们分析和判断,教会他们自我约束和控制自己的行为。安全教育不能走过场、不能图形式、不能只做表面文章,而要入脑、入心,要见实效,要转化成所有学生的实际行动。

安全教育究竟该归谁来管？答案是肯定的,需要全社会齐抓共管。家长不能把责任都推给学校,学校不能把责任都推给社会,社会也不能只是等着悲剧惨案发生了才在一旁指手画脚。家长要加强管理和引导,特别是对那些留守儿童,监护人一定要尽到监护的责任;学校虽然放了假,但不能放弃安全教育的职责,要采取多种形式加强与学生的联系、与家长的联系,进行必要的提醒、告诫;全社会都应该把学生的安全放在重要的位置,采取切实可行的措施,加强对危险地点的监管,制作必要的警示牌和围栏设施,形成有利于学生安全教育的舆论环境,更多地组织开展学生喜闻乐见的、安全性强的活动。

如果连生命都没有了,一切就无从谈起。对学生的生命安全教育是最根本、最重要的教育内容。生命安全教育不能一蹴而就,要警钟长鸣,要长抓不懈。学生的生命安全要靠教育,但不能只靠教育来保障,要加强管理和防范。对于那些管理不当、防范措施不到位的单位和个人,该处理的要处理,该法办的要法办,以起到必要的警戒作用。

《北京考试报》2012 年 7 月 2 日

谁给学生上防骗课？

媒体近日披露,一初中女生"暑期兼职"刷单 60 余次、被骗 6000 余元。此案警方已介入调查,如触犯法律由法律制裁,但谁来给这个初中生补防骗课、谁来帮助更多的学生们从中汲取教训?

这个女生受骗的诱因是手机上网遭遇诈骗信息。虽然已经逐步实施了网络实名制等措施,但骗子们仍会有许多的可乘之机。如果这个问题家长不重视、老师不重视、学校不重视、社会不重视,还会有更多的孩子迷失在良莠难辨的网络世界里,吃亏、上当、受骗……如何辨别信息的真伪,如何识破骗人的伎俩,如何规避网络的风险,这些基本常识都需要及时地告诉学生们。可以说,帮助上网的学生们尽快补补网络素养是当务之急。

此外,无论是家长、老师还是学校、社会,都要告诉孩子"一分耕耘、一分收获"的道理。利用暑假兼职是好事儿,但投机取巧的想法半点都不能有。否则,受骗上当也是早晚的事儿。这方面的知识、素养、信念的普及、训练和坚定,不能只靠德育课上讲大道理,而要紧密联系学生们的思想实际、生活实际和社会实际。要帮助学生,观察、分析、判断身边的是非曲直。

这个世界是错综复杂、包罗万象的。既有光明,也有黑暗;既有美好,也有丑陋;既有善良,也有凶残;既有善举,也有欺诈。传统的做法是多讲正面、少讲负面,表面上看似乎是保护孩子们尚未成熟的心灵免受伤害,实际上却会使他们丧失对欺诈、对凶残、对黑暗、对丑陋必要的认识和必要的防范,从而导致他们在接触社会的过程中受到更大的伤害。因此,我们的教育理念、教育方法都需要改革、突破和创新。正确而有效的教育和引导学生们认识了解一个真实的社会和世界,是我们的责任,也是一项重大的研究课题。

《北京日报》2016 年 8 月 10 日

专业新生个位数

许多班人满为患,不少专业的考生蜂拥而上,但华南农业大学蚕学专业今年只招到了 9 个新生。日前,84 岁的桑蚕专家心急如焚,捐赠 40 万元设奖助学金,以期吸引考生报考。

该校有百余年历史的蚕丝学科,招生情况近年来每况愈下。2010 级起只有 10 多名学生,而今年更是跌至谷底。在千军万马争过高考独木桥的今天,为什么会出现如此大的反差?

事实上,这个专业优势很多:生师比最低,且实行"双师"制。除了系里的教授外,蚕丝企业的专家学者也参与辅导;没有就业之忧,百分之百可去大型蚕丝企业……但是,为什么就招不来新生呢?

社会偏见是原因之一,但不是唯一的原因。其它原因还有:一是宣传不够,许多考生不知道、不了解这个专业;二是考生和家长的盲目性,只看名称好听不好听、专业时髦不时髦;三是对冷门专业缺少必要的扶持政策,比如减免学费,在招生上可以适当降分等等。

有博友建议,明年改名为生物纤维专业、丝绸生物工程专业试试!

《北京日报》2013 年 09 月 25 日

低龄新生增多的背后

没有最小,只有更小。今年南开大学新生中有 26 位 16 岁以下的,其中最小的还不到 14 岁。现在,这些大一新生已经参加南开大学军训,开始他们的大学生活。

正常的大学入学年龄一般是18岁,20多名低龄新生一般都是小学入学年龄就偏低,入学后又跳级,导致了本该上初中的年龄走进了大学校园。

笔者以为,未来几年,大学新生低龄化的趋势将越来越明显。这背后说明了什么?

只要能通过高考就能上大学,这是个基本的事实。一些低龄新生的智力超常,早几年上大学无可厚非。但也有的家长为了让孩子早几年上学,除了学习和高考有关的几门课程之外,放弃了许多本该属于那个年龄段孩子享有的东西。我一直以为,学校教育除了学习知识之外,更重要的是社会化途径。通过读小学、初中、高中,结交同龄的朋友,学会和同学相处,了解一些必要的规则,培育与年龄相符的心理。一个人的知识结构应该是多成分的。除了和高考直接相关的课程之外,有许多知识高考时虽然派不上用场,但对学生将来的成长是有好处的。因此,在求学的问题上,拔苗助长不好,舍末求本也不好。对于绝大多数孩子来说,哪个年龄段做哪个年龄段的事情最好。

《北京日报》2013年08月28日

高考招生丑闻根源何在

日前,教育部网站公布了一起高校招生违规事件。中南财经政法大学在2014年高水平运动队专业测试中,足球项目测试评审组组长和评审专家等4人对两名没有参加测试的考生打出了成绩。根据相关规定,教育部决定暂停中南财经政法大学2015年高水平运动队招生试点资格,并责成学校对相关人员予以责任追究。

考生明明没有参加体育测试,中南财大的测评组长和专家却违规给出了成绩。如此走过场的测试,没能测出考生真实的体育水平,却测出了该校招生工作存在的漏洞,也为人们留下了一个反面的案例。

尽管事发于2014年,尽管最终没有对录取结果产生影响,但教育部还是对这种违规的做法进行了严肃处理。这样的做法不是小题大做,而是十分必要。因为如此测试不但败坏了大学的名声、损害了教育的声誉,还直接影响了高考招生的权威性和严肃性。教育部如此处理既为该校亮了黄牌,也给其他学校敲响了警钟,还向社会表明了零容忍的态度。

尽管三令五申,还敢顶风作案,是什么驱动该校的测评组长和有关专家明知故犯、逾越底线?主要原因有二。其一,相关人员遵纪守法的意识淡薄,对规矩、规定缺少必要的敬畏,没有预料到会有如此后果;其二,给这种虚假体育测试鸣枪发令的是体育教育的功利化。

体育测试本是检验学生运动技能和身体素质的有效方法,对学生而言是一次难得的实战考验和宝贵的锻炼机会,但因为染上了功利化的色彩,和学校的实际利益、教师的工作业绩挂了钩,也就成为屡屡出现违规现象的导火索。从个别考生作假、家长亲友推波助澜,变成了校方参与作弊、教师助纣为虐,甚至主谋、主导违规的案例时有发生。联想到"体育代跑"等学校赛场怪事和校园体坛乱象不断出现,就会发现学校体育越来越进入功利化的误区已不是耸人听闻,而是一种严峻的现实。这不得不引发我们的警惕和深思。

体育教育的基本职责是全面提升学生的身体素质、培养学生的体育素养。但随着近年来大学间体育赛事的日益频繁、随着大学运动队亮相社会体坛、国际比赛的逐渐增多,大学体育功利化的倾向也愈演愈烈。培养出几支高水平的运动队、摔打出一批体坛名将,对大学体育而言是锦上添花,却绝对不是主要目标、更不是唯一的归宿和追求。不能正确看待这个问题,摆不正大众体育教育和尖子队伍培养这两者的关系,体育教育就会本末倒置或者舍本求末,就会走向邪路,就会有人铤而走险。

有人总爱把社会的负面影响看成是大学出现某些不良现象的根源。不可否认,大学早已不是象牙塔。社会上的一些不良风气和违法乱纪现象,不可避免地会对大学产生这样那样的影响。但这决不能成为大学体育、大学教育追求功利化的借口和理由。应该看到,教师舞弊、集体作假,其影响更为恶劣,其后果更加严重。因为这不但有违体育和教育的初衷,更与大学应负的社会责任、应有的社会形象背道而驰。

社会那么乱,大学怎么办?社会也好、公众也罢,对大学都有更多的希冀、更高的期待。大学不但要出人才、出成果、出智慧、出思想,更要对净化社会环境承担更多的责任。因为大学是教育人、塑造人、培养人的地方,所以大学要洁身自好、以身作则,要给社会带个好头、做个表率。

恕笔者赘述,教育部的处理决定中特别责成中南财大追究相关人员的责任。除了期待该校早日公布处理结果之外,更希望这种追究再不要像该校的体育测试那样,只是走走过场、形同虚设、掩人耳目……

《中国科学报》2015 年 5 月 21 日

重奖"状元"就是重视教育吗？

　　贵州省麻江县日前出台奖励办法，县财政每年安排专项资金设立"状元奖"，明文规定考上北大、清华的应届生可得奖金 10 万元。乍一看这是该县重视教育的重大举措，殊不知其导向出现了严重偏差。

　　一个少数民族人口占总人口 88%、经济不发达的县，每年设专项资金奖励教育，不是一件容易的事。设奖激励教学质量的突破虽是好事，但也要看拿什么标准来衡量教学质量。显然，该县确定的奖励条件并不合适。

　　该县的"红头文件"涉及普通高中的有 9 条，奖励标准很具体，几乎都是围着"高考指挥棒"转：完成州教育局一本、二本上线任务的各奖 100 万元，超额 1 人另奖 1 万元；考入"211"院校排名前三至五名院校的，考上一本、二本院校的，考上艺术体育专业的，学校单科人均成绩超省单科人均成绩的，均有相应的奖励。

　　该县把高考成绩与教学质量画等号，显然是与教育的本质和初衷相违背的。这样的导向对人才的培养、当地经济的繁荣、社会的发展能有何帮助？令人担心的是，这样的奖励办法竟能堂而皇之出炉。这说明该县对此达成了错误的共识。殊不知，如果教育方向错了，激励的力度越大，离办人民满意教育的目标就会越远。看来，如何奖励真的比设奖更重要。

　　　　　　　　　　　　　　　　　　《中国教育报》2014 年 01 月 21 日

高校不能凭感觉规定男女生比例

　　需要认真研究一下高校试图规定男女生比例的初衷是什么，在实践中，执行这条红线也不能一刀切。

　　高考录取大幕拉开之际，教育部及时划出了录取"红线"。其中针对高校的禁令多达 12 条，格外引人瞩目的是明确规定不得擅自规定男女生录取比例。为什么出台这样的规定？在执行中规定能否真正落在实处？这些问题有必要讨论一番。

　　大学女生呈增长趋势是不争的事实。这是一些高校试图规定男女生录取比例的时代背景和社会背景。遥想当年，20 世纪 70 年代末笔者上大学时，"56 个童鞋只有 6 朵花"，学生男多女少，在大家眼里女生都是"珍稀动物"。如今笔者所在的学校女生人数一路攀升,早就超过了男生,已经达到了7:3。一些文科专业男生寥若晨星不说,就连那些"常出野外"的专业也是女生众多。

据笔者所知,这在我国的大学里并非个别现象,而且这种女生越来越多的趋势还在不断加深。对于有些大学来说,对于有些专业而言,女生顶起多半边天的局面,的确给教学、实践、就业等带来了许多问题,这也是客观现实。并不排除一些大学管理者中有重男轻女的思想,但恐怕多数人萌发规定男女生录取比例的出发点,是想适当控制一下这种趋势。对此应该有基本的分析和判断,不能凭感觉确定。在此基础上,再来探讨男女生比例该不该控制可能更贴近现实、更符合实际。

出现大学生女多男少的局面因素很多。其一,女生参加高考的人数逐年增多,特别是随着观念的更新,农村生源中女生与过去相比大为增加。分母大了,考取的女生也就随之增长;其二,在我国女性的社会地位不断强化,在各个领域都承担了重要角色,而男生却开始成为或已经成为弱势群体。这给女生本人以及他们的家长们增加了更多的自信;其三,在小学和中学阶段,女生发育早、成熟早、懂事早,普遍学习刻苦、肯下功夫,男生或者叛逆、或者贪玩、或者害怕吃苦、或者下功夫不够;其四,各种考试体制、方式、方法,有利于女生特长的发挥和表现,男生的多种优势被淹没。

目前各地高考生中名列前茅的女生居多,且越来越多,以致有媒体调侃该将"状元郎"改为"状元娘"。因此,科学地制订培养方案,积极地改革考核方法,兼顾男女生的成长特点,应该成为大学前教育改革的一个突破口。

某些高校在过去的招生录取中,的确有规定男女生比例的现象发生。女生提档分数线高,即便不是出于性别歧视,客观上也侵犯了女考生的权益。教育部出台政策加以制止,显然是有针对性的、是有现实意义的。问题的关键在于,仅仅停留在划条红线上还不够。需要认真研究一下高校试图规定男女生比例的初衷是什么,有没有合理的成分,如有该采取点什么措施加以解决;在实践中,执行这条红线也不能一刀切。

各校的实际情况不同,专业设置各异,一条线虽然容易划,但执行起来却是困难重重;红线划出来了,怎么落到实处,也是考生、家长和全社会关注的问题。加强督查、科学监管、公开透明、严肃纪律等等,总之有许多具体工作要做。

《中国教育报》2014 年 06 月 30 日

该不该为"学霸"点赞事关育人方向

该不该为"学霸"点赞事关教育目标。如果网友、社会、媒体认可的是努力学习的精神当然无可厚非，但单凭分数就一味地点赞"学霸"之风不能提倡，因为事关教育的目标和育人的方向。

学生自然应该以学为生。这看起来天经地义的事情，在今天的一些学校的一些学生中却几近奢望。学习风气不浓的现象绝不是个案。大学前还有个高考的指挥棒激励着，一上大学不少人就彻底懈怠了。社团活动从不落下，各种旅行说走就走，挂科成了家常便饭，除了学习不行啥都行。"头悬梁，锥刺股"的时代已经过去，但学好每一门课程，仍然应该成为学生的本分。在这种大环境下，人们对"学霸"的点赞热捧，在一定意义上是对良好学风的呼唤。

如何看待考试分数是门科学，也是教育的大是大非问题。应该肯定的是，分数本身的确是衡量学生对某一门课程学习掌握程度的指标之一。一般而言，学习成绩越高，掌握得越好。但凡事都不能太绝对。对待分数也是如此。分数毕竟只是考核的指标之一，而不是全部。即便高分在一定程度上反映了学生的学习情况，也不能完全反映其对课程传授的知识、技能、理论和实践的全部情况。高分低能的学生过去和现在都不少见，因此不能以分数论英雄。

具体到清华这位学生为什么能在15门课的考试中得到满分，一方面说明他或许真的掌握得不错，但另一方面也说明教师出题中有可改进之处。大学阶段的考试显然与小学、中学的考试不同。一门课、几门课考个满分尚属偶然，但15门课都是如此，是否说明这些基础课考试出题的套路大体相同，题目过于简单，或者客观题太多，主观题偏少？这也从一个侧面说明，基础课考试的方式方法有待进一步改革。

深层次的问题还在于，考高分、甚至考满分到底意味着什么。我们的高等教育的目标、我们的大学培养的人，绝不是仅仅会考试的人。对于学生还是要综合评价。但为什么如此多的人对高分津津乐道，而对这个学生参加了两项科研项目的经历视而不见？显然，在这些人看来，满分才是最重要的，何况还是15个满分！要害正在于此。用这样的评判标准来对待学生、考核教师，显然会把学生引向歧途，使大学教育走偏。令人担忧的是，现在许多高校都存在着这种倾向，无论是评奖和表彰，对研究生总爱看发表了多少论文，对本科生则看其学积分高低。这样在操作层面执行起来简单得多，但其导向则有值得探讨和商榷的地方。

媒体关注教育是好事,但违背教育规律的炒作却会帮倒忙。令人遗憾的是,这次为"学霸"点赞的有一些主流媒体的官方微博。打着主流媒体的旗子,却靠一些炒作来吸引粉丝的眼球,几乎成了某些官微的习惯性动作。如何整改是他们的事情,教育界同行所应该做到的是,切不可被这样的舆论牵着鼻子走,迷失了自己的方向。

《中国教育报》2014 年 11 月 07 日

只培养学霸的大学不是好大学

以下这则故事是今年毕业季里,笔者听到的最打动人的故事之一。

10 年前,初入大学校门的小女生在军训时晕倒,而被辅导员背回寝室。10 年后,她不但获得了清华大学的博士学位、代表毕业生在全校毕业典礼上发言,而且还是一个在马拉松赛场上拿过 73 个单项冠军、连续夺得女子三项全能金牌且打破纪录的体育健儿……

笔者深深地感到,只培养学霸不算什么本事。在教会学生学习、教会学生做人的同时,培养学生健康身体、良好习惯和素养,才是一所好大学的应有之义。

这个女博士说,小时候因为一次粉碎性骨折,她被医生警告再也不能参加体育运动。然而,清华没有放弃她,用热情的体育传统感染了她,用"无体育不清华"的文化重塑了她。从 2007 年的马拉松比赛开始,她又站上了跑道上。多年来,清华的体育精神不断勉励着她。而清华的体育精神,正是博大而厚重的清华文化的重要组成部分。

世界一流大学是否都有悠久的体育传统? 对此笔者不敢妄下结论。但对牛津和剑桥的赛艇对抗赛有所耳闻,泰晤士河畔看到的大学生训练场面还记忆犹新。据说,早在 1829 年 6 月 10 日,在泰晤士河畔风光旖旎的普特尼小镇,牛津和剑桥首次较量,有两万多名观众涌到泰晤士河两岸观看。至今,这一传统已经传承了 187 年。从 1856 年起,两校的赛艇对抗赛演化成了每年都要举办的赛事延续至今。在举世闻名的大学里,不仅仅有挑灯夜战的读书人,更有活跃在体育场上的锻炼者。

受英国的影响,美国顶尖大学对体育十分偏爱,对体育在人才培养中的特殊作用也有深刻的认识与理解。在那些富有远见的校长看来,培养未来美国和全球的领导者,绝不能把目光局限在考试成绩高、学术潜力大的学生身上。沉湎于书本、弱不禁风的所谓学霸,不可能应付瞬息万变的世界。在哈佛和其他顶尖大学的招生培养政策中,体育占了很重要的位置。

笔者并非崇洋媚外之辈,但体育之重要性显然没有国界。相比较之下,中国的大学对于体育的重视程度是有差距的,而且可能还会很大。有学校的数据表明,学生入校后各种身体素质的指标会随着时间的推移而递减。换句话说,学生们在大学里可能知识水平不断提高,但身体素质在持续下降。这和所在大学的教育失衡、传统缺失不无关系。

随着学生在校时间的增加,在一些学校里体育课的时间在锐减,甚至有的学校研究生不再上体育课。这给学生传递的信号是,体育已经变得越来越不重要了;体育场地有限也是客观原因之一。一些学校扩招后,建了不少宿舍食堂,但大学生体育活动的场所并没有相应扩大或增加。

之所以在此强调是"客观原因",是因为场所虽然重要,但并非体育锻炼的最根本的条件。如果想锻炼,完全可以因地制宜、因时制宜、因人制宜。最根本的问题是,大学决策者没有把体育摆在应有的位置上,也就谈不上必要的教育、引导、激励和鼓舞了。大家的注意力更多的聚焦在考试分数、论文数量、考研人数、出国率。

在有些领导者眼里,大学就是抓学习的,体育锻炼是学生自己的事儿。除了清华大学,提出类似"为祖国健康工作五十年"口号并成为校园文化精髓的大学还有几个?

建设"双一流"大学,千头万绪,百事待兴。笔者的建议是,千万别忘了建设一流的大学体育。一流大学培养出的学生不但要学习好、素质高,还要身体棒。

《中国科学报》2016年7月7日

"零创业"恰好证明创业教育需加强

某知名高校5期"创业先锋班"毕业生中创业人数为"零",另两所大学设立创业相关院系的学生选择创业者也为"零"。这两个"零"的出现给了一些人否定创业教育的口实,发出了创业教育要不要继续下去的疑问。笔者认为,这两个"零"的出现,恰恰是对进一步加强和改进创业教育的呼唤,也证明了创业教育只能加强,不能削弱。

谈论这个话题,首先要探讨如何评价创业教育的效果。创业教育是否有效,评价指标应是全面、科学、多元的。是否有人即刻创业,只是教育有效与否的众多指标之一。这一指标占比应该多大,需要加以科学论证。用一个指标来否定整个创业教育的效果,显然有以偏概全之嫌。再退一步讲,即便是一校、一院、一班存在某些问题,也不能因此全盘否定创业教育。

创业教育是培养人的创业意识、创业思维、创业技能等综合素质,使之具有一定创业能力的教育。为了适应经济社会和国家发展战略的需要,创业教育应运而生。创业教育的重点在于教育和引导学生了解创业的必要性、重要性,掌握创业的基本规律、有效方法、实现途径以及需注重的关键问题,以便为学生将来选择创业之路奠定基础。如果这一目标基本实现,说明这一教育是有效果的。

学什么和做什么完全画等号的时代已经过去了。前不久,有人公布了所谓专业对口的调查分析,社会公众很是不以为然。因为学什么不一定做什么,成了当代大学生就业的新常态。当今早已进入"秒杀时代",整个社会瞬息万变。教育和职业的需求不可能永远是一一对应关系。接受创业教育的学生现在不创业,并不等于将来不创业。没有选择创业,也不等于学到的创业知识一无所用。

科技部原部长徐冠华曾说过,学生们学的东西在学的过程中就已经有 80% 过时了,而将来走上社会用到的 80% 那部分还没有诞生出来。但这并不能否定教育的理由,只是说明当代教育的责任更加艰巨,更加需要变革。某校新媒体学院负责人说,现在国内许多著名的新媒体公司 CEO 都是该院培养的,但他们现在用得到的知识,都不是在学校里学到的。

有人说,创业本身实践性极强,举出了许多创业成功者的例子,试图证明创业者不是靠教育培养出来的。这样说并非没有道理。但科学的教育对实践的指导意义毋庸置疑。从众多或成功或失败的创业中总结提炼出来的规律,以恰当的方式传授给学生,可以帮助他们少碰钉子、少走弯路。

当然,这并不是说现在的创业教育就完美无缺了。两个"零"的出现到底说明了什么,值得深入探讨和研究。创业教育虽然推行了几年,但还属于新生事物,有许多问题需要继续摸索。高校要认真研究国内、国际创业的大趋势,借鉴、总结创业教育的经验和教训,加大改革的力度,与中国国情和创业实践相结合。

任何时候,教育都不是万能的。指望开一门课、办一个专业、建一个学院,就能解决所有的问题显然是过于天真了。教育不可能一蹴而就,评价教育更不能急功近利。现在有种不好的倾向,即谁都可以批评教育,任何负面的东西都归咎于教育,出台的教育举措都会受到抨击。这一方面体现了社会对教育的关心、关注、关爱,同时在一定程度上给教育者、教育部门造成了不必要的压力,给教育教学改革设置了一些障碍。教育的发展和繁荣、教学的改革和完善,需要学校和教师们的努力,更需要社会对教育的宽容、包容,需要有利的舆论环境。相对而言,创业教育尤其需要如此。

《中国教育报》2014 年 11 月 27 日

莫让创业政策遭遇"肠梗阻"

近日,《北京市创业青年群体调查报告》向社会公布,报告中有两个数据着实令人吃惊:一是竟有 22.9% 的北京创业青年不了解北京的创业政策,二是有 30.8% 的创业青年称从未享受过政策。对于创业政策的制定者而言,出台的政策再好,不被创业者所熟知、利用,就是政策的浪费。对于创业者来说,和创业政策擦肩而过的确是一大遗憾。

青年创业是一个新生事物,像一棵棵幼苗亟须全社会的大力扶持,而有关部门制定和出台的创业政策则如同阳光、雨露和甘霖,其意义和作用不言而喻。现在的问题是,在信息传播如此便捷迅速的当下,这些利好的政策不但没有做到家喻户晓,就连创业青年中都有 1/5 的人毫不知晓,这的确需要引起有关各方的警觉和重视。

在写这篇文章之前,笔者上网简单搜索了一下,很容易就搜到了北京创业优惠政策分享文章,内容涉及留学人员在京创业不受出国前户籍所在地限制、京籍应届生创业免公司注册费、京籍应届生创业可住宅经商、大学生创业首次贷款额度提高以及若干反担保优惠措施。这对有志创业的青年而言无疑是雪中送炭,也会帮助那些尚在犹豫徘徊的人下定决心。由此看来,那 1/5 不知道创业政策的青年也需反省自己的信息搜集意识和政策意识。毕竟,信息时代最重要的媒介素养就是学会搜索、筛选、辨别和利用信息。

当然,部分创业青年信息意识淡薄,并不能成为创业政策制定者逃避责任的理由。作为制定政策的政府部门,不能仅仅满足于某项政策的出台,还要考虑如何使其在激励、引导、帮扶青年创业中发挥积极作用,这才是制定创业政策的真正意义所在。在传播媒介如此发达的今天,只要想做,这并非难事。如建个权威的官方网站,专门介绍相关的政策、回答有关的询问;开个微信公众号,专门为创业青年提供全方位的政策服务。传播要形式多样、生动活泼、贴近青年,努力使创业政策入耳、入脑、入心。此外,大众媒体和学校也应与政府部门积极配合,承担起相应的宣传任务。

应该彻底治疗的"肠梗阻"病症,不仅仅表现在创业政策传播上。有关部门需要仔细检查一下已经出台的招生就业、贷款资助、表彰奖励等政策,看看在传播上还有多少死角没有覆盖,还有哪些空白需要填补,还有哪些问题需要解决。传播政策和制定政策同样重要,只有实现快速有效的政策传达,才能让政策真正惠及民生。

《中国教育报》2015 年 1 月 15 日

大学课堂讲授必须要有纪律

每个国家有自己的实际情况,对于大学课堂讲授方面的要求各不相同,但必要的规矩都是有的。突破了所在国家的政治底线、法律底线和道德底线,损害国家的利益,误人子弟,任何人的讲授都会受到限制。因此,中国教育的主管部门定些课堂讲授的规矩,是守土有责、守土负责、守土尽责的表现。非但不应受到质疑,而要得到支持、鼓励、配合才是。

意识形态领域的斗争一直都没有停止过。这是不争的事实。无论是中国还是外国,无论是东方还是西方,没有一个国家不在像捍卫国家领土那样坚守自己的意识形态阵地。当前,世界范围内各种思想文化交流交融交锋更加频繁,国际思想文化领域斗争深刻复杂,一些西方国家把我国发展壮大视为对资本主义价值观和制度模式的挑战,加大对我国进行战略围堵和牵制遏制力度。在这样的大环境下,高校成为抵御和防范敌对势力渗透的前沿、青年师生是敌对势力进行渗透分化的重点人群已成客观现实。在这样的大背景下,强调高校的课堂纪律是形势所需、大势所趋,是必要的、及时的、正确的。

没有规矩,何以成方圆?众所周知,做任何事情都要守规矩的,破坏了规矩,就会受到处罚和制裁。古今中外,都是如此。大学课堂是传授知识之地,是公开场所,是教育人、引导人、鼓舞人、激励人的殿堂,显然不能信口开河、随心所欲、不负责任地乱说一通。这应该是起码的常识。每个国家有自己的实际情况,对于大学课堂讲授方面的要求各不相同,但必要的规矩都是有的。突破了所在国家的政治底线、法律底线和道德底线,损害国家的利益,误人子弟,任何人的讲授都会受到限制。因此,中国教育的主管部门定些课堂讲授的规矩,是守土有责、守土负责、守土尽责义不容辞的职能。非但不应受到质疑,而要得到支持、鼓励、配合才是。

接下来的问题就是课堂讲授中应该拒绝什么了。决不允许各种攻击诽谤党的领导、抹黑社会主义的言论在大学课堂出现;决不允许各种违反宪法和法律的言论在大学课堂蔓延;决不允许教师在课堂上发牢骚、泄怨气,把各种不良情绪传导给学生。这三个"决不允许"是符合我国国情的,是三条底线的具体体现。我们是社会主义的大学,当然要维护党的领导,当然要从有利于建设有特色的社会主义国家出发,当然要遵纪守法。学生走进大学课堂是为了学知识、长才干的,没有哪个学生愿意充当垃圾桶。任何一个负责任的老师,都不应该把自己的牢骚、怨气和负面情绪倾泻给学生。

应该指出,绝大多数高校的教师都是认真的、负责的、称职的,是明事理、守师德的。在课堂讲话上突破三个"决不允许"的人,在高校只是极个别、极少数的。既不能因为绝大多数教师都很尽责就忽视了对形势的判断,也不能因为个别人的错误言论就得出高校课堂乱套的结论。某些人故意混淆概念、模糊语言、颠倒逻辑,发表些对抗性的言论,或者是为了吸引人的眼球为自己吸粉,或者是别有用心,故意煽动广大高校教师的对立情绪,以达到搞乱课堂的真正目的。对于这些错误言论要坚决予以驳斥和追究责任,决不可听之任之。这也从一个侧面证明了,强调高校课堂纪律是多么的重要。

特别需要指出的是,纪律定了,要求有了,该如何落到实处才是当务之急。如何监管、如何督查、如何处理,都亟待制定和出台一整套具体的措施和规定。切不可流于形式,也不能干打雷、不下雨。要按照教育的客观规律,高校要严格按党纪国法来规范师者责任,根据不同高校的实际和不同课程的特点,制定出相应的办法,并切实加以落实。要牢固树立高校师者的高度责任感和使命感,高校老师要真正做到为人师表、为人楷模,所教授之言字字有声,句句有理,无愧于党和人民。

宣讲家网站 2015年2月3日

课外活动成必修课值得肯定

据媒体报道,天津大学新近推出了课外实践教育课程化的相关规定:从今年的本科新生开始,将课外活动列入必修课,明确规定没有社团经历不能毕业。那么,学校该不该出台这样的规定? 这样的规定合不合理? 为了鼓励和引导大学生参与课外实践,还有没有更好的方法? 这些问题都值得深思。

据了解,该校目前开设的课外实践教育课程有60多门,其中《社团组织经历》为必修课。按照这一规定,学生可根据自己的兴趣爱好和能力培养需求选择课程,必须修满学分才能毕业。与此同时,在评价考核上,课外实践教育情况也将纳入学生综合素质测评范围,还与学生评奖评优和推免研究生挂钩。

学生社团是大学校园里最活跃的细胞,是学生们依据兴趣和爱好自愿组成的组织。学生参与社团活动,既是课堂教学的延伸,又可以充分发挥学生的特长。我国高校的社团有100多年的历史,在促进学生成长、锻炼学生才干、提升学生素质方面,发挥了积极作用。国外大学也是如此。美国俄亥俄州立大学约有1000多个社团。哥伦比亚大学规定,学生成立社团组织只需有5人报名即可提出申请,校方会对这个拟成立的社团进行评估,一年后如运营良好就会正式批准其成立。校方还会更根据社团的规模大小给予一定的经费支持。社团中有"模拟联合国"社团、"世界领导人论坛"等。

为什么要引导学生积极参与课外实践教育?道理很简单。这既是人才培养之必须,又是学生成长之必需。社团活动多由学生策划、学生组织、学生实施,从中可以得到锻炼和提高。通过组织、策划或参加社团活动,可以增强学生的团队意识,提升学生的能力,增强学生的社会责任感。换句话说,没有参加过社团的大学生涯是不完整的。这是因为,卓越人才培养标准所涉及的身心、品德、能力和知识等维度,仅仅靠第一课堂的教学是远远不够的,必须借助课外实践教育的"第二课堂"来支撑和配合。而吸引学生参加课外实践教育,既需要一般性的号召,也需要一些硬性的措施来保障,而将其列为必修课就是其中之一。做出这样的规定,采取这样的探索,在全国高校中有一定的示范意义。

但是,课外实践教育有着自身的规律和特点,考核有很大难度。将社团经历作为一门必修课来开设,在实践中有很多问题需要解决。比如,有那么多社团供学生参加吗?参加多长时间才算合理?在社团里要有哪些具体经历?如何制定科学而具有可操作性的考核标准?如果这些问题得不到妥善解决,所谓的"没有社团经历不能毕业"一说只是一个噱头。可以说,这样的规定只是迈出了课外实践教育的第一步。

对于学生社团,要加强管理,放手而不能放任,引导学生们通过参加阳光的、向上的社团活动来提升自己,真正从中受到锻炼,且学校要积极帮助学生妥善处理好社团实践和专业课学习的矛盾。虽然这是第二课堂,不可能占用更多的时间和精力,但也需投入其中、注入真情,而不能蜻蜓点水、走马观花,更不能走过场、图虚名、混学分。

课外实践教育的内容丰富而广泛,社团组织活动只是其中的内容之一。依笔者所见,课外社会实践教育的内容还可以增加,范围还可以进一步扩大,尤其是需要突破校园院墙的藩篱,让学生在大学校园里生长,还要让他们在社会的大课堂里去经风雨、见世面。大学生们总有一天要告别校园、步入社会,以社团的形式及早感悟社会,对他们的未来大有裨益。

《中国教育报》2015年4月21日

学校体育该向功利化说不！

考生明明没有参加体育测试，中南财大的测评组长和专家却胆大包天，竟然违规给出了成绩。如此走走过场、形同虚设、掩人耳目的测试，没能测出考生真实的体育水平，却测出了该校招生工作存在的漏洞，也为人们留下了一个反面案例。

尽管事发2014年，尽管最终没有对录取结果产生影响，但教育部还是对这种违规的做法进行了严肃处理，不但暂停了该校今年高水平运动队招生试点的资格，还停止了该校相关项目今明两年的招生资格。这样的做法不是小题大做，而是十分必要。因为如此测试，不但败坏了大学的名声、损害了教育的声誉，还直接影响了高考招生的权威性和严肃性。教育部如此处理既为该校亮了黄牌，又给其他学校敲响了警钟，还向社会表明了零容忍的态度。真的希望当事人能够从中汲取教训，希望该校切实做到亡羊补牢，希望其他高校务必引以为戒。

尽管三令五申，还敢顶风作案。是什么驱动该校的测评组长和有关专家明知故犯、逾越底线？主要原因有二：其一，相关人员遵纪守法的意识淡薄，对规矩、规定缺少必要的敬畏，没有预料到会有如此后果；其二，给这种虚假体育测试鸣枪发令的是体育教育的功利化。

体育测试本来是检验学生运动技能和身体素质的有效方法，对学生而言是一次难得的实战考验和宝贵的锻炼机会，但因为染上了功利化的色彩，和学校的实际利益、教师的工作业绩挂了钩，就成了屡屡出现违规现象的导火索。从个体考生作假、家长亲友推波助澜，变成了校方参与作弊、教师助纣为虐，甚至主谋、主导违规的案例时有发生。联想到"体育课代跑"等学校赛场怪事和校园体坛乱象不断出现，就会发现学校体育越来越进入功利化的误区已不是耸人听闻，而是一种严峻的现实。这不得不引发我们的警惕和深思。

体育教育的基本职责是全面提升学生的身体素质、培养学生的体育素养。但近年来随着大学间体育赛事的日益频繁，伴着大学运动队亮相社会体坛、国际赛场的逐渐增多，大学体育功利化的倾向也愈演愈烈。这正应了人们常说的一句话：只顾忙着赶路，却忘记了为什么出发。培养出几支高水平的运动队、摔打出一批体坛名将，对大学体育而言是锦上添花，却绝对不是主要目标，更不是唯一的归宿和追求。不能正确看待这个问题，摆不正大众体育教育和尖子队伍培养这两者的关系，体育教育就会本末倒置或者舍本求末，就会走向邪路，就会有人铤而走险。

　　有人总爱把社会的负面影响看成大学出现某些不良现象的根源。不可否认，大学早已不是象牙塔。社会上出现的一些不良风气和违法乱纪现象，不可避免地会对大学产生这样那样的影响，但这决不能成为大学体育、大学教育追求功利化的借口和理由。应该看到，教师舞弊、集体作假，其影响更为恶劣，其后果更加严重。因为这不但有违体育和教育的初衷，更与大学应负的社会责任、应有的社会形象背道而驰。

　　社会那么乱，大学怎么办？社会也好、公众也罢，对大学都有更多的希冀、更高的期待。大学不但要出人才、出成果、出智慧、出思想，更要对净化社会环境承担更多的责任。因为大学是教育人、塑造人、培养人的地方，所以大学要洁身自好、以身作则，要给社会带个好头、做个表率。

《北京考试报》2015 年 5 月 16 日

纪念烈士应成爱国主义教育常态

　　今天是我国第一个公祭烈士日。如何抓住这一有利契机，对广大学生开展生动活泼的爱国主义教育、社会主义核心价值观教育、理想信念教育，是教育系统面临的一项新的任务，值得认真探讨一番。

　　日前，中共中央办公厅、国务院办公厅、中央军委办公厅联合发出了有关通知，对纪念活动提出了要求。但由于是首次设立，再加上紧邻假期，一些学校和部门对纪念活动没有引起高度重视，也没有组织开展相关的活动。

　　世界上许多国家都有法定的烈士纪念日。虽然具体名称不同，但举国在这个时刻共同隆重纪念为国捐躯的英雄们的做法已成国际惯例。几年前笔者远赴英国访学，曾亲身体验过英国人过烈士纪念日的情景。11 月 11 日上午 11 时整，上课的老师主动停下来，带领学生和全体国人一起默哀 2 分钟。敬仰、尊重、祭奠为国捐躯的烈士，从儿时就开始培养，使得这一观念和做法在英国人心中根深蒂固。当时笔者就在想，如果我们国家也有这样一个纪念日就好了。

　　不崇尚英雄、不尊重英烈的民族，是没有希望和前途的民族。青少年不崇尚、不尊重英雄，很难造就英雄辈出的局面。我国选择在国庆节前夕开展公祭烈士纪念活动意义重大。它提醒国人伟大的共和国来之不易，是千千万万名烈士用生命换来的。设立公祭烈士纪念日，对于教育系统而言，是开展爱国主义教育的最好载体，是传播社会主义核心价值观的重要形式，是进行理想信念教育的有利契机，是激发广大学生实现中华民族伟大复兴中国梦的强大动力。

设立纪念日只是万里长征刚刚迈出第一步。如何引导广大学生自觉自愿地参与纪念活动，并且能真正受到感召、鼓舞和激励，才是更重要的。平时总听到有人抱怨爱国主义教育太虚，落不到实处。这次烈士纪念日的设立提供了有利的契机，千万不能让它流于形式、甚至连形式都没有。学校肩负着育人的重要使命，要利用设立烈士纪念日这一契机，提升爱国主义教育、中国梦教育、社会主义核心价值观教育的质量。

一是将纪念烈士教育当成一项长期工作来抓。纪念、缅怀、学习烈士不能仅仅限于纪念日这一天，过后就偃旗息鼓了。要积极构建长效机制，力求使教育活动常年坚持、潜移默化、润物无声。不但要认真策划好、组织好每年一度的纪念烈士日教育活动，还要将英烈教育融入学校教育过程之中。纪念活动和教育的内容要与时俱进，符合时代特点，引导各年龄段、各层次的学生理解和认识当时历史条件下的烈士事迹和烈士精神，帮助他们找到学习、弘扬烈士精神的切入点。

二是纪念活动要有形式但不拘于形式。要注重实效，不搞形式主义。活动要贴近性强、互动性强和针对性强，力求多样化、个性化、便捷化。活动的覆盖面要广泛，面对不同层次的学生，力争让人人参与。比如，幼儿园的孩子们可以戴朵小红花，小学生们可以讲讲烈士的故事，中学生们可以参观烈士的事迹展览，大学生们则可座谈、讨论、研究烈士的精神。纪念日刚刚设立，在这一方面还需要加紧探索，还有许多工作要做。

三是把重点放在引导学生向烈士学习上。烈士是民族精神的生动体现，是学生学习的楷模。要将纪念、祭奠活动和向烈士学习紧密结合起来。校园媒体要加大报道力度，积极营造敬仰烈士、尊重烈士、向烈士学习的舆论氛围。要抓紧搜集、整理烈士事迹，为纪念烈士活动提供基本素材。要让烈士"活起来"、"走下来"，让学生有亲近感，让他们能学、好学。

四是重视发挥学生的积极性、创造性、主动性。不能采取生硬的、简单的方法对学生进行教育，而要采取激励措施，引导他们主动参与，从中受到教育。可以面向学生征集反映烈士精神的文学艺术作品、微电影、微视频、微创作，鼓励他们走访烈士后代，采取他们喜闻乐见的形式宣讲和传播烈士事迹。

五是学校各级负责人、教师要带头参与纪念活动。纪念日的设立是个新生事物，学生们接受和参与还会有个过程。学校负责人和老师要起到表率作用，做耐心细致的引导工作，不能简单化，更不能粗暴，也不能出台另类规定，以免引起学生的逆反心理，引发不必要的负面影响。

《中国教育报》2014 年 09 月 30 日

劳动教育不能流于形式

8月3日,教育部联合团中央、全国少工委印发了加强中小学劳动教育的文件,要求三至九年级开设劳动与技术教育课,以及家政、烹饪、手工、园艺、非物质文化遗产等课程;安排劳动家庭作业,布置洗碗、洗衣、扫地、整理等学生力所能及的家务。如何将劳动教育落到实处,如何取得实效,值得学校和家长深思。

一位妈妈告诉我,留学的女儿从美国回来休假,大包小裹托运了一大堆,里面装的全是要洗的衣服。不少家长也抱怨,孩子在家啥都不干、也不会干,真是油瓶倒了都不扶。的确,不少中小学生都是饭来张口、衣来伸手,缺少劳动机会,毫无劳动意识。轻视劳动、不会劳动、不珍惜劳动成果的现象比比皆是。

问题出现在中小学生身上,根子却在社会、在学校、在家长的身上。说实话,劳动意识别说在中小学生中淡漠了,就连他们的老师、爸爸妈妈,甚至爷爷奶奶有几个喜欢劳动的?

中小学生劳动教育在较大程度上有所削弱,是不争的现实。中小学校弱化劳动教育,主要原因在于高考指挥棒。只要学习好,一俊遮百丑。有关劳动与技术的课程形同虚设,经常被"主课"占用。不少学校既无师资,又无场地,还缺专项经费,对于劳动教育无计划、无考核。有的老师把劳动当作惩罚手段,不但没起到应有的效果,还诱发了学生的厌烦情绪。有的学校重劳动过程本身,忽视寓教于劳,没有当成塑造人格、滋养情操、养成素质的有效途径,忽视了劳动观念的树立和劳动习惯的培养。

家庭忽视劳动教育,原因在于家长的价值观和对孩子的溺爱。一方面,家长最关心的是看得见、摸得着、好比较的学业成绩、班级排名,完全忽视了潜移默化的劳动教育。他们往往只关心孩子的分数,只要学习好,什么都不用干。另一方面,家长对孩子娇生惯养,一切都由自己代劳。背个书包怕压着,倒杯开水怕烫着,削个苹果怕伤手。偶尔学校、老师给派点活,爷爷奶奶们就代劳了。

强化劳动教育,最重要的还是要营造适宜的社会环境和舆论氛围。劳动教育的淡化甚至消失,根源还是"万般皆下品,唯有读书高"的传统观念在作祟。一夜暴富、不劳而获的思想不断蔓延,许多媒体都热衷于渲染"一唱成名""一演成名""一买发财""一脱致富"的故事,对体力劳动者缺少必要的尊重。这种状况不彻底改变,对中小学生的劳动教育不可能搞好。

一屋不扫,何以扫天下?劳动教育的必要性、重要性、紧迫性无需赘言。其实,随着社会的发展,劳动的强度和难度都在不断降低,完全不像有些人想象得那么可怕、痛苦、艰辛。最重要的是通过一些劳动,对学生进行必要的教育。不在于让学生做些什么,而是通过做这些力所能及的事情,帮助、引导他们树立劳动观念,尊重劳动成果,掌握基本的劳动技能,在劳动中愉悦心情、享受快乐。所以,劳动教育要因地制宜、因校制宜,更要因人制宜,别搞一刀切,不能流于形式,千万别走过场。

学校要把劳动教育放在重要的位置,不但思想上高度重视,还要有切实可行的措施。有关部门对各校劳动教育的情况要进行必要的监督和管理,将其作为对学校考核的重要指标,而不能放任自流。

加强劳动教育,离不开家长的支持和协助。不少劳动花不了多少时间和精力,对于孩子的吃苦耐劳品质的养成大有裨益。家长要鼓励孩子在学校参加各种公益劳动,同时创造条件指导孩子做些家务,帮助孩子掌握基本的独立生活和家务劳动的技能,使他们在劳动中成长、锻炼和提高。

《北京考试报》2015 年 8 月 5 日

学生暑假安排应量体裁衣

促进学生个体的身心发展,培养他们的兴趣爱好,应该成为安排假期的基本出发点和主旋律。每个学生的实际情况并不相同,所以他们的假期也不该、不能千篇一律。

本周末起,北京中小学开始放暑假,各地的大中小学也已经陆续进入假期。如何度假又成了网上网下热议的话题之一。各地媒体的相关报道涉及方方面面:常州工程职业技术学院部分学生日前却接到了一个艰巨的暑期任务:赚取下一学年学费,被网友称为"最具挑战性暑假作业";海南部分中学生希望暑假自立,专家表示,要用合理规划说服家长;20 多名大学生到南京打工遇到黑中介,工资被克扣报警求助……

笔者以为,讨论如何度假,绕不过为什么要放假这个问题。有不少人认为,放假就是让学生撒着欢儿地玩,让学生可着劲儿地休息,或者让学生开始一个"新学期"。对此,笔者不敢苟同。在中国古代教育史上,无论官办公学还是私塾,大体都不放什么寒假暑假。直到有了现代教育制度之后,才逐步形成了两个长假的模式。创立现代教育制度者在学期之间安排较长的假期,初衷是给学生一定的自由,使其个性和才华有成长发育的时间和空间。

  笔者认为,促进学生个体的身心发展,培养和发展他们的兴趣特长和特殊爱好,应该成为安排假期的基本出发点和假期的主旋律。而每个学生的实际情况并不相同,所以他们的假期也不该、不能千篇一律、整齐划一。

  国外学生的一些度假方式也有一定的参考价值。例如,旅游是法国中小学生暑假生活的重要内容。但旅游并非仅仅考虑消遣和玩耍,而是有一定的教育目的。一些学校利用假期组织学生到西部或南部的葡萄酒产地进行工业旅游,让学生对法兰西民族的历史和传统有具体形象的了解。利用假期做义工是美国学生普遍的做法之一。通过参与社区服务,培养爱心,锻炼能力,增强社会责任感。德国中小学生的一些活动以亲近大自然为主题,走进自然公园、牧场、农庄或风景区,听农场主或技术人员讲解有关知识,学习在书本上、课堂上学不到的知识。总之,各国学生都有大量的时间参加文体活动,发展个人的兴趣爱好。

  笔者认为,假期的利用更要讲求科学性。根据学生的个性特点,制定适宜的度假计划。一是把握好适度原则。玩要适度,学要适度,睡觉适度,锻炼也要适度;二是把握好多样性原则。学习、实践、旅游、联谊、做家务等等统筹考虑,让假期内容丰富、形式多样;三是把握好灵活性原则。既然是放假了,就不要过于拘谨、呆板,要根据具体情况,进行必要的调整。

  有效地利用假期,可以促进学生的成长。要认真分析学生的具体情况,找到其成长中面临的关键问题,利用好假期有针对性地加以解决。学习上吃力的,可以拿出一定的时间来补补。缺少社会实践的,利用假期多走走、多看看。动手能力不强的,适当做点力所能及的家务活和社区工作。性格内向的,多参加点公益活动等等。

  还有一个问题必须指出,对于学校来讲假期不能一放了之。如何围绕学生的个性化成长做些力所能及的工作,是每个学校管理者必须要考虑的问题。现在夏令营不搞了,集体旅游不组织了,除了偶尔的返校检查一下作业之外,学校、老师和学生几乎没有了任何联系。这样的做法和我们倡导的教育思想显然是不吻合的。

《中国教育报》2014 年 07 月 09 日

让学生科学度暑假

  正值暑假。本想建议有关部门公开招标,号召科学家们专门研究一下如何科学度过每年至少两个长假的课题。不过转念一想,即便是有人拿出了研究成果也不一定具有推广价值。因为,有 N 个学生,就会有 N 种假期。因时制宜、因地制宜、因人制宜、因情制宜,过适合学生、适合家庭、适合国情的假期才是最重要的。

窃以为讨论如何度假,绕不过为什么要放假这个问题。有不少人认为,放假就是让学生撒着欢儿地玩,让学生可着劲儿地休息,或者让学生开始一个"新学期"。对此,我不敢苟同。

在中国古代教育史上,无论官办公学还是自办私塾,大体都不放什么寒假暑假。直到有了现代教育制度之后,才逐步形成了两个长假的模式。近年来,一些大学模仿国外将一学年分成了三个学期,多出来的小学期虽和一般意义上的假期不大一样,但也灵活度较大。

为什么要给学生设置假期?有人在研究 20 世纪中国思想文化界大家潘光旦教育思想时对此有所提及。作为工业文明的产物,学校规模化的生产虽让更多人有了接受教育的机会,但难以顾及学生个体的身心发展、兴趣特长和特殊爱好。创立现代教育制度者在学期之间安排较长的假期,初衷是给学生一定的自由,使其个性和才华有成长发育的时间和空间。

传统的东西需要与时俱进,但上述说法至今仍有现实意义。促进学生个体的身心发展,培养和发展他们的兴趣特长和特殊爱好,应该成为安排假期的基本出发点和假期的主旋律。而每个学生的实际情况并非相同,所以他们的假期也不该、不能千篇一律、整齐划一。

我反对凡事必言国外的做法,但国外学生的度假方式对我们确有参考价值。旅游是法国中小学生暑假生活的重要内容。但旅游并非仅仅考虑消遣和玩耍,而是有一定的教育目的。一些学校利用假期组织学生到西部或南部的葡萄酒产地进行工业旅游,让学生对法兰西民族的历史和传统有具体形象的了解。一些社会团体通过募捐收集资金,让没有经济实力旅游的孩子们短期旅游。利用假期做义工是美国学生普遍的做法之一,通过参与社区服务,帮学生培养爱心,锻炼能力,增强社会责任感。虽然没有暑假作业,但基本保证每天有一定的时间读书。学校特别举办有奖读书等活动吸引和激励学生。德国中小学生的一些活动以亲近大自然为主题,走进自然公园、牧场、农庄或风景区,听农场主或技术人员讲解有关知识,学习在书本上、课堂上学不到的知识。各国学生都有大量的时间参加文体活动,发展个人的兴趣爱好。

人生短暂,假期宝贵,每一天都应该充分利用起来。现在的诱惑很多,在网游、手机、电脑、电视面前,玩心重的孩子很容易抵挡不住,一旦沉溺其中很难自拔,等到开学时才发现该做的事情都没有做,"时间都去哪儿"的呼喊一定无济于事。家长、老师对此要引起重视、加强引导,防患于未然。

假期的利用更要讲求科学性。根据学生的个性特点,制订适宜的度假计划。一是把握好适度原则。玩要适度,学要适度,睡觉要适度,锻炼也要适度。二是把握好多样性原则。学习、实践、旅游、联谊、做家务等统筹考虑,让假期内容丰富、形式多样。三是把握好灵活性原则。既然放假了,就不要过于拘谨、呆板,要根据具体情况,进行必要的调整。

有效地利用假期,可以促进学生的成长。要认真分析学生的具体情况,找到其成长中面临的关键问题,利用好假期有针对性地加以解决。学习上吃力的,可以拿出一定时间来补补;缺少社会实践的,利用假期多走走、多看看;动手能力不强的,适当做点儿力所能及的家务活儿和社区工作;性格内向的,多参加点公益活动等。

放假等于放羊,是目前假期里普遍存在的问题之一。特别是中小学生自理能力较差,家长难以顾及,使得学生在漫长的假期里放任自流。疏于管理最直接的结果之一,是学生安全缺少保障。有的家长只求安全,给孩子个 ipad 玩儿了事。眼睛一睁一闭,一天就过去;眼睛睁睁闭闭,一个假期就荒废了。解决这个问题难度较大,但并非没有解决之策。比如,社区是否可以视情况为此做些努力? 退休离休的老同志是否可以做点贡献? 大学生是否可做指导中小学生的志愿者? 家长是否可以组成联盟轮流值班?

放假等于另一个学期,也是十分普遍的现象。教育部门三令五申严禁补课,但学校不补有人补。有的家长给学生报了 N 多的班,学生东跑西颠,比平时上学还忙。社会上的各种培训班赛过雨后春笋,收费更是水涨船高。应该说,适度的拾遗补阙对学生来说是必要的,提前预习下学期的课程也是可以的,但这样的学习安排一定要适度,千万不能过满,还要考虑学生本人的意愿。否则,不但效果不好,还会令学生厌学,影响今后的学习。

还有一个问题必须指出,对于学校来讲假期不能一放了之。如何围绕学生的个性化成长做些力所能及的工作,是每个学校管理者必须要考虑的问题。现在夏令营不搞了,集体旅游不组织了,除了偶尔返校检查一下作业之外,学校、老师对于学生几乎没有了任何联系。这样的做法和我们倡导的教育思想显然是不吻合的。

《北京考试报》2014 年 07 月 30 日

"避暑事件"考量大学管理能力

这无论如何都是一篇充满正能量的报道:7月1日,"恳请校长给条生路"的邮件引起广西民族大学校长谢尚果高度重视。写邮件的学生痛陈每晚被热醒的"痛苦"经历,呼吁开放体育馆和空调教室供学生纳凉。谢校长迅速回复,为没能让学生住空调房抱歉,称校方正筹款改装线路,明年还将筹款购买安装空调……第二天起,空调教室等场所真的向该校学生开放了。

可以用闻过则喜、体恤民意等一系列美好的词汇来褒扬这位校长。的确,一校之长公务缠身,能及时看到一位普通学生的邮件实属不易,更何况如此重视、如此迅速地加以解决呢? 如果大学的校领导们都能做到这一点,相信许多和学生直接相关的问题都会得到圆满解决,校领导们在学生心目中的形象一定会高大许多。

恕笔者有点过分挑剔。往深处想,这个算不上创新的点子为什么不是校方首先想到呢? 是对学生宿舍情况不了解,还是视而未见? 如果难度并不特别大、早就具备了解决的基本条件,为什么要等学生反映了问题、校长指示之后才采取措施呢? 或许,在想学生之所想、急学生之所急、帮学生之所需上,学校应该更积极主动。

再想想,在自媒体高度发达的今天,如果这个学生不是把这封意见信发到校长邮箱而是发在网上、微博上,会不会引发一个舆情事件? 如果真是那样,扩大化的矛盾化解起来难度恐怕会大得多,危机公关的措施如果不得当,还会进一步发酵。如此看来,广西民大"避暑事件"的化解既要感谢校方及时解决问题,更要感谢这位学生采取内部渠道及时反映了意见。

以上议论的初衷不是鸡蛋里挑骨头,而是希望大学管理者们能够跳出宿舍有无空调的具体问题,从提升管理科学性的高度来看待和分析。"避暑事件"折射的问题,绝不是简单地给教室、宿舍装不装空调的事。需要思考的是:管理是不是应该未雨绸缪? 以生为本能不能主动落实?

其实,这类问题在大学校园里每天都在发生。一些高校,为了管理方便,而不管学生是否方便,采取了一些貌似合理但让学生叫苦不迭的措施;一些简单的问题解决起来并没有什么难度,但就是长期得不到有效解决;学生的意见、建议和要求没有通畅的渠道加以反映,或者反映了根本不下功夫加以解决。

没有学生就没有大学,大学管理还是应该强调以学生为本。在"互联网+"时代,更应该把学生放在大学工作的首位。特别需要强调的是,学生生活同样无小事。一些管理者的注意力放在了教学、科研、育人的大事上,但对学生生活上的所谓小事关注不够。在目前的国情下,对学生的饮食、就寝、出行等小事的不关心、不上心、不用心,极有可能引发大的事情。

其次,大学管理需要前瞻性、需要未雨绸缪。凡事都要有相应的预案,不能等问题发生了才来解决,而要通过科学的谋划将问题消灭在萌芽之中或者消除产生问题的土壤。再其次,要倾听学生的意见、建议和要求,建立和学生沟通的长效机制。对于学生反映的问题,可以解决的抓紧解决,难以解决的创造条件解决,暂时解决不了的也要给学生做深入细致的说服、解释工作,切不可置之不理。

《中国教育报》2015 年 7 月 8 日

栽好梧桐树更重要

高校招生录取已经进入关键时期。靠什么延揽优质生源的话题讨论依然在继续。老话儿说得好,栽下梧桐树,引得凤凰来。掐尖也好,抢人也罢,招数再多最终还是要靠各校的实力来说话。不苦练内功,不扎实提升教育教学质量,即便是录了几个尖子生也是误人子弟。

平心而论,高校对招生宣传的重视程度与日俱增,这是时代进步的一个标志。"皇帝女儿不愁嫁"的日子不会再有了。各校要想招到优质生源不下点儿功夫的确不成。哪怕是北大、清华这样的国内顶尖高校亦是如此。

其实,对于优质生源的标准要有科学的分析和评判。优质生源显然不能和状元简单地画等号。但从早些时候的报道来看,一些高校想方设法抢的所谓优秀学生都是状元。其背后的原因,显然和社会、媒体对状元的过度关注有直接的关系。淡化状元报道成了空话,甚至连中考的状元都被曝了光。在这样的社会大背景下,抢到一个状元,就等于抢到了媒体、社会的关注度,高校的招生工作就等于上了一个档次。这在很大程度上引发了高校间的掐尖大战。因此,想从根子上解决问题,还是要给状元撤火。

状元的能力、素质和水平不可否认,考个状元的确不容易。但毕竟只是一次考试的结果,也毕竟已成过去。再说,差个三分、五分、八分、十分,甚至再多点,究竟能有多大差别也很难说。因为,优质生源应该是个综合、全面的概念。既包括学习能力,也包括道德修养、性格品质、创新潜力等。所以,仅在几名高分考生上用力是不够的。

说到底,高校还是要靠办学实力来延揽优秀生源。而办学实力的提高是实实在在的,来不得半点虚假。高校要认真研究社会需求,按照科学规律进行必要的教育教学改革,积极建设高质量的师资队伍,不断改善办学的硬件条件和软件条件,努力创造以学生为本、适宜人才成长的校园环境。不但要栽下梧桐树,还要精心浇水、施肥、修剪、养护。否则,不但招不来凤凰,其他鸟也不愿意来。

当然,我们并不否认招生宣传的必要性和重要性。要采取多种形式,让社会、考生、家长了解高校的学科优势、师资水平、文化底蕴、改革新举等。采取的措施要多种多样、引人入胜、丰富多彩,但不能没有底线。否则,不但于高校可持续延揽优质生源不利,还会授人以柄、贻笑大方,甚至令人耻笑。

《北京考试报》2015 年 7 月 11 日

让国歌成为激发爱国热情的最强音符

一直以来,每到该唱国歌的时候,笔者都有些许尴尬。因为身边的人要么张不开嘴,要么小声哼哼,记不住歌词。挺严肃的场合、挺庄重的程序,常常显得非常别扭。笔者总是在想,这种"该唱不唱、唱而不响"的局面何时才能改变?

据《中国教育报》报道,中共中央办公厅、国务院办公厅日前印发了《关于规范国歌奏唱礼仪的实施意见》,明确要求将国歌歌词纳入学校教育教学。对此笔者认为非常有必要,需要学校尽快出台具体有效的措施,切实加以贯彻落实。不但要让师生们高声唱响国歌,更要让国歌成为激发师生爱国热情的最强音符。

众所周知,国歌是国家的象征和标志,体现着民族精神,浓缩着悠久历史,承载着宏伟目标,鸣唱着人民心声。从 1568 年荷兰国歌诞生起,世界各国都非常重视本国的国歌,视国歌为灵魂、生命和至高无上的精神动力。在各种重要场合奏唱国歌早就成为国际惯例。无论是在战争时期,还是在和平年代,爱国勇士们高唱国歌浴血奋战、勇往直前的场面屡见不鲜。笔者在国外也曾看到,国歌前奏响起之后,无论是百姓还是官员都会庄严伫立;无论是大人还是孩童都会右手抚胸、齐唱国歌。国歌甚至还与一个国家对世界影响力的大小、综合实力的强弱成正相关。法国的《马赛曲》、美国的《星条旗永不落》都曾在国际上产生过很大影响。

我国的国歌《义勇军进行曲》歌词描述了先烈争取国家独立的艰辛历程,是对广大青少年学生进行爱国主义教育的鲜活而生动的教材。唱国歌对于激发公民的爱国情感,践行社会主义核心价值观,有着十分重要的作用。在各类学校开展国歌教育不仅仅是一项十分严肃的政治任务,更是对学生进行爱国主义教育、树立对国家身份认同的重要方式。

国歌纳入学校教育,在实施中不能走过场和应付。国歌教育应纳入社会主义核心价值观教育的体系之中,并且和有关课程的教学结合起来。学校要加大宣传力度,采取生动活泼、广大师生喜闻乐见的形式,帮助学生了解国歌产生的背景、发挥的作用,理解国歌的深刻内涵和蕴含的精神力量,特别要注意阐释好奏唱国歌的现实和历史意义。通过组织学唱国歌、传唱国歌活动,不仅让国歌在校园里响亮起来,更要让爱国之情在青少年学生的心灵里生根、发芽、开花、壮大。

如何将国歌歌词和曲谱作为教育教学的重要内容,是新常态下的爱国主义教育的新课题,还有许多问题需要进一步加以研究。要特别注意避免教育的简单化,不能随便提一些硬性要求,引起学生的逆反心理,力避在社会上造成负面影响。

《中国教育报》2014 年 12 月 16 日

职业资格许可不应"一消了之"

取消职业资格许可,将遏制职业资格证书考试乱象,给社会上的"考证热"降温撤火,有助于改变"青年人拿着一大把证书找不到工作"的状况。但职业资格考试决不能简单地"一消了之"。

据媒体报道,国务院刚刚取消了房地产经纪人、注册税务师等 11 项职业资格许可和认定事项,到明年将基本取消职业资格许可事项。

职业资格证书是劳动就业制度的一项重要内容和特殊形式的国家考试制度。1994 年,它作为科学评价人才的一项制度被写入《劳动法》。客观而论,设立这一制度的初衷是好的,而且也曾发挥过一定的积极作用。职业资格证书是劳动者具有的从事某一职业所必备的学识和技能的证明,展示其达到了国家制定的职业技能标准或任职资格条件。它不仅曾是国内用人单位招聘、录用劳动者的主要依据,也是境外就业、对外劳务合作人员办理技能水平公证的有效证件。

但随着这一制度的推行,在具体执行中也出现了许多问题,其弊端逐渐显现。

有关部门依据《中华人民共和国职业分类大典》确定了实行就业准入的 87 个职业目录。有些行业又自行设置一些门槛。有的一种行业就有十几种甚至几十种职业资格。截至 2013 年年底,各部门设置的职业资格有 560 项,还有地方自行设置的职业资格 575 项。

多如牛毛的职业资格许可,给就业人员入职带来了诸多不便。每转换一次岗位,就要准备一次新的考试,阻碍了人才的合理流动。尚未就业的大学生难以预料将来从事什么职业,只得在校时就开始连续考证,以便能在就业时多条路子。而缺少相应证书的大学毕业生,再优秀也因无资格证书难以找到相应的工作。对此社会上多有非议,呼吁取消之声日益强烈。

随着各类职业资格证书的应运而生,也催化各种考证热和培训热。一些机构借机敛财,通过办班、教材、考试来收取高额的培训费、教材费、考试费。这不但给就业人员带来了巨大的经济压力,也干扰了继续教育事业和培训市场的健康发展。

为了解决这些问题,国务院要求2013年、2014年分批取消职业许可事项,到2015年基本完成取消资格许可事项的工作。今年已分两批取消了58项中央部门设置的职业资格许可和认定事项,11月份还将再取消一批职业资格许可。

取消职业资格许可,将遏制职业资格证书考试乱象,给社会上的"考证热"降温撤火,有助于改变"青年人拿着一大把证书找不到工作"的状况。但职业资格考试决不能简单地"一消了之"。在为取消职业资格许可和认定而欢呼之时,还需要深思到底该不该设立入职的门槛,该如何选拔符合职业要求的优秀人才,如何提升从业人员的质量。在具体执行的过程中,既要及时迅速,又要审慎稳妥。首先要依法办事。对于没有法律法规依据的准入类职业资格应一律取消;有法律法规依据的,如需取消还应按程序提请修改法律法规后才能予以取消;其次,对那些与国家安全、公共安全、人民生命财产安全关系紧密的职业,是否取消则需要组织科学论证、审慎从事,不能简单地一刀切。如确有保留必要,职业资格的设置管理立法则要跟上;再其次,要加大监督力度,使行业部门、行业协会、学会尽快取消自行设置的水平评价类职业资格。确需保留的要严格把关审批并严格管理。

特别需要注意的是,取消了不必要的职业资格证书,并不等于这些职业什么人都能做,什么人都能做好。如何采取更加行之有效的评价方法,制定科学、规范的入门标准,以保证入职人具有相应的素质和水平,是彻底解决问题的关键。否则,简单的取消会造成鱼龙混杂,降低了职工队伍的整体素质;再者,还应该警惕录用人员时的不正之风蔓延。过去没有关系、缺少门路的人还可通过考取证书获得入职资格,如果取消之后的选拔录用过程不公开、公平,对他们来讲更不公正。

任何一项职业都应该有其入职的基本要求。达到这些要求的人可以靠自学成才,更需要借助教育的力量来培养和造就。取消职业资格证书之后,教育特别是职业教育、继续教育的责任将更大。职业教育要切实按照《职业教育法》第一章第八条要求的那样,"根据实际需要,同国家制定的职业分类和职业等级标准相适应。"通过合理设置专业、科学修改教学大纲、增强实践环节等措施,和各个职业岗位的要求接轨,培养适合需要的优秀人才。对此职业教育和继续教育任重而道远。

《中国教育报》2014 年 09 月 02 日

亲子共处,失而不再

一位家长向我诉苦:孩子小的时候,自己正忙,没工夫理;现在自己有工夫了,又轮到孩子不理家长了。另一位家长感叹:孩子整天在身边晃悠时,总嫌他烦;前几天出国了,想让他烦都没机会了。

是啊,亲子共处的机会,一旦失去就不会再来了。

人与人之间的感情,光靠血缘恐怕是不够的。即便是与生俱来的那部分说不清道不明的联系,也需要不断地增进和加深。而增进和加深的主要方式就是多多接触、深入接触、广泛接触。家长和孩子的关系也是如此。

家长和孩子的感情如何,除了与接触的方式方法等因素有关外,一般说来和接触的时间成正比。也就是说,接触的时间越多,感情相对越紧密。而感情的亲疏,又与沟通有直接关系。在感情好的情况下,家长和孩子之间的关系也会是健康的。

亲子共处除了可以增进家长和孩子间的感情外,还有助于家长对孩子的教育和引导。一是接触多了,对孩子就更加熟悉和了解。有人以为孩子是自己生的、自己养的,还能不了解吗? 不一定啊。如果不经过必要的接触,你恐怕很难走进孩子的心灵。二是接触多了,可以对孩子起到身教的作用。在和孩子接触的过程中,家长的言行都会对其产生重大的影响。这些影响是潜移默化又非常重要。有时家长的行为比说教一百句都管用。三是接触多了,容易及时发现问题,可以有针对性地进行引导和帮助。孩子上大学离开了家,很长时间不回来一次,打电话也会避重就轻、报喜不报忧。此时的家长就有鞭长莫及的感觉了,想管也管不了。

与人交往有直接和间接两种。在许多情况下,直接交往更利于沟通。即便是间接交往,也需要直接交往奠定的基础。家长和孩子也是如此。孩子小的时候,和家长在一起的时间较多。家长要抓住时机,多和孩子接触、多和孩子交流、多和孩子在一起。

家长和孩子的接触和交往,有其特殊性。小孩子是弱势群体,事事时时依赖父母,需要家长的呵护与关心。这个时段如果家长不到位、常缺位,孩子就会和家长之间的感情变得疏远。等孩子长到一定年龄时再来补这个课,难度就大多了。一些从小不跟父母一起生活的孩子,一些很小就整托、寄宿的孩子,独立性虽强,但和家长的感情相对也会差点。

孩子是在不断成长的。他们需要家长时,家长没工夫、没耐心搭理他们,就会丧失培养亲子感情的机会。孩子长大了,家长的内心空虚了,需要孩子来填补了,轮到孩子没工夫、没耐心了。

有人以为亲子感情的培养主要是孩子幼儿时期、童年时期的事儿,还报了这样那样的亲子班。其实这是一种误解。它还应该包括少年、青年时期了。即使孩子已进入成年阶段,父母也需要和孩子增加接触和深入交往。

有的家长犯憷和孩子打交道。有的做教师的,多少个学生都管教得了,但对自己孩子却束手无策。说多了不是,不说也不是。说实话,和孩子打交道的确是门学问。这门学问要学,更要实践。

当然,培养亲子感情不是简单地黏在一起,也不是一切包办代替。正确含义应该是通过和孩子的多多接触、广泛接触、深入接触,增进父母和孩子间的感情,增加双方的了解,引导和帮助孩子健康成长。

孩子长大是早晚的事儿,离开父母也是早晚的事儿。亲子直接交往的机会会越来越少。所以,不能以工作忙、应酬多、负担重等为理由,放弃和孩子交往交流的机会,也不能把这种机会完全推给妻子或者丈夫。

亲子交流也有技巧问题。只是一厢情愿或者只是从良好的愿望出发,是远远不够的。父母要尊重孩子,正确对待孩子,把孩子当成朋友而不是附属品。

时间是挤出来的,机会是创造出来的。有些事情可以先放一放。孩子一旦长大了,一旦离开你了,再想也只能是空想、幻想、妄想或者畅想了。

现在正值假期,正是增进亲子感情的最佳时期。希望父母们抓紧。

《北京考试报》2010 年 8 月 13 日

小学生别过情人节

2 月 10 日,某报载文《美国小学生也过情人节》。文中详细讲述情人节的由来、玫瑰的花语以及巧克力的含义,还说美国的情人节不仅是情侣专用的节日,学校老师会趁机给孩子讲述这个节日的壮美故事、引导孩子们去"爱"别人……

媒体刊载这样的应景文章,在导向上多有不妥。如此美化式传播,定会为已经过热的"洋节热"火上浇油。对于这种不顾社会效果、不负责任的做法,应该亮张红牌。

且不说这个节日的由来有着十分明显的宗教色彩,也不论"情人"二字在汉语中的特殊含义,就说让心智各方面都没有成熟的孩子早熟、过早社会化这一个理由,就足以得出让"小学生就过情人节"不值得提倡的结论。倡导爱的方式、方法有很多,真没有必要让小孩子也凑这样的热闹。孩子们总有一天要长大成人,但在哪个年龄段、完成与那个年龄段相匹配的社会化进程才是科学的、有益的。

毋庸讳言,如今不少孩子的社会化程度远远超过了他们的年龄。穿着打扮过于暴露,嘴里唱着你情我爱的歌曲,动不动就模仿成人的舞蹈,幼儿园的小孩子就有了男女朋友……今年早些时候,某卫视的一档节目竟让5岁心算神童的"老婆"出镜令观众哗然。中国的电视、电影、网站、纸媒不分级已经对孩子们产生了巨大影响,再如此"指名道姓"地对孩子进行诱导、误导,其后果不堪设想。这对孩子、对社会都是极不负责的表现,应该引起高度重视。

在国际化的大背景下,过分地抗拒"洋节"既不妥当、也不现实。但不顾国情、不顾实际,倡导些所谓新潮的做法,对孩子们的成长百害而无一利。对于以成人为受众的传播内容,不能一股脑儿倾泻给孩子们。对于舶来品,社会、学校、家长应该积极加以引导,媒体更应该承担社会责任才是,而不能一味地追求所谓的时尚与前卫。

《北京青年报》2014 年 02 月 12 日
《中国教育报》2014 年 02 月 15 日

少儿少歌令人忧

听孩子唱大人歌,听孩子唱过去大人唱的老歌,心里有股说不出的滋味。这是我看过一档节目后的感受。

《驼铃》原本是歌颂战友之情的歌,却让孩子带着思念爷爷的感情去唱。孩子唱得越好、越动人,我的心里越难受。因为无论如何,这不是属于他们的歌。

这个节目里,音乐大师教给孩子们的歌,绝大多数都是大人的歌。《太阳最红、毛主席最亲》《草原上升起不落的太阳》《北京的金山上》《阿里山的姑娘》《雁南飞》《弹起我心爱的土琵琶》,哪首不是他们的爸爸妈妈、甚至爷爷奶奶时代的歌曲?尽管这些歌曲积极、向上、正面、阳光,尽管让孩子们演唱这些歌曲还有点儿革命传统教育的意思,但让捧着手机、iPad 长大的孩子唱成人的歌曲,听起来总觉得不是那么回事。至于让孩子用表达爱情的《月亮代表我的心》《我只在乎你》献给自己的妈妈,更是风马牛不相及。

音乐大师教孩子唱成人歌,是因为没有适合少儿的歌可教。著名歌手教孩子自己原唱的歌曲,是因为没有新的少儿歌曲可唱。很多事情都"从孩子抓起",孩子却缺歌可唱,这真是个天大的遗憾。

这档节目反映的只是少儿无歌现象的一个侧面。不信,您掰着指头数数,有几首少儿歌曲耳熟能详、广为传唱?荧屏里、舞台上,到处可见少年儿童矫揉造作地唱《老鼠爱大米》,扭着屁股唱《江南 style》,和成人一起唱《小苹果》,很少听到像《让我们荡起双桨》之类的健康向上、又符合少儿特点的歌曲。

对此,我很担忧。儿童歌曲真的应该再多些,让孩子们有适合自己的歌来传唱。

《北京考试报》2015 年 8 月 8 日

靠谱作文哪里来?

微博里看到一位 8 岁萌娃的吐槽作文《警察老爸不靠谱》。我的评论是六个字:这作文,有生活。本来也没多想,却转眼看到了另一篇《小学生写篇游记花费上万》的报道,感到如鲠在喉,不吐不快。

报道说,学校布置的暑期作业中有两篇游记。早在放假前一个多月,家长们就热火朝天地讨论带孩子到哪儿游玩了,大多数家长的计划是出国。某家长拗不过孩子,一家三口去日本自助游,七天花费近万元。孩子回来后两天就写好了游记,还像模像样的。虽然钱花得不少,但看到孩子的表现,家长觉得这笔花销还是值得的。姑且不说这样的家长是否有代表性,花大钱写作文的做法我是坚决反对的。

有条件的家长带孩子外出旅游是值得鼓励的,在经济条件允许的情况下,带孩子出国看看也无可厚非。但我反对牵强地把"旅游"和"作文"联系在一起,更反对把"出国旅游"当作写"游记"的前提条件。我在文章开头说的那个 8 岁男孩,在作文中抱怨警察爸爸说话不算话,"说好带我旅游,从幼儿园等到了二年级还没去成"。但这并没影响男孩写出好作文啊!表面上他写的是爸爸种种的不靠谱,实际上描写了一位"接到单位电话,跑得比兔子还快"的优秀警察形象。

好的作文从生活中来。需要在生活中体验,在生活中观察,在生活中领悟。但这生活的概念显然是广义的,绝不简单地等于"出国""高消费"。以为只有到外地、到外国才能写出好作文的想法显然是错误的。处处留心皆学问,事事留心皆文章。这话值得慢慢地体味。

《北京日报》2014 年 08 月 08 日

放不放春秋假该听谁的？

北京日报日前报道说,市旅游委提出可在部分中小学探索试行春秋假;当日的北京晚报报道则说,"目前市教委尚未把学生放春秋假的问题提上议事日程"。两篇看起来似乎矛盾的报道,实际上是不同的主管部门从各自角度发出的不同声音。可惜的是,这春秋假到底该放还是不该放,最应该听和这事儿有直接关系的中小学校、家长和学生的意见。

上了年纪的人或许还记得,过去学校放春秋假的目的之一,是因为师生要参与春种秋收。而今由市旅游局出面鼓励中小学生放春秋假,很容易让人想到是为了刺激旅游业。不过,绝大多数中小学生即便是有了春秋假,自己是难以踏上旅途的。除非家长或监护人也同时拥有假期,而他们的假能不能同时放,不知道旅游委是否做得了主;或者可以由中小学校出面组织,但鉴于大多数学校如今连沿袭多年的春游都不敢组织的现状,我对由学校、老师承担出游责任并不看好。至于组织学生进行旅游休闲的课外实践、纳入学生综合实践云云,更是一项看起来简单、做起来很复杂的系统工程。总而言之,没有教育部门的配合、没有学校老师的积极性,脱离了国情、市情、家情,这样的实施意见恐怕实施起来也难。

至于中小学该不该放春假,肯定是公说公有理,婆说婆有理。但放也好、不放也罢,是不是该听听学校、老师、家长和学生们的意见? 任何事情要做,都会有利有弊。到底是利大于弊,还是弊大于利,大家争论争论就会清楚的。如果放,需要哪些具体工作,采取哪些配套措施,注意哪些问题? 如果不放,如何采取变通的方法,采取补救措施? 让方方面面的人、各种利益的代表都能发表意见,一定会大有裨益的。这几天关于一些地区的高校是否该涨学费,线上线下也是议论纷纷。其主要问题同样因为事先没有广泛征求各方面的意见。

如果真的认为中小学放不放春秋假是个问题,建议媒体开个小栏目,让大家畅所欲言吧。这对决策者而言,一定会有很大的、直接的帮助。

《北京考试报》2014 年 08 月 27 日

《中国教育报》2014 年 08 月 14 日

为重视语文点赞

中考总分相同,优先比较语文成绩。日前,北京市教委详细解读中考招生政策,这一条特别引人关注。往年单科成绩参考录取顺序是数学、语文、外语,今年则将语文调到首位。从"更注重数学成绩"调整为"更注重语文成绩"的导向,值得点赞。

人是传播的动物,语言是人类传播活动的工具,语文是重要的人文社会学科,语文能力是学习其他学科和科学的基础。对学生来说,学好语文的确重要。因为,无论学习什么都需要借助语文的力量,在语文上多下点功夫没有亏吃。从这些意义上说,希望中小学生、家长和学校都能重视语文,采取多种措施强化语文素养,加强学生语文能力的培养。这样做不但在中考时不吃亏,更有益长远。

需要提醒的是,语文的能力和传播中的语言符号有关,但两者并不完全相等。这样的现象屡见不鲜:有些学生语文考试分数挺高,但连个请假条都搞不定。其主要问题恐怕在于语文教学和人所需要的传播能力的训练脱节。重视语文只是第一步,接下来语文教学的改革、改进、改善更为重要。学习语文,不能为了学而学,不能为了考而学,而要为了用而学。因此,寄希望于学校、老师和有关专家们,多下点功夫研究、探索、实践,尽量让语文离人们的生活更近些,离生活的现实更近些,离现实的应用更近些……

《北京日报》2015 年 3 月 25 日

对手机不宜简单说不

报载,一高二女生离家出走,其直接诱因是作教师的父亲因担心手机影响即将开始的高考冲刺,没收了她的手机。准高三生已到接近成人的年龄,不该以离家出走的方式来解决问题。家长、老师对待孩子、学生的手机问题也不宜简单粗暴、一收了之。

对手机要有一个科学的认识。作为移动网络的终端,手机已经成了当今社会主要的传播媒介,是成年人须臾不可离开的必备之物。除了获取信息、交流沟通之外,工作、生活中的许多大事小情,也都要借助手机完成。手机的广泛使用是不以某个人的意志为转移的。同时我们要看到,手机的负面影响也十分明显。沉溺其中的确浪费了人们许多时间和精力,严重的还诱发了交通事故等。

显然,对于手机的使用既不能放任放纵,也不宜全盘否定。问题是现在不少成年人都被手机折腾得神魂颠倒,要求孩子们远离手机千里之外既不合情也不合理。如今使用手机低龄化现象十分严重,特别是一些学龄前儿童也是手机不离手,上网、玩游戏、发微信比大人还熟练。这种倾向值得警惕,如果幼儿时就如此,等到上学后再矫正真的就困难了。孩子要在家长和老师的指导下,正确地、合理地、科学地使用手机,扬长避短,趋利避害。

对于那些使用手机已成习惯、已经上瘾的学生,老师不但要有爱心,还要多些细心、耐心。有的学校不问青红皂白,一律没收学生的手机,有的老师甚至采取了简单粗暴的行为,其结果不但于事无补,还激化了师生矛盾、造成了孩子与家长的情绪对立。

最后,还想对手机经营商和网络编辑说几句。您家的孩子也会使用手机、也会用手机上网,所以别光为了赚钱和增加点击数,啥内容都往网上放、手机上加。让孩子多些机会正确、健康使用手机。

《北京考试报》2015 年 7 月 22 日

出发,向着新的目标!

先问候一声经历过高考的您:辛苦了。但接下来我要说的是,拿到大学录取通知书只是万里长征迈出了一小步,一切都还没有开始。千万不能懈怠,更不能刀枪入库、马放南山。

在您即将开始全新的大学生活之际,作为一位在高校工作、生活了 30 多年的长者,我有许多话想对您说。但如今是后喻时代,学生在许多方面早已超过了老师,我也说不出太多的新鲜话来。还是让我们像知心朋友一样好好聊聊吧。

到底喜欢不喜欢费尽千辛万苦考上的大学、所学的专业?这可是个大问题。4 年说短不短、说长也长。如果上的不是心仪的大学、读的不是理想的专业,这 4 年该怎么熬过去?心仪也好、理想也罢,或许都是相对的,不如积极地面对。名牌学校有名牌的好处,即使没有考上,好好学习、打好基础,考研时再拼一次就是了。所学的专业不是"终身制"的。不少学校都出台了入校后调专业的政策,只是要一年后成绩名列前茅。总之,改变状况的前提都是要学习好。

有一个理想或新的目标也是非常重要的。走进大学校门之前,学生所做的一切都是为了高考。好不容易上了大学,不少人却找不到方向。其实,大学只是漫漫人生路的一个驿站,绝不是终点。现在最要紧的是确立一个新的目标,树立一个或近或远的理想。

学生学生,以学为生。不管怀揣什么理想、树立什么目标,学习都是立足之本,都是基础的基础。打算出国读研的,赶紧接着下功夫学英语;想日后保研的,要认真学好每一门课;想跨专业考研的,要在学好本专业的同时学好另一个专业;想毕业后就工作的,多学些实用的知识和技能不会吃亏;暂时没想法、想不好的,也不能放松学习,否则等想好了再学就来不及了。

按理说,经历过高考的人再读大学不会觉得辛苦。但依我所见,大学里几乎每门课都会有人挂科,甚至有人好几门都考不过。其主要原因是,这些人压根儿就没学习。大学校园里眼花缭乱的社团活动,有滋有味的聚会约会,充满诱惑的电子游戏,无底洞一样的网络,哪一样应对不好,就可能让人迷失方向。大学阶段是要经历许多、尝试许多,但有一点是千万不能忘记的,那就是以学为本。需要爱情、需要交友、需要实践、需要融入社会,但4年时光匆匆走过,最终还是要靠学习成绩、靠学到的本事说话。要学着妥善处理学习和社会活动的关系,正确处理学习和恋爱的关系,科学处理学习和其他许多事情的关系。该学的时候好好学,该玩的时候好好玩,上一个无怨无悔的大学。

缺少自制力是不少大学新生面临的问题。从小到大,家长哄着、管着,老师抱着、看着。一进大学,全都变了。家长鞭长莫及,老师也不再死看死守。于是,有的人就把持不住了。作息时间乱了,该吃不吃,该睡不睡,玩起来没时没晌。大多数人步入大学时已18岁,也开始步入成年,要学会对自己负责。不能凡事都等着家长管、老师盯,要学会自己管理自己、约束自己。

步入大学之初,面对的是全新的环境,重要的是学会和同学、老师和谐相处。同学来自四面八方,什么脾气秉性的都有,大家难免有些小的摩擦和冲突。关键是求同存异,相互包容。若干年后你就会知道,人生中最紧密的关系之一就是大学的同窗。相遇是缘,珍惜为重。大学之大,在于有一批大师。积极和老师互动,主动向老师请教,经常和老师切磋,会使我们学到很多、懂得更多。

人在成长的过程中,总会遭遇挫折、总会遭遇不幸,总会有不顺心的时候。怎么办?千万不要闷在心里,再憋出点病来就更不值得了。要学会求助、学会打开心扉。英国大学生管理给我印象最深的一点是,大学为你准备了一切,但前提是你要张嘴。把烦恼给爸爸妈妈说说,把苦闷给周围同学讲讲,把困难告诉辅导员,把困惑告诉老师。如果信得过,@我也行。

《北京考试报》2012年7月27日

让你的高三更精彩

高三是人生一个非常重要的关口。所以当高三的大门慢慢开启的时候，有必要静下心来想一想，该如何让属于自己的高三更精彩。

先讲一个同事家里的故事：一对双胞胎弟兄马上就该上高三了，却着了魔似地上网打游戏，反锁着房门怎么也敲不开，最高纪录 26 个小时后才出门，气得爸爸住了一个多月医院。看着躺在病榻上的老爹那有气无力的样子，哥俩如梦初醒，发誓一定好好读书……我相信这对兄弟会践行诺言，就像相信每一位即将步入高三阶段的同学一样。

忘记了是哪位在微博里写道，每次回到北京，下飞机的时候都会尽量快跑几步。我非常理解，因为我也是快跑几步去排队等出租车。首都国际机场人太多了，此时晚一分钟，就可能会晚在几十人、甚至百人之后。我想，这或许就是时机的重要性吧。

高三就是一个非常重要的时机。说实话，等出租车晚十分钟、八分钟没有多大了不起的。但高三如果没利用好，成绩少了哪怕是一分，可能就会留下遗憾。最紧张的时刻就要到了。我们所能做的，只有抓紧时间。每个时段都要有每个时段的重心。高三是高考的冲刺阶段。冲刺，就是要使出自己全身的力气去撞线，而不能心有旁骛，甚至开小差。

在现行的高考制度下，高三的确具有特殊的意义。这一年的努力如何，直接影响到自己的前途。这就是现实。对此，考生要有清醒的认识，否则，一切就为时已晚。

思想认识到位之后，最重要的就是落实在行动上。"光说不练假把式。"说一千道一万，最终还是要一道题一道题认真演练，一堂课一堂课仔细听讲，一个概念一个概念深入理解，否则一切都是空话。只不过在高三这个特殊的阶段，用功要更讲科学、更讲效率、更讲技巧和方法。

头悬梁、锥刺股被用来形容读书之刻苦。学习要下功夫，但更要快乐、更要健康，苦乐相宜，劳逸结合，张弛有度。心情愉悦，从学习和备考中体验快乐，无疑可以使学习更加积极、主动，更有动力和效率。如果身体垮了，学习也就成了零。把身体练得棒棒的，学习就有了基础，考试才更有精气神。

如果机会来临，一定要抓住。自主招生啊、校长推荐啊，如果有可能，都可以试一试。需要提醒的是，这原本就是锦上添花的事情，切不可把好事变成坏事。

到处跑着去考试,耽误了学习,懈怠了干劲,显然太不划算了。有个学生获得了某校自主招生的合格资格后,放松了学习,结果高考时没达到录取基本线,也就与该校无缘。仔细想想也是。即便是加个20分、30分的,如果一懈怠,每门课少考个5分8分的,不等于不加反减吗?

平和心态非常重要。在某种意义上,高三打的是心理战。越临近考试,气氛越紧张,压力也越大。打赢这一仗,不仅仅靠学习的实力,更要靠心理的承受力。学习基础、考试技巧、心理调适,缺一不可。进入高三后,不少人会进入高原期。使出了吃奶的劲儿,学习效果却不怎么明显。其实,这是很正常的。胜利就在坚持之中。坚持下来了,就成功了。每个人都有适合自己的调整放松的方法。去操场打场球,放开喉咙吼上两嗓子,到河边、树林里走一走,都可能有效果。

有人说,对于中国的学生而言,没有经历过高考的人生不是完整的人生。我坚信,经历过高三的风风雨雨,每个人都会获得一笔宝贵的精神财富。在高三收获的成功和失败,都将使你受益终身。

千言万语汇成一句话:愿你的高三更加精彩!

《北京考试报》2012 年 8 月 29 日

高考选报志愿要考虑国家需求

正是备战高考的紧张时刻,正是选报志愿的最后关头。习近平总书记给北大学生的复信、五四讲话,给广大考生鼓了劲、加了油,为考生、家长选报志愿指明了方向。

关于如何报考志愿,不少媒体刊发了许多指导文章,但大多都是以个人的兴趣为出发点,捎带介绍些所谓的报考技巧。不可否认,兴趣是最好的老师,考虑自己的爱好是必要的。避开那些过热的专业、学校,也可以在激烈的竞争中多几分胜算。但在考虑志愿时,决不能缺少一个要素,这就是国家的需求。

"得其大者可以兼其小"。习总书记说,只有把人生理想融入国家和民族的事业中,才能最终成就一番事业。也就是说,仅仅从个人的兴趣爱好出发是不够的,还需要把自己的未来和祖国的未来紧密地联系在一起。一方面,"中国梦"归根到底是要靠青年来实现的;另一方面,只有将"个人梦"融入"中国梦",我们才能最终实现自己的人生价值。

中国工程院院士沈国舫家在上海,高考分数名列前茅。新中国成立之初,急需林业建设人才。他第一志愿就报考了林学专业,如今已经成为我国著名的林学家,为绿色中国的建设做出了重大贡献。回首走过的路,耄耋之年的他说,祖国的需要给了我施展才华的舞台。再让我重新报一次志愿,我还会毫不犹豫地坚持当年的选择。

兴趣是可以培养的。中国工程院院士孟兆祯报考志愿时选择了北京农业大学,为的是听京戏方便。他对所报的造园专业一无所知,更谈不上喜欢。入学后他了解到,中国的风景园林博大精深,祖国发展需要园林设计师,从而将其作为自己终生奋斗的事业方向。半个多世纪过后,他为祖国留下了许多园林佳作精品,培养了大批人才。至今,他依然是知名的京剧票友,但主业则是国家需求的园林事业。

我们并不抹杀个性,也不反对有个人的兴趣和爱好,但只有自己的人生坐标和国家的需要相吻合,个人的兴趣和爱好才能有更好的发展,我们的事业才能够获得最终的成功。对于还未走上社会的考生来说,兴趣也好,爱好也罢,都有可能发生变化,而和祖国的需要紧密结合的专业定位、职业取向,会给我们无穷的精神支撑和力量源泉。

《北京考试报》2013 年 05 月 08 日

过好考后真空期

今年是北京头一次高考出分后再报考志愿,于是考后到出分这个时间段就成了"真空期"。有位家长告诉我,天天心神不定、度日如年,既盼成绩早日揭开,又害怕成绩出来后不理想。孩子呢却黑白颠倒,不是玩游戏就是看手机。

不管怎么说,高考也算是场大仗,只不过暂时没有见到输赢。一役之后需要调整、需要放松、需要静下心来。这段"真空期"考的是学生和家长的心理素质。豁达点儿的,过去的就让他过去吧！缜密点儿的,帮孩子回忆回忆考试细节,总结总结答题得失,分析分析战术优劣,为以后的学习和考试积累点经验或教训。深沉点儿的,和孩子心平气和地估估分。估出来高的别太得意,低的也别沮丧。自己估分只能参考,不能做数。切莫和自己较劲,更不要和孩子冲突,这不成绩还没出来吗?

分数理想与否先不说,就说这志愿还没报呢,咱怎么能醉卧花丛呢? 该恰好利用这个真空期,认真读读考试报,研究研究学校介绍,打打咨询电话,有条件的还可到有意向的学校去实地考察考察,为科学地用好平行的 6 个志愿打点基础。

在真空期里,家长该干吗干吗,但不能掉以轻心,要为报考志愿做点基础性工作。考生呢休息为主,放松适度,看点平日里没工夫看的书,抽空补补自己的薄弱环节。同时切记注意安全,杜绝意外事故的发生。

特别想说的是,平静平和地接受考试结果也是一种能力和素养。既能承受好的结果,不步范进中举的覆辙;也能接受不大理想的结局,有一定的承受能力,别一蹶不振,伤了身体。

《北京青年报》2015 年 6 月 10 日

谁该为"状元游街"闹剧担责

每年都在反对过度消费高考状元,但每年高考公布分数之后,有关状元的闹剧都愈演愈烈。据报道,今年 7 月底,山西晋城皇城相府竟搞起了"2015 年全国高考状元敕封典礼"。让人大跌眼镜的是,7 省市自治区的 10 名高考状元不但接受了所谓的"康熙皇帝"敕封,还举行了盛大的状元游街仪式。

笔者特别想知道的是,这样的闹剧为什么能畅通无阻?是谁给如此恶搞的"状元游街"大开绿灯?

这次所谓的敕封典礼十分高调奢靡。状元们身穿状元服,披红骑马,恭受"诏书",领赏万元。在仪仗队的带领下状元们招摇过市,还将头牌挂至书院屋檐之下,后又享用了"八八状元大宴席"。

这分明是一场名副其实的促销行为。与前不久首都街头数十名外籍男子上身赤裸、穿着短裤、佩戴披风装扮的斯巴达勇士一样,都是赤裸裸的商业行为。所不同的是,裸斯巴达们推销的是罐装商品,而状元们却在为景区大赚人气。商业活动的策划出新、出奇本无过错,但可恨的是,商家竟让涉世未深的"状元"们出场;最可悲的是,"状元"们利令智昏,竟成了这类低俗宣传闹剧的主角。

把板子打在"状元"们的身上显然是不妥当的。客观地分析和评判,首先应该为这场闹剧承担责任的是商家。为了景区私利,竟引诱高考状元披挂上阵,的确太不应该了。他们不知,景区赚钱重要,良好的风气、正确的导向更为重要。"状元游"闹剧给高考前的学生们树立的不是励志榜样,而是追逐名利的反面教材。

其次,当地的有关部门也应承担相应的失察、失职、失控责任。在市场经济条件下,商家的确有依法决定自己行为的权利,但有关部门也需要监督、管理商家遵纪守法、恪守公德,而不能放任自流,任其为所欲为。不但不能逾越法律底线,也不能逾越道德的底线。这类直接和社会主义核心价值观相悖的活动,显然应该在取缔之列。管理部门的缺位和放纵,成了这场"状元游"闹剧的帮手,客观上起到了推波助澜的作用。

再次，家长、老师们指导不当也应该负一定的责任。虽然状元们大多已经成年，但毕竟刚刚离开中学校门。在人生的关键时刻，家长和老师的善意提醒、必要告诫，在孩子们成长过程中是必不可少的。参与这类出格的活动，即便是状元们自己的选择，家长和老师也应该予以劝导、讲明利害。如果反过来是家长和老师们动员孩子参与的，就更不应该了。孩子可能还不懂事，但家长、老师不该迷失在是非面前。

很久以来，数载寒窗苦读之后一举名列榜首，当然是可喜可贺之事，但凡事都有个度。怎么喜、如何贺，不仅仅是个具体方法问题，更是素质、修养、道德水平的呈现。因为高考得了个第一就不知道天高地厚了，的确说明有些"高分低能"。这类不会独立思考、缺乏判断能力的"状元"走进大学校门之后，一定会发现"山外青山楼外楼"。笔者担心，一旦发现高考分数已成过眼烟云、大学校园里"学霸"林立之后，状元们能否承受得住巨大的心理落差。

还需要特别指出的是，许多媒体都对"状元游"进行了图文报道。遗憾的是，这些报道大多都采取了纯粹的"客观手法"，态度不清，褒贬不明，对不当的行为、做法起到了扩大影响的作为，而没有进行必要的舆论监督。这样的传播带来的副作用显而易见。这也是"状元热"年年升温的原因之一。

《中国科学报》2015年8月6日
《北京考试报》2015年8月1日

父母恩情怎能用金钱衡量

就感恩教育来说，光靠学校教育、引导恐怕很难奏效。现在的孩子缺乏感恩不假，其中社会的原因、家长的原因占了不小的比重。

缺乏对父母的感恩是当下社会并不少见的一种现象。一些学校、一些老师看着眼里、急在心上，纷纷推出了一些举措，其初衷值得肯定。可惜的是，不少措施或是头疼医疼、脚疼医脚，治标不治本；或是只做表面文章，看起来轰轰烈烈，实际上非但收效甚微，还给人留下了许多非议的话柄。

在"算感恩账"之前，就已经见过不少另类的报道：有的学校组织250名学生集体为父母洗脚，在网上留下"为家长洗脚"的词条；有的学校把800多名学生召集到操场，集体向父母行三跪九叩大礼、膝行至父母面前聆听教诲。键入"感恩教育"在网上搜索，有关结果也不少。遗憾的是，这些教育的措施并没有真正奏效。

究其原因是多方面的,但最重要的是,没有真正按教育规律办事。

不少人常常把教育和学校教育画上等号。在他们看来,世界上千错万错,都是学校教育出的错。社会生病、学校吃药的情况时有发生。同时,也有的学校、教师大包大揽,什么事儿都想管,以为自己的"教育创新"能解决孩子所有的问题。事实上,有些教育要靠学校完成,但更多的教育需要社会、政府、家庭等共同来承担;有些问题是学校教育应该解决、可以解决的,有些问题则超越了学校教育的能力之外。

就感恩教育来说,光靠学校教育、引导恐怕很难奏效。现在的孩子缺乏感恩不假,其中社会、家长的原因占了不小的比重。当然,在改变学生感恩观念淡薄的问题上,学校教育并非无能为力、一点忙也帮不上。但是,需要考虑的是怎样使教育更有效。教育不能急功近利,不能做表面文章,摆花架子,而要按照教育的规律去办,讲究对症下药、潜移默化、润物无声。

让学生算一算"感恩账",应该说老师的初衷是好的,使学生对父母之恩有个量化的概念也有一定的道理。但遗憾的是,这道作业缺少关联性、科学性、可操作性和有效性。有的东西可以量化,有许多东西难以量化,父母对孩子的感情恰恰难以用金钱来衡量;再者,一个人从小到大到底要花父母多少钱,计算起来并不是件容易的事儿。每个家庭的经济条件不同,在孩子身上所支付的资金也相差悬殊。金钱多少和亲情有一定的关系,但并非完全正相关。一掷千金的未必是真爱孩子。等着鸡下蛋给孩子交学费的,未必不是真性情。从这些角度而言,让学生们算这个账并没有太多的实际意义。

笔者并非想批评这些学校和老师们,而是想说教育必须遵循其特有的规律,采取任何一项措施,都需要科学研究,认真论证,而不能想当然,不能随心所欲,不能简单化。否则,不但收不到预期的效果,还会给教育带来负面的影响。

学校的感恩教育显然不能停留在算账层面,而需要想方设法帮助学生从小事做起、从现在做起,知恩、念恩和感恩,并转化为实际的、具体的行动。比如,采取适当的方式提醒学生们经常给家长发条问候的短信,让他们教教父母如何使用微信,在回家度假时做些力所能及的事情。在条件允许的情况下,和父母上一天班,体验一下他们的工作,等等。

除此之外,感恩的内涵也应随着社会的发展和时代的进步而改变。当今,在校时努力学习,出校后努力工作,把自己的身体锻炼得棒棒的,把自己的生活安排得井井有条,少让家长为自己操点心,或许是父母最需要的,也是孩子感恩父母的最好礼物。

《中国教育报》2015 年 1 月 31 日

从邓亚萍学外语说开去

如果说我走过的人生路有什么遗憾的话，没有熟练掌握英语肯定是其中之一。所以，当听到邓亚萍从写不全 26 个字母起步开始学习英语的故事时，我感慨万千。

再一次关注邓亚萍，是因为新学年伊始 CCTV－1 播出的中国首档电视公开课节目《开讲啦》，邓亚萍从零开始学英语的精神深深地打动了我。看到根据视频速录整理的文稿后，我迅速在微博上转发，与学生分享这位榜样的力量。

曾几何时，邓亚萍在世界乒坛叱咤风云，斩获 18 个世界冠军，连续 8 年排名世界之首。但英语就是英语，不会因为这是位"乒乓皇后"就变得容易些。1998 年她刚去英国留学时，走进银行，拿着现金都存不进去，去邮局、写封信也没有能力。

毫不夸张地说，在学习英语的道路上，她和我们许多中国人站在同一条起跑线上。但后来，她不但拿到了清华大学的学士，还攻读了英国诺丁汉大学硕士、剑桥的博士。在异国他乡，没有多少人认识这个貌不惊人的小个子，更没有人因为她是世界冠军就降低学问的门槛。

为什么邓亚萍做到了常人做不到的事情？和邓亚萍相比，我们到底缺少了什么？我扪心自问。

首先缺少的是韧劲，是那种蔑视困难的精神。在清华园学英语时，她头发大把大把地掉。为了在国际奥委会召开的会议上发言，把全部内容用字典翻译出来、标上音标，跟着老师的录音带，一遍遍地念。一篇不超过 5 分钟的讲话，她用了一个月的时间边学边练。本以为她会请翻译的萨马兰奇，听完她的英文讲话惊呆了，说"邓学了 3 个月的英文，能够有这样的发言。应该给她祝贺鼓掌！"我们也应该给她鼓掌。只是在鼓掌之后，更应该找和她的差距。

和邓亚萍相比，我们还缺少了坚持。邓亚萍拿下硕士学位之后，希望到剑桥去读博士。她周边的所有人——亲人、朋友、老师，包括萨马兰奇，统统说别去读。这在他们看来，的确太难了。但她不为所动，仍然坚持去读剑桥，结果成功了。遥想当年，夜幕降临后我站在路灯下背外语单词，曾经是校园里的一道风景线。但是走上工作岗位之后，就慢慢地放弃了。想起来了念两句英语对话，临近职称考试才背几个单词。如此三天打鱼、两天晒网，怎么能学得好呢？

无论如何也应该把英语先拿下，是邓亚萍第一次参加国际奥委会委员会后下的决心。所有的委员都可以讲英文、法文,唯独她带着翻译去。讨论时因为需要翻译,她总觉得比别人慢半拍。与委员们交流的过程中,总觉得隔了一个人。要感谢这次会议的刺激,激起了她那股不服输的劲头。静下心来想想,谁没有受过刺激?偶有跨出国门的机会,语言不通也曾让自己痛下决心攻克英语。但踏上国土的那一瞬间,就把自己心中的誓言忘得一干二净了。曾在国外商店里相中了一件上衣。交钱的时候,售货员摇着头说 NO、NO。原来,店里标的是商品的起价,我却以为是衣服的价钱。尴尬之后,依然故我,全然没有邓亚萍那股奋发向上的精神。

对照邓亚萍,我想了许多。

我们也曾立志,但往往缺少行动。没有行动,我们只能在原地不动,距离目标永远那么遥远,所有的志向也只能是过眼烟云。

我们也曾行动,但往往缺少坚持。或许是父母的训斥,或许是老师的教诲,或许是榜样的激励,或许是外界的逼迫,使得我们曾经采取了一些行动,可能也见到了一些成效,可惜的是经常半途而废,没能坚持下来。时间不够是原因,精力不够是因素,能力不够是推脱,条件不够是借口。尽管有各种各样放弃的理由,但归根结底缺少的是坚持下去的毅力和决心。"铁杵磨成针"对我们来说,总是一句励志名言。而功亏一篑,总是我们很多历程的概括。

我们也曾坚持,但往往缺少永恒的动力。曾经坚持写过日记,印象中写过好几本,但记不得从何年何月开始,就扔到九霄云外去了。曾经坚持慢走、长跑,像模像样地出汗,但同样记不得被哪次聚会中断了,就再也接不上茬了。

但愿这次是真的痛下决心,像邓亚萍那样:从零做起,付诸行动,坚持下去。

《北京考试报》2012 年 9 月 19 日

到底该向屠呦呦学点什么?

诺贝尔生理学或医学奖得主屠呦呦这两天成了红人。上有国务院总理致信祝贺,下有草根百姓刷爆微信圈。喝彩的热闹和评论的喧嚣中各种声音都有,只是到底该向屠呦呦学点什么,似乎议论得不多,也不够深入。

屠呦呦为什么能获奖,我以为最重要的还是她和团队奉献出的青蒿素直接造福于人类。青蒿素被世界卫生组织誉为消灭疟疾的"首要疗法",几十年里已在100 多个国家拯救了无数人的生命。满足社会需要、福荫人类百姓的科研才最有意义。这无疑为今天的学术研究、科学实验等指明了方向。现在有一种倾向,总有人热衷于搞一些玄而又玄的东西,花了不少银子,得了不少奖励,却对人类社会毫无帮助。这样的事情还是越少越好。

屠呦呦获诺奖的经历证实了冷门专业也可以爆红。遥想当年,屠呦呦考入北京大学医学院,选择了药物学系生药学专业作为第一志愿。这无论在当时还是几十年后的现在,都算不上热门专业。但她坚持几十年如一日研究青蒿素,每天回到家都满身酒精味,甚至患了中毒性肝炎。200多种中药提取方法加起来380多种……人们往往对所谓的热门趋之若鹜,却忘记了执着、勤奋才是成功的必由之路。其实,许多热门都会稍纵即逝。在高考选择专业时,在确定人生方向时,还是脚踏实地、目光长远些为好。一旦选择之后,不懈地努力、科学地坚持就是最重要的了。

关于屠呦呦的名字,微信里有不少调侃的段子。其名为父亲所取,来自《诗经·小雅》的名句。能起出这样有文化底蕴和内涵的名字的父母,显然也是知书达理、修养很高。即便"呦呦鹿鸣,食野之蒿"与其因青蒿素获诺奖是一种概率极小的巧合,但家庭教育在其成长中的重要性是不言而喻的。真正爱自己的孩子,还是要重视他的思想、品格、道德、修养。这远比一两次考试分数重要得多。

尽管屠呦呦已成家喻户晓的人物,但媒体对其报道很不充分。许多媒体对某明星大婚的热衷程度远超屠呦呦。这不是个正常的现象。真正尊重科学、尊重科学家,才应该是社会文明进步的标志。

《北京考试报》2015年10月10日

马云为何不用网络游戏圈钱?

说实话,对马云我并不太关注,他赚钱多少是他的事儿。但今天读他妻子的文章,却被其中的一句话深深地打动了。在网络游戏圈钱之初,盛大、网易都推出了新游戏。按照马云的作风,是不会放过任何赚钱机会的。但他硬是没去做网络游戏。他说不会投一分钱,是因为"我不想看到我的儿子在我做的游戏里面沉迷"。

在夫妇俩都忙于初创的阿里巴巴时,儿子成了"牺牲品",才十来岁就成天待在网吧里!马云真急了,动员妻子放弃事业做全职太太,对儿子沉迷游戏打响了阻击战。在他看来,儿子比钱更重要。

要命的是世界上有不少人把钱看得比儿子重要得多。准确地说,他们把赚钱看得比千千万万个孩子的成长重要得多。

在奶粉里添加不该加的东西时,他们怎么没想想自己的儿子、别人的孩子吃了以后会怎样? 在网上上传些乱七八糟的视频时,怎么没想想自己的儿子、别人的孩子看了以后会怎样? 在《喜羊羊与灰太狼》的动画片里设计恐怖画面时,怎么没想想自己的儿子、别人的孩子模仿以后会怎样? 毫不夸张地说,每个人的任何产品都直接或间接关系到自己儿子和别人孩子的生存和发展、前途和命运。不要讲什么大道理。在这一点上,每个人都该向马云学习学习。做事之前、做人之中,能像马云那样想想自己的儿子,不该算是过分的要求。

《北京考试报》2014 年 01 月 11 日

英国"学生干部"脱产

担任学生会主席和副主席的官员,不但是全职而且还拿工资。眼前的这位女主席每年的薪水有一万六七千镑,和许多刚参加工作的大学毕业生起薪相差无几。

和中国的"阴盛阳衰"相仿,英国里丁大学的学生会官员中也是女性居多。五个主席、副主席,只有一个是男性,显得可怜巴巴的。女主席珍斯解释说,不是男生们不感兴趣,而是他们没能战胜竞选的女对手。

英国大学的学生会和中国的相比,除了名字相同之外,在许多地方都有很大差异。不称"学生会干部"而叫"学生官员"。担任学生会主席和副主席的官员,都是毕业了的学生或者是办了休学手续的。不但是全职而且还拿工资。眼前的这位女主席每年的薪水有一万六七千镑,和许多刚参加工作的大学毕业生起薪相差无几。

学生会的全部活动经费来源主要有二:里丁大学校方拨款每年差不多100万镑,再加上多种经营收入的250万镑。学生官员称,这些钱都会用在学生们身上,而且有专门的财务审计。

英国大学的学生会不像中国的学生会只管学生活动。它不但有大额经费的支配权,而且还有许多特许的经营权。里丁大学学生会经营着咖啡馆、餐厅、食品店、零售店、书店和理发馆等。其管理的幼儿园有70多名职工。除接纳大学生的孩子外,有的教师也把孩子送到里面。学生会拥有的音乐剧场可容纳2200多名听众,是当地最大的剧场。这些服务机构和学生会的办公室集中在一栋大楼里。

在一定程度上,英国大学的学生会行使着我国大学后勤服务的部分职能。这不但可以为学生会创收,而且还把学生紧紧地团结在了自己周围。买书、理发、泡吧、聚会都要到学生会的大楼里来。学校省去了许多麻烦,学生会得到了不少实惠。学生也会感到学生会和自己的切身利益紧密相关。

珍斯说,她没有老板。学生才是自己的老板。自己是里丁大学22000多名学生的代表。工作的目的是让每个学生在这里度过一段美好的时光。维护学生的一切权利,表达学生的心声,争取最大的福利,提出问题和建议,提供必要的生活、娱乐设施等,是学生会的主要职能。

里丁大学五位学生官员各司其职。主席的主要职责是对上对外联络,代表大学和全英学联联系,参加各种涉及学生的会议,和外界沟通发言,包括和政府部门、当地机构、慈善组织打交道等;分管学术学习的官员则负责一切和学术学习有关的事情。比如学习过程中遇到的困难,对校方处罚不当的申述,以及延长图书馆的开放时间等等。其他还有三位副主席分管学生活动、福利以及民主和竞选等。他们之间没有隶属关系,都是各管一摊儿。

为了更好地为大学生服务,学生会特意聘请了四位专家顾问面向全校学生提供咨询服务和专业支持,帮助解决住宿、国际事务、财务和学术问题。学生官员们和校方交涉,不断延长学校图书馆的开放时间,争取为学生创造更加整洁和舒适的休息环境,在各个宿舍楼里建立了休息大厅,维护校园的安全等;对外和当地的公共汽车公司联系,为学生争取车票的更大优惠;在学生中开展多种多样的活动,组织开展种花种草、美化寝室以及绿色环保学期等;还在学生中进行健康和性知识普及等。

英国大学学费上涨、政府拨款减少的消息传开,在大学生中间引起了强烈不满。珍斯组织发起了全国性学联的示威游行。仅里丁大学就组织了600人,前往伦敦参加了11月10日举行的游行活动。这也是她上任4个月中颇引以为自豪的业绩之一。另外一件有成就感的工作是,她已成功邀请大学校长在12月和大学生们直接对话。

学生会主要用丰富多彩的各种活动、为学生争取权利和福利来吸引学生。目前,英国里丁大学运动俱乐部就有50个,有60个学生社团,还有3个志愿服务组织、7个自由组织的团体。

珍斯本人是今年的毕业生,专业学的是英美文学,家乡在英国南部。她说,每个人都可以当选学生官员。参加学生会工作,全方位地锻炼了自己。她上任才四个月,就有了很多收获,增强了自信心。她希望能有国际学生加入到学生会的领导层来。

上任之前,她参加了全英学联的3个月培训,此后通过邮件和电话、上门访问等形式和全英学联保持着密切联系。她起初是一个学生休息大厅的"厅长",后来当上了宿舍楼的"楼长"。对这些工作,开始她没有太多的兴趣。前任学生会主席经常询问她对学生会工作的意见,以及听她谈对学校的建议,使得她开始关注学生会工作。在今年1月份组织的竞选中,她还有三个对手。尽管她和竞选班子使劲了浑身解数,但只有15%的学生参加了网上投票。结果,她战胜了竞争对手。她特别希望有更多的学生参与到各种学生组织中来。

她说,英国大学的学生会和学校、和政府都不是对立的关系,而是合作者。一切都是为了学生的利益、有利于学生的成长。在英国大学里,和学生相关的各种组织里,都有学生会的代表参与其中。每一项和学生相关的决策出台前,也都会听取学生们的意见。

据了解,英国其他大学的学生会和里丁大学大同小异。只是学生官员数量不等。学生官员都是选举产生的。每届任期一年,最多可以连任两届。如果有 400 名以上的学生联名,可以罢免未到届的学生官员。里丁大学没有出现过这种情况,但在英国其他学校有过类似的情况发生。

《北京青年报》2010 年 11 月 23 日

英国大学学生会"全脱产"

又到一年招聘季,曾经的"有学生会干部经历优先"的"福利",却遭到一些冷遇:某招聘公司明确表示,不招收曾从事过学生会干部的学生。因为,有些人在工作中表现出了很多他们这个年龄不该有的"官气"和"霸气":或频繁跳槽;或不听指挥擅自做主;或缺乏经验又不肯虚心去学习……

那么,国外大学的学生会是如何运作的,学生会"干部"都做些什么呢?

毫无疑问,学生会是高校中重要的学生组织。

我国中长期教育发展规划纲要明确提出,要建设现代大学制度。在这一改革进程中,如何通过学生组织的建设,提高学生会干部服务意识和服务技能,注重学生的自我服务、自我管理,培养更多有公民意识、有强烈社会责任心的学生? 这个课题值得全社会共同思考。

近日,笔者在英国里丁大学,了解了其学生会的运作和管理。

1."学生官员"女性居多,最多可以连任两届

英国大学的学生会和中国的学生会相比,除了名字相同之外,在许多地方都有很大差异。不称"学生会干部"而叫"学生官员"。

和中国的学生会"阴盛阳衰"相仿,英国里丁大学的学生会官员中也是女性居多。五个主席、副主席,只有一个是男性。女主席珍斯解释说,不是男生们不感兴趣,而是他们没能战胜竞选的女对手。

据了解,英国其他大学的学生会和里丁大学大同小异。学生官员都是选举产生的,每届任期一年,最多可以连任两届。如果有 400 名以上的学生联名,可以罢免未到届的学生官员。里丁大学并没有出现过这种情况,但在英国其他学校有过类似的情况发生。

里丁大学五位学生官员各司其职。主席的主要职责是对上对外联络,代表大学和全英学联联系,参加各种涉及学生的会议,和外界沟通发言,包括和政府部

门、当地机构、慈善组织打交道等;分管学术学习的主席则负责一切和学术学习有关的事情,比如学习过程中遇到的困难,对校方处罚不当的申述,以及延长图书馆的开放时间等等。其他还有三位副主席分管学生活动、福利以及民主和竞选等。他们之间没有隶属关系,都是各管一摊儿。学生会主要用丰富多彩的活动,为学生争取权利和福利来吸引学生。目前,英国里丁大学运动俱乐部就有 50 个,有 60 个学生社团,还有 3 个志愿服务组织、7 个自由组织的团体。

为了更好地为大学生服务,学生会特意聘请了四位专家顾问面向全校学生提供咨询服务和专业支持,帮助解决住宿、国际事务、财务和学术问题。学生官员和校方交涉,不断延长学校图书馆的开放时间,争取为学生创造更加整洁和舒适的休息环境,在各个宿舍楼里建立了休息大厅,维护校园的安全等;对外和当地的公共汽车公司联系,为学生争取车票的更大优惠;在学生中开展多种多样的活动,组织开展种花种草、美化寝室以及绿色环保学期等;还在学生中进行健康和性知识普及等。

2. 拥有音乐剧场特许经营权,行使后勤服务职能

学生会的全部活动经费来源主要有二:里丁大学校方拨款每年差不多 100 万英镑,再加上多种经营收入的 250 万英镑。学生官员称,这些钱都会用在学生们身上,而且有专门的财务审计。

英国大学的学生会不像中国的学生会只管学生活动。它不但有大额经费的支配权,而且还有许多特许的经营权。里丁大学学生会经营着咖啡馆、餐厅、食品店、零售店、书店和理发馆等。其管理的幼儿园有 70 多名职工。除接纳大学生的孩子外,有的教师也把孩子送到里面。学生会拥有的音乐剧场可容纳 2200 多名听众,是当地最大的剧场。这些服务机构和学生会的办公室集中在一栋大楼里。

在一定程度上,英国大学的学生会行使着我国大学后勤服务的部分职能。这不但可以为学生会创收,而且还把学生紧紧地团结在了自己周围。买书、理发、泡吧、聚会都要到学生会的大楼里来。学校省去了许多麻烦,学生会得到了不少实惠。学生也会感到学生会和自己的切身利益紧密相关。

珍斯说,她没有老板,学生才是自己的老板,她是里丁大学 22000 多名学生的代表。工作的目的是让每个学生在这里度过一段美好的时光。维护学生的一切权利,表达学生的心声,争取最大的福利,提出问题和建议,提供必要的生活、娱乐设施等,是学生会的主要职能。

3. "学生官员"全脱产,薪金与大学毕业生起薪相同

担任学生会主席和副主席的官员,都是毕业了的学生或者是办了休学手续的,不但是全职而且还拿工资。眼前的这位女主席每年的薪水有一万六七千英

镑,和许多刚参加工作的大学毕业生起薪相差无几。

珍斯本人是今年的毕业生,专业学的是英美文学,家乡在英国南部。她说,每个人都可以当选学生官员。参加学生会工作,全方位地锻炼了自己。她上任才四个月,就有了很多收获,增强了自信心。她希望能有国际学生加入到学生会的领导层来。

上任之前,她参加了全英学联的 3 个月培训,此后通过邮件和电话、上门访问等形式和全英学联保持着密切联系。她起初是一个学生休息大厅的"厅长",后来当上了宿舍楼的"楼长"。对这些工作,开始她没有太多的兴趣。前任学生会主席经常询问她对学生会工作的意见,以及听她谈对学校的建议,使得她开始关注学生会工作。在今年 1 月份组织的竞选中,她还有三个对手。尽管她和竞选班子费尽了浑身解数,但只有 15% 的学生参加了网上投票。结果,她战胜了竞争对手。她特别希望有更多的学生参与到各种学生组织中来。

对她来说最困难的是,在与学校高层人物和外界打交道时,确定是否代表了每个学生。学生到底有些什么想法,对她来说是最为重要的,也是最难把握的。

她说,英国大学的学生会和学校、政府都是合作者,一切都是为了学生的利益、有利于学生的成长。在英国大学里,和学生相关的各种组织里,都有学生会的代表参与其中。每一项和学生相关的决策出台前,也都会听取学生们的意见。

《大学生周刊》2010 年 11 月 25 日
《北京日报》2013 年 06 月 26 日

英国里丁大学热闹迎新

十月上旬,正是英国大学的新生们报到的时候。在距伦敦几十公里外的里丁大学,校园处处像过节一样热闹非凡。社团招新大戏轮番上演,一些商家也抓住这机会拼命和大学生套近乎。

社团招新是迎新活动的重头戏,由校学生会一手承办,校方并不干涉和参与,现场也罕见老师身影。在学生活动中心楼北面的停车场上,联排搭起了两个白色的大棚。按照学生会的统一安排,一连两天全校的所有社团轮番在这里亮相。各路人马都使出了浑身解数,竭力在众人面前展现自己的特色和风格。

这是一所国际型的大学,不少学生都来自其他国家。我国大陆的留学生就有400 多人。各国的大学生都十分活跃,八仙过海,各显其能。有的满脸涂了鲜艳的色彩,有的穿着稀奇古怪的衣服。有个女生穿着短衣短裙,浑身涂满了浅绿色,连脸上也不例外。本校的大学生们见怪不怪,倒是参观者们争先恐后和大学生合影留念。大学生们并不推辞,摆出各种姿势。他们制作了各种各样的展板,印了花花绿绿的印刷品,大声地吆喝着介绍自己的社团。

里丁大学的社团五花八门,大大小小近百个。头一天"出摊儿"的以人文类、科技类为主,第二天则换了体育类的社团。有各种各样的兴趣组织,还有宗教的、环境保护类的社团。一些大学生热衷于本国文化,忙着向外国学生推介。我看到了一位大二学生在介绍自己所在的中国文化社团。体育运动类的社团特别多,男女篮球、橄榄球、曲棍球、马术等几乎囊括了所有常见的项目。校园的绿地上,还摆着帆船和皮划艇,还有女学生跳着蹦床,男生们在跳着街舞。志愿者组织在忙着招募新"兵",其主要职责是为社区提供多种服务。最新鲜的或许是一个开锁的社团。交上 5 镑会费,就可以学习、掌握各种各样的开锁技能了。

几乎所有的摊位都有吸引人的东西。有的端着糖果给过往的人吃,有的送上布袋子,有的免费让你品尝糕点,有的赠送些小玩意。还有的社团设计了一些和参观者互动的游戏并有奖品,使得不少大学生排起了长队。到这儿的学生咨询的并不多,更多像大学生们自娱自乐。

该校的大学生介绍,所有的学生社团都归学生会领导和管理。创办者要向学生会提出申请,得到同意后,可得到一二百磅的启动经费,其余就靠自己的努力了。要想加入这些社团,一般都需要交纳一定的费用。大学生们选择社团,一是凭自己的兴趣,二是想结交新的朋友。

我感兴趣的还有大学生报社。学生们自己办的这张名为"Spark"的报纸,彩色印刷,48 个版。女总编告诉我,学生记者大约有 200 多人,编辑队伍 20 人左右,办报经费全部由学生会承担。我看到报纸上有整版广告。报纸内容十分丰富,版面分新闻、评论、音乐、艺术与书籍、游戏、体育、旅游等,可读性、服务性非常强。在学校的许多地方摆放着刚刚出版的报纸,读者可以自行取阅。

与学生们自己的"摊位"相比,商家的摊位更加受人欢迎。最热闹的属 Domino 披萨了。到处都可以看到发放免费券的服务生,逮着谁给谁,不限次数。领取免费匹萨的人络绎不绝,学生差不多都拿它当了午餐。服务生们忙得不亦乐乎,不时地喊着广告宣传口号。一家主营鸡肉的店也不示弱,在现场搞起了游艺活动。只要写下自己的姓名和 Email,就可以获得一次转指针的机会,转到哪个格,就获得那种食品的赠券,赠品为一只鸡、半只鸡和饮料等。

公共汽车公司的雇员来了,送给人们印着里丁大学校名的手提袋和钱包,里面装着的宣传品上介绍怎样乘车、如何省钱,还有当地的交通图等等。理发店的师傅们干脆现场给男生们秀起了理发手艺。现场还有一些公益宣传,有的摊位告诉学生们如何骑车,介绍交通安全注意事项。大学生们有吃、有喝、有玩、有拿,尽管人头攒动,还是乐不思返。

里丁的天黑得早,下午五点左右社团和商家就都收了"摊儿"。大学生们拿着各种赠品、宣传品,三三两两地向自己的公寓或者租住的民居走去。

对于每一个新生来说,大学生活才刚刚开始。热热闹闹的迎新过后,他们踏上的是一条在全新环境下学习和成长之路。

《北京考试报》2010 年 10 月 19 日

听英国老师上课

在里丁大学,一周上两次语言课。为了不刺激落后的学生,分了班但不叫快班、慢班,而用颜色来区分,称为红班、蓝班。虽然每次上课一上就是半天,但在主讲老师艾琳的组织下,大家都感觉很轻松,像玩似的时间就过去了。

每次一上课,艾琳总是忘不了上次留下的那些家庭作业。作业都是她精心准备的一大堆问题。难度虽然不大,但要搞明白,还是得下点功夫。什么是三明治?三明治的含义是什么? 英国人的星期天晚餐是怎么回事? 因为有作业,每次上课前大家都要提前做了功课。

有学生简单地说三明治就是两片面包夹了点肉、蔬菜之类的,也就混过了关。老师又接着问三明治的来历。三明治是个小镇的名字。镇上有位赌徒过于投入连吃饭的工夫都不舍得离开,仆人就用面包夹了肉和蔬菜递给他。他边吃边赌,更上瘾了。他饿了就会喊"三明治,三明治",慢慢地就传开了。艾琳用英语帮助学生们大致了解了英国的快餐及其制作的基本过程。

分组饰演角色,是艾琳上课的一个特色。她一本正经地系上围裙,往口袋里装上小本,在桌子上摆了菜单,饰演起餐厅的侍者。学生们做顾客,在她的指导下,学习用英语点餐。先点饮料,然后主餐,最后还问要不要甜点,还告诉大家如何结账和付小费等等。虽然是模拟情景对话,但还是挺好玩的。她把学生分为四五人一组,轮番上前或当侍者,或做顾客。大家都觉得很新鲜,既认真,又新奇。因为初次演练,英语水平有限,还闹出了不少笑话。她在一边耐心指导,时不时地还饰演老板来解围。有一组的服务员信口说了句:你们可以边就餐、边看电视。她竟饰演起了电视里的演员边唱边扭。大家轮了一圈下来,虽然不敢说英语提高了多少,但大致程序和规律、简单的对话还是在笑声中基本掌握了。

真服了艾琳。上节课,她拿来了各种餐具、厨具,给学生们讲解英国的厨房和餐桌。这次又带来了棕面包、白面包、芹菜、黄油,甚至还带来了自己家做的苹果派,带来了一次性的纸盘和足够全班人使用的刀叉等餐具,亲自动手为学生们准备了一顿英国式的餐点。虽然有些简单,但同学们还是饶有兴致。不但品尝了地道的英国餐,还学会了一些简单的会话。

艾琳准备这些餐具,购买这些食品,估计得花不少工夫。除此之外,每次下课前,她都仔细询问了学生们周末的打算。然后根据学生们的安排,设计一些和出行相关的思考题目。一个周末,我们要去巨石阵、索尔茨伯里和温切斯特。她每个地方都出了五道题让大家准备。比如,大教堂是什么时代的建筑,教堂有多高等。旅行还没有开始,作业就先有了。

这还不算,艾琳还让学生们以围坐的桌子为小组提前准备下节课的内容。她让学生尝试着了解英格兰、爱尔兰、苏格兰以及威尔士的特色。有的小组分到的题目是有关威尔士的。她给出的提示有:威尔士的男生合唱团,世界上最长的地名、城堡以及斯诺尔山等。看来,不仔细查查,不提前翻译一下,下节课上课时还真没话说啊。

艾琳每次都会提前印好一张张资料。发资料时,她总是谢绝别人的帮助,叫着每一个学生的名字,把资料递到每个学生的手中。班里一共30多人,她能叫出每个人的名字。对待学生的作业,她也认真修改,写下的批语都是正面鼓励的话。比如,你的英文很好,你喜欢你的工作我很高兴,你是一个幸运的人等等。

作为老师,艾琳的肢体语言和非语言符号的运用十分娴熟。即便不懂英语,从她的表情和手势里也能知道个大概。她还善于画图来说明问题。比如英国的地图、教堂等。信手拈来,虽不是美术佳品,但能说明问题,帮助我们了解。

这堂课是在歌声中结束的。她教学生唱了一首英国歌曲。歌词很简单,曲调也没什么太多的变化。大意是说一个人去草地割草,一个人和他的狗、他的啤酒。但需要在简单的句式基础上不断变化。比如接下来是,两个人去草地割草,两个人,一个人和他的狗、他的啤酒、他的枪;再接下去是三个人去草地割草,三个人、两个人、一个人,还有他的狗、他的啤酒、他的枪、他的……每个同学都需要接着唱出任何新的一种物品或者动物等。越唱句子越长,难度也越来越大,大家也都唱得情趣盎然。她一直都在大声领唱,千方百计地调动大家的情绪。轮到最后一个同学唱出新的物品时,句子长得已经像念经似的了。在这样的演唱中,学生学会了单数和复数,还需要记住每个同学曾经说出的物品和动物等,也算是寓教于乐了。

时间就这样轻松地过去了。或许是没有考试的压力,感觉和玩儿差不多。并不是所有的课都能够这样上,但艾琳的教学法还是有一定借鉴意义的。从艾琳身上可以看到一位教师应该具备的基本素质:亲和力要强,能够把所有的人都吸引过来;态度友善,和蔼可亲,从不着急上火,也不训斥任何人;备课认真,对每个环节都考虑到了;生活化、娱乐化,不是枯燥地念单词、讲语法;积极互动,让学生参与其中……

《北京考试报》2010 年 12 月 18 日

《大学生周刊》2010 年 10 月 28 日

走进英国的高招办

在中国,高考可是件大事。不同的录取制度,使得英国与中国有一定的差异。刚刚到英国的 UCAS 走了一趟,了解了一些内幕,感觉到了与中国的种种不同。

UCAS 是英国高校联合招生委员会的简称。身材高大的克瑞斯汀演示的 PPT 首页,用中文写着"欢迎"二字。接下来介绍 UCAS 的含义时,干脆用中文解释这个缩写:大学和学院的招生服务中心,或称大学院校入学委员会、高招办。它是个公共的服务机构,统一为英国所有大学提供全日制本科为主及以上招生服务。包括英格兰、威尔士、苏格兰和北爱尔兰。

英国高招办的办公地点,并不像想象的那样在伦敦市中心,而是远在几百公里外的小城市切尔滕纳姆。这多少有些出乎我的意料。

听完情况介绍后,我参观了招生服务中心。中心有职员 36 人,工作起来更像接线员。不过,他们都对英国大学的情况十分熟悉,对录取环节中的具体事务了如指掌。正值中午 12 时,办公大厅的电子显示屏上显示已经接待了 850 多个咨询电话,尚有 30 多人在等待,最长等待时间快 5 分钟了。负责接听电话的工作人员有些看起来已经白发苍苍,估计早就过了退休年龄。在交流信息园地上,我看到了申请者寄来的表示谢意的贺卡,还看到职员们自己归纳出的咨询热点排行榜。

英国有大专以上的各种各类高校 300 余所,每年的申请者达 68.8 万人。每人可申请五个专业(个别专业四个),其申请的总数量达 200 万个。

高招办的权威人士告诉我,中国大陆学生是英国国际学生的主要人群,排在各国学生的首位。接下来依次是爱尔兰、中国香港、塞浦路斯、法国、德国、马来西亚、希腊、印度和立陶宛。2010 年,中国大陆的申请者达 10379 人,比上一年增加了 16.2 个百分点,入学者有 6909 人,也比上一年增加了 13.8%。大陆学生最青睐的热门专业依次是会计学、管理学、商务、数学及经济学等。

高招办的服务内容主要包括四个方面:一是以本科生入学服务为主,二是音乐和艺术类专业,三是教师上岗前培训,四是研究生入学服务等。

高招办主要服务的平台之一是网站。无论求学者的年龄和学历如何,只要是英国高校的专业,都可以上网递交申请。高招办尽量使申请简便化,还专门提供了有关国际学生的信息。

为了满足不同类型的申请者需要,网站设计了不同的栏目。我打开主页后看到,左边栏目有供申请者用的专业或课程信息,可快速搜索;申请书是电子表格;考生可随时上网或用手机追踪录取进度;还辟有多种聊天软件,以便与工作人员互动咨询。"you go""twitter"等都有,还可以随时上网收看视频录像等。网站链接了许多网页,可以看到多种类型的大学排名,还有已入学学生的切身感受,以及22万学生对大学的各种评价,供申请者了解和参考。

网上关于各大学、各专业的介绍十分详尽。比如输入"英语"后,你可以看到长长的一串招生院校。每个院校都注明了招生具体条件,专业信息、授课方式、考试方法、职业方向、对申请者资格要求以及对考生要求等应有尽有。招办的服务注意保护考生的隐私。每个申请者申请的五个或四个专业没有先后顺序,会同时提供给相关学校。每所大学都不知道申请者是否还申请了其他学校。这便于该校在录取时尽量做到公平录取,而不考虑竞争对手等其他因素。

一般情况下,申请从前一年的6月开始在线进行。如果你想申请明年的剑桥大学、牛津大学,或者医学、牙科以及兽医课程,必须在今年的10月15日前提出。其他大学一般都会延长到次年的1月中旬。当年的6月、甚至9月,申请者还有机会申请那些有空额而未能录满的大学。

英国大学申请表的内容由五部分组成:个人信息、选择的大学和专业、教育背景、工作简历和个人陈述。大学最看重的是个人陈述。这部分被认为是自己给自己做的广告,对录取与否至关重要。我看到大厅里的资料架上摆放着一本书,就是专门指导申请者如何撰写个人陈述的。

一份好的个人陈述可以帮助说服对方录取你,因此是申请的重要部分。它给你机会告诉高校为什么应该录取你。招生负责人希望了解你对所选课程感兴趣,以及你的热情和投入。推荐信同样也是申请的关键部分。没有推荐人的完整资料和推荐信,对方不会处理你的申请,且不接受家庭成员及朋友的推荐信。

如何提高申请的命中率?克瑞斯汀先生建议,申请者应尽早对申请专业和学校进行研究,尽量选择适合自己基本条件的专业和学校。既要对期望学习的专业和学校有深入研究,更要对其录取资格和条件有全面了解。

我特别注意到,高招办专门开办了父母专用网站。克瑞斯汀说,家长对学生的选择影响越来越大。学生在申请时和家庭成员进行讨论,有利于对专业、大学的选择。如希望了解关于高等教育和申请程序的全部信息,想按时收到每季的电子简讯,可登录这个网站。高招办还为父母提供免费指南,内容包括资助、学生福利和选择适当课程以及各高校的大量信息。

高招办所有的工作人员加在一起400多人。全年受理来自世界各国学生的入学申请。工作量很大,6年前建立网站后,受理更加快捷方便。除此之外,招办还有大量的纸质资料和人工服务等为申请者提供便利。

为了吸引更多的中国学生到英国留学,英国方面做了大量工作。招生代理机构、招生代表越来越多,还会通过举办咨询会、展览等形式扩大影响。

走出英国高招办大门时,我并不十分满意。因为我的一个问题没有得到满意的回答。我问高招办有关人员,怎样才能提高申请的命中率。他却把皮球踢给了大学。要走高招办的后门是没有希望的。至于大学如何决定是否录取某一申请者,得到的答复也是泛泛的。是否能录取还是有一定的偶然性的。因为,分数不能代表一切,个人陈述到底怎样才能让大学满意,也很难说。

《北京考试报》2010年12月4日

英国大学生招聘会很特别

这年头,对老百姓来说啥事都不容易。考不上大学时,一门心思往里面钻。几年转瞬而过,又该为找工作着急上火了。不仅中国如此,其他国家也都差不多。

英国的大学一般也会举办像中国一样的招聘会。一年两次,一次是在6月份,一次是在秋季。秋季这次的规模要大些,因为正好赶上一批学生即将毕业。除了这两次之外,还会有一些专项的招聘,规模更小。对于聘人单位和大学毕业生来说,招聘会都很重要。

在招聘会上,英国的大学不是主角。学校只负责提供场地和基本条件,还要向参加招聘的单位收取一定的费用。在入场的地方,工作人员会递给你相关的资料,还有招聘单位的名录及所在位置的示意图。而中国的大学多数都是免费请用人单位来校,有时请人家还不来呢。

无论是牛津大学,还是里丁大学,招聘会的形式基本上大同小异。每次前来的公司数量也都在六七十个。只不过到牛津招聘的公司显得层次高些,多是些知名的大公司。而到里丁大学来招人的还有一些超市。当然,也是些知名的连锁超市了。

在很大程度上,英国大学的招聘会更像公司宣传和职业推介。大学生们不像中国的学生那样西装革履,捧着一大摞简历到处递。他们多是一身休闲服,或三三两两,或一个人,到感兴趣的公司摊位前驻足,询问相关情况。

各个招聘单位不像国内用人单位那样趾高气扬,大都很低调。招聘人员亲和力很强,回答问题十分耐心、细致。明知道你不会去他的公司工作,比如像我这样的参观者,人家也很热情。各公司都有印刷精美的宣传品,都有简洁而醒目的形象宣传语和 Logo。问到稍深入一点的问题,招聘人员都会告诉你公司的网址,请你到网上查看。网上对职位的相关要求都有非常清楚的说明。有家公司还在网上设计了相关条件,大学生根据自己情况对照填写后,马上可以打出分数来,自己一看就知道和公司要求差距有多大了。

每个公司的摊位前,都摆着些小礼品,圆珠笔、冰箱贴、布袋子,还有一些巧克力、糖果之类的。有的摊位上摆着一些水果,有的还有饼干等小食品和矿泉水。有家葡萄酒公司还摆上了葡萄酒供人品尝。逛招聘会,有吃有喝有拿。但大学生的注意力并不在这些小东西上,他们多数都只询问公司的基本情况,并不过多地展示自己。公司也不过多地询问大学生的条件,重点在于推广自己的文化、形象,扩大自己的影响。我看到,一家公司摊位上的笔记本电脑里,已有 40 多个同学留下了联系方式。

总的来看,招聘单位需要的人理工科的偏多,文科较少。一些冷门的学生几乎没有找到和自己相关的公司。一些适应面广的专业学生,选择的余地自然会大些。

一些中国学生也前来找工作。一位北京高校毕业后去英国读研的学生说,不一定非要留在英国工作,国内有合适工作也非常愿意回国。另一位从南京气象学院本科毕业后读研的学生也有相同的想法。但国内究竟有多少合适的工作呢?

英国的公司招聘大学生除了对专业有要求外,还希望大学生有领导、组织才能,特别希望有较强的交往沟通能力。他们希望大学生参与过社会活动,做过一些课题或者项目,具有较全面的综合素质。即便是技术性较强的岗位也是如此。他们吸引大学生的砝码,更多地放在有较大的发展空间上,许诺有深造机会或者接受进一步的培训。

招聘公司中有一家从事现代农业研究。据称,相比较 IT、金融、医学等热门行业来说,这类公司对大学生来说还是有些冷,但发展前景看好,吸引力增强。军队也和其他企业一起摆摊。身穿迷彩服的军人介绍说,有 50 多种岗位需要人,开出的条件也很优越,待遇较好,福利较高,还能带薪休假。招聘公司并不忌讳大学生问待遇,有的还直接写出了报酬。一般的公司起薪都在 2 万镑左右,高的能达到 3

万。而英国规定学生偿还大学贷款的工资额度是年薪在1.5万镑以上。

招聘会现场，多为招聘的工作人员和大学生，很少有老师和家长的影子。巧遇了一对家长，还是到英国来看望孩子的中国夫妇，恰好赶上了就来看看，也不能说明太多的问题。

走在招聘会现场，绿色的校园里阳光依然灿烂，只见不少大学生们在阳光下悠闲地喝着咖啡，不知道明天的他们是否还会如此潇洒。在金融危机的重压下，学费增加，就业机会却在减少，竞争日益激烈。他们将何去何从？教育将何去何从？

《北京青年报》2011年1月18日

牛津一年上半年课

学生要能够有效地管理自己的时间。因为，在牛津每年只有三个学期，而每个学期只有短短的8周。

牛津大学圣安学院的穆琳博士土生土长，在这里毕业，又在这里工作，对这所学院非常有感情。作为教育的管理者，她投入了不少精力。她认为，不少学生之所以选择了牛津，是出于这样九个理由：

一是国际声誉好；二是学院的导师制；三是有大批国际知名的学者；四是一流的资源；五是学制3年而不是像其他学校那样4年；六是既有学府气息、又不乏和谐浪漫的学院生活；七是丰富多彩的大学文化；八是登上讲坛者都是英国的领袖人物、著名商界人士、科学家、作家和思想家等；九是富有特色的研究生培养。

中国学生在牛津外国留学生中的比例最大。其次是美国学生。能进入牛津的那深宅大院的都是些聪明的学生。而牛津选择学生的标准，是必须非常努力。你可以不是诺贝尔奖的获得者，但应该有这样的远大志向。作为研究生，一定要有激情，对所学专业有感情。而本科生要有强烈的学习愿望和研究的动机。

除此之外，还有一点非常重要。这就是学生要能够有效地管理自己的时间。因为，在牛津每年只有三个学期，而每个学期只有短短的8周。在一年只有24周上课的情况下，要学到自己应该学会的东西，显然不是件容易的事情。据说，牛津的本科生每天都要上大量的课程，还要接受辅导，参加各种活动。我问了一下，学校放假的日子里，学生们也几乎不闲着，也会参加许多其他方式的学习或者研究。

牛津在录取时，特别考虑学生对所学专业是否非常有热情。穆琳博士的比喻是，只有早晨起来想的是化学，晚上想的还是化学，才算上够格。这和中国高考录取时主要看一次的分数有很大差距。

中国的高中生把所有的精力都放在备考上,填报志愿也有很多盲目性。他们(包括他们的家长)在更大程度上,是为了考大学而考。在专业的选择上更多的是考虑学校的名气、是否热门专业,只知道每年的最低、最高录取分数线,而不清楚这个专业究竟是干吗的。至于自己是否喜欢,更是无从谈起。大学生进入校门时,对专业一知半解,哪里有什么激情? 没有激情,怎么能学得好呢?

学校要求学生必须非常勤奋。一位母亲打电话告诉学校,孩子的父亲死了,可能会影响情绪。对此,学校可以原谅,但如果是无故不要好好学习,非常懒惰,老师就会很生气。这样的学生就会去见管理的老师。如果还不改进,就该见学院负责人了。再不行,恐怕就要被校长召见了。每年学院总会有三几个学生被淘汰。

这还不算,牛津要求学生,不但要能拼命地学,还要能拼命玩。学生除了成绩优秀外,还要参加多种运动社团,艺术、音乐等等,尽可能地发展自己的兴趣和爱好。在不远处的泰晤士河,可以看到学生们赛艇训练的身影。

圣安学院已经收到了明年入学的申请表,总数达 600 多份。而每年招生人数只有 130 人,上下浮动很小。在英国中学的统考后,各学科面试之前,学院还会有小测验。主要考察本科生的潜力。不是现在要得诺贝尔奖,而是要能向这个方向发展。成绩达标后,导师的意见非常重要。因不能增加名额,许多优秀学生擦肩而过。所以,每年录取之后,总是几家欢乐几家愁。有的高兴有的忧。

到牛津的人,都会去看看叹息桥。所谓的桥,只是连接两栋楼间的几米长走廊。据说,一边是教师宿舍,一边是学生教室。学期结束,没有考好的学生常会来这里叹息。在网上搜搜,剑桥也有类似的叹息桥。看来,学生学习的压力由来已久啊,有很大的普遍性。

牛津校园风光片上印着这样的话:"我学的很多,知道了很多;知道了很多,忘了很多;忘了很多,就还要学习。但为什么还要学习?"我想,这只是一种调侃。相信,许多学生都知道他们为什么而学。他们不会因为学了之后会遗忘,而放弃更加努力的学习。

《北京青年报》2010 年 11 月 2 日

《大学生周刊》2010 年 11 月 04 日

剑桥的椅子腿和那棵苹果树

这不只是个传说，而是发人深省的思考题……

在剑桥圣三一学院大门圆拱门洞上方，竖有亨利八世站立的雕像。令人津津乐道的是：威严的国王左手托着象征王位、顶上带有十字架的金色圆球，右手却滑稽地举着一根椅子腿。这强烈的反差给人们留下了深刻的印象。

剑桥培养出了87位诺贝尔奖获得者，6位英国首相。牛顿、达尔文、培根、斯宾塞、拜伦、弥尔顿、罗素……个个名声显赫。而在剑桥的31家学院中，三一学院声名最大，其雄厚财力可媲美英国王室，其学术成就稳执牛耳，其杰出学子令人慨叹。而就是这样一所世界闻名的学院，竟为其奠基人的手中放了一根椅子腿。

英王亨利八世的塑像，右手里原本是根金色权杖。可不知被哪位调皮捣蛋的学生偷偷更换了。此后这位君王几百年来就一直这样握着椅子腿站在那里。这不仅是一个茶余饭后的笑谈，其中含义更是耐人寻味。

国王手中的椅子腿从一个侧面反映出剑桥人对权势的不屑。椅子腿不在别处，而在国王手中，哪怕他是学校的奠基人、出资人，照样也可以成为剑桥人把玩的对象。把他塑在那里是为了纪念其建校的功绩，不管手中举的是金色的权杖，还是椅子腿，都改变不了这一点。

在剑桥人眼里，让国王手里举个椅子腿除了有点戏剧、喜剧效果之外，也不是多大不了的事情。没有人对此上纲上线，一个搞学术的人，没有必要搞得像个政客似的，一个劲儿地围着领导和上司转，把心思都用到了这上面，哪有工夫搞学问啊。

国王手中的椅子腿还能看出剑桥对学生的关爱和保护。如果换个地方，这个椅子腿可能就保存不下来了，还说不定会给那个恶作剧的学生带来无穷的灾难。这个椅子腿究竟是怎么到的国王手中不说，但传说是学生的恶作剧，既合情合理，也显示出剑桥对学生的偏爱。一个年少的学生，哪里会那么中规中矩。往往那些调皮捣乱的孩子，会有不同寻常的作为。想别人不敢想，做别人不敢做。如果个个循规蹈矩，乖得像个伪君子似的，估计长大之后也成不了什么大气候。一直让椅子腿留到国王手中，在一定程度上说明剑桥人对这样的点子的默许和称赞，甚至是一种鼓励。剑桥的学生不会再做类似的事，但敢想敢为的种子却播进了他们的心灵。不敢说椅子腿是剑桥人才辈出的原因，但爱护学生、鼓励学生、支持学生却是其成功的秘诀之一。

三一大门右侧的绿草坪里，种着一棵不起眼的苹果树。据说，就是这棵树上的苹果，落到牛顿头上，启发他发现了万有引力定律。仅从细弱的枝干判断，这就不可能是那棵树，但在人们的心目中它就是。把它种在门前，既为自己做了一个非常精彩的软广告，也是一种激励和鞭策。在我看来，它也在那里昭示着一个并不深奥的哲理：苹果会掉在许多人的头上，但牛顿只有一个。不是因为苹果树才有了牛顿，而是牛顿发现了落下来的苹果。与其崇拜那棵树，不如处处留意，让自己也成为下一个牛顿。

《大学生周刊》2010 年 11 月 11 日

《北京考试报》2010 年 12 月 11 日

《北京日报》2014 年 04 月 23 日

关爱学生从新生起

与国内大学校长们争先恐后地在毕业典礼上和毕业生们套近乎的风气有些不同，美国的高校似乎更加关注即将入学的新生们。据媒体报道，在给新生发送录取通知书时，不少高校竭力放低姿态，绞尽脑汁"笼络"新生，争着给新生送礼。有的送上 T 恤、围巾礼盒，有的送糖果、送旗帜。人还未入校门就感受到学校的关怀，令不少新生在惊喜之余感到了温暖。

或许是我孤陋寡闻。虽然身在高校，也没听说过国内哪所大学给新生送礼。如果有博友知道，望速告。早年我考上大学后，接到的是一纸格式化的通知书，再有就是几张有关注意事项。几十年过去，似乎没有多少改变。不少人都是懵懵懂懂走进了自己的大学。好在现在网络发达了，人们可以提前了解相关信息、结交学长、寻找同学。但几乎所有的大学，都要等到新生报到之后，才开始和新生接触。当然，高考状元除外。为了抬高自己的身价，不少高校拼命争抢状元，一个劲儿地拿状元说事，为社会所不齿。

据美国媒体报道，今年美国的许多新生除收到了学校热情洋溢的欢迎信外，还意外地接到了 T 恤、糖果等小礼物。辛辛那提泽维尔大学给每个新生的贺卡像可以双开的大门，上写着："You're IN!"（你入我门了），还给每位新生赠送了一面带有校徽的旗帜，学生们可以挂起来炫耀。戴维德森大学招收了一些素质较高的学生，校长给这些尖子生们一一打电话祝贺。

中国人一贯崇尚"礼轻情意重"，老美也不例外。各校送出的都是些小玩意，但却能体现出校方的良苦用心。芝加哥大学送出的礼物是印有该校标识的 T 恤和围巾礼盒。佐治亚大学送焰火录像光盘；里德学院送的光盘里，是校友们一首首歌颂校园的诗歌。"世界理工大学之最"的麻省理工学院送给新生的礼物，除展示优美校园风景的图片外，还有许多五颜六色的糖果，而且把发出录取电子邮件的时间定在了3月14日凌晨1时59分。这和圆周率约数吻合。

美国高校发录取通知书时，学生们高中未毕业。很多大学今年吸取教训，都把发短信的时间安排在了晚上8时以后，既赶在了学生及家人就寝前，又没有影响到学校和社区活动，也可看出学校的良苦用心。

美国大学争先给新生送礼的原因之一是各校间竞争的日益激烈。为了提高报到率而想方设法笼住新生的心。在我看来，靠这点小恩小惠把一个学生拉过来的概率并不大，何况大家都在绞尽脑汁呢。在积极意义上来看，从一发通知书开始，就把新生当成自己人才是最重要的。

当过兵的人都知道，按照我国的有关规定，入伍时间是从发出通知书那天算起的，而非走进军营之日。至于送礼的时机，我以为选择新生刚接到通知的时候比较取巧，可以发挥出最大的效应。

大学是培养人的地方。而这种培养，显然不是从新生入校后才开始的。尽早与新生取得联系，想方设法贴近新生，对于培养学生的归属感显然是有众多好处的，可以起到事半功倍之效。这或许就是美国大学的高明之处。而我们中国的大学，则根本没有把已经录取的新生当自己的学生呢。

对于毕业的学生当然不能当作泼出去的水。但对于那些即将走进大学校门的新生来说，需要更多的、更早的关注。今年估计来不及了。希望明年能有聪明的大学想点点子。我想一定能在新生中、在社会上引起一些反响。当然，善待新生远不止是送点小礼品就完事的。入校后的路程更长，大学仍需努力。

《中国教育报》2010年8月23日

《北京日报》2010年8月4日

一屋不扫就不能扫天下吗？

一屋不扫，何以扫天下？典出《后汉书·陈蕃传》，说的是东汉时有一少年名叫陈蕃，一心想干大事业。一天，朋友薛勤来访，见他的院内龌龊不堪，便对他说："孺子何不洒扫以待宾客？"陈蕃答道"大丈夫处世，当扫天下，安事一屋？"薛勤当即反驳："一屋不扫，何以扫天下？"

国人往往从一点生活琐事就生发出对前途和未来的担忧。其实，一屋不扫，也是可以扫天下的。有不少事情是我们自己吓唬自己、为难自己、折磨自己。

住在英国房东家的同事说，女主人出差后，俩孩子就把换下来的衣服带到妈妈的妈妈家去洗。要知道，家里就有全自动的洗衣机啊。而这两个孩子大的21岁，小的也有19岁了。

本以为这是个别现象，但一位在英国的大学里任教的老师告诉我，他家的孩子也什么都不会。

这事并没让我因为英国孩子也不会自己洗衣服，而感到心理平衡。反倒忽然觉得，国人往往从一点生活琐事，就生发出对前途和未来的担忧，是不是太有些小题大做了？我们常说，一屋不扫，何以扫天下？恨不得从一点点小事，解读出一大堆哲学道理来。其实，一屋不扫也是可以扫天下的。有些小事就是小事，没有必要上纲上线。

不少家长和老师担忧，现在挺大的孩子连袜子都不洗。不少孩子的生活自理能力差，这的确值得担忧。但再怎么说，这也只是生活能力的问题。

中国的家长没有几个不纠正孩子吸吮手指的。不知道有多少孩子为此挨训挨骂吃了苦头。英国的妈妈会给孩子一个奶头吸着。一个长大成人的女孩子有时还会吮手指，也没见她的父母少见多怪。许多小事，并没有中国父母想的那么复杂。树大自然直——即便不那么笔直笔直的，也没有太大的关系。

国人还有句话"三岁看大"。大体是说，从一个小孩子的言行，就能预测出他长大后的作为。这句话，不知道给多少小时候调皮捣蛋的孩子带来了麻烦。因为，他们在很小的时候，就被大人们打上了坏孩子的烙印。

有些人自以为预测出了孩子的未来，不想却毁了孩子的前程。因为，他们依据三岁孩子的作为得出的不恰当判断，使得他们再看孩子时戴上了有色眼镜。

《北京晚报》2010 年 11 月 11 日

小事别见大　三岁莫看老

住在英国房东家的同事说，女主人出差后，俩孩子就把换下来的衣服带到妈妈的妈妈家去洗。要知道，家里就有全自动的洗衣机啊。而这两个孩子大的21岁，小的也有19岁了。

本以为这是个别现象，但一位在英国的大学里任教的老师告诉我，他家的孩子也什么都不会。说这话时，看得出来，他并没有把这当成多大的事。类似现象不能说非常普遍，但也一点不新鲜。

　　我并不因为英国孩子也不自己洗衣服而感到心理平衡,只是觉得我们或许有时真的有些小题大做了。我们常说,小事见大。恨不得从一点点小事,解读出一大堆哲学道理来。其实,有些小事就是小事,没有必要上纲上线。

　　一屋不扫,何以扫天下? 就是其中一个例子。人们往往从一点生活琐事,就生发出对其前途和未来的担忧、对其能力的怀疑。其实,一屋不扫,也是可以扫天下的。

　　不少家长和老师担忧,现在挺大的孩子连袜子都不洗,上大学的孩子连内裤都带回家。不少孩子的生活自理能力差,这的确值得担忧。但再怎么说,这也只是生活能力的问题,说明不了太多的事情。

　　中国的家长没有几个不纠正孩子吸吮手指的。道理多得很,不卫生了,会毁坏牙齿了。不知道有多少孩子为此挨训挨骂吃了苦头。英国的妈妈会给孩子一个奶头吸着。一个长大成人的女孩子有时还会吸手指,也没见她的父母少见多怪。许多小事,并没有中国父母想得那么复杂。树大自然直,即便不那么笔直笔直的,也没有太大的关系啊。

　　还有句常说的话是“三岁看老”。大体是说,从一个小孩子的言行,就能预测出他长大后的作为。这句话,不知道给多少小时候调皮捣乱的孩子带来了麻烦,甚至毁了他们的前程。因为,他们在很小的时候,就被大人们打上了坏孩子的烙印。

　　孩子就是孩子,小的时候调皮,大了不一定。小的时候说了句谎话,大了也会很诚实。就像一个诚实的人长大后可以变得虚伪一样,一个少不更事的孩子即便说过类似“狼来了”的谎话,长大以后也可能会很诚实。

　　一些人自以为预测出了孩子的未来,却不想毁了孩子的前程。因为,他们依据三岁孩子的作为得出的不恰当判断,使得他们再看孩子时戴上了有色眼镜。

　　还是平常心为好。小事就是小事,现在就是现在。

　　牛津大学圣安学院的穆琳博士土生土长,在这里毕业,又在这里工作,对这所学院非常有感情。作为教育的管理者,她投入了不少精力。她认为,不少学生之所以选择牛津,是出于这样九个理由:

　　一是国际声誉好;二是学院的导师制;三是有大批国际知名的学者;四是一流的资源;五是学制 3 年而不是像其他学校那样 4 年;六是既有学府气息、又不乏浪漫的学院生活;七是丰富多彩的大学文化;八是登上讲坛者都是英国的领袖人物、著名商界人士、科学家、作家和思想家等;九是富有特色的研究生培养。

　　中国学生在牛津留学生中的比例最大。其次是美国学生。能进入牛津深宅大院的都是些聪明学生。而牛津选择学生的标准,是必须非常努力。你可以不是诺贝尔奖的获得者,但应该有这样的远大志向。作为研究生,一定要有激情,对所学专业有感情。而本科生要有强烈的学习愿望和研究动机。

除此之外,还有一点非常重要。这就是学生要能够有效地管理自己的时间。因为,在牛津每年只有三个学期,而每个学期只有短短的 8 周。一年只有 24 周上课的情况下,要学到自己应该学会的东西,显然不是件容易的事情。牛津的本科生每天都要上大量的课,还要接受辅导,参加各种活动。学校放假的日子里,学生们几乎也不闲着,会参加许多其他方式的学习或者研究。

牛津在录取时,特别重视学生对所学专业是否非常有热情。穆琳博士形象地比喻说,只有早晨起来想的是化学,晚上想的还是化学,才算上够格。这和中国高考录取时主要看一次的分数有很大差距。

学校要求学生必须非常勤奋。一位母亲打电话告诉学校,孩子的父亲死了,可能会影响情绪。对此,学校可以原谅,但如果是无故不好好学习,老师就会很生气。这样的学生就会去见管理的老师。如果还不改进,就该见学院负责人了。再不行,恐怕就要被校长召见了。每年学院总会有几名学生被淘汰。

这还不算,牛津要求学生不但要能拼命学,还要能拼命玩。学生除了成绩优秀外,还要参加多种运动社团,艺术、音乐等等,尽可能地发展自己的兴趣和爱好。在不远处的泰晤士河,可以看到学生们赛艇训练的身影。

牛津校园风光片上印着这样的话:"我学的很多,知道了很多;知道了很多,忘了很多;忘了很多,就还要学习,但为什么还要学习?"我想,这只是一种调侃。相信,许多学生都知道他们为什么而学。他们不会因为学了之后会遗忘而放弃更加努力的学习。

《北京青年报》2010 年 11 月 11 日

自己该为自己负责

谁该为我们负责?是学校,是老师,是家长,还是我们自己?答案是肯定的,是我们自己。

爱丽丝女士是英国里丁大学学生咨询中心主任,常常和国际学生打交道。她说,一些中国留学生在脑海深处总是以为,学习是老师的事儿,老师让怎么学就怎么学。离开了老师,就不知道该怎么办了。

一个中国留学生说:"从小学到中学、再到大学,上课都是老师一个人在说,学生只是听的份儿。冷丁儿让我发个言,我都不知道说什么、怎么说了。我想起一位中学校长多次讲过的话:跟着老师走,就能走进理想的大学校门。是啊,跟着老师走了好多年,离开了老师这个拐棍,连站都站不稳了,更别说自己走了。"

在英国的大学里,学习是自己的事情。上课之前要自己去找资料,不提前研读是很难理解老师要讲的内容的。即便是读过,也不一定能够理解,也不一定能找到问题。思维不能是线性的,要有辩证的思维。对同一个问题,答案肯定不是唯一的。甚至老师的答案也不一定是正确的。考试的时候,如果只是把老师的答案呈现在试卷上,很难得到高分。

除了学习,自己的其他事情也都需要我们自己负责,自己主动。许多英国大学都设有导师和各种咨询师,也有学生事务的一站式服务,服务内容应有尽有,涉及心理咨询、学习支持、职业生涯、贷款签证等。但有一条,你不找上门,人家是不会主动找你的。别人都不知道我们需要什么,所以必须我们自己主动。爱丽丝说,一些中国留学生不爱说话,不爱问问题。咨询中心的老师们有个重要的任务是,告诉学生有问题一定来,否则,你得不到应有的帮助。

主动是非常必要的。自己主动,问题就好解决了。在英国问路是件十分愉快的事情。按照我的体验,我问过的所有人都非常热情,千方百计让您明白,有时看你还是一头雾水的样子,他或她还会领着你走。但是,如果你不问,谁知道你站在那里干吗呢?

还有一个文化的差异问题。即便是国内,不同的地区间也是会有一定的差异的,大学和中学相比也是如此。有朝一日走出国门留学,文化的差异就更大了。这种文化上的差异,常常给国际学生带来很大困惑。不少学生没有意识到问题出在不同的文化上,反而以为自己能力不行、或者出了其他问题呢。其实,没有必要过于自责,学会适应人家的文化就是了。国际化程度越来越高,文化的冲突和融合也是必然的趋势。这就需要我们未雨绸缪,多了解别人的文化。要培养和锻炼自己的文化耐力、张力和适应力。

自己该为自己的一切负责。除了学习、除了生活,还有健康。自己应该最心疼自己。该吃饭吃饭,该睡觉睡觉,该锻炼锻炼,该看医生看医生。随着天气变化及时增减衣服。

《大学生周刊》2010 年 12 月 16 日

为什么我们显得不自信

每年,差不多都有 400 多中国大陆的学生到里丁大学留学,在全英这个数字更加可观。英国及欧盟国家的学生学费 3500 镑,而中国学生则要超过 1 万镑。再加上房费和生活费,一年没有 20 万人民币恐怕下不来。尽管如此,到英国留学的学生还是有增无减。

在一位专门负责和中国学生打交道的职员眼里,中国学生有三个特点,一是非常聪明,二是很有抱负,三是不大自信。尽管这只是一家之言,但也值得我们引以为戒。

我一直在想,为什么在外国人眼里,我们不够自信?除了沟通时语言的障碍之外,还有没有别的什么妨碍我们?或许有以下原因。

缺少自信是因为害怕犯错误。没有哪个中国孩子不怕犯错误。因为,一旦犯了错误,接踵而来的则是劈头盖脸地训斥、没尽没休地唠叨、毫无根据地夸大和上纲上线,甚至还会受到严厉的惩罚。哪怕是摔了一个瓷碗,哪怕是回家晚了一会儿,哪怕是少考了一两分,都有可能成为一个不可饶恕的错误。说句话,怕犯错误;做一件事,怕犯错误。日久天长,孩子们都变得谨小慎微、不敢作为。这在外人看来,显然是缺少自信的表现了。

其实,犯点错误是正常的,尤其是对孩子来说。他们在成长,他们在学习,他们在探索,他们还年轻,因此出错误的机会和概率自然要多一些、大一些。对此,成年人应该有个宽恕的胸怀,要允许孩子犯错误。家长、老师、社会,都不要对孩子过于苛求。孩子们自己也要允许自己犯错误。出了点问题,及时总结、及时改正、下不为例就足够了。即便家长、老师指点两句,有则改之就是了,没有必要太往心里去。

对自己要求过高,也是原因之一。自信来自何方,来自对自身素质的肯定和把握。但如果对自己要求过高,就容易丧失了对自己正确评价的标准。在中国的文化中,谦虚是美德。天外有天,山外有山,总有高人在前头。用此来激励自己不断努力并没有什么错,但看不到自己的优势、找不到自己的长处,总觉得事事不如别人,总不能做到尽善尽美,自信就会跑到九霄云外去。

凡事都要有个度。能够客观地看待和评价自己是非常重要的。对自己需要严以律己,但也不能过于严格。什么事儿都想得第一,别人得第几啊?对自己的要求也应该适可而止,不能超越自己的客观条件。对有的人来说,考试应该多考几分;对有的人来说,能够及格就不错了。

依我所见,中国学生并不是在所有情况下都缺少自信的。在家门口、在熟人面前,有的学生不但自信,简直就到了自傲的地步,但一离开家、一到陌生的环境、一遇到重要场合,就一下子没有了自信。说到底,还是缺少锻炼。多经经风雨、多见见世面,就能逐步好起来。

　　还有一个原因也会使我们显得不大自信。这就是过分的谦虚。不管内心里怎么想，表面上也要做出一副特别客气的样子。明明自己很棒，也要说"我还差得很远"；明明自己比别人强，也要表现出谦卑的态度。这虽然算不上什么太大的缺点，有时也会被别人看起来显得不够自信。有时，实事求是也是必要的，否则，别人会看不起你。

《大学生周刊》2010 年 10 月 14 日

《北京考试报》2010 年 10 月 27 日

美国 90 后不知贝多芬

　　美国威斯康星州伯洛伊特学院今年的大一新生们闹出了笑话。在这些"90后"们看来，"米开朗基罗"是一种电脑病毒，而贝多芬则是一条狗。原因是在电影《我家也有贝多芬》中，"贝多芬"是条狗的名字。据报道说，大多数 18 岁新生不会写英文手写体，因有了聊天软件而从来不用电子邮件。

　　从 1998 年开始，该校每年都会对刚入学的大学新生进行综合知识调查，题目涉及文化、历史和政治内容，以便教师在教课时避免使用"过时的参考资料"。不测不知道，一测吓一跳。每年的调查中都会发现不少问题。

　　从 1999 年开始，大部分新生不知道斯洛伐克是从"捷克斯洛伐克"独立出来的国家。2004 年的新生基本不会打领带，多数人不知道伊朗和伊拉克打过仗。2006 年入学的美国大学生中许多人不知道德国曾经分裂为东德和西德两个国家，以为真人秀节目从电视机普及以来就有，等等。2009 年入学的新生们只知道前拳王泰森"是名罪犯"，而不再像 5 年前的新生那样，把他当成"冠军争夺者"。

　　尽管每年都闹出了不少笑话，这样的调查还是有意义的。只有深入地了解学生，才可能有的放矢、对症下药。让人感到遗憾的是，10 多年来，这些调查除去摸了大学生的底儿之外，似乎没有收到更好的效果。当然，也没有引起社会的关注，更没有采取必要的措施。所以，笑话越来越多，也越来越离谱。

　　这个连续进行的调查显示，美国大学生对历史了解不多，对时事也知之甚少。他们关注更多的是眼前的、时髦的、实惠的事情。

　　忽视历史和时事，是不少学生的通病。我们许多学生高考前没工夫顾及，上大学后也不想多费脑子，既不顾后，也不瞻前，除了升学考试用到的历史知识、临时抱佛脚突击了解点儿时事外，许多基本的常识都不知道。有人不知道新中国成立是哪一年。前几天，我帮某地判了份卷子，大学毕业生们对许多常识问题回答都很离谱。比如说"把关人理论"是毛泽东提出来的等。

常说忘记了过去就意味着背叛。虽说现在历史越来越长,不可能啥都倒背如流,但基本的常识还是要知道的。即便错了,也不能错得太不沾边。毛泽东希望青年人"要关心国家大事"。对于新中国未来的建设者们来说,对于世界风云、国家大事有必要了解,这样的要求一点儿都不过分。

每个人眼前的诱惑的确太多,很难抽出时间和集中精力追溯历史、了解时事。但基本的常识、基本的素养还是应该具备的。

眼下,我国大学的新生们已经陆续入学了。如果搞个类似的调查,估计笑话也少不了。我们不能光等着看笑话,也不能站在一旁说几句风凉话。教育部门有必要采取必要的措施加以引导。一方面要引起大学生们的重视和关注,另一方面要针对"90 后""00 后"的特点,创新教育形式。这才是更重要的。

《北京考试报》2010 年 9 月 25 日

到美国生活为啥听上去很美

看了五色土副刊版 5 日刊发的肖复兴在美国写的《到美国生活,听上去很美》的文章,心里十分酸楚。文章说的是母亲远渡重洋给儿女们带孩子的事儿,当父母的,把孩子们养大了、供出来了还不算,还要帮助他们带他们的孩子。有的像抹布一样,把孩子带大了,就不让再去探亲了。有的一个孙子还没带大,另一个又要生出来了。

这些父母们不得不问自己,在孩子的家里,自己是什么人?主人?不是!除了带孩子,自己什么都做不了主。带孩子的许多事情,自己也做不了主;客人,更不是!客人还用干这么多活吗?客人想走不就走了吗;仆人?也不是啊。仆人还能挣几个工钱,仆人还能还雇主理论理论呢。可自己带孩子纯尽义务不说,几乎没有任何权利可言。

要说父母是孩子的什么人,的确一两句话说不清楚。孩子小的时候,不少父母都是孩子的主宰。无论大事小情,都是父母做主。上什么辅导班,学什么特长,考什么学,读什么专业,交什么样的朋友……哪些事情不是父母说了算?我们是不是时常可以看到这样的画面:一高校艺术特长生复试,校园里黑压压的全是家长!

在经济方面,父母就是摇钱树。无论是靠收废品供养孩子上大学的母亲,还是高官,差不多都要为孩子提供必要和不必要的财政保障。自己节衣缩食,一分钱掰成两半花,甚至砸锅卖铁、伸胳膊卖血,似乎都是天经地义的。

对于孩子,不少家长和学校一样,都是无限责任者。不管是吃喝拉撒睡,还是思想、心理、身体,孩子所有的一切,几乎没有不负责的。只要是孩子一声令下,家长赴汤蹈火、在所不惜。管了儿女不说,还要接着管下一代。正所谓,生命不息,尽责不已!

对于家长所做的一切,懂点事儿的孩子还能给你句暖和话,再赶上个混点儿的,家长就剩下心寒的份儿了。没办法,谁让你生他养他了呢。

中国家长到底是伟大还是渺小,到底是无私还是自私,到底是英雄还是狗熊?从不同的角度,可以得出许多结论。但不管别人怎么说、怎么看,也别管自己任劳任怨也好、任劳不任怨也好,祖祖辈辈就这么过来了。

静下心来想想,恐怕还是适度为好。做父母的,应该尽自己的责任和义务。但恐怕不能是无限责任者,义务也不是没完没了。一切围着孩子转的结果,必定是把自己转没有了。一切把孩子放在首位,必定会丧失自己的位置。哪些事儿该管?哪些事儿不该管?管到何时算一站?都该有所考虑。不能稀里糊涂地依着惯性走下去。

儿孙自有儿孙福。差不多的时候,咱就撤了,行不!!

《北京晚报》2010 年 8 月 8 日

既要学知识,又要长本事

尽管帕姆教授没有像我们一样说素质教育这个词,但听了这位资深研究生院院长的介绍,我感到英国重视对研究生能力的培养,并且做了不少工作。

帕姆教授幽默风趣,待人宽厚,在谈话中把研究生称作自己的孩子。

回忆起 20 世纪 70 年代的英国研究生教育,她记忆犹新。她说,那时研究生上课用的不是纸而是黑板。用的教材要包书皮,之后传给下面的学生。一晃 40 年过去了,研究生们早就用上电脑了。在这期间,研究生教育也发生了巨大的变化。

她是当时大学里为数不多的博士生。那时候,导师好点儿的可以指导一些研究方法,教点技能,差点儿的一年能一起喝两次咖啡就不错了。她很幸运,遇到了一位好的老师。她当时就想,要把老师好的传统传下去。她和志同道合的同事们一起,开始了研究生能力培养教育的历程。

1986 年以前,英国政府几乎没有什么关于研究生教育的政策出台。1999 年开始,研究生开始接受技能培训,学习写论文的技巧、交流的技能,参加个人发展方向的培训等。帕姆教授等逐渐形成共识:真正的学术人,不能只是在象牙塔里闷头搞研究。研究生要学习专业,要研究课题,也要重视技能和方法。后来,英国出台了相关政策,给研究生更多的帮助,使其在学术研究上更加成功。不幸的是,这个政策现在终止了。研究生要想得到能力方面的培训,需要自己掏腰包了。

学术发展和经济、社会的关系越来越紧密,和其他研究领域的关系也越来越密切。搞专业的人也不仅仅是个学术人,更是社会人。这对从事业务的人来说也是一个挑战,不但要有知识、有技术,还要有能力、有本事。

帕姆教授把自己主持的研究生院,办成了大学里唯一一全天候服务的大楼,一天 24 小时、一周 7 天、一年 365 日,想啥时候来就啥时候来。一张门卡就是学生的通行证。在这栋楼里,有书桌,有电脑。它不仅是幢房子,还是研究生的工作坊,是活动的中心、交流观点的地方、社交的场所。

研究生能力培训的范围非常广泛。如何用学术姿态来写作? 如何化解冲突、处理压力? 培训的形式则多种多样,力求实用。

研究生都忙得很。如何吸引他们来参加呢? 他们采取胡萝卜加大棒子的做法。一方面,力争每节课都讲得生动有趣,让学生在培训中确有收获;另一方面,将其列入必修课,对学生有一定的要求。演讲者既有全英知名专家、访问学者,也有普通学生。有位加拿大学生办了个讲座,在我们看来有些可笑,题目是"如何应对已经来临的寒冬"。他的讲座让人多少有所启发。对于每个人来说,这个题目其实很重要。如果感冒生病了,科研、学业都会受到影响。

《北京考试报》2011 年 1 月 8 日

留学生更要学好语言

常有学生问我学习什么最重要? 我说,最重要的是学习语言。在哪个范围生存、生活、生长,就要学好哪个范围通用的语言。如果你想出国,就必须学好外语。

有关报道称,澳大利亚移民局去年 11 月 11 日出台新的移民政策,调整后的移民打分体系将于今年 7 月 1 日起实行。新的移民打分体系继续鼓励学生拥有澳大利亚学历,并鼓励较高的英语水平、去偏远地区学习、工作经验等。移民打分体系中的加分项目包括:雅思四个单项 7 分(可获 10 分奖励),雅思四个单项 8 分(可获 20 分奖励)。对比之下,新政策明显提高了对语言和能力的重视。

专家分析说,新的打分系统更加注重英语水平,首次对高英语水平的人才给予奖励,并放宽了年龄限制,目的在于吸引有经验和高学历的技术移民。但新政策的实施,将使澳大利亚毕业的留学生面临更大的困难。留学生除了通过专业的要求之外,语言能力也要不断提高。

新的打分系统对英语水平和高学历更加重视,有利于提高留学声誉,使低质量自费留学课程项目将更难发展。以往,不少人认为只要有钱就能移民澳大利亚、加拿大等。而新政则提高了门槛,使得提高语言水平显得更加重要。

出国也好、不出国也好,移民也好,不移民也好,学好语言都没亏吃。人要和别人交往和沟通,而语言不过关,交往和沟通就会遇到障碍。在家呆着还不明显,只要一迈出国门,就意识到语言的重要性了。到什么山上唱什么歌,见什么人说什么话。和外国人打交道,说咱家乡话,人家听不懂。一个同事告诉我,每次出国都恨自己的英语没学好。

有这样一个玩笑。一个人遇到了困难,大声呼救。老外问:"How are You?"这个人顺口就说:"Fine. Thank You!"老外立马就走了。看这事闹的,全怪语言学习过于死板。所以,学习语言的关键在于注重实际生活中的运用,重视语言交流和运用的能力。否则,关键时刻还是张不开嘴,说出话来别人也听不懂。

《北京考试报》2011 年 5 月 25 日

缓解压力有妙方

人生在世,肯定会遇到这样那样的压力。你有,我也不例外。压力面前,我们会有一些反应。这并不是我们的心理问题,而是生理问题。压力对人们产生着许多影响,如何缓解是个大问题。

英国的心理咨询师阿丽西亚女士告诉我们,当人的需求和自己所具有的资源不平衡时,压力就产生了。外部的需求,如社会的责任、财务的支出、家庭的期望等;内部的需求,如对自己的期望,力求做一个完美的人,希望得到更多的尊重和喜爱等。当我们所具有的能量不能满足这些需求时,压力就会产生。

每天 24 小时,人的机体都在不断充电,不断补充能量,需要吃饭、需要运动、需要休息和交流。脑子缺少能量供应就会出现思维混乱,不少人还以为是心理出了问题,其实不然。

左半脑管思维,右半脑管情感,总之头脑是要消耗能量的,而且消耗大约占20%—30% 的能量。每做一个决定都要经过思考,左脑、右脑不停地活动,消耗大量的能量。这个过程是非常艰难的。如果一个人过于理性。过度消耗能量,人也就会感到困乏、疲倦,工作效率低,甚至吃饭习惯都会发生改变。在这种状况下,身体非常脆弱,极易生病、易冲动、易发怒、易产生沮丧、孤单、负面的想法。

一个学生写信给我,说自己精力很难集中,学习很难深入。出现这种问题的原因不是大脑出了问题,只是注意力难以集中而已。如果不能及时缓解压力,自信心就会下降,主动性就会减弱。这时,我们所需要做的,仅仅是把所有的事情都放下来。我们需要充电、需要休息、需要一个安静的时间段。专家建议,保证充足睡眠十分重要,晚餐不要吃得太多,写下自己担心的事情等。

不确定性的因素过多时,压力就会增加。因为,找到解决问题的方法需要一个过程。每个人都有足够的能力来应付这些问题,可以尝试着把自己的步伐放得慢一些。要和周围的朋友保持密切的联系,情绪低落时,可以问一下周围的朋友。试着找到有效的解决方法,别人的方法不一定适合你。多到户外活动。对自己的期望不要太高。所有的事情都想做,都想做好,就会产生压力,就会耗费我们更多的能量。凡事不要过分自责,要相信自己能做得很好。对事对物都要保持好奇感和积极的态度,对所处的环境尽量去理解它而不是批评和指责。想法要灵活,善于变通,而不是一成不变去钻牛角尖。

一个我们熟悉的老师没跟我们打招呼就走了过去。有人就会产生压力。其实,或许他只是没有看见我们而已,并非对我们有看法。即便他是因为不喜欢我们,我们也只需要考虑为什么会不喜欢自己?有没有其他解决的方法?怎么才能使他对自己有正确的看法,而没有必要过分自责。

当身边的人遇到压力时,我们最好的做法就是善于倾听,听别人倾诉,而不要做结论、下判断。多数情况下,没有必要告诉他们结论。

阿丽西亚女士给我看了几张图片,力图说明缓解压力的几个方法:一张图的画面是绿叶和水面,其意是让自己平静下来,有充分的休息时间;一张是沙滩上的脚印,其意是凡事要一步一步地来,不要急于求成;一张是几个苹果,其意是有平衡的饮食和营养;一张是几双手握在一起,其意是团队十分重要;一张是打开的书,其意是学习可以让我们享受到许多乐趣;一张是笑脸,其意是说努力使自己保持健康快乐的情绪,要有幽默感等。

《北京考试报》2011 年 1 月 22 日

放手才是真正的爱

那一幕,深深地烙在了我的记忆里,常常会想起来。

丘吉尔庄园之大，令人赞叹。放眼四望，或者是一望无际的草坪、或者是清澈见底的湖水。它号称是英国最大的私人宅院，比皇宫还美。中心建筑布兰姆宫富丽堂皇，油画、雕塑、挂毯和精美家具件件价值连城。这些虽然给我留下了非常深刻的印象，但印象更深的是，放手让孩子们在旷野里和小火车赛跑的那对夫妇。

那天天气阴冷。从庄园到迷宫要乘小火车，距离少说也有两三公里。从迷宫出来，我们赶紧坐上了小火车。只见两个小孩死活也不上车。他们一直在和坐在车上的父母交涉着。父母很耐心，一点儿都不着急，反复说"这段路很长"。但两个孩子就是不肯上车。他们是想和小火车赛跑。

天那！那段距离的确很远。正因为距离远，人们走着都觉得累，才有了小火车，他们却要跑回庄园。哥哥稍大些，10 岁左右；妹妹看起来有些瘦弱，只有六七岁的样子。铁路旁根本就没有路。磕了怎么办？碰了怎么办？摔了跤爬不起来怎么办？天气这么冷，感冒了怎么办？荒郊野外遇到意外怎么办？

尽管，我的英语很糟，但比孩子们的父母还着急，也加入了劝说的行列。"好孩子，快上车吧！"小火车的司机也有意等了他们好一会儿。好说歹说，就是不成。于是，小火车开了。兄妹俩深一脚、浅一脚地在草地上奔跑了起来。

他们的父母稳稳地坐在车上，看着自己的孩子拼命奔跑。我感觉得出来，小火车司机也有意地放慢了速度，但两个小孩显然有些力不从心。坐在车上的人们爱莫能助，只好呼喊着为孩子们加油。很快，妹妹就跑不动了，但还在坚持。哥哥体力好些，而且颇有心计，没有按照小火车的线路弯弯曲曲地跑，而是尽量跑直线、抄近路。大约十五分钟后，我们到了目的地，远处的兄妹却还是慢慢移动的两个黑点。

过了一会儿，哥哥先跑到了。大家都发自内心地称赞他！又过了好一阵子，妹妹才跌跌撞撞地走了回来。父亲迎了上去，大家都欢呼了起来，像迎接一个战场上归来的英雄。小女孩一下子哭出声。这段路程，对她而言，的确太残酷了。

不敢想象，如果是中国父母会怎么应对这样的孩子。劈头盖脸地训斥？"废什么话。赶紧给我上车！"或者霸道地硬把孩子抱上车。"和火车赛跑？神经了吧！"或者低三下四地哀求："好孩子上车吧，妈妈给你买……"或者干脆跳下车，陪着孩子一起跑，等着当孩子的后援。

假若是我，看到孩子累成那样，早就跳车了……但是，这对英国夫妇却没有这样做。他们先是劝说，和颜悦色，耐心细致，晓之以理；没有说通之后，就尊重孩子的选择，也就真的放了手，让孩子们去承受自己选择的后果。当然没有袖手旁观，而是给予鼓励和赞扬。

相信这对兄妹经历了这段艰辛的历程后，对父母的话会更加在意。因为事实证明,这段路的确的确很长,长辈的话有一些道理。这对兄妹即使长大了,也不会忘记自己和小火车赛跑的故事。虽然很累,但他们享受了坐在小火车上难以领略的感受。经历了这段路程之后,他们会更加独立,也会更加经得起摔打。

同为人父人母,我们做得如何?在爱的掩盖下,我们做了多少扼杀孩子积极性、自主性、创造性的事情?在许多情况下,爱成了一种伤害的利器,妨碍了孩子的健康成长;在更多的情况下,爱成了强加于孩子的借口。父母可以代替孩子选择、代替孩子思考、代替孩子吃苦,代替孩子做事,但有一点是无法代替的。这就是父母无论如何,也代替不了孩子的成长。

《北京青年报》
2011 年 2 月 9 日

考试作弊国际化敲响警钟

这无疑是个令人心痛的消息:5 月 28 日,美国检方对 15 名中国学生提起诉讼,指控其在美国大学入学考试(SAT)等考试中采用欺诈手段。国内考试作弊已成顽疾,屡见不鲜、屡禁不止。部分人将这一恶习带到国外且变本加厉,一旦触犯别国法律,受到制裁不可避免。事情虽然发生在大洋彼岸,但值得国人特别是教育工作者、家长和学生们警醒和深思。

据美方起诉书称,作弊者花钱雇用替考者,涉及的考试类别包括 SAT、GRE 和托福。依照美国司法部公开的文件,这些学生花 6000 美元雇用枪手代其进入考场。作弊者购买伪造的中国护照,骗过考场管理人员。他们通过聊天软件传递伪造护照的个人信息、"枪手"照片等,通过邮寄或快递方式把假护照从中国寄到美国的作弊考生手中……

被告被指控的罪名是因考试作弊而引发的伪造外国护照以及通信欺诈等。按美国有关法律,欺诈罪可判高至 20 年监禁和 25 万美元罚金,伪造外国护照罪最高可判 10 年监禁和 25 万美元罚金,合谋罪最高可判 5 年监禁加 25 万美元。一旦定罪,这些学生难逃牢狱之苦,他们的学习生涯、美好年华和大好前程统统毁于一旦。

随着国际化程度的不断加深,如今的学生走出国门读书学习已成寻常之事。但出国留学要留得光明、学得正大。靠走歪门邪道、投机取巧,即便一时得逞,在"互联网+"时代、在大数据时代,丑行败露也是早晚的事。

考试作弊当然不是我国特有的现象,其他国家也不同程度地存在着。但是,这并不能成为我们推卸责任、放弃监管、放任自流、任其泛滥的理由。反观国内对待考试作弊的态度，虽然采取了一些措施防治，虽然开展了一定的教育引导，也取得了一定的进展和成效，但考试作弊的现象还没有从根本上得到遏制，甚至出现了高科技化、群体化、职业化的趋向。对此，我们必须有清醒的认识。

眼看着青年学生因考试作弊而在异国他乡受审，真的让人非常心痛。国际化的考试作弊之举，不但败坏了我们的学风、社会风气，而且还直接影响了我国的国际形象和国际声誉。对此，我们不能再掉以轻心，而要采取更加有效的措施亡羊补牢。

是什么造成了考试作弊现象？考试作弊现象为何屡禁不绝？表层的回答似乎都已经有了。现在，问题的关键是，要针对这些原因，拿出行之有效的措施和切实可行的办法来。除了加快教学改革、让学习更加有吸引力之外，除了不断改进考试方法和评价体系之外，还需要在以下几个方面下功夫、用力气。

摒弃考试作弊，首先要有一个适宜的社会环境。诚信原本就是中华民族的光荣传统，也是当今社会主义核心价值观的重要组成部分。毋庸讳言，现在社会风气不正，弄虚作假盛行，诚实守信吃不开、行不通。要站在祖国命运、国家前途、民族兴衰的高度，看待诚信问题。大力倡导诚信之风，积极营造诚信光荣的舆论氛围。这不仅仅是教育从业者的职责，也是全社会的使命。

培养讲诚信的人，是教育人、培养人的最基本目标。社会、学校、家庭都要把教育引导学生诚实守信当成重要的任务。在对学生的评价中，诚实守信应该占有更大的权重，而不能只看考试分数。诚信教育既要从出生的娃娃抓起，又不能放松成长中每一个环节的引导；既要言传，更要身教；既要有教育，又要有引导。特别要注意避免简单化、形式主义、一阵风，要注重教育效果，力争使诚信教育入脑入心并转化成学生们的自觉行动。

要进一步加强法律法规建设，依法对考试作弊行为进行必要的处理。有关部门、教师、家长要加强管理、监控，发现问题苗头及时加以解决，不掩盖、不护短、不任其发展。身为学生则要坚守道德底线、法律底线，切不可怀有侥幸心理、以身试法，一失足成千古恨。

《中国科学报》2015 年 12 月 4 日

全面推进生态文明建设的伟大纲领

"改革发展，理念先行"，十八届五中全会《公报》中所提出的"绿色发展"理念相较于以往党和国家关于生态文明建设方面的论述而言，既有创新，也有升华，更有提高。

一是立意更高。十八届五中全会《公报》从"绿色发展"所需要坚持的基本原则出发，围绕人与自然和谐、主体功能区建设、低碳循环发展、资源节约与利用、环境整治、生态屏障构筑等多个方面的内容，从生态文明和"绿色化"发展的高度进行了新一轮的理论阐述，这不仅赋予了"绿色发展"这一模式崭新的面貌，也为今后的发展指明了方向。

二是认识更深。十八届五中全会《公报》中首次提出"推进美丽中国建设"，使"美丽中国"的表述得到了进一步的深化，也令"美丽中国"从一句抽象的理论表达"落地生根"为具象的实践形态，这也是我国在"绿色发展"的实践过程中，遵循实践、认识、再实践、再认识的人类历史发展规律，不断摸索、总结经验，并在实践中加以深化所得出的科学的理论认识。在未来，"美丽中国建设"也正在与经济建设、政治建设、文化建设、社会建设、生态文明建设实现并举并重，共同推动我国经济社会可持续发展。

三是视野更宽。十八届五中全会《公报》中率先提出了"为全球生态安全作出新贡献"，这表明我国在"绿色发展"中具备了国际视野，同时也反映了中国积极主动应对气候变化，保护整个地球生态环境的担当，也向世人进一步展示了中国作为一个负责任大国应有的诚意和姿态。这一提法还要求我们将生态环境发展问题放到全球化的背景下加以考量，强调中国对全球生态安全的贡献将有利于我国以更加积极主动的姿态参与世界生态环保进程，推动世界生态环境安全建设，并与其他国家一起共同构筑生态环保国际新格局。

四是角度更新。首先，十八届五中全会《公报》中率先提出了构建科学合理的城市化格局、农业发展格局、生态安全格局、自然岸线格局。其中，"自然岸线格局"的提法表明我国将一如既往地顺应自然，更加重视天然形成的地理分界线，避免岸线受到人为的破坏和开发；同时，"自然岸线格局"也表明我国将海洋这一天然分界线纳入了格局建设之中，用格局把中国的国土作了全方位覆盖。其次，《公报》中提出建立绿色低碳循环发展产业体系和清洁低碳、安全高效的现代能源体系。这一方面表明"两个体系"是绿色发展最重要的内容；另一方面在强调"绿色发展"全面性的同时,也从体系的角度将绿色发展诠释的更加生动具体。最后,十八届三中全会时我国提出了"推行节能量、碳排放权、排污权、水权交易制度",本次全会又在此基础之上,从用能权、用水权、排污权、碳排放权初始分配的角度强化了其制度属性,在推陈出新的同时又与以往的交易制度相呼应,与生态环境保护的市场化机制相配套。

五是力度更大。出于"绿色发展"需要和当前生态环境形势的压力,《公报》中提出了两项重点工程、两次重大行动和三个关键制度,从三个不同的维度层面进一步加深和强化对生态环境发展的推动作用。具体来看,一是"近零碳排放区"示范工程和"山水林田湖"生态保护和修复工程。"近零碳排放"这一严苛的标准,要求我们以更大的气力投入到"碳排放"的整治之中。二是大规模国土绿化行动和蓝色海湾整治行动。蓝色海湾整治行动要求我们更多地关注海洋生态环境建设,花大力气探索如何减少海湾污染,使海湾常绿,海水常蓝。三是明确提出了加大环境治理力度,实行最严格的环境保护制度;建立省以下环保机构监测监察执法垂直管理制度;完善天然林保护制度。"最严格"三个字凸显了当前我国生态环境已经到了不得不治、必须得治的阶段,一切治理活动都必须从严从重,方能取得实效。同时,建立省以下环保机构监测监察执法垂直管理制度使信息上传下达将更加顺畅,还避免了环节过多所带来的管理损失,确保了管理效率。

在新的历史条件下,推进"绿色发展"既要面对新的局面,也要具备新的思路,更要有新的举措。

一是将"绿色发展"理念植入全面小康社会建设之中。《公报》中明确提出了全面建成小康社会新的目标要求,其中"生态环境质量总体改善"成为新目标之一,从"十二五"时期的生态环境质量明显改善,到"十三五"时期的生态环境质量总体改善,我国生态环境建设质量经历了一个从无到有,从低到高,从局部到整体的深化提高过程。这要求我们在小康社会建设过程中必须始终坚持绿色发展。

二是全面厘清五大发展理念之间的关系。绿色发展理念与创新、协调、开放、共享发展理念之间应该是相辅相成,紧密联系的,"创新"为绿色发展提供动力,"协调"为绿色发展保驾护航,"开放"为绿色发展提供机遇,"共享"促进绿色发展成果转化。

三是推进绿色发展必须树立全球性生态视野。绿色发展必须立足中国,放眼世界,善于用他人先进的技术和方式来增强自身发展实力;同时,在自身发展时也要充分顾及对全球生态环境的影响,统筹国内和国际两个大局,对外要把握国际绿色发展规则制定的主导权,尽可能维护和争取发展空间;对内要切实加快绿色转型进程,促进发展成果更多地惠及民生。

四是将制度建设贯穿绿色发展全过程。绿色发展要实现从理论到实践的转变必须依靠强有力的制度作支撑,用具体的制度对绿色发展理念加以规范和约束,形成全社会共同遵守的客观条例、政策、法规等。对违背绿色发展要求,影响生态环境安全的任何行为坚决用制度加以限制;同时,绿色发展相关制度建设要充分考虑客观条件的许可,考虑具体时期的主要矛盾,有针对地、分时期、按步骤地加以推进。

《中国科学报》2015 年 11 月 13 日
《中国绿色时报》2015 年 11 月 19 日

确保国有林场和林区改革顺利推进

据新华社报道,中共中央、国务院近日印发了《国有林场改革方案》和《国有林区改革指导意见》,并发出通知,要求各地区各部门结合实际认真贯彻执行。这是党中央、国务院对我国的国有林场和林区改革作出的顶层设计,是站在全局和战略的高度作出的重大决策,是新常态下的我国林业改革发展的科学指南。

如何保证国有林场和国有林区改革方向不走偏、政策不走样,直接关系到国家最为宝贵的生态资源能否永续利用,直接关系到全国人民赖以生存的生态环境能否可持续发展。如何学习好、宣传好、贯彻好、落实好文件精神,推进国有林场和国有林区改革,不仅是各级林业主管部门当前和今后一个时期的重大政治任务,也不仅是全体务林人最重要、最紧迫的工作,而是各级政府、是全社会的重要责任和神圣使命。

首先,要充分认识国有林场和国有林区改革的重要性。国有林场和国有林区是国家最重要的生态安全屏障和维护国家生态安全最重要的基础设施,在经济社会发展和生态文明建设中发挥着不可替代的重要作用。

国有林场和国有林区的改革,既是林业改革发展的应有之义和必由之路,也是生态文明体制改革的重大突破和非凡创举;既是国有林场职工实现同步小康的重要保证,也是中华民族永续发展不可或缺的生态保障;既是我国林业发展的重大战略,也是全面推动我国生态文明建设的重要基础;既对繁荣我国林业事业有着深远的意义,也对建设美丽中国、造福子孙后代、实现中华民族伟大复兴有着极为重大的影响。毫不夸张地说,国有林场和国有林区的改革事关每一位公民,事关各行各业的发展。

因此,全社会都要在国有林场和国有林区改革上达成共识,共同为推进改革、加速生态林业和民生林业建设凝心聚力、出谋划策、增砖添瓦。要把思想和行动尽快地统一到党中央、国务院的决策部署上来。要广泛宣传,让广大林业干部职工和全社会掌握文件精神、了解熟悉政策,在全社会形成有利于国有林场、国有林区改革的良好舆论氛围和社会环境。

其次,要充分认识国有林场和国有林区改革的特殊性。国有林场的改革不同于一般性的事业单位改革,不能照搬一般性事业单位改革的做法。

国有林场改革的核心内容和首要任务,就是要科学确定国有林场和国有林区的生态公益功能定位,这对于理顺国有林场、国有林区管理和经营机制至关重要。有利于发挥林场和林区的生态公益功能的措施就是好措施,破坏森林资源的事情绝对不能干。这应该成为国有林场和国有林区改革的红线!

通过改革,不仅要解决好定员定编、人员分流、长期债务等历史遗留问题,更要着眼长远,保障国有林场和生态资源可持续发展。不但要对现在负责,更要对未来负责。不但要实现功在当代,更要追求利在千秋。除此而外,还要考虑到各林场、各林区自身的特殊性。历史沿革不同,地理条件不同,植物状况不同,经营方式不同,文化习惯不同等,使得林场间、林区间存在很大的差异化。因此不能用一种思路、一套方法、一个模式去应对极具个性的林场、林区的改革。

要在党中央、国务院的总体要求和改革框架下,认真分析和研究不同林场、不同林区的特殊性,因地制宜、因场制宜、因区制宜。要准确把握国有林场和国有林区的功能定位,精心组织编制改革实施方案,科学划定改革底线,认真制定符合实际的具体目标、任务、措施和步骤,以确保改革始终行进在科学的轨道上。

再次,要充分认识国有林场、国有林区改革的复杂性。这项重大改革是一项复杂的系统工程,牵涉面广、涉及人多。在改革中不可避免地会出现各种各样的矛盾和错综复杂的局面。

对此,要有充分的思想准备,不能急于求成。出台每一项政策,采取每一项措施,都要反复论证、审慎行事。不能搞政绩工程、面子工程,而要脚踏实地、切实解决实际问题。既要敢于碰硬、敢于解决遗留问题,更要耐心做好当事人深入、细致的思想工作。努力寻求最大公约数,力争得到尽可能多的人的支持。要妥善处理眼前利益和长远利益、国家利益和局部利益、公众利益和个人利益之间的关系,尽量寻求科学的、最佳的解决方案。

国有林场、国有林区改革是一项创新,虽然有一些试点经验可供借鉴,但仍需要继续研究和探索。要加大调查研究、科学研究的力度,广泛听取专家、群众的意见和建议。有关部门要加强监督和管理,不能放任自流。要确保林区的和谐稳定,注重化解矛盾、防范风险,加强舆情监控,及时发现问题,妥善解决问题,努力维护林区和社会的稳定,为改革提供良好的社会环境。

新华网 2015 年 3 月 19 日
《中国绿色时报》2015 年 3 月 20 日

林业科普队伍建设亟待加强

  林业科普队伍是林业科普事业发展的关键。加强我国林业科普队伍建设,不仅有利于提升林业行业科普工作水平,更有助于提高大众的林业科学素养,为推动林业行业健康快速发展和推进生态文明建设提供有力支撑。

  科普即科学技术普及。科普被世界多数国家称为"公众理解科学",一般用来指国家和社会采取公众易于理解、接受、参与的方式,普及科学技术知识,倡导科学方法,传播科学思想,弘扬科学精神的活动。从本质上说,科普是一种面向社会的教育活动,具有社会性、群众性和持续性的基本特点。它的根本任务是传播,是把人类已经取得的科研成果、科技知识、科技理念等传递给广大公众的过程。只有传播者和受传者形成科学合理的互动,才能增强科普工作的实效。

  林业作为重要的基础产业和具有特殊功能的公益事业,在建设生态文明中居于首要位置。没有广大公众的参与和支持,林业事业就难以快速、健康地发展。林业科普工作既是科普工作的重要内容,也是林业事业的重要组成部分。积极开展林业科普宣传活动,不仅能促进林业科技创新的快速发展,还能动员全社会的力量参与这项伟大的事业,指导大众合理应用林业知识,积极支持林业事业的发展,踊跃参与绿化美化活动。

  开展林业科学技术普及是一项经常性工作,需要有足够的人力资源作保证。林业科普队伍担负着林业科普工作的责任和使命,引领着林业科普工作的发展方向和趋势。没有适应林业科普工作需要的队伍,一切都无从谈起。稳定的林业科普队伍能够提高科普工作质量,可以细化科普对象、创新科普活动形式等,科普效果也会得到进一步提升。建设林业科普队伍,还有利于推动理论研究和学术交流等的开展。

  由于种种原因,当前的林业科普状况仍有许多不尽如人意的地方。首先是缺乏一支高素质的林业科普队伍。目前我国林业科普队伍总体人员较少,各类队伍分工不明确,专业性人才不足,尤其缺少专家型科普人才和创新型领军人才。

  我国林业科普队伍主要由林业主管单位联合行业学会、协会及企事业单位的有关人员组成,多为兼职人员,人数相对较少,而且专业性不强。兼职人员忙于本职工作,难以有足够的时间和精力开展林业科普工作。在我国目前承担林业人才培养任务的高校中,极少设有科普专业,甚至没有开设相关的课程。高层次的林业科普专业人才紧缺,无法适应林业科普工作的需求。大多数兼职人员缺少必要的专业培训,直接影响到林业科普工作的质量和进程。

此外,我国林业科普工作不够活跃。科普工作者的成果不易评价,严重挫伤了他们参与科普工作的积极性。林业科普人才培养、选拔、使用、激励体制和机制还没有形成。

为了进一步加强我国林业科普工作,我们应该进一步加大林业科普人才培养力度,尽快建立规模适度、结构优化、素质优良的林业科普队伍。一是以林业主管单位,相关行业、学会和企事业单位等多元机构为主体,整合林业科普力量,形成林业科普队伍的主干;同时,利用企事业单位、高校及科研院所的资源优势,紧密结合林业,积极开展丰富多彩的科普工作。二是通过继续教育、技能培训、上岗培训等,努力把一部分林业科技人员培养成为林业科普专家,努力使林业科普队伍专业化。三是充分发挥社团组织在科学普及方面的宣传优势,积极策划品牌科普活动。经常开展科普人员培训、科普基地认证、科普活动评比等,不断壮大兼职科普人员队伍,完善科普人员结构,壮大科普志愿者队伍,调动在校大学生志愿者和离退休人员参与科普工作的积极性。

在培养林业科普领军人才的实践中,应尤其重视发挥林业专家在科普工作中的作用,支持高校和科研院所开展林业科普的理论研究和实证研究;组织专家学者定期举办林业科普大讲堂,开展科普进社区、进学校活动;鼓励和支持相关社团组织开展林业科普活动;推动林业科普与大众传媒的合作与交流,吸引传媒从业人员关注和从事林业科普工作;加大对林业科普工作的力度,出台合理的林业科普人才奖励政策和激励机制,营造良好的工作环境,为进一步做好林业科普宣传不断注入活力。

《中国绿色时报》2015年6月26日

保护多样性与应对气候变化同等重要

春回大地,万物复苏。在这个季节里,谈论生物多样性的话题再合适不过了。北京林业大学原校长、博士生导师贺庆棠教授援引联合国副秘书长阿奇姆·施泰纳的话说,国际社会没有实现2010年生物多样性目标。他认为,保护生物多样性的任务更加艰巨——保护多样性和应对气候变化同等重要。

充分认识生物多样性的三重价值

贺庆棠告诉记者,生物多样性关系到人类生产生活,关系到社会和经济发展,关系到人类生存环境和生计。生物多样性的丧失,不可避免地会给生态系统造成不可挽回的损失和破坏。保护好生物多样性对于保护环境、发展经济、促进可持续发展都具有十分重要的意义。

他解释说,生物多样性是指地球生物圈的所有生物,包括动物、植物、微生物和它们所拥有的基因,以及它们与生存环境形成的复杂生态系统。对于人类来说,生物多样性具有直接使用价值、间接使用价值和潜在使用价值。

生物多样性可为人类提供各种特殊基因,具有巨大的直接使用价值。生物为人类食物、纤维、建筑和家具材料、药物及各种其他工业原料。人类的衣、食、住、行都离不开生物多样性。大约有3000种植物被用作食物,有75000种植物可做食物,全球70%的药物直接或间接来自植物。

间接使用价值是生物多样性具有重要的生态功能,生物多样性一旦减少,生态系统的稳定性就要遭到破坏,人类生存环境就要受到影响。虽然大量生物的潜在价值目前尚不清楚,但可以肯定的是,一种野生生物一旦消失就无法再生,其潜在价值就不复存在了。

人类影响造成的物种灭绝速度比自然的快千倍

贺庆棠说,生物在漫长的演化过程中,长期稳定与短期剧变总是在相互交替。据统计,自寒武纪以来,明显的生物灭绝事件发生过15次。其中,重大集群灭绝有5次,大多源于自然灾害。现在,地球正在经历第6次物种大灭绝,但这次的原因主要是人类活动。人类活动造成的影响比自然灭绝速度快1000倍。灭绝一个物种,就有几个、几十个物种生存受到影响。由于人类活动和日益加剧的气候变化,据专家估计,全世界目前有3.4万种植物和5200多种动物濒临灭绝。世界自然保护联盟发布的全球物种状况红皮书认为,有15589个物种受到灭绝威胁。《自然》杂志称,50年后100多万种陆地生物将从地球上消失。

2010年10月在日本名古屋举行的生物多样性公约缔约国大会得出这样的结论:全球生物多样性状况正在逐渐恶化,其原因归根到底,都是人为对环境破坏和不正当的利用所造成的。这次大会同时还通过了新的保护生物多样性10年行动计划。

这些原因包括:生物栖息地丧失和破碎,生态环境变化,土地荒漠化面积占陆地面积30%并还在扩大,湿地减少和破坏,乱砍滥伐森林、毁林开荒等;外来入侵物种造成当地物种生活环境的恶化,改变了生态系统构成,导致一些物种在当地丧失或灭绝;大量野生生物资源遭到过度开发、利用,造成生物多样性严重减退;

环境污染与气候变化造成生物物种消失;外来人口迁入聚集,人类对土地的开垦和扩张,使生态系统受干扰和破坏;规模化农业生产,大田品种单一会间接造成几千年来培育、保存的大量作物品种和家畜品种的丧失,遗传多样性受到影响。

保护多样性和应对气候变化同等重要

贺庆棠说,尽管采取了一些措施和行动,但遗憾的是,国际社会没有实现生物多样性10年目标。联合国副秘书长阿奇姆·施泰纳认为,包括44%陆地生态区域和82%海洋区域没有达到预期目标。其中有经济原因,但也和大多数国家仍然没有充分认识到生物多样性的重要性有直接关系。许多人认为,没有生物多样性人类照样能活着。事实上,现在人类比任何时候都需要生物多样性。

贺庆棠强调,生物多样性丧失的严重局面应该引起高度重视,要像重视全球气候变化一样重视生物多样性保护。保护生物多样性是应对气候变化的优先和最重要手段。保护生物多样性和应对气候变化,两者相互影响、相互关联、互不可分。保护生物多样性和它支持的生态系统,能帮把更多的碳贮藏起来,减少温室气体在大气中积聚。国际社会必须采取有效和协调的行动,减少对生物多样性造成的严重压力,从而使生态系统有更大抵抗力。要增加自然保护区、发展林业、保护好湿地、控制污染,以及对消费、贸易、人口增长、迁徙、经济开发等进行管理,各国政府应及时行动起来,拿出资金开展治理与保护工作,防止地球上生命系统发生严重的或根本性的崩溃。

保护生物多样性关键是保护森林

俗话说"林子大了,什么鸟都有"。贺庆棠用这样的话形象地指出了森林对生物多样性的意义。他说,森林特别是热带森林具有地球上60%以上的生物物种,是生物的家园。森林环境是许多生物种群所不可缺少的。大熊猫一般生活在四川、陕西等省2000米以上高山有箭竹的森林之中。亚洲象生活在云南西双版纳的热带雨林及季雨林之中。没有适宜条件的森林,它们就失去了生存的环境,没有食物能供养它们,它们就会走向濒危甚至灭绝。

贺庆棠强调,保护森林、发展林业,就是保护60%以上生物的家园和其所需的各种环境条件。发展林业,保护森林,可提高当地生物多样性和森林的碳汇效应。建设自然保护区,保留好天然存在的各种基因,以备将来需要之用,意义更加重大。不毁林、不使森林退化,营造多树种、适合当地的乡土树种的混交林,营造健康的森林,是保护生物多样性的必由之路。科学经营森林,发展森林和保护好湿地,做好自然保护区工作,是保护生物多样性的重要手段。

《中国绿色时报》2011年3月18日

全球变暖将使冬奥会面临无雪可滑困境

热热闹闹的索契冬奥会把人们的目光聚焦在激烈的赛事上。我却把目光停留在了赛场附近的罗莎-卡赫特的滑雪斜坡上,为了避免因温暖的气候出现无雪可滑的尴尬,组织者花费一年时间囤积人造雪。

由此我想到了正在申办 2022 年冬奥会的北京。刚刚过去的这个冬天,人们苦等 107 天才等来了一场初雪,几近打破了自有记录以来的最晚初雪的纪录⋯⋯

现在再来争论在索契这样一个城市(2 月平均气温达 6 摄氏度、附近山区的温度徘徊在 0 摄氏度以上)举办冬奥会是否合适,没有任何现实意义。需要引起关注的是,全球变暖后还有没有雪让人类继续举办和雪相关的体育盛会。

严峻的现实是,全球变暖将使冬奥会面临无雪可滑的困境。首先是雪的数量减少。美国发布的报告显示,20 世纪 70 年代以来,北半球的雪季缩短了大约 3 周。全球变暖之后,一些地区的最高海拔处也会融雪,位于低海拔的滑雪区情况更糟。报载,美国康涅狄格州和马萨诸塞州的 17 个滑雪场,即便人造雪,到 2039 年也没一个场地能够支撑过滑雪季;其次是雪的质量下降。科学家称,雪的质量对冬季运动会滑雪等项目也十分关键。愈加温暖潮湿的空气会使雪变得更重、更湿,而滑雪者需要的则是干燥蓬松的雪。总之一句话,未来,滑雪的人们将没有自然条件下形成的适宜的雪。

气候变化下的冬奥会将有什么样的未来虽尚未确定,但已有研究揭示,随着气候变暖,依靠自然条件有能力举办冬奥会的地方将继续减少,而那些适合比赛的、更冷的山区则难以接待和容纳众多的运动员、观众和组织者。加拿大有位科学家调侃说:"国际奥林匹克委员会将面临有趣的困境。"对此,我一点也不觉得有趣。

1924 年发端于法国的冬奥会将面临无雪的困境,这真的不是杞人忧天。人类应该正视全球气候变化的严峻现实。事实上,这种变化早已经影响到了我们生活和工作的许多方面,只不过是因为我们过于迟钝而对这种威胁视而不见。气候的变化不应该只有科学家关心、关注,每一个人都会饱受其害;气候的变化不是某一个国家、地区的事情,每一个地球人都逃脱不了它的影响。

与天斗,其乐无,穷。多了一个逗号,告诉我们一个真理。违背了自然规律,人的行为不但没有任何乐趣可言,还会陷入贫穷的境地。人类活动对于全球变化到底有多大影响? 科学上还没有定论,但有影响是肯定的。因此,在减缓全球变化中,我们肯定不能听之任之、坐以待毙。除了必要的前瞻和预见之外,还需要研究必要的预案,采取具体的行动。

回到冬奥会的话题上,我们真该好好想想,除了人造雪,我们还能为冬奥会的举行做些什么?可以肯定地说,任何有利于环境的行为对于减缓气候的变化都是有利的。造林绿化、绿色碳汇、绿色出行、绿色生活……除了能够让蓝天重现、河水变清之外,还和你我喜爱的冬奥会紧密相关啊。

《中国绿色时报》2014 年 02 月 19 日

《北京青年报》2014 年 02 月 16 日

应赋予林业部门更多的执法权

据《北京日报》报道,3 月底,北京市林政稽查大队将正式更名为北京市园林绿化局执法监察大队。这不仅仅是一个机构名称的改变,而是扩大林业部门执法权的开始。相信此举会有助于改变城市绿化执法力量薄弱的局面。

城区寸土寸金。在城市建设中,改变绿地性质和用途、人为侵占或毁损城市绿地的现象十分严重。因为这一现象得不到有效的监管,在许多情况下只是罚点儿钱了事。

以往,绿化的主管部门只拥有对林业的行政执法权,但对城区内破坏绿化的行为,执法权却在城管部门。由于城管部门缺乏园林管理的专业知识,在执法时很难针对城区绿化的规律和特点进行充分考虑。

而即将挂牌的园林绿化局执法监察大队将全方位地担当起首都园林绿化的行政执法使命,不但对侵占、毁损绿地等行为进行监管,还可以督促相关部门对破坏的绿地进行恢复。这对于城区绿化成果的保护具有重要的意义。对此,我们拍手叫好。

赋予林业部门更多的执法权,不是出于部门利益的考虑,而是绿化大业的迫切要求。目前,我国和绿化相关的法律法规正在逐步地健全和完善,但执行情况并不理想。其原因之一就是执法机构的错位与交叉。城市绿化部门只管绿化不管保护,使得破坏绿化的违法现象得不到有效遏制。此次北京强化和扩大园林绿化部门的执法权,有利于推动相关法律法规的执行和落实,有助于巩固和发展绿化成果,应该在全国范围内加以推广。

《中国绿色时报》2011 年 3 月 23 日

欣闻国家林业局微博进"十大"

一年来,"微博"在网络上悄然兴起,利用微博发布信息不仅是一种时尚,更是一种及时与网友互动、信息交流的有效工具。

3月29日,人民网舆情监测室发布了党政机构和官员微博发布报告,首次推出了10个党政机构微博,国家林业局的微博名列其中。作为第一批开设微博的国家部委,国家林业局迈出的一小步,不仅仅是微博发展的一大步,也是网络问政、与社会互动的一大步,还是借助新媒体有效开展绿色传播的一大步。

微博是如今最具人气、最为火爆的网络传播形式,成为备受追捧的舆论新阵地。新浪微博的用户总数已超过1亿,而搜狐总裁张朝阳更是用微博转播明星婚礼,以提升搜狐微博的人气。在信息传播态势发生巨大变化的时代,国家林业局审时度势,在国家部委中率先"织围脖",充分体现了与时俱进、敢为人先的意识。而这种意识,恰恰是推进生态建设、林业发展的动力。换个角度看,国家林业局开的不是微博,而是面向社会树立的勇于创新的形象。

开办一个微博不难,经营好微博、使其发挥更大的作用不易。在肯定国家林业局微博的同时,我们也看到国家林业局微博综合影响力指数与排在首位的相差甚远。我们希望有关部门能充分利用好这种新兴的传播方式,使其发挥出更大的作用。同时,我们也希望全国林业系统有条件的单位,也能向国家林业局看齐,研究好、利用好这一新的传播形式,为林业事业的健康发展营造良好的社会舆论环境。

《中国绿色时报》2011年4月7日

你算"绿价比"了吗?

中国光华科技基金会节能减排基金日前正式向全社会公布了"绿价比系统"方案,并提出了建设该系统的行动纲领,号召社会各界积极加入。

"绿价比"理论的创建者、大连国际知识经济研究院史宪文教授提出,以往衡量产品,常常使用"性价比",追求产品性能与价格之比做到最优,显示企业或个人的能力,使其收益达到最大化。"绿价比"追求的则是资源使用和节能减排也做到最优,提倡衡量绿价值与价格之比,产品的"绿价值"包括节能价值、减排价值、生态价值,这三个价值可以根据企业的投资努力计算出来。在具体实践中,就是把企业节能减排与生态环保的努力(包括购买碳排放权投资)货币化,体现在产品的价格构成之中,显示在标签上,并在商场采购和顾客消费等环节,设置激励机制,如优先结算、绿色通道、组合抽奖等,鼓励政府采购和消费者积极优先购买具有"绿价比"标志的产品。

"绿价比"关系到了企业的效益,企业势必要付出节能减排努力,构造绿价值,还可以把剩余的"绿价值"通过碳交易市场进行出让;那些缺少直接节能减排潜力的企业可以通过购买碳排放权,为产品构造出"绿价值"。这就是"绿价比系统模式",表明企业或个人社会责任的最大化。

据悉,在"绿价比"理论基础上,中国光华科技节能减排基金正发起"绿价比行动",号召技术供应商、产品供应商、商场、碳交易所等积极参与。

《北京日报》2010 年 9 月 15 日

不妨炒作炒作"绿十条"

中国绿色时报在持续刊出推荐"绿十条"的公益广告。对此,我拍手叫好。然而,现实生活中,"绿十条"的普及程度还远远不够。

所谓"绿十条",是 2011 年西安世界园艺博览会推荐的绿色生活 10 条理念的简称,内容从出行到家居和办公、从购物到饮食,堪称现代人日常生活的行为规范。每条都由 8 个字组成,读起来朗朗上口。

一是安全无害,简约装修;二是节能减排,低碳出行;三是省电节电,珍惜能源;四是珍惜粮食,绿色饮食;五是按需定量,理性消费;六是惜水节水,循环利用;七是低耗高效,无纸办公;八是提倡有机,减少污染;九是勤俭节约,拒绝奢侈;十是植树种花,美化生活。

活理念,值得推崇。此外,"绿十条"中的每一条理念都有具体数据支撑,很有说服力。例如:家庭装饰装修每年浪费超过 300 亿元、新装修房屋 60% 以上都有建筑材料污染问题、1 人少搭乘飞机 5000 公里可减少碳排放 695 千克等等。每一个数据都与人们的日常生活相关。

现在的问题是:如何采取有效的传播手段,向公众推广"绿十条",使其付诸实践。笔者认为,像"绿十条"这样的绿色理念,不妨炒作一下。炒作并非贬义,其目的在于短时间内博得人气、吸引眼球,从而使传播效果最大化。不仅仅是"绿十条",我国林业宣传中的很多问题都需要这样的炒作,在传统宣传方式之外,不断借鉴和探索新的传播方式,从而使绿色理念深入人心。

《中国绿色时报》2011 年 3 月 2 日

该为捐绿的企业扬扬名

　　读了 3 月 2 日的《中国绿色时报》,感到非常振奋。中国绿化基金会绿色大连基金成立,现场就有 62 家企业捐资,一下子捐了 2.5 亿元。这对于造林绿化事业而言,无疑是一件大好事。高兴之余,我特别想知道这 62 家慷慨解囊的企业姓甚名谁。作为纸媒的新闻报道而言,不可能将它们的名字一一列出,但总该采取点办法,为这些热心绿色事业的企业扬扬名。

　　我以为,为捐绿的企业扬扬名起码可以收到三大效果。其一,回报这些企业的善举;其二,激励其他企业效仿;其三,鼓舞受捐者士气。

　　企业的行为,多源自对名利的追逐,对企业形象的塑造。人家把钱捐出来,我们为人家扬扬名,也是对其支持绿化、热心公益行为的肯定和赞扬。其知名度和美誉度的提升,有助于企业的发展,也有助于促使这些企业继续关注和支持绿色事业。

　　榜样的力量是无穷的。通过为捐绿企业扬名,营造"支持绿化光荣"的舆论氛围和社会环境,在社会上产生辐射作用,从而带动其他企业加入捐绿行列。捐绿的企业多了,绿化事业就有了新的生机。

　　干啥事儿都讲究个人气。有这么多企业给绿化捐钱,说明了我们的事业蒸蒸日上、影响日益扩大。这对绿化事业的从业人员来说,是一个极大的鼓舞和鞭策。公布一家家捐绿企业名单,可以激发我们的斗志,增强我们的责任感。

　　最后的问题是,为捐资企业扬名的可操作性如何?这事不难,可以开设"企业捐绿榜"栏目,可以在相关网站上详细介绍这些企业。纸媒记者再报道类似新闻时,不妨多写一句"捐资企业名单详见……"

《中国绿色时报》2011 年 3 月 11 日

一个孩子,一万亿棵树

　　一个 13 岁的孩子,想种 1 万亿棵树。这听起来似乎像天方夜谭。但他倡导的"为地球植树"活动,已经种了 350 多万棵树。

这个德国男孩名叫弗利克斯。他组织同龄人种树,并总结出了自己的道理:大人们没有解决的问题带来的后果,要由孩子来承受。因此,孩子们也需要为了明天而努力。

前人栽树,后人乘凉。这句话说的或许是人们的历史责任。人们不仅要在自然界栽树,更要把绿色意识种在后代人的心田。从这个 13 岁孩子和 1 万亿棵树的故事中,笔者得到了几点感悟:

第一,要引导孩子关注生态和气候变化。

如果不是弗利克斯 9 岁那年,老师要求他和同学们完成一份与气候变化有关的作业,或许他不会有如此的雄心壮志。为完成这个作业,在查找资料时,他知道了一个肯尼亚女人因为种树得了 2004 年诺贝尔和平奖,从而诱发了他关注环境、热衷植树的兴趣和志向。这个时期,家长、老师、社会有责任用心培养孩子的绿色意识。

第二,要鼓励和支持孩子的想法。

报道中没有具体阐述外界是如何支持弗利克斯的,只是说他的异想天开的设想,得到了大家的支持,其他学校的孩子很快加入进来。4 年后,孩子们在德国种了 100 多万棵树,还有 90 多个国家的孩子加入了他创建的组织。一个 13 岁的孩子的能力太有限,这个时候,一定离不开了家长、学校、社会的支持。

第三,要重视和发挥少年儿童的作用。

或许有不少人会说,孩子们还小,能干成啥事儿啊?弗利克斯种树本身,就起到了一个榜样的作用。事实证明,孩子们不但能够帮助成年人完成某项事业,还可以承担许多成年人难以做到的事情。对社会、对环境,都是一个不小的贡献。

第四,要注重发挥朋辈教育的功能。

这个 13 岁的孩子说,他希望能在世界范围内培养 100 万少年儿童担任气候正义大使,让这些参与者去教育身边的孩子。据说,已有 8 个国家有了少年儿童气候正义大使,也特别希望这个行列中早日有中国孩子的身影。

最后,要认真学习孩子们的长处。

成年人,尤其是家长,应该记住:不要以为自己一定比孩子高明,不要认为孩子就一定要听大人的。这个 13 岁的孩子常常请记者转达他向全世界领导人的呼吁:不要再喋喋不休了,开始种树吧。

《中国绿色时报》2011 年 2 月 22 日

植一棵千年不倒的参天大树

"千年极寒"尚未过去,2月22日新西兰又发生6.5级地震,过去的几年中气候异常导致的灾难在不断警示着人类。从哥本哈根到坎昆,国际的减排协议在灰色地带摇摆不定,然而国际植树日却是人类已达成的共识——保护生态,呵护绿色。

在中国,植树节正悄然发生着变化,从初始意义上的植树造林演变为踏青、护绿等活动,甚至成为人们一种健康生活理念的指引。

城市绿化快,植树何处去?

去年《植物大战僵尸》风靡世界,在这款老少皆宜的策略游戏中要种一棵参天大树,树每长高一尺就会告诉玩家一个古老的智慧箴言。这款游戏之所以深受欢迎,就在于游戏界面上绿色的草坪,植物、花、智慧树这些元素,给人以清新愉快的感觉。然而,现实中想在植树节植树,已经变得不那么容易了。

联合国环境规划署在2006年倡导"植树十亿棵",印度在一天之内发动60万名志愿者植树1050万棵。菲律宾环保主义者不久前在中国组织了7000人,15分钟之内种下了64096棵树苗,刷新了新的吉尼斯纪录。而对于普通的市民来说,想参与到植树节的活动很难。深圳、芜湖等多个城市这几年都先后出现市民很难预订到植树节的土地,植树节的场地一经公布就被抢订一空。

以前城市绿化差,政府要反复多次呼吁市民种树。随着近几年城市绿化建设逐渐规范化,城市绿化面积逐渐纳入法规,城市一夜之间全部穿上绿装。主干道,公共绿地,公园都涉及统一规划,市民不可以随意种植树木,因此政府每年不得不划出区域供市民义务植树,却远远不能满足市民参与植树的愿望。目前,到城市附近的森林公园,林场,认养树木,不失为一种合理代替"义务植树"的方式。

"只见种树,不见成林。"

在网上看到过这样一幅漫画,一座小山,一棵树苗,和一把铁锹。漫画题字为:"每逢春天爬山坡,年年栽树不见活。留下铁锹陪小树,明年还挖这个窝。"讲的就是每年植树节的情景。

从1982年,中国进行了一场声势浩大的全民植树造林运动,"义务造林"纳入法规。根据2006年发布的数字,在这项决议实施25年后,全国有104亿人次参加义务植树,累计植树492亿株。事实上,市民自己种植的树木难以存活,造成极大的浪费。

有网民提议将"植树节"改为"爱树节",舍弃"植树造零",重视对树苗的保护和管理,每种一棵树都保证他们的成活、生长。

而政府部门的观念转变有至关重要的作用,绿化植树不只是为了城市形象和旅游开发,更重要的是,树木可以固水防沙,减轻洪涝灾害和沙尘暴对我们家园的侵害,是拯救人类生存环境的百年大计。

植树护绿,理念先行。

植树不难,保证成活率是关键。不能大规模种植树木,很多人选择在自家阳台种植多年生草本植物,美化家庭环境的同时,也为减排多少作出了贡献。还有网络种树,鼠标轻轻一点,即可种下一棵"爱心树"。有人提出了"植树黄金周"的想法,在植树节中看到了更多的使用价值和商业价值。

近两年,城市宣传语中多提到要建设"幸福城市",让市民感到幸福,也就是让市民满意自己的生活环境,身心愉悦。植树节植树方式的转变,带来了更多的象征意义,是向社会传播低碳理念的好时机,也是人们在工作之余,重新投入大自然踏青、护绿的好时机。

中国"十一五"减排任务提前完成,领跑世界低碳竞赛,使低碳理念深入人心。低碳、绿色已经成为人们追求健康、追求高质量生活的一种代名词。温总理曾引用过这样一句话:"胡杨活着一千年不死,死了一千年不倒,倒了一千年不朽。"中国植树造林事业也要成为一棵千年不倒的参天大树。

《中国绿色时报》2011 年 3 月 11 日
《科学时报》2011 年 3 月 18 日

一树成材 十树成柴

许多大学都有自己的办学宗旨。美国莱斯大学的办学宗旨由树生发而来,给我留下了深刻印象。

我没有去过美国。从资料中看到,莱斯大学位于美国南部的休斯敦。美国私立大学的至尊先人威廉·马歇尔·莱斯捐资创办了这所学校。与众不同的是,数量最多、最为醒目的一棵棵成材的橡树是校园里最亮丽的风景。莱斯的名言"一树成材,十树成柴",则成了该校践行至今的办学宗旨。

1891 年,棉花巨富莱斯捐资兴建了这所大学。据说当时在这片 325 公顷的土地上,一共生长着 689 棵橡树。学校建成后,橡树竟一棵未少!是莱斯有意所为还是无意之举不得而知,但橡树的数量竟成了招生规模的限制因素被传为佳话。

按照当时建设的规模和学校实力,莱斯大学至少能够招生千人。但莱斯只允许招 689 人。这个数字和橡树的数量恰好相同。他肯定地说:"学生不能比树多!"他认为还可扩大招收些新生,但前提条件是,必须将校园的橡树栽植到饱和为止。

从那时起,莱斯就和大家一起,在校园里的空地上坚持植树长达 11 年。时间一晃到了 1902 年,校园里的橡树增加到 4890 棵。达到"饱和"状态后,莱斯给众人下了死规定:校园内的橡树必须保持 4890 棵,死一棵必须立马补活一棵;如果补栽不成功,下一年就减少招生。这在他人看来,是多么苛刻、不近情理的事情啊。

莱斯依旧不改初衷。即便是在病榻上,他还定下了一条死规矩:在校生数量,永远不得超过 4890 人。岁月流逝至今日,他创办的这所大学,校园内的成材橡树依然是 4890 棵,在校学生的数量只有 4850 人。据说,相同面积的公立学校,其学生数量至少要多一倍。

有人说莱斯犯傻。以该校的规模、知名度及师资力量而论,完全可以招收万名学生。其实莱斯非常清楚,作为私立大学,招生数增加一倍,经济收益也会随之翻番。但是他更清楚,"一树成材,十树成柴"。10 平方米面积内长一棵树,和同样的面积内长 10 棵树,两者间无疑是"成材"和"成柴"的差别!

当然,限制招生规模只是莱斯大学的做法之一。与此同时,莱斯大学还在想方设法延揽师资。学校不足 5000 名学生,却有 500 多名教师。从和师生互动、个性化教育等方面看,一间教室里坐 20 个学生和坐 40 个学生显然不一样;一位老师教 10 个学生,与一位老师教 20 个学生,其效果与质量也会有很大差别。

100 年过去了,莱斯先生早已作古。莱斯大学的管理者换了一茬又一茬,但后来者们都没有怀疑、反对或者试图改变这个规矩。这所学校在校生数量始终低于橡树的数量。"一树成材,十树成柴"的理念,已经深深地刻在了莱斯大学这棵参天大树的每一道年轮上。

上网搜了搜莱斯大学的背景资料得知,该校始终保持着美国"南哈佛"的美誉,多年来以工程、管理、科学、艺术、人类学闻名,以高水平的教学态度、低廉的学费,吸引了许多家庭经济状况不佳的学生前往求学,有"价廉物美,物超所值"的大学之称。

由于学生数量少,能够采用小班制教学,师生之间的互动良好,莱斯大学的学术水准、教学质量和低廉的收费标准,不仅登上《美国新闻与世界报道》最佳大学排名榜前 20 名之列,也在《金钱》杂志"最合算的大学排行榜"上荣登榜首。在美国大学学费以每年高于通货膨胀率的速度增长、家长和学生纷纷叫苦不迭的时候,这所美国南部实力雄厚的大学,确实有独特之处。

　　树木生长是有自然规律的。一所大学也是如此。一所大学像一片土地,能够容纳的学生如同橡树一样,不是无限的。一味地、盲目地扩招,打破了生师比和办学条件的协调,必然会导致教学质量和学校声誉的下降。这对一所大学来讲,无疑是自绝其路。如此看来,一所大学的招生规模就不是个小问题了,更不能一拍脑袋就定了。

　　古今中外,爱树佳话不断,喜树者不在少数。但莱斯大学办学理念与橡树的故事,则有更深层次的含义。人们常说树木树人,就是指培养人和栽树的道理有许多相通之处。而莱斯大学不但爱树,而且以树为师,把树木生长的理念直接、具体地运用到了办学、育人上,从而显示出了过人之处,也给我们留下了进一步思考和借鉴的空间。

《科学时报》2011 年 8 月 30 日

《大学生周刊》2011 年 4 月 21 日

《中国绿色时报》2011 年 5 月 6 日

世界和平地生活在一棵树上

　　因为冬奥会,索契吸引了世界的目光。而我被索契所吸引,则是因为一棵中国橘树和它的传奇故事。

　　新华社 3 位记者目睹了这棵不同寻常的树:黑海冬日的艳阳下,树冠盛大而华美,满树硕果有的浅黄,有的金灿,有的亮红。原来,这棵橘树上嫁接了意大利柠檬、西班牙橙子和北美洲蜜柚……托尔斯泰、歌德、安徒生故乡的泥土,被郑重地撒在树根上。

　　请允许我简单讲述故事的梗概:80 年前的春天,俄罗斯育种学家佐林种下了一棵中国柑橘树苗,希望通过嫁接实验培育出在索契存活的柑橘树种。世界柑橘大多分布在北纬 35 度以南,而索契则地处北纬 43 度 35 分。早在 19 世纪末,索契人曾引种柑橘却未能熬过冬天。但这棵中国的橘苗却神奇地在索契扎下了根。此后,世界各地的一些人士造访时都会带去本国的泥土。1957 年,这棵树正式被称为"友谊树"。再后来,因送给它的各国礼物太多,索契人专门建造了一座博物馆。"友谊树"旁立着的银色金属牌上,除刻满国家和地区的名字之外,还写道:来自 167 个国家和地区的人,在这棵友谊树上进行过纪念性的嫁接。

　　其实,每棵树的背后都有自己的故事。关键是栽种、养护这些树的人如何挖掘、培育、讲述、传播这些故事。报道中并没有讲述佐林种下的树是怎么让世界各地的人们知道的,但我想那一定离不开多种形式的传播,或口口相传,或媒体传播……我们不能仅仅是埋头种树,除了给树挖坑、浇水、施肥之外,还要注意讲述那些树与人之间的曲折、生动、感人的故事。

比这更打动我的是讲解员柳波芙的话:"整个世界都和平地生活在一棵树上。"树生长出来的,当然不仅仅是故事。在这棵中国橘树上,其特殊含义显然远远超越了生物学意义本身。除了生态功能、经济功能、社会功能之外,树木还有显著的文化功能,其中也包含外交功能啊!如同习总书记此次远赴索契,其意义显然不是出席一次大型国际体育赛事,而是中国外交因体育的再创新。生长在索契的那棵中国橘树,不就是世界各国人民的友谊的结晶吗?我们不能指望每棵树都成为文化大使、外交使节,但发挥其文化、外交作用显然还有巨大的空间。

十分佩服索契人,他们能够因一棵树而建一座博物馆。而不少人吝啬地舍不得为树挂个牌子和标识。于是我们看到了许多树,却不知道这些树姓甚名谁,更别说它们的故事了。在这一点上,我们真该好好向索契人学学。

《北京青年报》2014 年 02 月 09 日

《中国绿色时报》2014 年 02 月 12 日

《中国科学报》2014 年 02 月 21 日

梅花,该不该用来命名台风

今年的第九号热带风暴"梅花"来了,近期引起了全国网民的热议,仅某网站微博开设的话题里就有 330 多万条关于"梅花"的言论。令人遗憾的是,这样一个引起举国关注的台风,却败坏了梅花的名声。

《浙江各地应对"梅花"的到来》《全国沿海城市严阵以待抗"梅花"》,此类标题满眼皆是。由于有可能带来生活不便、生产损失,不少人开始对"梅花"怨声载道。许多网民在写到台风"梅花"时,甚至省略了引号,直接把罪过、怨气、调侃倾泻给了梅花。

梅花招谁惹谁了?怎么一下子从众人喜欢的植物,变成了全民的公敌?

究竟是谁让梅花"被敌人"?笔者通过微博发问。中国气象频道的官方微博回复说:台风委员会命名表共有 140 个名字,分别由亚太地区的柬埔寨、中国、朝鲜、中国香港、日本、老挝、中国澳门、马来西亚、密克罗尼西亚联邦、菲律宾、韩国、泰国、美国和越南提供。命名表按顺序命名,循环使用。本次台风"梅花"是由中国澳门地区提供的。

在网上检索台风的特点：损毁性严重，对不坚固的建筑物、架空的各种线路、树木、海上船只、海上网箱养殖、海边农作物等破坏性很大；同时，强台风发生常伴有大暴雨、大海潮、大海啸，给生产、生活、生命带来威胁。

而梅花是中国最著名的观赏植物之一，梅花文化源远流长，特别是梅花精神具有强大而普遍的感染力。如此看来，梅花这样一个美好事物的名字与台风的特点不相符合，将这样一个具有特殊生物价值和文化含义的植物名称，和一个极具危害性、破坏力的自然现象紧密联系在一起，确是风马牛不相及！

笔者并非想指责澳门有关人士，是想拜托台风委员会在命名时考虑得更全面、谨慎些。虽然只是个名字，但其传播意义非常重大，这样叫下去确有不妥。

《中国绿色时报》2011 年 8 月 10 日

《北京晚报》2011 年 8 月 9 日

让市花在人们心中绽放

据媒体报道，今后，除星级酒店之外，北京的"主题酒店"将用市花定级。等级的高低用月季花的数量表示，最低为单花，最高为五花。我认为此举值得肯定和提倡。

我并不在意主题酒店和星级酒店有啥不一样。我之所以为此举叫好，是因为用月季花来定级，有利于市花的推广和应用。人们在选择主题酒店时，一定会数数有几朵月季花。这对于推广市花，扩大市花的影响，无疑是大有好处的。

据我所知，北京确定市花、市树已经有些年头了。但对于市花、市树的推广并不令人满意。相当一部分人不知北京市花为何物，问问身边的人也大体如此。很多人不知道北京市是双市花，一些专业的媒体记者，对市花的知识也了解甚少。这从一个侧面反映出对市花知识普及不力。

市花也好，市树也好，其评选和确定都不应该仅仅是一种临时的行为艺术，而应当是为了增加各个城市的文化内涵，扩大当地有特色的、代表性的植物、花卉的影响而进行的一项持久意义的宣传发动。尤其是在建设美丽首都、美丽中国的大背景下，积极发展市花市树文化，普及市花市树知识，培养市花市树意识，有着更加特殊的意义。

一种文化的形成，一种理念的树立，都不是一朝一夕的事情，需要日积月累、不断深化。建议北京的媒体多宣传、多介绍月季、菊花，希望北京的大小单位都能多使用月季和菊花的标识或形象,希望北京的园林部门和市民们多栽种月季和菊花。当然,也希望已经确定了市花、市树的其他城市也能这样做。

据悉,国家旅游局正在考虑推出主题酒店定级的国家标准。我特别希望他们能够用梅花、牡丹的朵数来表示其级别。虽然我国的国花尚未正式确定,但梅花、牡丹的传统名花地位是毋庸置疑的。

《中国绿色时报》2013 年 03 月 19 日

《中国科学报》2013 年 03 月 20 日

我们的"吉他森林"在哪里?

阿根廷的潘帕斯草原上,竟然躺着一把巨型的"吉他"!有网友利用网络地图发现了这片"吉他森林",随之在网络上引发了更多网友的关注。当地记者访问了它的主人马丁·乌雷塔,意外地发现这片"吉他森林"的背后,原来还有一段催人泪下的爱情故事。

据美国媒体报道,年轻时的乌雷塔喜欢在欧洲各处流浪漂泊,直到 28 岁时才回到故乡阿根廷。机缘巧合让他遇见了年方 17 的格雷希拉·依莱索丝。浪子回头的他和依莱索丝认认真真地过起了田园生活,享受爱情的同时,精心打理自家的农场。有一天,两人乘小飞机在农场上空盘旋时突然发现,鸟瞰下的农地其形状酷署一个大水桶。浪漫的依莱索丝突发奇想:用种树的方法勾勒出她喜爱的乐器吉他的图形。乌雷塔虽然十分赞赏她的创意,却总以为来日方长、迟迟没有动工。不幸的是,两人结婚 8 年后的 1977 年,依莱索丝因脑瘤恶化离开了人世。

悲痛欲绝的乌雷塔忘不了爱妻将农场改造成"吉他"的心愿。他认为纪念妻子最理想的方式就是让她的愿望成真。乌雷塔立即行动,带领几个孩子用了几年的时间,亲自种下了一棵棵树苗,用 7000 棵树组成了"吉他"的造型。如今,这些树木早已长成参天大树,也成了乌雷塔怀念爱妻、忠贞不渝的绿色见证。

国内媒体转载这则报道时,用"痴"来形容乌雷塔的这一壮举。我被这个凄美的故事所打动,目光久久地停留在图片上的"吉他森林"。我知道,一件事情之所以能够成为新闻加以报道,其中原因之一是稀少、稀缺、稀奇、稀罕。想必记者、许多人都和我一样,对"吉他森林"少见多怪。为什么不能让"吉他森林"多起来呢?为什么不能来些各种各样形态、图案的森林呢?如果面对的是原始林,我们最好顺其自然。但栽植人工林时,谁规定只能用一种、几种布局方法,必须按一定的株行距呢?

我愿意将"吉他森林"定义为故事森林。人们在植树造林时,除了履行义务,是不是也可以赋予这一行为各种各样的情感色彩,使其有更多的情节和情境呢?如果真的是这样,那么栽下的森林对于我们而言,就不再仅仅是绿色的肺、不仅仅可以发挥生态效益、经济效益,也能承载人们更多的情愫和情感。每一棵树都有可能成为人们的某种精神寄托。而这些寄托,一定能转化成人们爱树、栽树、护树、养树的更积极、更主动、更自觉的行动。

我愿意将"吉他森林"定义为创意森林。世界上的森林基本上都是自然、近自然的状态,较少这样有着 idea 的森林。为什么不能在增加森林面积的同时,多用点脑子、多下点功夫呢?人们接连不断的创意,会赋予森林更多的文化内涵、更多的美感、更多的人情味,更有利于拉近人们和森林的距离。在讲求内容的基础上,在遵从科学规律的同时,在植树造林的外在形式上有所创新,一定能使绿化美化事业开辟一个新的境界。

不信?试试!!

《中国绿色时报》2014 年 04 月 02 日

从去伊春"洗肺"想到的

从暑气逼人的京城到凉爽宜人的林都,只需两个小时。

毫不夸张地说,飞机是降落在森林里的。高达 86.9% 的森林覆盖率使黑龙江省伊春市成了名副其实的氧吧。而这里给我的第一感觉是:呼吸从未有过的顺畅,睡眠从未有过的踏实。

夏天是伊春最好的旅游季节之一。但令人颇感遗憾的是,来这里的人相对来说还是太少了。在市区西部,我看到了一座停伐纪念碑。从 2011 年 1 月 1 日起,伊春林区全面停止森林主伐。这对因林而生、因林而建、因林而兴的城市来说,意味着要从"以木为生"迅速而全面地转为"以林为生"。如何完成这一转变?显然需要做一番努力,而这种努力并不比当年冰天雪地上山砍木头来得容易。

"小城不大,风景如画。民风淳朴,不洋不土……"在伊春的几天里,我四处体验着当地人自己用顺口溜描绘的风土人情。距离城北的居民区只有几十米,就是那条从西向东不停流淌的伊春河。宽宽的河堤足有几公里长。我和当地人一起,从东走到西,又从西走到东,就像游走在立体的山水画里一般。能够在凉爽宜人的地方、痛痛快快地呼吸,对我来说已经足够了,更何况还有眼前的青山和脚下的河水?

据当地人介绍,伊春的森林旅游资源十分丰富,仅国家级自然保护区就有 5 个。在这片土地上,生长着世界上面积最大、保存最完整的红松原始林和 28 个少数民族。700 多条河流纵横交错,大片的湿地星罗棋布,与俄罗斯隔江相望……

伊春好玩不好玩、值不值得玩,无须争论。问题的关键在于怎么能让更多的人来到这里,并小住几日?

毫不客气地讲,不少人对伊春并不了解。现在很多城市都有自己的旅游宣传语。但符合伊春身份的、高雅的、充满诱惑和感召力的形象宣传语又是什么?红松故乡?祖国林都?似乎都是,但又觉得太不解渴。甚至都不如"我到伊春去洗肺"来得更具体、更生动、更有人情味、更具特色。为此,当务之急是要把伊春的品牌树起来,不用说做到家喻户晓、人人皆知,只要能让中国的 1/3 或 1/4 的人知道,估计情况定会大为改观。

的确,久居雾霾笼罩都市中的人们需要洗肺,但长途跋涉不能仅仅为了洗肺。没有文化内涵的森林旅游,很难持久发展。即便是游客来了,也很难留住他们的脚步。去年,我曾到红松的故乡伊春五营国家森林公园短暂游览。至今,对于园区内刘少奇当年坐过的小火车、"连战小道"还记忆犹新。这个我国最早、最大的林区,生长着的不仅仅是茂密的森林,还有和森林一起生长起来的文化。当然,具有伊春特色的森林文化,需要搜集、整理、提炼、传播、弘扬。只有以森林文化引路,森林旅游才能真正如火如荼地开展起来。由此,当地已经做了大量的工作,但还有更多工作要做。

此时,我想起了那座新建的、至今还没有向公众开放的森林资源博物馆。尽管博物馆的展览方式、展览内容及其他许多工作需要进一步改善和丰富,但我认为最需要做的是尽快把博物馆大门向游客打开。毕竟,这么好的一个传播伊春森林文化的阵地不能充分利用起来,实在可惜。

看来,如何采取科学的方法、有效的手段、具体的措施,扩大和提升本地区的知名度和美誉度,不仅值得伊春人思考,也值得我们所有林业人思考。

《中国绿色时报》2014 年 09 月 03 日

莫拿年轻当健康

无论原因如何,这都是令人心痛、让人扼腕、逼人反思的消息:11 月 14 日 11 时许,广州大学一大二男生在宿舍猝死;16 日又有媒体报道:西北政法大学女生梁彩利连续 1 个多月熬夜备战,辩论赛结束的当晚突发性脑溢血。

对于"大学生接二连三地倒下"的现象,各界评论显然不一。有的说,大学生压力过大需注意保护身体;有的认为如今大学生弱不禁风,身体素质堪忧;有的则说,这是媒体的夸张,更多的大学生学习并不用功,大学生活并不辛苦……

依笔者浅见,大学时代不仅仅是积累知识、提升能力、扩展视野、历练品质的关键时期,更是锻炼身体的重要阶段。但长久以来,大学生的健康问题并没有得到应有的重视。这正是需要大学生、家长、学校和教师们反思之处。据笔者所知,不少学生并没有真正意识到身体健康的重要性和锻炼的必要性。有媒体报道,不少学生穿着牛仔裤上体育课就是一例。有的学生出工不出力,到体育场却不活动;有的人刷完卡就溜,掩耳盗铃般地混事儿;有的成天宅在宿舍、黏在电脑前,一连数日都不动身。在一些学校,熬夜赶图对学生而言是家常便饭,所谓的通宵自习室还颇受欢迎。

锻炼身体,平衡营养,放松心态,科学作息,这些都是基本的健康之道。但这些东西家长给孩子讲过没有?讲过之后督促没有?督促之后有没有效果?不少家长最关心的是孩子的学习成绩,对孩子的健康缺少必要的重视。他们总是觉得,年轻就等于健康。高考刻不容缓、考级刻不容缓、出国刻不容缓、就业刻不容缓,却忽略了学生的健康。有的学生因病休学没有痊愈,就被家长送回了学校;有的家长明明知道孩子有既往病史,却有意隐瞒,造成了不可挽回的后果;有的家长孩子要什么给什么,就是没有帮助孩子养成锻炼身体的好习惯。

即便与学校学生的猝死和突发重症并没有直接关系,也需要认真反思,大学生的身体健康在学校工作中摆在了什么位置上?真正重视了没有?采取的措施是否得力?事实上,在对待学生健康问题上学校还有许多可以改进、完善的空间。比如大学生缺少定期体检,对于学生的身体状况缺少必要的排查;比如一些学校的体育课如同虚设,对于学生是否参加锻炼睁一只眼闭一只眼;比如出台的一些监督措施并不科学,不但不吸引学生,反而引起他们的反感等。

《中国教育报》2014 年 11 月 19 日

《北京考试报》2014 年 11 月 26 日

生态旅游,二十年概念尚未统一

前不久,笔者参加了有关生态旅游高端研讨会。与会专家发言十分热烈。3 个多小时议程过半之后,笔者发现,在中国已有至少 20 年历史的"生态旅游",至今连概念和内涵都没有形成共识。

这次研讨会,来自大陆和台湾的 20 多位专家学者参加了研讨。主题是讨论确定有关全国生态旅游典型的评选办法、制订中国生态旅游发展相关报告的编撰提纲等。

专家发言非常认真,也都很有道理,但众说纷纭。原因在于,不同的立场,不同的角度,不同的考量,虽然谈论的是同一个问题,但得出的结论显然不同。

1995 年,在西双版纳召开了中国首届生态旅游研讨会。会议由中国旅游协会生态旅游专业委员组织。这被看成是我国生态旅游研究的一个重要起点。生态旅游的研究在中国取得了长足进步。但专家们对于生态旅游概念的定义和内涵依然是各执己见。

生态旅游是由国际自然保护联盟特别顾问谢贝洛斯·拉斯喀瑞 1983 年首次提出的。1990 年国际生态旅游协会将其定义为:在一定的自然区域中保护环境并提高当地居民福利的一种旅游行为。在国际上,关于生态旅游的概念也不一致。从自然保护的角度、旅游业角度、研究者角度给出的定义不胜枚举。这个国际化的定义在中国本土化的过程中,同样经历了漫长的道路。

在中国生态学学会旅游生态专业委员会副秘书长、北京林业大学生态旅游发展研究中心主任张玉钧教授看来,"生态旅游"的概念由三个基本要素构成。一是在生态旅游过程中的自然保护。二是在这一过程中强化生态、环境教育。三是通过这一过程促进旅游地的社区发展。

十一届全国政协副秘书长、九三学社中央原常务副主席陈抗甫则从四个方面来表述"生态旅游"的内涵:首先是有自然资源作为生态旅游的基础;其次是强调保护优先的原则;再次是积极开展科普教育;还有就是要惠及当地百姓。

台湾台中教育大学永续观光暨游憩管理研究所所长吴忠宏教授解读"生态旅游"时用了五个指标。它们是,建基于自然环境、具备环境意识、环境教育与解说、利益回馈造访地和永续经营发展。

和这些专家看重旅游地的自然资源和生态环境不同,有专家认为,"生态旅游"和生不生态本身并没有关系。关键是旅游的过程中是否呈现出生态保护的意识。尊重自然、保护自然、学习自然,就是生态旅游。持这样观点的专家认为,生态破坏十分严重的地方,环境条件恶劣的地方,开展生态旅游恰恰最有意义。

关于"生态旅游"经济效益,专家的看法不尽相同。西南林大生态旅游学院院长叶文教授认为,生态旅游要淡化对经济的贡献,要强调和重视对生态的贡献。中国生态文明研究与促进会生态旅游分会副会长王兴国也对生态旅游评价中参考其在 gdp 中的比重颇为反感,认为不能过度强调。

在如何看待生态旅游年接待人数多寡问题上,专家意见也不相同。有专家提出,县生态旅游年接待人数要在百万计才算强县。生态旅游强不强,不能只由大陆游客说了算。要得到境外、海外游客的认同。马上就有专家反对说,生态旅游一定是小众化的而不是大众化的。游客的多少不能作为衡量指标,也不能过分看重游客的评价。

王兴国说,有外国朋友问中国哪个地方生态旅游搞得最好?跑过一千多个县的他竟一时语塞。是啊!评价生态旅游好与不好的指标体系在哪里?

在发言中,王兴国推崇的地方是四川的措普。海拔4000多米的高原上,生长着茂盛冷杉、云杉、铁杉,有湖泊、有湿地、有温泉,有品质最好的松茸,还有一段颠簸的土路。没有越野车根本就过不去……那才是名副其实的生态旅游。

四川省生态旅游协会常务副会长马朝洪随声附和说,措普的确如此。最神奇的是,湖里的鱼儿真的能够随着人的呼唤游来。幸亏当地建了国家森林公园,否则宝贵的生态环境早就被采矿的、建电站的破坏了。

四川在建立生态旅游评价指标体系上先行一步,用一把尺子量到底,对200多个生态旅游地进行了统一打分。措普的资源生态分全省第一。

吴忠宏教授强调,评选标准的标准是八个字"简单、好用、可行、具体"。

有专家建议直接使用国际化的生态旅游定义和内涵,但更多的专家学者认为,打出中国本土化的生态旅游旗帜,不仅对本国有指导意义,对亚洲乃至更大地区都更具示范意义。

张玉钧教授认为,生态旅游没有权威性的定义被普遍认可的原因在于:一是各方面人士对生态旅游保持关注的同时,往往从自身角度出发来定义生态旅游,因此提出来的定义在内容的涵盖面上往往存在片面性;二是各种定义的内涵侧重点有所不同,表现在从理论到实践的各个环节上,包括旅游对象、旅游移动空间、旅游团体的大小、旅游活动的形态以及旅游理念等等。但是,各个定义的着眼点分别是从自然保护、旅游业及研究者的角度出发,来体会生态旅游内涵的。

中国生态文明研究与促进会生态旅游分会副秘书长、华侨大学教授李洪波说,有问题、不一致,才证明有进一步研究和讨论的空间。

20个春秋过后,尽管在一些具体问题上并未达成共识,但生态旅游事业在不断发展、生态旅游研究在不断深入,却是不争的事实。硬性统一两个概念或许容易,但对于生态旅游事业的发展而言,学术上的百家争鸣更有益处。因此,和异口同声的套话空话相比,这样认真、严肃的研讨有意义得多。

《中国科学报》2015年9月11日

错过一回,错过人生

好多事情都是不可重复的。比如机会,比如人生……

过眼"美景"。

坐了一天,站起来到外面转转。天啊,景色太美了。一边是浓云密布,一边却是艳阳高照。想马上拍下来,但忘了带相机,赶紧往回跑。等拿着相机再出来,却是一阵倾盆大雨。太阳没有了,天一下子全都黑了起来。一刹那的美景,成了过眼烟云。遗憾遗憾,美景过去就不会再来。缺少准备,就会失去一些机会。

彩虹跑了。

雨中,沮丧。好在没过多久,雨就停了。只见一道大大的彩虹架在天上。举起相机,彩虹大,取景框小,怎么也装不进来,反反复复地寻找着最佳的角度。突然发现,一半的彩虹已经消失了,赶紧按下了快门。再一看,另一半也没有了。遗憾遗憾,不少东西都是转瞬即逝啊。犹豫不决,机会也会跑掉。

没有更好。

路边有棵树,叶子红得很是耀眼。总想再过几天,或许会红得更透吧。那时再拍照,或许更漂亮。每天路过时,都看看这棵树,叶子却没有再红起来,反而不少叶子开始落了。今天一早下了霜,叶子全都蔫了。再想拍,就得等明年了。有时候等下去,会有更好的结果;有时候等下去,却越来越糟糕。没有更好,只有较好。

听听老人言。

早晨出门的时候,艳阳高照。房东老太太再三提醒带雨伞。嘴上道谢,心里却想,这么好的天气哪能下雨啊。没想到,下午真的下起了雨。身边不少人都没带伞,我却没有淋雨之忧。天晴的时候,不要忘记做好下雨的准备。一旦雨来了,就不害怕了。

……

许多事情,如果我们没有想到就算了。一旦想到了,还是抓紧做吧。否则,很有可能做不成了。

《北京晚报》2010 年 10 月 25 日

三位院士同荐一部书

首部《中国木本植物花粉电镜扫描图志》的出版,填补了所在领域的一项空白。95 岁的中国科学院院士吴征镒、94 岁的中国工程院院士陈俊愉欣然提笔作序,中国工程院院士尹伟伦鼎力推荐,佐证了这部巨著的重大学术价值。

一、填补花粉学研究的空白

新近由科学出版社出版的这部巨著,220 万字,极具科学性、系统性、直观性,是带有工具书性质的花粉形态学专著。

花粉是十分微小的单细胞,但其遗传生殖功能决定了物种的繁衍,其营养组成决定了生命存在的物质意义。花粉在植物生命繁衍中起着重要的作用,其形态特征具遗传稳定性而不受长期环境变化的影响。所以,以植物孢子和花粉形态分类、遗传生殖功能等为主要研究内容的孢粉学成为植物学的重要分支,研究意义重大。

花粉形态观察不仅为植物分类提供重要依据,并可为古植物学、植物地理学、农学林学、医学等作出贡献。吴征镒院士称,以木本植物为主的花粉研究,对中国植被、植物区系演化及园林植物的深入研究有着不可或缺的学术参考意义。

尹伟伦院士认为,此书的出版不仅是森林生物学界难得一见的重要学术文献,也是植物学界的学术创新之作。这部以木本植物材料为特色的花粉电镜图志,其树种之多、收集之广、微观形态结构揭示之细微,均为前所未有,填补了孢花粉学中的空白,具有重要的学术价值和观赏价值。

二、不乏首次公之于世的珍品

研究人员完成的花粉微形态扫描电镜研究的树种多、覆盖面广,共收录了 124 科、440 属、1100 种(包括变种和变型)植物花粉的电镜照片。全书有 1067 个图版,4230 余张花粉扫描图片,每张图片都清晰逼真、立体感强、信息量大,树种分类清晰,便于检索。更为可贵的是,这些图片均为作者辛苦得来的一手资料,很多图片系国内首次公之于世的珍品。陈俊愉院士感叹:“得睹芳颜,难能可贵。”

图志不但囊括了我国木本植物的常见种、特有种、珍稀濒危种、活化石树种等木本类群,还涵盖了林业、园林、果树及其他具有经济价值和科学价值的种类,如水杉、银杏、银杉、金钱松、攀枝花苏铁、丽江麻黄、巴山榧树、鹅掌楸、金缕梅属、樟属、山核桃属、竹类,还覆盖了各地区的代表种,如西藏红杉、喜马拉雅柏木、胡杨、珙桐等。

三、树种花粉千姿百态的魅力

书中不仅提供了大量树种花粉电镜扫描照片,而且显示出树木花粉形态的多样性,反映出树木进化的轨迹和大自然的奇观。

图志中所研究的树种凭证清楚,可寻可查。编著者将采集的花粉及植物标本统一编号共计1850号,凭证标本均收藏在北京林业大学森林植物标本馆内,对其他标本馆提供的资料也进行了标注,体现了研究者严谨求实的科学精神。

陈俊愉院士用"首创性"和"丰富性"来概括此书的特点。全书收入的木本植物每种均有极面观、赤道面观以及放大纹饰的扫描照片。照片清晰、典型、准确而又美丽动人。书中的每个树种都附有科、属花粉形态及其分类、分布与花期等简要说明。

书中千姿百态的树木花粉形态多样性显示了大自然的神奇与魅力,揭示了植物的进化发展,不但对专业人士有极大帮助,也能激发外行人的阅读兴趣。

四、中国花粉学研究的艰辛

在中国,植物花粉学研究走过了漫长而曲折的道路。

中国科学院院士吴征镒清楚地记得,早年秦仁昌院士等从国外拍摄一批中国植物模式标本照片,其中对爵床科植物的分类,就有以花粉形态特征为依据的记述。

抗战时期,时任西南联大生物系助教的刘德仪,大学毕业论文以爵床科植物花粉形态研究为题目。当时只是用一般的光学显微镜,做了初步的观察研究。

新中国成立后,在王伏雄院士、徐仁院士的倡导和组织下,分别从现代植物和古植物两个方面开展植物花粉(孢粉)的研究,取得多项基础和应用研究成果。

1960年,王伏雄、钱南芬、张玉龙、杨惠秋主编《中国植物花粉形态》专著,详细记载1400多种种子植物花粉形态的各项特征,1991年作进一步修订,增添了许多新内容和电镜扫描照片。

此后,有专家对爵床科植物花粉形态、对四川产植物的花粉进行了研究。韦仲新对700余种植物的花粉作了电镜扫描,编著《种子植物花粉电镜图志》。

这几十年来,我国的植物花粉学研究从无到有,从广到专。对花粉形态的观察、研究,借助于光学显微镜的较早、较多,采用电镜扫描,既清晰又逼真,但起步很晚、成果较少。而这部新出版的巨著,则将这一研究推向了新的巅峰。

五、20多年智慧和汗水的结晶

这部几公斤重的巨著早在1984年就开始了编纂工作,凝结了研究人员近30年的智慧和汗水。北京林业大学研究人员李天庆、曹慧娟、康木生、张志翔、赵楠、张晖等不懈努力,对中国主要木本植物花粉长期观测研究,终于获得了可喜成果。

书中所使用的树木花粉及其植物标本,除向各地植物园等单位搜集外,大部分由康木生、李天庆两位教授现场采集而得。所有照片和标本,均记录翔实、分类清晰、井然有序、一目了然。老专家这种严谨的态度和作风带动了研究团队。李天庆教授逝世后,曹慧娟教授与合作者担当起整理书稿、图,补充资料等重任。编著组专家继续艰苦努力,终于使此书面世。

《中国绿色时报》2011 年 8 月 12 日

读你千遍不厌倦

自以为对沈国舫院士已经十分了解了,但读过有关他的砖头一般厚的新书之后,我发现自己错了。

我是沈院士的学生。尽管他和他的夫人都没有给我上过课,但他们对我的教诲,我终生难忘。曾经有很长一段时间,我们同住在一幢宿舍楼里。每次上下班,我都要从他的家门前走过。偶尔遇到他,不是赶着去开会、讲课、调研,就是刚刚从外地风尘仆仆地回来。他做北京林业大学校领导期间,不但给了我许多工作上的关心和支持,还为我的成长创造了许多条件。因为低调,我采写的有关他的报道并不多,但被收入到这部新书中,让我受宠若惊。

这部新书之所以叫《一个矢志不渝的育林人》,不用猜都知道是他自己的意思。依我对他的了解,中国工程院副院长也好,著名林学家也罢,在他眼里都不如"育林人"更符合他自己的身份。沈国舫学造林学出身,从北京西山育林起步,在最高绿色学府任教,"树木树人"是他走过的人生之路的最好的写照。他的身份不断变化,学术地位越来越高,但依然还以"育林人"自居,仅此一点,就可以看得出他的品格、风格和人格。

这部洋洋洒洒 110 万字的新书,是"中国工程院院士文集"的开篇之作。正如徐匡迪在总序中所说,作为工程科学技术方面的领军人物,院士在各自的研究领域具有极高的学术造诣,为我国工程科技事业发展作出了重大的、创造性的成就和贡献。文集既是院士一生事业成果的凝练,也是他们高尚人格情操的写照。读一本文集,犹如阅读一段院士"攀登"高峰的人生。徐匡迪此话不假。

钱正英的代序,则写出了她对沈国舫的高度评价。她将友谊的最高级别定义为"挚友",即在治学、处事和为人方面都有共同语言。而沈国舫就是她的挚友。她记录了和沈国舫长达十年在工作中"零对接"的桩桩往事。尤其肯定了沈国舫在森林涵养水源的作用所作的全面、客观、令人信服的评价,认为这不仅纠正了林业界的某些片面认识,也纠正了水利界的片面认识。

钱正英还披露了一件鲜为人知的往事:沈国舫不同意时任总理朱镕基关于林业的一个批示,遂向朱总理上书。其中一句话是:"您虽然是总理,但您是学电机的,对林业科学不够了解……"他把信稿给钱正英看了,大胆直言的钱正英都为之一惊。

出版这部文集的动议早在沈国舫年满 70 岁时学生们提出来的。当时,他尚在中国工程院领导岗位工作,自谦出版文集为时尚早。75 岁时此事重提,他还是没有着急。直到 80 岁即将来临之际,他才开始着手文集出版之事。不仅是因为自己最熟悉自己走过的路,还因为认真、细致、严谨,是他一贯的态度和作风。

经常会有人发问:一个大城市出生、长大的人,为什么以高分第一志愿走进"林家大院"?一个普通的林业大学生,靠什么成长为院士、当上中国工程院分管农林水气和环境领域的副院长?年老之后他常想,自己走过的路,对下一代,尤其是对有志于绿色事业的年轻人会有所帮助。

从学习模仿到自主创新,从粗浅原始到跟上科学发展的时代步伐,从较为狭义的造林学到较为宽泛的生态保护和环境建设的领域,到对国家的科学民主决策作出贡献。沈国舫走过的这条路,的确对后来人会有启发、教益和帮助。这正是他同意出版此书的初衷。

半个多世纪以来,沈国舫在教育、科研和学术管理方面留下了许多著述。他的学生们将他这些不同年代撰写的、刊发在不同媒体上的著述进行了梳理,并增加了先生的传略等文,从而使其成为最全面、最系统、最深入介绍沈国舫的佳作。我本人就把这部厚厚的新书翻了一遍又一遍。每看一遍,都有新的收获和思考;每看一遍,都似乎和沈国舫又一次深谈。

《中国科学报》2013 年 1 月 18 日
《中国教育报》2013 年 1 月 12 日

古有《园冶》今有《园衍》

在中国,每一个学园林、搞园林的人,不学《园冶》恐怕难成正果。因为,计成所著、崇祯七年(1634 年)刊印的这本书,堪称中国第一部园林艺术理论专著。《园冶》是古代园林大家计成的园林创作、赏鉴的集大成之作,具有划时代的意义。书中既有千百年来中国古典园林实践的总结,也有计成对园林艺术独创的见解和精辟的论述,还有园林建筑插图 235 张。"虽由人作,宛自天开","巧于因借,精在体宜",作为《园冶》贯穿全书的精髓而影响后世。受此书影响的中国园林大师无数,中国工程院院士中唯一的园林设计大师孟兆祯先生就是其中之一。

孟老步入园林之门,和他从小痴迷京剧有关,时至今日,孟老依然有把京胡作伴。1951年,在梁思成先生的支持下,汪菊渊、吴良镛两位先生提议,正式设立了造园专业。对国粹情有独钟的孟老心想,考上北京的学校意味着能进京看好戏,能拜见梨园泰斗,就报考了造园专业。在众多的古代专业书籍中,使他受益最深的当属《园冶》。为了弄通《园冶》,孟兆祯先生求教古典文学造诣很深的先生,在文字上反复琢磨;结合其他古典著作,《长物志》、《闲情偶寄》、山水画论,甚至古典小说等来完善深化对古代造园理论的理解……在印证《园冶》的想法指导下,他的足迹遍布了大江南北,用双眼透视实景、证明《园冶》。他越来越感到,博大精深的中国园林艺术传统理法,放之四海而皆准。从此,传统的理法便浸透了他的设计思想,指导着他的设计实践。他特别给硕士、博士研究生开设了《园冶例释》课程。

在孟兆祯先生看来,《园冶》虽是一部开天辟地的大作,但后来者总应该在继承的基础上有所发展。所以,他特意把汇集自己半个多世纪心血的著作定名为《园衍》。

在孟先生的视野里,园林学已发展成为包含园林、城市绿地系统规划、风景名胜区以及大地景物三个层面的学科。从《园衍》的绵密描述,不难看出,孟兆祯先生的新作是对《园冶》在继承基础上的发展。

孟老是中国风景园林学会名誉理事长、北京市政府园林绿化顾问组组长。作为我国风景园林规划与设计学科的新教学体系的构建者,孟老在这部著作中将中国传统文人写意自然山水园的民族风格、园林综合效益的科学内容、地方特色和现代社会文化休息生活融为一体,并在继承的基础上予以发展。

孟老设计生涯中佳作不断,但著述并不多。步入老年之后,他才开始为此书做准备,此举并非为己树碑,"源之于民所得,当还之于民"。他说,人类的文化知识是通过世代接力、传承和发展而积累起来的,应将学习、总结、传承视为天职。将个人滴水之识纳入百川之海的历史文化积累,造福后代,这是他的初衷。

"学科第一"是这部新作的四篇之首。文字虽然不多,但追溯了中国风景园林规划与设计这个一级学科的发展脉络,他对园林学的高卓认识浸透其中,汇集他多年的思考与沉淀。

在孟老看来,中国园林设计序列与西方相比有较大的差异。他将中国园林艺术的设计序列归纳为明旨、相地、立意、布局、理微和余韵,而借景作为中心环节与每个环节都构成必然的相互依存关系。他将园林艺术创作过程分为景意和景象,化繁为简的原则令人开窍。在"理法第二"中,他加上"问名"和"封定"之后,一一进行了阐述。

该书的第三篇为"名景析要",并分为古代私家园林和古代帝王宫苑两部分。从中我们可以看到先生对拙政园、留园的赏析,对圆明园、颐和园、北海和避暑山庄的精彩评介。

作为园林设计大师,孟老设计了许多佳作。"设计实践"篇,几乎占到了此书篇幅的一半,从中可以看到园林大师丰富的园林研究与建设实践。

《园衍》在继承的基础上发展了《园冶》,从中可以看到一位现代园林设计大师的思想和理念,看到一位智者和导师对事业的追求和感悟。

编后:中国古代教育尤其讲究"琴、棋、书、画"的研习,这是中国古代教育培养素质的重要内容,这种对艺术把握和鉴赏十分重视的教育态度和内容值得我们深思。中国传统文化中的园林、诗词曲赋、书画、戏剧、建筑有诸多相通之处,且园林艺术是其中最为综合的艺术,表现出诗的意境、画的魅力、建筑的韵味乃至戏剧的形态,是古人也是今人追求美好生活的写照。对园林艺术的欣赏能力,国人需要补课。国人旅游有一大特点:"上车睡觉、下车拍照"。对园林艺术的趣味多有缺乏,只是"到此一游"的照片成为日后展示记忆的承托者。在未来的公民——广大学生中普及园林知识,能够欣赏其中的美,以此提升个人素养和品位,是一门很有价值的"功课",对丰富其日后的工作、学习、生活具有重要的作用。只是老师们应该先行一步,教师的品位高了,学生才会不俗。孟兆桢先生的《园衍》是对中国古典园林艺术的继承和发展,他对园林艺术的设计和欣赏进行了深入浅出的表述,通俗易懂,值得阅读。

《中国教育报》2013 年 2 月 21 日

《中国绿色时报》2013 年 2 月 22 日

如何走好城市森林之路

城市森林是现代化城市的重要标志,也是防治城市环境污染的根本。但在我国,既缺少城市森林面积、蓄积、覆盖率等方面的统计数据,更缺少城市森林对城市经济、生态环境、社会发展等影响的研究。北京林业大学张颖教授率先开展了相关研究,填补了这一研究领域的空白。

张颖教授对我国城市森林的研究在三个方面有所创新:首次对我国城市森林面积、蓄积和覆盖率等进行了较全面的计算;首次对其环境影响进行了全面、系统的评价;首次对其生态风险损失进行了评价。

他刚刚公开出版了《中国城市森林环境效益评价》专著,披露了一组重要数据,证实了城市森林对城市环境有着极其重要的作用。

一、城市化呼唤城市森林

中国城市发展进入了加速期。

1993年,我国的城市化率还仅为28%。15年后,增长到了45.68%。即便如此,我国城市化率仍比世界的平均水平低10个百分点,比发达国家的平均水平低30个百分点。

换句话说,我国的城市化率还会进一步提高,而随之带来的城市环境问题将更加突出。遗憾的是,我国的城市森林覆盖率与世界发达国家60%以上的城市相比,还有非常显著的差距。

张颖教授计算后得出的数据是,我国城市城区绿化覆盖率为36.54%,城市森林覆盖率为34.27%。2007年,我国城市森林面积为0.95万平方公里,不足国土面积的0.1%。其蓄积量为3278.45万立方米。

城市森林是城市生态系统的初级生产者,在改善城市生态环境质量、维护城市生态系统稳定、促进城市可持续发展中发挥着不可替代的作用。离开了城市森林,城市危在旦夕。

二、城市森林对经济环境影响最大

张颖教授说,城市森林对环境的影响主要表现在,对城市生态环境的影响和对城市居民的生理健康、社会福利和经济繁荣的影响等方面。

研究结果表明,目前在我国城市森林环境影响中,城市森林对经济环境的影响最大,其次是对人口发展的影响,第三是对社会环境的影响,最后是对生态环境的影响。这和人们的想象有很大差距。

城市森林对经济环境的影响主要表现在两个方面;其一,对林业产值的影响;其二,对森林资源资产的影响。张颖教授的研究结果是,我国城市森林每年增加林业产值219.86亿元,每年新增森林资产价值4.97亿元。

城市森林对生态环境的影响主要表现在保护生物多样性、固碳制氧、减少污染物、减小噪音和增加局部水分上。经计算得出,我国城市森林每年保护生物多样性的价值为251.23亿元,与固碳、净化空气、局部降温、增加水量改善水质等价值之和为715.02亿元。

城市森林对社会环境的影响主要包括提供就业机会,森林游憩,森林的科学、文化、历史价值和增加所在地商业销售额的价值等。经计算,我国城市森林每年提供就业机会的价值为1.57亿元,森林游憩价值为153.47亿元,森林科学、文化、历史价值为 0.56 亿元,增加所在地商业销售额的价值为 20.71 亿元。

我国城市森林产生的环境影响总价值每年达 1103.55 亿元。其中,经济环境影响占总价值的 20.37%;生态环境影响占 64.79%;社会环境影响占 15.98%;生态风险损失占总环境影响价值的 - 1.14%。

专家提供的数据是,每年城市森林的火灾、病虫鼠害、城市征占用地和乱砍滥伐的风险损失为 12.61 亿元。其中,征占用地和乱砍滥伐的损失所占比重最大。加强城市森林征占用地和乱砍滥伐等人为干扰胁迫等风险管理是当务之急。

三、北京城市森林两多一少

专家还以北京为例进行了城市森林的个案研究,给北京的城市森林发展把脉。

新中国成立前,北京的林业基础相对薄弱,人工林不足 300 公顷,残存次生林 2 万多公顷,森林覆盖率仅为 1.3%。经过多年的努力,北京森林面积大为增加。目前,全市林木覆盖率为 47.5%,森林覆盖率为 34.3%。其特点是两多一少:

公益林多。公益林占森林总面积的 66.5%,商品林占 33.5%。公益林比重大,体现了首都林业以改善生态环境为首要任务的宗旨,随着绿色北京的建设,公益林比重还会继续加大。

幼龄林多。在林龄结构中,幼龄林面积占森林总面积的 61.8%,中龄林占 23.1%,近熟林占 9.2%,成熟林占 1.2%。幼龄林比重较大,使得加强幼林的抚育、提高林分质量成为重要任务。

树种少。北京的森林中,栎树比重最大,占 28.6%;其次是油松和侧柏,分别为 18.7% 和 16.7%;杨树为 11.6%。除此之外,还有一些阔叶树(8.0%)、刺槐(5.7%)、山杨(5.1%)、桦树(3.1%)和落叶松(2.5%)。树种相对单调,物种多样性低。

四、首都森林资源结构有待改善

张颖教授研究分析后认为,北京的森林资源结构存在三大问题,主要表现在三个方面。

一是森林分布不匀。主要集中在西部、北部山区。森林面积占总面积的 75%。人口集中的城区、平原区的森林资源明显不足。这在很大程度上限制了北京市森林生态效益的发挥。

二是树种较为单一,林分质量不高。人工林大多为低矮的单层林结构,物种多样性低,稳定性差,容易引发大规模的病虫灾害。

三是灌木林比重大。灌木从 2000 年起大幅度增加,有林地面积大幅度下降。其原因是城市森林受到城市化的影响较大,人为活动已经对城市森林的林相产生了干扰。

五、城市森林风险亟待规避

相对于一般的森林来说，城市森林的风险影响因素与城市活动关系更为紧密，与人的关系更为密切，受城市不利的环境影响更大。北京城市森林主要的生态风险是火灾、病虫害和人为干扰。

影响森林火灾的气候因素有空气湿度、气温和风等。地形条件有坡度、坡向、坡位、海拔以及河流湖泊的相对位置等。影响因素还包括树种、林相、郁闭度等。

影响病虫鼠害的因素主要有城市森林生态系统的完整性、城市森林的栽培和管理、病虫鼠害自身性质的变化等。城市的热岛效应、环境污染等都会使森林降低抵抗病虫害的能力。

城市森林、绿地被占用，有林地改为灌木林等，是主要的人为干扰胁迫影响。北京城市森林集中的地方，遭受了房地产开发商的大肆蚕食。一些国家森林公园周边成为房地产开发商的众矢之的。

张颖教授的研究结果表明，在北京城市森林风险影响因素中，社会经济因素影响最大，占到了54.4%，自然因素占38.7%，人为干扰胁迫因素占17.6%。因此，在防控北京城市森林风险中，要主抓社会经济的影响，要监控自然因素的变化，减少人为的干扰和蚕食。

研究还证实，森林火灾和林业产值有紧密关系。在进行林业生产的同时，应加强森林火灾的防控；病虫鼠害的发生概率和营林建设投资总额有一定关系，要加大营林基本建设的投资。

六、城市森林发展呼唤政策支持

发展城市森林，首先要改变人们对城市森林的认识。张颖教授指出，公众和居民团体是参与或支持城市森林发展的基础。要出台相应的公众教育政策，加强对公众的引导。要制订切实可行的教育方案，以说服和动员居民和其他公众参与城市森林建设和保护。通过培训班、发放宣传品、提供相应的信息和知识等，帮助他们有效地参与城市森林建设。编制城市森林经营管理规划和方案，开展有关的业务和技术指导，免费提供苗木等。

专家还建议，要出台相应的政策，鼓励公众团体和个人非营利组织等购买城市空地、公园用地、保护区或野生动物栖息地的使用权，进行植树造林，促进城市森林的健康发展。支持和鼓励非营利性土地信托种植。重视道路、人行道等公共用地森林的发展。

城市森林发展需要法律、法规保障。要制订有关城市森林保护和造林条例，增加法律、法规的灵活性,补充相应的条例。要通过城市森林相关政策的制订和实施,动员公众、官员、科技人员、规划师等各方面的力量,投身城市森林的建设和保护事业。

《科学时报》2010 年 8 月 13 日

给森林上个保险有多难?

给人、给车上保险,早就被众人所熟知。但给森林上保险之路却步履维艰。北京林业大学经济管理学院院长、博士生导师陈建成教授的新作《中国政策性森林保险发展研究》,讲的就是中国森林保险的大事小情,读后使我对森林保险有了清晰的认识。

人有旦夕祸福,森林也不例外。森林资源经常遭受自然灾害的侵害,如风、雨、雪、冰冻及森林病虫害等。这些风险的存在极大地影响了林业生产的连续性和稳定性,也就使得给森林上保险有了必要性和紧迫性。

据陈建成介绍,我国是个少林的国家。每年发生的各种灾害不断蚕食着原本就十分稀缺的森林资源。仅 2008 年,森林受灾面积就占到了森林总面积的十分之一,直接经济损失达 1014 亿元。林业是风险性很强的产业。由于损失惨重,林业生产难以恢复,使社会发展、林农生活受到了严重影响。

正因为林业生产具有高风险,所以迫切需要有效的风险转移方法。陈建成认为,加强风险管理,尤其是开展森林保险事业,是最重要的方法和途径。在他与人合著的《中国政策性森林保险发展研究》新作中,用四个"有利于"对森林保险的作用进行了概括。

森林保险作为重要的林业风险保障机制,有利于改善森林资源管护的薄弱现状,增强林业抗御灾害的能力,解除林业发展的后顾之忧;有利于林业生产经营者灾后迅速恢复生产、促进林业持续经营和稳定发展;有利于减少林业投资、融资的风险,改善林业投资、融资环境,保障林业投资、融资改革;有利于保险业拓宽服务领域,优化区域和业务结构,培育新的业务增长点,做大、做强保险业。发展森林保险在完善森林灾害防救体系,有效保护森林资源和维护国家生态安全方面,具有重大的实际意义,同时对于林业的发展,林农的增收具有现实意义。

据说,芬兰是世界上开办森林保险最早的国家,其私有林已有三分之一以上参加了保险。我国的森林保险发展则一直处于原始起步和试验阶段,远不能满足林业发展的需要。虽然在福建和江西等地,推行了由地方财政补贴保险金,但人们参与森林保险的积极性并不高。从20世纪90年代末开始,林业投保率大幅度下降,森林保险面临前所未有的困境。

新书中分析了阻碍森林保险业发展的主要原因。森林保险经营效益差、赔付率高、亏损严重,供给主体严重不足;产权不清、主体不明,投保缺乏原动力,森林投保率低、承包面小,保险需求有限;现行保险体系不适应森林保险发展的需要,存在资金短缺、人才匮乏、技术薄弱、法律法规缺位等问题;国家政策对森林保险支持力度不够;森林保险经营存在风险难以测定、投保保额精算困难、保费筹集不易,赔偿处理麻烦,林业保险与保护难以统一等。

陈建成指导博士生王华丽等针对这一问题进行了深入研究,并撰写了这本新作。此书的价值在于,提出了在中国建立政策性森林保险制度的具体思路和相应的对策。书中重点探讨和分析了新形势下我国开办森林保险的重要意义、我国森林保险发展的渊源及现状、目前我国森林保险业实践中存在的问题及产生的原因。在借鉴国外政策性森林保险和国内政策性农业保险经验的基础上,作者提出了加强和改进我国政策性森林保险建设的方法与策略。

笔者在书中看到,作者对国内外森林保险发展研究进行了全面系统的梳理和提炼,对我国森林资源特点与森林灾害状况进行了深入细致分析,对森林保险的基本内涵、特征、属性、效应等进行了阐述,论述了我国林业发展趋势及林业发展对森林保险的需求,总结了我国森林保险的发展现状及存在问题,对我国政策性森林保险的试点地区实践进行了全面总结,研究和分析了国外森林保险发展实践、农业保险的特点及政策性农业保险的借鉴。

显然,这一切的努力,都是为了构建我国政策性森林保险经营模式。因此,这一章内容理所当然地成了全书的重点。作者提出了几种模式,并进行了详细阐述。这些模式包括,政府主办、政府组织经营的模式、政府支持下的商业性的模式、政府主导下的商业保险公司经营的模式、政府支持下的合作社经营模式、政府支持下的相互保险公司经营模式。

更有参考价值的是,作者还提出了加强政策性森林保险的四项保障措施。一是建立再保险机制,分散政策性森林保险的经营风险;二是设立森林巨灾风险基金,增强抵御巨灾风险的能力;三是完善政策性森林保险的监管体系,加大对森林保险的信贷支持进入农村的金融体系建设;四是加强教育,以提高人们的森林保险意识等。

在我看来,这几条中提高人们的森林保险意识最为重要。而这本新作的出版,无疑是对此的一大贡献。

《中国政策性森林保险发展研究》,王华丽、陈建成、徐时红著,电子科技大学出版社 2011 年出版。

《科学时报》2011 年 11 月 1 日
《中国绿色时报》2012 年 1 月 6 日

中国靠什么决胜生物质？

"醒得早，起得晚"，石元春院士用这样的话来概括我国生物质产业发展现状。他用撰写《决胜生物质》新作的实际行动，给力这一朝阳产业的发展。3 月 7 日，中国农业大学举行首发式向社会推荐他的力作，并向全校发出了加快生物质研究的动员令。

今年 80 岁的石元春院士是我国著名的土壤学家。近年来，他十分关注国内外生物质产业的发展，涉足当今最热门、最敏感的领域。他研究追踪国外生物质产业的发展，考察和研究中国生物质发展的可能、方向和路线。

那是 2003 年的一天，一位美国大学教授和石院士谈及美国的生物质能源发展，并留下了一份克林顿签发的《开发和推进生物基产品和生物能源》的第 13134 号总统令及有关文件。他一口气看完了这些材料，心中涌起了一种发现新大陆般的惊喜和冲动。从那时起，他顺藤摸瓜，搜索到了越来越多的资料，在这一领域里也"越陷越深"。

生物质工程是利用现代科学技术把可再生的农林生物质资源转化成电能、运输燃料、生物燃气、固体燃料、生物塑料、生物材料、药物等各种产品的朝阳产业。石院士认识到，在石化能源枯竭、环境危机严重、气候变暖加剧的大形势下，生物质工程是挽救全球可持续发展的一剂良药。在油价搅动全球秩序的不安定时代，生物质能源更成为许多国家复苏和振兴的希望。如今，生物质能源已经成为世界可再生能源的主导。他说，美国、日本、巴西等国先行一步的探索已经传达出这样的信号：生物质能源日渐成为可再生能源的主导，成为"国际气候"。

作为专家组成员，石院士将发展生物质科技写入了国家中长期科技发展规划，并向国务院提出了农林生物质工程战略。为了完善这一战略，他曾专题考察调研了毛乌素、科尔沁、浑善达克、呼伦贝尔等四大沙地，发表了《建立我国四大沙地碳汇林及生物质能源基地示范点》等论著。而这次推出的新作则是他对这国内外生物质产业发展观察和思考的结晶。

《决胜生物质》这部著作集石院士多年研究成果之大成。他以战略家的眼光对生物质这一重大问题进行思考，从国内到国外，从理论到实践，从历史到未来，以大量丰富、翔实的数据,对生物质进行多角度阐述。此书既是一本科研著作,也是一本科普书籍,还是一本政策建议报告。

我把石院士47万字的新作捧在手里,感到很有分量。不仅仅是因为内容充实,还因为话题沉重。全书分综合篇、中国篇和前瞻篇三篇。综合篇是作者收集到的多种资料和思考心得;中国篇是参与中国生物质事业的亲身经历和切身感受,前瞻篇则是对生物质发展未来的展望和期盼。

在综合篇中,我看到了石院士用马拉松赛对各国生物质产业发展状况作了一个形象化的比喻。跑在最前面的第一军团有巴西和美国;跑在第二的军团是欧盟;殿后者中有中国、东盟和非洲的一些国家。美国总统克林顿在离任前的1999年6月12日,签署了《开放和推进生物基产品和生物能源》第13134号总统令,打响了比赛的发令枪。他用翔实的资料记述了这场历时十年的国际赛事的前前后后,给读者勾勒出了一幅生物质之战的激烈场景。他分析了能源的历史、现状和未来,比较了几种主要可再生能源,论述了生物质能源的优势、特点和产业化,介绍了美国、巴西、德国、瑞典、日本、印度等国生物质能源发展的举措和成果,对关于生物质能源的几个主要争议问题进行了评述。

在中国篇中,石院士论述了生物质能源与解决中国能源问题的关系,详细分析了中国生物质原料资源,记录了中国生物质能源产品的孕育和起步,论述了中国生物质能源的"十大关系"。他在分析了中国能源形式十分严峻和现行政策后,作出了中国能源转型意识很淡薄和"非不能也,是不为也"的判断,发出了"必须重新评估当今的能源战略,尽快高举起能源自主、安全和转型的大旗"的呼吁。

在这一篇中,有两章介绍了石院士对中国生物质原料资源的研究结果。这是一组多么令人振奋的数字啊:中国本土可以每年提供11.7亿吨标煤的生物质原料,是全国水能的2倍、风能的3.5倍,是一片潜在的"摇钱树"林。他还记录了刚刚起步的中国生物质产业的足迹,介绍了一批新兴企业。它们标志着中国生物质产业在技术、装备、经营上已经上路。虽是星星之火,但有燃遍华夏大地之势。他大胆直言,论述了中国发展生物质产业的"十大关系"。其中包括生物质能源和其他能源的关系、固体生物燃料的多样与重点的关系、国内与国外的关系等。

书的最后是前瞻篇,十分简短,只有20页。石院士明确地提出了走以生物炼制和生物产业为支柱的绿色文明道路,憧憬着绿色的明天。他说,推动中国生物质产业的发展急需各个方面的努力。他寄希望于每一个人,每一位领导,希望大家为了当代和子孙,多一些"绿在心中"!

在阐述书名的含义时石院士说,"决胜生物质"有两层含义:一是坚信生物质产业具有强大的生命力和必将造福于人类社会,我们应为之呐喊与鼓噪,让世人更早更多地认识它,这是一种"宣言";另一层含义是凡有志于生物质产业的能人志士,拿起自己的武器,排除万难去创造生物质产业的业绩,宣传公众、感动领导。

我在书中看到了石院士写下的誓言:要用自己的秃笔和三尺讲台去决胜生物质。生命不息,决胜不止。掩卷深思,我相信,决胜生物质的,绝不会是他一个人。

《科学时报》2011 年 3 月 24 日

《中国绿色时报》2011 年 3 月 24 日

奋斗的青春感动中国

尽管已经主编或自己撰著出版了不少书籍,但手中这本《青春感动中国》我更加看重。书中的每一个故事,都是当代大学生蘸着激情写成的,都是一曲曲奋斗的战歌。虽然普通,但不平凡。

奔赴祖国最需要的地方

2009 年 5 月 2 日,中共中央总书记胡锦涛到中国农业大学调研,庹蓝兰对总书记说:"我毕业后回家乡支教!"毕业后,她如约放弃北京月薪 8000 元的工作,成了重庆丰都龙河镇第一中学的一名特岗教师。

王威,北京大学 2007 级硕士生。她走过西藏 6 个地区中的 5 个,清楚 1 年西藏支教和 8 年在西藏工作的区别,但她还是义无反顾地签了约。

"毕业,我们去西藏!"书中收入了不少大学生自愿去西藏工作的故事。中央民族大学毕业生王永振主动要求去"最远、最高、最险、最苦的地方",在没水、没电、没信号、没网络的"世界屋脊的屋脊"安了家;中国地质大学毕业生王德杰带着妻子格桑卓玛回烟台探亲时,他的父母心里就明白了:他们的儿子是要扎根西藏一辈子了。

中国青年政治学院毕业生陈允广在内蒙古工作 7 年只回过一次家探望年迈的父母。倾盆大雨中,他没能帮妻子用油毡盖住房顶的窟窿,儿子生病时他在为贫困学生争取助学金奔忙。但是,他实现了自己支援西部的梦想,也帮助无数草原孩子实现了上学的梦想。

这样的故事太多了。清华大学毕业生谷振丰主动申请到戈壁荒漠中的酒泉卫星发射基地;中国石油大学(北京)去年自愿赴西部工作的有 326 人。读书的时候,大学生们想用自己的激情照亮整个世界,但走向现实之后他们更懂得了,祖国最需要的是在基层第一线踏踏实实苦干的人。

贾娜是清华第一个女兵,是清华走出去的"许三多"。她在部队完成了属于她的"士兵突击"。清华国防生选择到作战部队基层的一年比一年多。被记者追踪，不全是因为清华的牌子，重要的是他们的军人梦。

大学毕业生到社区工作也是一种新兴的职业。如今，在北京市的多个社区，都有北京联合大学毕业生。学生张馨蕊说："社区工作大有作为，希望更多的同学加入进来，利用自己的专业知识与聪明才智，为建设和谐社区贡献力量。"

在创新道路上乐此不疲

李超是 2009 年度清华大学特等奖学金获得者。尽管许多人都不大明白他研究的内容，但他自己却在创新的道路上乐此不疲。作为队长，他与同伴开发的项目"计算机代数系统 maTHμ"获第 11 届"挑战杯"全国大学生课外学术科技作品竞赛特等奖。他还作为主要作者撰写了《计算机代数系统数学原理》书稿。maTHμ 的创新点已经获得教育部科技创新工作站的认证，并且获得了国家版权局授予的计算机软件著作权登记证书。

年轻的北京大学生命科学学院博士研究生施永辉，头顶的光环已不少。3 天里，他只吃了两次饭，睡了不到 10 个小时。26 岁，他成为在世界一流生命科学杂志 Plant Cell 上发表论文的第一位北大在校生。

中国人民大学 5 名不同年级的法学院学生，经过了 150 多个辛苦钻研的日日夜夜，完成了一篇题为《小额贷款公司制度研究——以苍南联信小额贷款股份有限公司为例》的论文，获得了"挑战杯"全国大学生课外学术科技作品竞赛特等奖。

北京师范大学本科生张萌，以国庆 60 周年活动中为 10 万人提供餐饮保障工作的志愿者身份入选"首都十大年度教育新闻人物"。作为中国 APEC"未来之声"代表团领队，她随同国家领导人赴新加坡参加 APEC 峰会及 APEC"未来之声"系列活动。在她的履历上写着：主持和参与国家大学生创新实验计划等 6 项科研课题，发表论文 11 篇，拥有 3 项实用新型发明专利。

让我献出无限的爱

医务人员详细介绍了捐献造血干细胞的风险。"你们放心吧，我绝不后悔！"几次征求他的意见，他始终是这句话。"一想到能给身患绝症的病人带来生的希望，我就充满了捐赠造血干细胞的勇气和信心。"中国人民大学 2009 级公共财政管理专业硕士研究生王树光这样说道。他在中国人民解放军三〇九医院成功捐献了造血干细胞，成为北京市捐赠造血干细胞的第 96 人。

北京城市学院学生熊述娟家有急事，赶回了四川老家，也赶上了汶川的地震。她带着爷爷等亲人离去的伤痛，走上了抗震救灾一线，成为当地首批志愿者服务队之一的队长，奋战了近 140 个小时……

寒假归家的北方工业大学学生朱晓遇到一名儿童不慎落水，毅然跳入水中将落水儿童救起后,默默离开。被救儿童家长经多方查找,最后通过当地电视台才找到他。他原封不动地退回了家长的感谢金,回校后对此只字不提。

中国地质大学(北京)的"爱心天使支教团"成立于 2004 年,最初以社会实践团的形式开展支教活动,之后逐渐发展成为全校性的支教团队,现有团员近 200人,连续多年前往宁夏"西海固"地区开展支教活动,累计受益 3000 余人次,捐赠图书 2000 余册。为贫困学生筹集资助款超过 25 万元,使 845 名贫困学生得到了资助。

合上这本书,一个个大学生的事迹还像过电影一样在眼前浮现。他们与祖国同呼吸、共命运、心连心,极富责任感和使命感。在他们身上,可以看到中华民族的未来和希望。

《青春感动中国》是 2010 年"青春感动中国"首都高校大学生大型采访活动的重要成果,书中收录了大学生记者在采访活动中采写的首都高校优秀大学生和毕业生的典型事迹和成长故事。

踏上了"青春感动中国"主题采访之旅的大学生记者多达 260 人。他们利用课余时间,遍访首都高校优秀大学生和毕业生典型,以"90 后"的独特视角,发现和记录那些感人的青春故事。他们采写的作品见诸各大学校报、新闻网后,感动了更多的大学生。

大学生记者们从首都各高校找到了大量的优秀大学生(集体)、毕业生典型的线索,面向社会征集典型人物和动人故事。在此基础上,大学生记者全面行动深入采访,并结合主题开展了相关调查。

通过对这些典型人物的深入采访,大学生记者们利用文字、图片和视频等多种形式,记录下了他们奋斗的青春故事。在上个学期,我的业余时间差不多都在做同一件事情:遴选编辑修改大学生们的这些文稿。我被文稿中记录的每一个人的事迹所感动。他们的言行在我的心中激起涟漪,引发共鸣。

收入《青春感动中国》一书的 99 篇文章,记录了 100 多位大学生和年轻的大学毕业生的事迹。这是当代大学生和大学毕业生的一个缩影。

《科学时报》2011 年 8 月 24 日

跋涉在绿色行政之路

在我看来,当今社会有一种很不好的倾向。把"绿色"当成筐,什么都往里面装。在许多问题上,人们都喜欢戴顶"绿"帽子。好像只要一沾绿色的边,身价就会提高。

但当看到《绿色行政》一书时,我却为作者的绿色意识所折服。该书不是简单牵强地贴"绿",而是用可持续发展的理念和生态文明的思想统领行政管理。捧读新作,如沐春风。我十分期盼行政管理,能像书中所论述的那样,尽早地"绿"起来。

该书的装帧设计以绿色为基调,全书的字里行间更是渗透着可持续发展的理念。作者在参考和吸收了国内外绿色行政相关研究的最新成果的基础上,以新角度、新视野、新思路,系统构建了绿色行政的基本理论框架,探讨了绿色行政的内涵,论述了中国古代朴素的生态文明和绿色行政思想与实践,追溯了现代绿色行政的缘起,总结了绿色行政相关研究进展,研究了绿色行政管理体系建设、保障建设。作者提出的新时期绿色行政的目标与任务,对行政管理改革提供了新的理论支持,对未来的行政管理实践也有现实的指导意义。

有一百个人,就会有百种以上对绿色的理解。对于"绿色行政"的概念的理解也不尽相同。中外学者的着眼点,几乎都停留在政府要保护自然生态环境、防止气候条件恶化的层面上。《绿色行政》的作者、北京林业大学管理学院院长陈建成教授是我国招收绿色行政硕士研究生的第一人,他对此观点则持否定态度。

陈建成说,如果是这样,强调政府的环保职能就可以了。他指出,绿色行政包含了三个维度:环保理念、行政实践和保障建设。绿色行政不仅是政府环保职能的体现,还包括环保理念的更新和整个社会环境的建设。绿色行政,就是人类与大自然和谐的行政管理行为,是环境友好的行政管理活动;就是运用现代哲学观念,科学统筹协调社会、经济、环境等问题,以人为本,倡导生态文明,促进可持续发展的政府管理。

高在生态文明,大在气候变化,实在绿色经济。作者用这三句话提升了对绿色行政的理解。作者认为,绿色行政必须以生态文明为指导思想,气候变化问题是其基本着眼点,归根到底是要促进绿色经济的发展。

倡导绿色行政,是玩概念,还是确有实际意义?作者的答案是:绿色行政有利于培育引导行政的理念和效率行政的理念,有利于培育尊重人权的行政理念和监督责任的行政理念,有利于培育有限行政的理念和民主行政的理念,有利于促进绿色制度创新和弘扬绿色文化,有利于优化行政执法能力和规范环境执法行为,有利于推进行政管理绿色化和优化环境管理体系。

全书的主体框架分三个部分。其一,绿色行政的绿色理念研究。其重点是"谈古论今",从中国古代朴素的生态文明和绿色行政思想与实践,谈到了现代绿色行政的缘起及研究现状。其二,绿色行政的实践研究。其亮点是"四海内外",

既远眺世界,又着眼本国。在气候变化的大背景下,构建了绿色行政管理体系的理论,着重剖析了国际社会、各主要工业化发达国家以及中国的绿色行政实践活动。其三,是绿色行政的保障建设研究。其特点是"万无一失",提出了意识形态建设、法律体系建设以及管理体制建设,以确保绿色行政的顺利推行。

作为一个前沿的研究领域,目前对绿色行政理论的研究还很缺乏,实践总结更是鲜见。《绿色行政》一书弥补了这一缺憾。这也正是此书的价值所在。

提出科学的概念不容易,如何实现它更不容易;编撰出版一部书不容易,如何让书中的理念被众人接受更不容易。阅过新作之后,我强烈地感到,中国的绿色行政任重道远,一切都刚刚起步。我相信,对于在这条路上的跋涉者而言,《绿色行政》是不可多得的攻略宝典。

《绿色行政》,陈建成、张玉静编著,机械工业出版社 2011 年 5 月出版。

《科学时报》2011 年 8 月 31 日

期盼行政管理尽早"绿"起来

在笔者看来,当今社会有一种很不好的倾向。把"绿色"当成筐,什么都往里面装。在许多问题上,人们都喜欢戴顶"绿"帽子。好像只要一沾绿色的边,身价就会提高。但当看到《绿色行政》一书时,我却为作者的绿色意识所折服。该书不是简单牵强地贴"绿",而是用可持续发展的理念和生态文明的思想统领行政管理。捧读新作,如坐春风。我十分期盼行政管理,能像书中所论述的那样,尽早地"绿"起来。

该书的装帧设计以绿色为基调,全书的字里行间更是渗透着可持续发展的理念。作者在参考和吸收了国内外绿色行政相关研究最新成果的基础上,以新角度、新视野、新思路,系统构建了绿色行政的基本理论框架,探讨了绿色行政的内涵,论述了中国古代朴素的生态文明和绿色行政思想与实践,追溯了现代绿色行政的缘起,总结了绿色行政相关研究进展,研究了绿色行政管理体系建设、保障建设。作者提出的新时期绿色行政的目标与任务,对行政管理改革提供了新的理论支持,对未来的行政管理实践也有现实的指导意义。

有一百个人,就会有百种以上对绿色的理解。对于"绿色行政"概念的理解也不尽相同。中外学者的着眼点,几乎都停留在政府要保护自然生态环境、防止气候条件恶化的层面上。此书作者、北京林业大学管理学院院长陈建成教授等对此持否定态度。

作为我国招收绿色行政硕士研究生的第一人,陈建成认为,绿色行政,就是人类与大自然和谐的行政管理行为,是环境友好的行政管理活动,是运用现代哲学观念,科学统筹协调社会、经济、环境等问题,以人为本,倡导生态文明,促进可持续发展的政府管理。

高在生态文明,大在气候变化,实在绿色经济。作者用这3句话提升了对绿色行政的理解。作者认为,绿色行政必须以生态文明为指导思想,气候变化问题是其基本着眼点,归根到底是要促进绿色经济的发展。

倡导绿色行政,是玩概念,还是确有实际意义?作者的回答是:绿色行政有利于培育引导行政的理念和效率行政的理念,有利于培育尊重人权的行政理念和监督责任的行政理念,有利于培育有限行政的理念和民主行政的理念,有利于促进绿色制度创新和弘扬绿色文化。

全书的主体框架分3个部分。其一,绿色行政的绿色理念研究。其重点是"谈古论今",从中国古代朴素的生态文明和绿色行政思想与实践,谈到了现代绿色行政的缘起及研究现状。其二,绿色行政的实践研究。其亮点是"四海内外",既远眺世界,又着眼本国。在气候变化的大背景下,构建了绿色行政管理体系的理论,着重剖析了国际社会、各主要工业化发达国家以及中国的绿色行政实践活动。其三,是绿色行政的保障建设研究。其特点是"万无一失",提出了意识形态建设、法律体系建设以及管理体制建设,以确保绿色行政的顺利推行。

作为一个前沿的研究领域,目前对绿色行政理论的研究还很缺乏,实践总结更是鲜见。《绿色行政》一书弥补了这一缺憾。这也正是此书的价值所在。

《中国绿色时报》2011 年 8 月 26 日

灵悟创造中的艺术本质和精神价值

我和北京航空航天大学宣传部部长蔡劲松住在一个小区。两人同在大学宣传岗位上工作多年,相互都熟悉得很。国庆节前一天,他递给我一本自己编辑的《融合·建构》画册,让我提前领略了北京航空航天大学艺术馆当代艺术邀请展的风采,也引发了我许多遐想。

蔡劲松除了任学校宣传部长职务外,还是业内有名的艺术家。他创建了文化与艺术传播研究院并任执行院长,为以上天的高科技著称的北航校园增添了许多文化色彩。他的艺术天赋、创作激情、特立独行、累累硕果,常常在圈子里成为议论的热点。

此前,他任馆长的艺术馆已经举办了四届邀请展,每两年一届。展出期间,人头攒动,堪称学校最大的艺术盛事。无论是"灵感·空间""激情·超越",还是"意象·特质""文脉·气韵",都在校内外引起了轰动,当然也吸引了我这个外行。无论是艺术家个体,还是展览呈现的整体风貌,都在校园记忆和时间长河中留下了深刻的印痕。

将这届展览命名为"融合·构建",蔡劲松显然是进行了一番研究的,一挥而就的《序》更像一篇阐述"艺术性"的论文。在他看来,艺术创作中的文化场域构建十分重要。它看不见但可感知,摸不着却可扩散,无定式却影响深、范围广。它是一个动态的、历史的积淀过程。在文化的变迁中,文化体系会产生系统性振荡。他希望通过一次又一次大型展览,让师生们、让更多的人都看到这种变迁和振荡。

在艺术性逐渐被泛化的背景下,本来就不循规蹈矩的劲松依然坚持己见。他认为,过分强调艺术性的"美好"和"完美",使得许多从事艺术创作的人,脱离艺术本体的场域,脱离内在的真,片面追求一般性的审美,从而陷入了创作的沼泽。学术界通常以循环方式自我论证,认为"艺术性"就是使艺术成为艺术的特性。对此,他不以为然。他强调,关注的重心应该转移到对艺术的本体性认知、独立性探索和文化性映射上来。他笑曰:"其中的部分答案,就在这次展出的作品中间。"

通过这次展览,他力图倡导跨空间、跨文化、跨学科、跨领域的文化思维模式和艺术创作姿态,在跨越中实现艺术观念与创作实践的融合,实现艺术家个体的多维智识积累、艺术品格与价值取向的融合。他告诉我,艺术性的建构,只能通过作品本身来呈现,也必然涉及艺术家在创作实践中对物理空间、社会空间、艺术空间等本质与规律的不懈思考,承载着他们直面传统和时代挑战时的文化自觉与自信。

从画册中我欣赏到了 72 位艺术家的 128 件作品。这些作品囊括了水墨、油画、雕塑、综合材料和影像等类别。用蔡劲松的话来评价则是:"从中可以看出艺术家们正视和把握当代艺术创作中的重要命题。他们以融合和构建的姿态及开放性的眼光,将艺术性引入艺术创作的幻象世界,创造了生命的精神与文化感受,造就了诸多具有审美意蕴和人文品格的价值经验。"

受邀的艺术家大多具有学院背景和学术积淀。他们欣然提供了自己或一脉相承或风格迥异的艺术佳作。这些作品中不仅深入反映了艺术与社会、文化、生态、心灵等议题的关系,还通过对创作理念和要素的流变、梳理、整合,共同营造了一片充满生命哲思、情感升华、文化肌理和技术创新的本真艺术语境。

我不懂艺术。或许正是这个原因,我对这本画册爱不释手。虽然没有署名,但我知道淡蓝的、简洁的、极富装饰效果又有深刻内涵和丰富外延的封面,肯定是蔡劲松自己设计的。为自己的作品穿上一件最合适的衣裳，这已经是他一贯的风格。

一遍遍拜读画册中一件件精品，如同徜徉在艺术的海洋中。这些作品，或古典或现代，或直白或含蓄，或传统或创新，或具体或抽象。其共同特点是，不但能够让人眼前一亮，更能让人凝目深思。这是不是艺术的力量？

按照姓氏笔画，蔡劲松自己的两幅山水画排在 121 页和 122 页。一幅《望秋》，一则《山水寓言》，正好契合我的心境，令人身临其境，心驰神往。当我们总是发出"时间都去哪儿了"的疑问时，他不是在创作，就是在准备创作的路上。

此次展览在北航的两个校区展出，将持续到 11 月 29 日。如果可能，我一定会去现场看看。大学原本就是引领文化的重镇。可以期待，这个具有学术性、独创性、体现当代艺术发展趋向的大型艺术展览，定会成为当代艺术的一个风向标。展览和蔡劲松本人的作品以及作品后的故事，一定会吸引更多的观众和读者。

《中国科学报》2014 年 10 月 23 日

让我们的校园绿起来

手中的这部《绿色校园建设读本》，让寒冬的人们感受到了缕缕春风。这是我国第一部有关绿色校园建设的书籍，为全国方兴未艾的绿色校园建设提供了理论指南和科技支持。

此书由北京林业大学党委书记吴斌教授主编，包括院士在内的一批专家学者参与了编撰。此书分为决策篇、理论篇、操作篇和实践篇等四部分。其一，是党和国家领导人及有关部门负责人对绿化、对绿色校园建设提出的希望和要求；其二，是林业、生态、绿色文化等领域的院士、专家们对绿色校园建设的理论阐述；其三，是学校有关人员结合绿色校园建设的具体实际撰写的实务指南；其四，是国内外部分大学绿色校园建设的做法和经验介绍。

2009 年 3 月，全国绿化委员会、教育部、国家林业局联合发出通知，要求在全国广泛开展"弘扬生态文明，共建绿化校园"活动。作为我国绿色最高学府的北京林业大学积极响应，在吴斌教授的主持下，召开了多种类型的座谈会、研讨会，对绿色校园建设的重大意义和有关理论和实践问题，进行了广泛深入的研讨。

专家们一致认为，在全国范围内开展绿色校园建设，是我国绿化事业的深化和发展，是新时期生态文明建设的重要内容之一，具有重要的现实意义和深远的历史意义。这一活动对提高广大青少年的生态素养和绿色意识有着十分重要的作用。

同时专家们也认识到,绿色校园建设是一项新生事物,有许多理论和实践问题需要尽快加以解决,以便为推动这一建设走向深入提供强有力的理论基础和科技保障。大家达成的共识是,作为全国重要的绿色人才培养摇篮和绿色教育基地,北京林业大学应该在引领全国的绿色校园建设中发挥先导作用。

在吴斌教授的亲自主持下,开始了《绿色校园建设读本》一书的编撰工作,以期为绿色校园建设活动做实事、鼓实劲。一批学者承担了编写任务,在紧张的工作之余完成了有关内容的研究和写作。中国工程院院士孟兆祯、尹伟伦等也抽出时间撰写了文稿,使此书更具权威性。

绿色校园建设不是一般意义上的绿化,也不同于日常的校园环境活动,而有着十分深刻的内涵。专家们力求从理论上对绿色校园建设的内容、任务和原则,进行清晰地阐述,力求对各级各类学校的绿色校园建设的操作过程起到具体的指导和帮助作用。全书重点突出,内容简练,语言易懂,体现了理论性、实践性紧密结合,科学性和通俗性兼具的特点。

《科学时报》2010 年 12 月 29 日

《中国绿色时报》2011 年 1 月 14 日

南开花开总宜人

先要谢谢《南开花事》这本新书。它让还在冬天的我,提前看到了南开大学春天的花开。这就是书的魅力。前几天刚刚去过这所知名的老校。第一次,只有短短半天,而且一直在开会,又赶上数九寒天。放眼看去,校园里多是落叶树木和枯萎花草,没有看到一朵盛开的花。这本带着墨香的《南开花事》,不仅弥补了这个缺憾,还让我很快喜欢上了这个校园。

此书的作者是南开大学环境学博士生莫训强。他在南开校园求学生活十多年,不但完成了学业,还用心完成了这部书籍。他投身环境而志取自然,给自己起了个贴近自然的名字——四叶草,以喻对植物的喜爱。潜心观察,诚恳码字,于是就有了这本新作。

手中的这本书,由商务印书馆出版发行,从装帧到文字,到处都呈现着一种文艺范儿。这是南开首部普查校园花木的专著,被师生们称为南开专属的"草木经"。全书以开花时间为红线,从 3 月 10 日到 6 月 1 日,记录了南开大学校园中 115 种春季开花的植物。90% 的开花植物都被网罗其中。每种植物的识别要点、在校园中的位置简明扼要、一目了然。书中巧妙地藏有校园手绘地图，配合每种植物的位置信息，构成了植物鉴赏指南。

莫博士从小喜欢养花，到了痴狂的程度。2003 年他参与了《南开校园植物名录》的编制。所在的社团要给校园的植物挂牌，这个任务落到了他的头上。这算得上是为这本书最早开始的准备。

感谢他，让我知道了许多东西。原来，榆树才是最早开花的，荠菜、毛白杨之后，才是迎春花。虽然我是北方人，又在林家大院生活，但还是有许多书中的植物闻所未闻。比如夏至草，比如米口袋……西伯利亚蓼、日本晚樱、新疆忍冬、天目琼花，只看这些植物的名称就可以知道除了乡土树种，还有许多引种的植物在校园里安了家。

热爱，使他变得善于发现。清晨沿着津河边走，他发现了默默开花的荠菜。他的担心是，我们的后代只能从博物馆里去看荠菜的花开。他的发现，告诉了许多人们忽略了的东西。说起毛白杨，人们往往注意到的是高大挺拔，而极少想到它也开花。先是雄花，再是雌花，生死不相见，在他的笔下竟成了一种彼岸花。

"野百合也有春天"的话，在这本书中体现得淋漓尽致。令我感到意外的是，作者书中记录的植物中有不少是草本植物。它们没有树高，确有花开啊！在他的眼里和笔下，花草树木没有高低贵贱之分，体现了"一视同仁"的自然观。他甚至还记录了白菜花开。冬天没被吃掉，家属区楼下的白菜有了在春天"二次开花"的机会。名不见经传的附地菜，见过却不知学名的中华小苦荬，在书中都有一席之地。

与普通的植物志不同，他用通俗的语言介绍每种植物的生物学特性和植物学知识，用优美的语言为植物"立传"，增强了文字的感染力。

他的文字生动而又温暖。看到榆树花开，他写到了刘绍棠先生的《榆钱饭》，记录了北上求学之后第一次吃到嫩榆钱的味甘甜美。他称夏至草为先生，甚至直接用"他"来指代，描述随意而亲切。他夸紫叶李文静，用"她"来指代，字里行间充满爱情。

他的文字富有哲理，善于从花开花落的自然现象里生发出人生的感叹。他说总是和很多兄弟姐妹挤在一堆儿群居的独行菜，和荠菜亲缘关系不算远。一个往往成了早春盘中的美食，一个则幸运地躲过了。这就是所谓的福祸相依吧。写到蒲公英花开时，他真心希望，人们用审美的眼光去看待它们，而不是用挑剔的舌尖去品尝它们。

在书中记录的 115 种植物里，唯有银杏的花开是带有双引号的。他说，银杏属于裸子植物，用于传宗接代的繁殖器官里并不包括真正意义的花。看到这里，估计会有不少读者会高呼"涨姿势了"。

适合浅阅读是此书的突出特点。几十个字简要地介绍在校园里的位置,用几个关键词交代清楚了鉴别要点。每种植物连图带文,最长的也没有超过两页。每篇长不过800字,短的五六百字,三五分钟即可读完。文字通俗易懂有文采。每种植物都有配图,给读者以最直观的印象。

图片多为他自己拍摄的。因为拍花的缘故,他熟知学校的每一个角落。看到有人在BBS上说一句什么花开了,他立马可以知道它开在学校的哪个犄角旮旯。他下了多少工夫,天才知道。为了彻底区分桃李梨杏梅海棠樱花樱桃榆叶梅之类的,他用了不少时间。

只有热爱校园、热爱植物的人,才可能有这样的作为。不管是因为喜爱植物而爱上了校园,还是因为喜爱校园才爱上了园中的一草一木,我只知道这种爱一定是深厚的、不可替代的,否则不会如此地饱含深情。

北京大学哲学系教授、博物学家刘华杰推荐说,阅读这部书,辨识南开校园一草一木,享受不一样的花季人生。台湾著名生态摄影师徐仁修评价,不只让你认识、教你亲近植物,还让植物与你的生活联结。而厦门大学生命科学学院教授李振基说,作者以独到的眼光,以时光为轴,对南开大学校园观察到的花草树木作了赏析,顺手拈来,颇为有趣。商务印书馆编辑张玢说,作者给我们介绍了观察、了解身边自然的方法和态度。不论你仍然身处校园还是过着两点一线的生活,只要留心对身边的自然持续地观察和记录,你也会得到自己的"花事""果事""鸟事""虫事"。南开大学党委书记薛进文见到这本花木专著后十分高兴,致信莫训强,对其经世致用的精神表示敬佩。

据了解,博士毕业后莫训强已经离开母校,到天津另一所大学任教。虽然教学科研繁忙,他表示,南开校园的花事还会继续书写下去。我们期待着。

校园就是孕育知识的地方。除了大师名家、大楼殿堂,还有树木花草。没有花开的南开,还是南开吗?

让我们一起期待南开校园、中国大学每一所校园花开的日子。

《中国绿色时报》2015年3月6日

燕园草木更含情

燕园的草木花卉,就是一部活的历史。

因有草木,燕园的历史才有活色;因有花卉,燕园的记忆才有芳香。读过《燕园草木》之后,对此有了更深的感受。

卸任校长职务后,植物生理学家、中国科学院院士许智宏打算用两年时间好好看看校园的一草一木,编本介绍燕园植物的书籍。其目的在于,让师生更好地了解校园植物,更好地向来宾介绍校园。更大的寄托则是,希望师生更加珍爱家园,保护好燕园的草木。他的这一想法,与生物系教授、著名植物学家顾红雅不谋而合。于是,在他们的带领下,经过20多位专家、学者和优秀学生倾心打造,便有了我们手中的这部《燕园草木》。

在我看过的大学校园植物类书籍中,此书算得上高大上。这座具有几百年历史的园林、国内外知名学府的自然生态和人文积淀跃然纸上。燕园的历史比北大要长,从明朝米万钟营造勺园开始,400年倏然而逝,其间私家园林、皇家园林、王公宅邸相延续继、兴废替立。如今,昔日的雕梁画栋早已荡然无存,但燕园的草木却年复一年、代复一代。最古老的早在康乾盛世的和珅府邸内就已开枝散叶。它们不惧人事更迭、风云变幻,顽强地生长繁衍着,或春华秋实,或冬枯夏荣,迄今还在滋养着、熏陶着莘莘学子。这就是植物在育人中具有不可替代作用的最好证明。

今天,在燕园中充满活力和灵气的,除了北大人的思想和精神,还有草木花卉的四季分明、繁衍更替。大学之大,在于大师、大楼、大树。其中,大树所指代的校园植物尤为重要。昔人对园中的草木趣灵的赞叹杳然无迹,但今人与植物的故事却在这座中国最高学府里继续,成为燕园人最深刻的记忆之一。蔡元培提出的"思想自由、兼容并包",师生们践行的"爱国进步民主科学",都有燕园草木的影响和折射。此书之所以与众不同,显然来自这些独特的、深厚的文化历史底蕴。

燕园是著名学府和植物园的融合体。不少园地如今依然保留着半自然生态的状态。据资料所载,园内有90多科300多种植物,古树多达500多株,在中国大学里堪称之最。在风景名胜诸多的京城,也算得上是生物多样性最丰富的园林之一。燕园的草木更多了些历史意义。校内的未名湖景区是国家级的文物保护单位,其植物是不可或缺的组成部分。作者筛选了185种校内常见及特色植物,用中英文简要地描述了每种植物的植物学形态、生长习性和分布区域,读来轻松愉快,十分惬意。

植物在北大不仅有重要的自然和历史意义,对北大人生活的纪念意义也非同寻常。最美的10棵树,三角地的柿子林,西门南华表旁的银杏,静园草坪的松树,一院到六院的爬山虎,临湖轩的珠子,未名湖南岸的垂柳,浴室南的英国梧桐,五四体育馆的白蜡,南门主路旁的槐树,三教足球场东边的白杨……它们迎来了一批批来自各地的青涩新生,见证他们的成长,又目送他们离开了母校的怀抱,奔向世界各地。

每年 6 月荠菜开花,是期末考试来临的信号;宿舍楼前,男生抱起恋人摘核桃,是燕园最美丽的景致之一。每次毕业生返校,一进南门看到路旁的两排槐树,就觉得像回家了……

经过一代代师生的追忆和描摹,校园的草木已经具有了鲜明的文化象征意义。从书中得知,厉以宁 1978 年初即填词《木兰花》(校园初春),从"小径花丛闻笑语",写到了"历史无情终有序"。赵柏林写过《燕园荷花赞》。而季羡林则在《汉城忆燕园》中,表露出身处异国,对燕园草木的怀念。秋荷,垂柳,黄栌,丰花月季,在季老笔下栩栩如生。谢冕先生则在《永远的校园》里说,每一位北大学子就像"一颗蒲公英小小的种子",选择了燕园一片土,从此在这里发芽、成长。

此书亮点之一是,除了植物学角度的科学描述,还配上了优美隽永的散文,北大人关于草木的回忆和感悟随处可见。或节选自季羡林、宗璞等名家,或出自其他师生饱蘸深情之笔。美文长不过百余字,短只有几句,画龙点睛,借物抒怀,极具文学范儿。

另一大亮点则是构图精美、艺术性强的植物照片。所用的图片都具有很强的艺术性和感染力。这些照片是在上万张图片中精选出来的。哲学系教授刘华杰拍摄的植物照片极具艺术感,对植物各种特征的展示清晰到位。数学系毕业的张莹所拍摄的照片简洁、唯美。生物信息学专业教授魏丽萍的作品视角独特,布局构思精巧,充满油画的质感。通过简洁的设计和高水平的印刷,有效地呈现了燕园丰富的植物生态和草木花卉独特的美感。

亮点之三是科学性与可读性的统一。考虑到科普的特点,书中介绍了物种所属的科和属,省略了其拉丁学名中的定名人,加入了主要分布地点。为了更好地体现文化感,图书编排时一改植物志常用的编写体例。书中的物种基本按照其在校园开花的时间排序,而不是按拉丁名或英文名。

书中的文字极富知识性和感染力。"山桃开了,便洗去最后的冬恹",类似的佳句比比皆是。文中拟人化的笔触极为生动,比如"旱柳有一种北方汉子般的性格,粗犷豪放的外表下,却有一颗敏感柔和的心"。介绍连翘时,和人们熟悉的双黄连口服液和维 C 银翘片联系起来。描写榆树时,记述了一个颇为僻雅的成语的由来:嵇康说榆钱吃多了让人昏睡不醒,用"榆瞑豆重"来形容人本性难改。

许智宏留学英国时住过的房东家种了很多植物。老太太不仅叫得出名字,而且连拉丁名、属什么科都知道。在他看来,这反映了一个民族的素质。他说,要让我们的学生有更多的机会接触大自然、了解大自然、热爱大自然。

我想,就让他们从接触、了解、热爱校园的一草一木开始吧!

《中国绿色时报》2015 年 5 月 8 日

红色学府的绿色情怀

　　此前只知道北京理工大学是中国共产党创办的第一所理工科大学,却不知道这所大学的绿色校园建设也是如火如荼。打开好友刚刚寄来的《校园植物志》,一股春风扑面而来,不仅认识了这所红色学府中的绿色植物,更明白了一个道理:校园里那一棵棵生长着的植物,和这所大学的灵魂紧紧地融合在了一起。

　　只知道这是一所以军工见长的大学,却不知其生命学院好生了得。为了将校园植物以及背后的故事、师生与植物的情结记录下来,生命学院组建了生态科考团,从2010年年底开始用1年的时间,完成了现场考察、查阅资料、交流访谈、撰写文稿、采集照片、手绘略图、修改整理等,撰写了这本书稿。

　　师生们对中关村、良乡、秦皇岛、西山实验区等4个校区的植物展开了全面调查,普查出了近147种植物。书中不是简单地将这些植物一一列出,而是筛选出了对学校、对师生具有较强影响的48种植物进行了感悟式描述,饱蘸真情撰写了《校园植物情怀》,成为此书的重要组成部分。毫不夸张地说,此书做到了树言志、花言情,将校园植物和校园人有机地融合在了一起。

　　除此之外,书中对其余植物则精炼地介绍了其形态、分布、特性、药用价值、在校园里的观赏位置等,以"校园植物档案"的形式呈现,读来一目了然,查阅十分便捷。书中还对各种植物在不同校区的分布情况进行了标注,用简图对植物形态做了直观地展示。为了便于读者阅读和查找,根据植物分类的形态,按照拼音顺序进行了整理。

　　编撰此书的目的,显然不是单纯地介绍植物。封面上方的"感受文化,品读自然",概括了此书的宗旨。书中处处体现着编者的文学情怀和审美品位。在分类中,将以花为特色的植物,归类为"百花齐放",以突出其貌美如花;将以果实为特色的,归类为"桃李满园",和大学功能相吻合;常绿的植物归类为"四季常青";高大挺拔的树木,归类为"拔地倚天";那些默默无闻的,不大被人所重视的,则归类为"甘为人梯"。

　　在我看来,作者与其说是给校园的植物分类,不如说是借树抒怀、以树言志。在作者笔下,"玉兰就像这所高校的精神,虽高贵而不张扬"。写菊时,勉励师生"犹如菊一样的清高与孤傲,抵御奢靡的诱惑"。"樱花飘落,像跳一支舞""榆叶梅花期短暂,花开花落不过十几日",这样的描述既贴切,又溢出了北理工人的侠骨柔情,增强了文字的感染力。

尽管地处冬季寒冷的北京,但师生们的普查结果证明,北理工的校园犹如偌大的植物园。校园里有国家一级保护植物水杉,还有珍稀植物树种、稀有濒危植物、中国特有植物,生长着一级古树、二级古树。

编著者毫不避讳此书的不足:重点介绍了校园的木本植物,而对藤本、草本和水生植物涉及不多,对于远在南国的珠海独立学院校区也无普查,尚属憾事。

除了编委会成员的名单,每篇文章后没有署作者的名字。但我知道,此书由师生创意、师生动手、师生写就。北理工人的质朴、淳厚的情感,跃然纸上、触手可及。正如作者所说,北京理工大学有自己独特的风采与感动。校园里的植物就是这种风采和感动中最直接、最生动的一部分。在他们看来,校园植物就是一部活的校史。每一棵、每一株、每一朵,都值得去欣赏、品味和研究。

这所大学的育人目标是"高远的理想、精深的学术、强健的体魄和恬美的心境。"而恬美的心境,就是培养学生认识美、爱好美、发现美、创造美和欣赏美。此书就是该校充分利用校园植物进行审美教育成果的结晶。

于是我领悟到,校园植物是美的,而且会因与之休戚与共的校园人的发现、欣赏和创造变得更美。

《中国绿色时报》2015 年 4 月 11 日
《北京教育》2015 年 12 月 24 日

产学研协同创新的国外借鉴

一本新书的问世,使从未踏上过美利坚合众国土地的笔者,有机会眺望大洋彼岸的那个国家在走着一条怎样的产学研协同创新之路。

协同创新早已成为热词,论著如雨后春笋,国内也有不少实践。但美国等国走过了一条怎样的道路,有哪些教训和经验可供借鉴,却不得而知。在此意义上,这部《美国产学研协同创新的机制研究》的新书填补了一项空白,成为国内首部全面反映、系统分析美国产学研协同创新的历史与现状的研究力作。

新作的作者是北京交通大学宣传部部长蓝晓霞。她在扉页上工整地签了名,还加盖上红红的个人印章,然后才极正式地递到了笔者的手中。那一瞬间,笔者觉得这必是其呕心沥血之作。如果不为它的问世写点什么,我真的感到辜负了这位耕耘者的苦心。

产学研协同创新究竟为何物?书中前言的第一句话作了简要的阐释:它体现了科技经济一体化和知识经济的本质需求。以产学研协同创新不断增强区域乃至国家创新能力,是当今世界科技创新活动的新趋势,是主要发达国家整合创新资源、优化资源配置、提高创新效率的主要战略路径。

在这条道路上,中国是后来者。我们看到的现状是:由于科技体制长期分割影响,科技资源分散、封闭、低效等突出问题尚未根本解决,与世界发达国家相比,我国总体创新水平有较大差距,我国的产学研创新合力未能有效激发。企业、高校、科研院所、政府几方力量各成体系、各自为战的局面,尚未真正扭转。这些都阻碍了我国加快经济发展方式转变,特别是实现经济增长由主要依靠要素驱动向主要依靠创新驱动转变的进程。

2012年,教育部、财政部启动实施了"高等学校创新能力提升计划"("2011计划")。党的十八大以来,我国更是把创新驱动、提升自主创新能力作为国家发展重要战略。习近平强调,大力开展协同创新,形成推进自主创新的强大合力。

在这样的大背景下,借鉴发达国家经验,破解我国产学研协同创新体制机制弊端,在当前尤其具有战略性和紧迫性。而这部书中,作者系统梳理了美国产学研协同创新的发展历程,从外部和内部等不同角度分析了该国的产学研协同创新的驱动机制、运行机制和保障机制,总结了美国大学、企业、政府、中介机构等产学研主体,在协同创新体系中的功能定位及其相互作用的主要模式。在比较分析基础上,对我国产学研协同创新机制的构建与完善,提出了相应的政策建议。

这本22万多字的新书,首先全面、系统和深入地反映了美国协同创新的历史与现状,系统梳理了萌芽时期、成熟时期和繁荣时期的发展历程,并对各个时期的标志性特征进行了总结概括,对美国产学研协同创新机制的特点和经验做了理论提升。

这部著作的学术价值是不言而喻的。研究构建了美国产学研协同创新机制的模型,更好地解释了该机制的创设条件、主要影响因素及其相互关系,有助于读者充分认识产学研协同创新的本质。在其论述分析中,不是一般性地就事论事,而是很好地运用了三重螺旋理论和交易费用理论,引领我们站在了更高的层面上审视。

从书中可以看到,研究者能够站在教育体制之外,以敏锐的观察力关注其与经济、文化、社会等方面的深度关联。特别难能可贵的是,作者运用了大量的案例数据,展开较为深入的论述,拓宽了研究视野,从而使研究结论更加可靠、可信。

可以攻玉的他山之石或许更有意义。美国有美国的国情,中国有中国的实际。在比较分析基础上,作者提出了构建与完善我国产学研协同创新机制的政策建议:机制的形成须有先进的理念为先导;机制的运行须有完备的法律制度为保障;机制的发展须有积极的科技政策来推动;机制的构建须以活跃的中介服务为桥梁;机制的完善须以创新要素的充分整合为关键。

在我国,产学研协同创新机制还是个新生事物,其构建与完善还在路上。在探索之中,我们需要眺望、需要借鉴。

《中国科学报》2015 年 2 月 13 日

生态经济助推美丽中国建设

北京林业大学经管学院院长陈建成教授送给我一本新书,是他主编的《生态经济与美丽中国》。书中荟萃了专家学者们对生态经济视阈下的美丽中国建设发展的最新研究成果。全书分 7 篇、汇集 38 篇高质量的学术文章,以专业的生态经济视角,结合十八大提出的美丽中国建设要求,研究了二者在生态文明、绿色发展、城镇化、生态补偿等多个领域结合发展的新问题。阅读此书,使我对生态经济与美丽中国建设问题的理解和领悟受益匪浅。

第一篇生态经济与方法专题,从生态文明与美丽中国的关系谈起。从适应国际形势和生态环境保护实践的理论升华等方面,阐述了生态文明建设是科学发展的新视阈。作者认为,加强生态文明建设,首先要保护好生态环境,重点是实现生态环境保护制度的创新。本篇中关于生态文明城市发展模式及指标体系的研究是一大亮点,从多个角度论述了国内外生态文明城市发展模式和评价指标体系的研究进展,为更好地完善城市生态文明建设提供了理论参考。

书中的第二篇,清晰地描绘了一幅绿色发展由理念到行动的蓝图。通过对绿色发展内涵的探索,深刻揭示了可持续发展理念到绿色发展行动的内在逻辑联系,着重论述了当前中国绿色发展的探索与实践过程。列举山东青岛、甘肃张掖、敦煌阳关镇等地绿色发展的生动实例,再现了绿色发展从理念到实践的演化过程。

目前,我国生态环境压力与日俱增。第三篇通过剖析典型性地区在生态保护与建设中暴露的问题,为持续推进生态保护与建设指明了方向。其中有关农村和城市在生态保护与建设上的不同路径选择引人注目。通过深刻的历史溯源及理论分析,从战略高度把握农村生态现代化的意义,把农村生态战略重点定位于农村生态经济转型及农民生态意识提升。《资源枯竭型城市发展问题与转变思路》中所论述的城市生态建设与发展问题同农村形成鲜明对比,但二者所面临的问题与挑战却极为相似。该研究为当前我国城市面对日益枯竭的资源现状如何调整思路提供了借鉴。

美丽中国将从乡村起步。书中的第四篇围绕农村的生态文明建设展开,既有理论支撑,又有实践检验,为农村生态文明发展提供了有益的借鉴。作者提出了"美丽乡村建设十大模式",包括产业发展型、生态保护型、城郊集约型、社会综治型、文化传承型、渔业开发型、草原牧场型、环境整治型、休闲旅游型、高效农业型,基本涵盖了环境美、产业美、生活美、人文美四大基本内涵,为全国各地农村生态文明建设提供了范本和参考。

书中的第五篇重点选取了贵州、湖北、湖南等具有代表性的省市作为生态文明背景下新型城镇化建设的典型进行研究,率先提出了有关生态新型城镇化的概念。该篇还对城镇化与经济增长和二氧化碳之间的关系进行了回归模型分析,以数据的形式呈现了经济增长和城镇化对二氧化碳排放的显著影响,使人对于三者间的关系有了更为清晰明确的认识。

第六篇重点围绕生态补偿机制的建立,将流域生态补偿作为出发点,通过对流域生态补偿3个发展阶段的梳理,探索出以财政转移性支付为主的补偿模式,并对补偿标准进行了具体分类。这为探索和完善我国未来流域生态补偿模式提供了现实准备。

第七篇则以较大篇幅对我国生态农业发展进行了调查研究,从农业发展、美丽中国建设、可持续发展等具有全局性、决定性影响的维度对生态农业发展进行定位。结合对当前我国生态农业发展现状的调研,找出当前中国生态农业发展进程中理论、技术、政策、服务、产业、组织等多方面的突出问题和主要矛盾,提出未来生态农业的发展趋势,使读者从宏观政策层面到微观实践层面,对生态农业的发展有了更加清醒的认识。

《中国绿色时报》2016年1月1日

中国林业发展需要市长也需要市场

"中国林业发展的春天来了。"

翻开刚刚出版的《中国林业市场论》新书,前言中的第一句话倏然映入眼帘。

该书主编、北京林业大学经济管理学院院长陈建成教授说,林业在改革中前行,只有充分利用市场,才能持续降低林业管理和经营成本;只有利用好市场,才能多方筹措资金,吸纳人才,聚集智慧,将绿水青山变成金山银山。

林业发展需要市长,也需要市场。历史经验已经证明,政府和市场缺一不可。处理好政府与市场的关系,发挥市场的有效作用,对于推动经济社会可持续发展、对于中国林业事业的繁荣,都具有十分重要的意义。

正是基于对中国林业发展与市场化改革的深刻认识,刚刚出版的这部新作对中国林业市场展开了全面的论述。此书是陈建成教授入选全国文化名家暨"四个一批"人才之后,带领经管学院教师完成的又一部力作。

认真阅读此书,看到书中的主干由四大部分组成。先是论述基本概念和理论,然后聚焦中国林业市场改革的命题,接下来重点论述了林业要素市场与产品市场,最后探析了森林生态补偿制度、林业税费制度、采伐限额制度等三大制度的改革与优化。

专家有专家特有的严谨。此书首先阐释了与林业市场化改革相关的基本概念和基本理论。比如"林业"。书中认为,"林业泛指所有与森林资源经营、管理和利用有关的全部经济社会活动",应该说是迄今为止较为准确的定义。书中从社会变迁出发,综述了林业的功能演变以及在现代社会的功能;运用利益相关者理论,对林业市场的类型与特征进行了解析;从主体、客体等要素视角,阐述了林业市场的结构;从理论的高度,深刻分析了林业产权与林业市场的关系。

该书的可贵之处在于,谈理论不故弄玄虚、不卖弄学术、不长篇大论,而是通俗易懂、深入浅出、言简意赅。这对读者在较短的时间里,了解和掌握概念的要点和理论的精髓有很大的帮助。

"不同所有制形式林业的市场化改革"是当前林业发展的关键问题。作者紧密联系中国国有林与集体林两种不同所有制形式的林业市场化,展开了剖析和论述。在国有林场管理中的市场运作机制分析中,重点分析了森林资源培育与经营的市场运作机制、森林资源保护与生态保护的市场运作机制以及国有林场的特色产业的市场运作机制。

在此基础上,作者对国有林场的市场化改革提出了政策建议,令人眼前一亮:引入社会资本和人力资本,建立多元投入的混合所有制林场;通过购买社会服务方式开展国有林场生态公益林经营;国有林场森林资源培育管理走向职业化;允许国有林场按照市场规则进行跨区域重组想必这些建议为我国国有林场改革提供了新的思路。

对于我国的集体林业的市场化改革,书中重点则放在了制度创新的研究和讨论上。作者提出的路径是,要创新集体林经营形式,优化各方面的利益关系,鼓励和引导社会资金投入,建立多渠道投资融资模式,为完善林业公共服务体系加大投资等,加强科学技术为集体林经营主体的服务支撑等。

"林业要素市场与产品市场"这部分,是该书的主体内容,用了九章的篇幅。主要从内涵、现状、发展现状与趋势等视角,依次分析了林业区域经济市场、投融资市场、林业科技与专业市场、林业劳动力市场、木质林产品市场、林业碳汇市场、森林认证市场、林产品绿色政府采购市场、森林休闲服务市场等九类不同林业市场。其中不乏新的观点和新的视角。如在林业休闲服务市场部分，就论述了林业体验、林业养生和疗养、林业养老产业的发展方向。作者提出，要重视培育市场需求主体和供给主体，不断开发创新服务产品，努力消除行业限制，进一步加大试点示范。

林业市场化的健康、良性的发育和发展，离不开坚强有力的制度支撑。其中森林生态补偿制度、林业税费制度、采伐限额制度等三大制度尤为重要。书中的最后一部分内容聚焦这三大制度的改革与优化，不仅介绍了国外的实践与借鉴，还分别就政府主导、市场主导、第三方导向等类型，论述了我国重视，森林生态补偿制度的实践、问题及方向。作者就林业税费改革和采伐限额制度的调整提出的具体建议，符合中国国情和林情，具有一定的可操作性。

随着全球政治经济一体化步伐的加快，中国林业发展与其他国家的关系将更加紧密，林业市场化改革的全局视角也需要进一步拓展。要统筹运用国际、国内两个市场和两种资源，科学把握国际、国内两类规则。该书的作者以国际视野，展望了未来林业市场发展改革方向，在全书的最后给出了这样的忠告。

陈建成教授称，站在历史的重要节点上，探索中国林业市场发展现状与问题，剖析市场化的方向和掣肘，其重要意义毋庸置疑。如果阅读此书之后，能够对中国林业市场化改革的重要性、紧迫性形成一些认识，能对市场化改革方向的设计与选择形成一些启发的话，对作者来说是最大的勉励。

阅读此书之后，我想说的是：书的作用和价值在于启迪。作者的这一目的已经达到。

《绿色中国》2016 年 11 月 9 日
《中国绿色时报》2016 年 11 月 11 日

不做林间最后的小孩

2005 年，理查德·洛夫出版了《林间最后的小孩》一书，首次提出了自然缺失症的概念。书中描述了儿童和大自然之间的距离越来越远的现象，引起了人们对自己生活状态的反思。这个严峻的问题今天也引起了我国专家们的重视。《自然体验教育活动指南》一书的问世，就充分证明了这一点。

有数据表明，89% 的巴西父母和 84% 的美国父母认为，让孩子接触自然是非常重要的,对孩子的成长是至关重要的因素。而认识到这一点的中国父母只占55%;78%的巴西父母和65%的美国父母认为,孩子的自然缺失症是非常严重的问题。意识到这个问题的中国父母仅为21%。依我个人的体验,有关中国父母的这两个百分比还是偏乐观了。事实上,重视并创造条件让孩子接触自然的父母在中国为数不多。更多的孩子,不是挤在高考的独木桥上,就是被魔性的手机、iPad迷得神魂颠倒。当然,这不仅仅是家庭教育的失误,我们的学校教育有过之而无不及。害怕学生出安全事故,许多学校的春游、秋游甚至被取消了。

从这个意义上说,自然体验教育显然不是可有可无的,而是当前中国教育、中国社会、中国家庭急需补上的一门课。由此看来,这本新书的编辑出版也填补了这一领域的一项空白。

人类在森林中生活了约300万年,相当于99.9%的时间都在森林之中度过。生命源于自然。远离自然,我们的身体和精神都会变得迟钝。重新建立与自然环境的密切联系,回到大自然的怀抱,会给你我打开通向健康、激发灵感、产生洪荒之力的大门。人们对此的认识越来越深刻,自然体验教育应运而生。在我国它还是新生事物。这本新作的问世,对于相关的理念和最新的知识普及和传播而言,可谓雪中送炭。

此书的写作与编排,显然也给了读者一种愉悦与幸福的体验。文字言简意赅,配有大量的图表,许多关键词、关键句的提示,使人在"秒杀时代"迅速掌握要领。

书中明示,自然体验教育就是"关于自然的教育",就是"在自然中的教育",就是"为了自然的教育"。至于其与传统教育的区别、与环境教育的区别、与体验教育的区别、与生态旅游的区别,都只用了寥寥数语,就让人一目了然。

此书的另一大特点就是理论与实践的有机结合。这得益于结构科学的作者团队,既有北京市林业碳汇办公室在一线上积极探索的先锋,也有北京林业大学从事教学研究的学者。他们共同努力的结果则是,理论不枯燥乏味、深入浅出,实践可操作性强、具有针对性。读后既让人在理论上厘清了自然体验教育的内涵,又把握了自然体验教育的发展现状,还明晰了自然体验教育的关键问题。特别是对自然体验教育的设计、执行、评估和安全风险管理等内容的阐述,清晰而概括,精要而具体。理论篇中还专门论述了自然体验师的工作原则、素质要求和工作技巧,给有志于此项神圣工作的人们指明了努力的方向。

国际上,韩国、日本、德国等都十分重视自然体验教育的开展。此书中分析的国际案例,让我等少有机会走出国门者大开眼界。静静地翻阅飘着墨香的新书,仿佛走进了美国黄石国家公园、日本 Whole Earth 自然学校、斯洛文尼亚皮夫卡季节性湖泊自然公园、英国威尔士卢迪安山脉和迪谷、葡萄牙布撒科国家森林,对其自然特点、教育目标对象、设施和项目以及富有特色的自然体验教育活动,有了概要的了解,为进一步组织开展教育提供了经验和借鉴。书中分析了香港湿地公园、台湾二格山自然中心的相关情况。除了这些可以攻玉的他山石之外,作者还分析了北京西山国家森林公园、松山国家级自然保护区、黄垡苗圃、翠湖国家城市湿地公园,以及颐和园、动物园、玉渊潭公园、陶然亭公园的优势和特色活动,使我们看到了北京开展自然体验教育的基础与潜力。

　　落实、落细是此书的另一大特色。书中特别介绍了常见的五感(视觉、听觉、嗅觉、味觉、触觉)体验型活动、手工创作型活动、场地实践活动等自然体验教育活动。可贵的是,这些活动都是北京市已开展的自然体验教育的科学总结。无论是"蒙眼毛毛虫""我的树",还是"倾听大树的心跳""聆听大自然",每一项饶有趣味的活动都寓教于乐,让参与者陶醉于自然之中;利用松果、树枝等手工制作小乌龟、小松鼠、鸟等的具体步骤,都有细致的介绍;场地实践则列举了一些与森林经营、生物防治与野生动物保护等相关的活动。其中的"树木气球""预测气候变化""猜猜我有多少碳"等,巧妙地融入了林业碳汇知识,令人跃跃欲试。

　　为了推动自然体验教育在中国的发展,国家林业局在今年1月发出了《关于大力推进森林体验和森林养生发展的通知》。通知要求,要把加强对未成年人的自然教育作为森林体验的重点,把森林旅游地建设成为进行自然知识普及和生态道德教育的最生动的课堂。尽管困难重重,但自然体验教育将会在我国有广阔的前景。

　　不要让我们的下一代、下下一代成为林间最后的小孩。我想,多少年后人们会记得,自然体验教育在中国刚刚起步的时候,有这样一本书籍发挥了作用。这就是此书的价值所在,也是作者们为之开拓与奋斗的意义所在。

《中国绿色时报》2016 年 9 月 18 日

教师节,让我们共勉

中国的节日,大体分几类:一类是与舌尖有关的,元宵节的元宵、端午节的粽子、中秋节的月饼……期盼这样的节日,在一定程度上是期待人生的美味和佳肴;一类是和假日有关,元旦、五一、国庆、春节……期待这样的节日,可以说是期待着休整和亲情;再一类就是和责任有关,比如教师节,既没有什么特殊的美食值得期待,也不可能放假休息,甚至有可能比平时更忙。教师节给予教师的,更多是激励、是鞭策,是神圣的使命感。

前不久,我坐在一家快餐店里等车。突然,有人站到我身旁说:"老师好。我听过您的课!"我一下子怔住了。说什么也没有想到,在这么偏僻的小城,还能遇到自己的学生。人的一生中会忘记许多,但自己的老师常常不会忘记。我相信,每一位老师都体会过这种快乐和感动。

在很多时候,我会因学生上课不专注而沮丧,会因学生听不进老师的话而低沉,会因学生的不理解而缺少成就感。但当不经意间知道了一些微不足道的事情还被学生记忆犹新、自己的举手之劳就让学生心怀感激的时候,我受到了深深的触动。

微博里的近万名粉丝中,有不少是我教过的学生。一位博友@我说,"5年前学过您的课。您提前登入成绩才让挂科重重的我顺利毕业"。天哪,仅仅是及时录入了考试的成绩,就帮这位学生铺平了一段通向社会的路。您说,我们今后还敢怠慢吗?

"我记得很清楚哦。第一次上您的网络编辑课,您首先说这个课跟网页开发没有关系,希望大家不要误解了。接着您找出学校网站当时的新首页让大家提意见。后来有一次课,您拿出一张在澳洲海滩拍的影子的照片,问大家是什么意思……哈哈,我记性好吧?"过了这么多年后,这位不知实名的学生竟然还能把一门选修课的细节记得如此清晰。这令我惊讶,更让我珍惜每一次上课的机会,更加谨慎地在学生面前说出每一句话。因为我知道,老师的话学生有可能会记一辈子。

教师节来临之际,大谈教师的重要和必要、大讲教师的骄傲和自豪、大论教师的天职和使命,容易产生审美疲劳。我想,还是说几句"后喻时代"教师的危机感吧。因为,缺少这种危机感,如今的老师很难当好。

事实上,在不知不觉中,老师的地位已经发生了变化,老师的权威早就开始动摇了。在许多学生的心目中,老师已经不再是无所不能、无所不知了。尤其是在网络时代,在飞速发展的新知识、新技术面前,不少学生都比自己的老师强。对此,我们要有清醒的认识。

学生嘴里不断更新的流行语咱听得懂吗?学生手中的 iPad、手机咱玩得转吗?在这样的态势下,老师如何对学生充满吸引力、如何赢得学生的喜爱和尊重,的的确确成了一个大问题。

没有别的办法。我们所能做的就是继续学习,千方百计比学生学得更广、懂得更多、比学生更强。变,是永恒不变的法则。随着时代的发展,不断更新教学方法、补充教学内容、改进教学手段。这样做或许更累,但是别无选择。虚心向学生学习,并不掉价,反而更容易赢得学生的青睐。贴近学生,寻找和学生的共同语言,走进学生的心灵,会使我们更加充满魅力。

我们都有这样的体会:自己家一个孩子都很难教育了,何况是如此众多的学生?与以往任何时代相比,今天的教师责任都更加重大、任务都更加艰巨、使命都更加神圣。让我们知难而进!当然,我们不是一个人在奋斗,需要学生的理解和配合,需要家长的支持和帮助,需要社会的鼓励和关爱。

教师节,与大家共勉!

《北京考试报》2012 年 9 月 10 日

用心报国 用情爱家

两节双至,感慨万千。

先来的是中秋佳节。这是咱中国人的传统节日。月饼圆,明月圆。借月圆,求团圆。过这个节,图的就是个家庭和睦、圆圆满满。

"中秋"一词最早见于《周礼》。按我国古代历法,秋季的第二个月叫仲秋。农历八月十五日又在当月中旬,称其"中秋"最恰当不过了。唐朝初年,中秋这天成了固定的节日。到了宋朝日渐盛行,至明清时已与元旦齐名,成为我国主要节日之一。自从中秋节在我国列为法定假日后,这一天在中国人心目中的地位愈加重要。

古代帝王中秋祭月,民间百姓祈求团圆。这一信仰和文化传承至今。古代此节的很多别称都与月亮有关。比如"月节""月夕""追月节""玩月节""拜月节"等等。这中间融入了国人对月亮的情感和眷恋。美国人登月之后,拍到的是坑坑洼洼的表面,但中国人并没有因为识破月亮真面目,就失去了对明月的向往。这或许就是中国传统文化的魅力所在。今天的孩子哪个不会背诵"床前明月光,疑是地上霜,举头望明月,低头思故乡"?现代的中国人,依然能与一千多年前的李白体味同样的意境,这正是拜中国传统文化所赐。

说实话,早些年我对中秋节并不在意。温饱早已不成问题之后,对于月饼也没了向往。两年前远赴英伦访学,中秋那夜倏然醒来,只见窗外明月、床前月光。此情此景此境,竟然一下子让我这个凡夫俗子和诗圣瞬间心灵相通。我相信,每一个离开家乡的同胞都和我一样:尽管远隔重洋,依然思念着家乡、牵挂着亲人。不管竞争多么激烈,不管工作多么繁忙,不管身在何处,这一天的到来,都会让思绪插上翅膀向着家乡飞翔。

中秋之际,一位旅居大洋彼岸的中国母亲尽管工作很忙,还是挤时间亲手制作月饼,给在外地读书的儿子寄去,让留在身边的儿女品尝。我知道,并不是因为月饼比披萨、汉堡好吃,而是她希望中国的传统能继续被下一代传承。

一位老师对我抱怨说,如今的学生心中最缺少的就是牵挂。举出的例子是,送孩子的家长离开学校时都是一百个舍不得,而学生却吝啬地连个电话都不愿意往家里打。对此,我也有同感,但我并不认为这全是孩子们错。随着年龄的增长、阅历的增多,我相信他们的责任心会不断增强,对家人的牵挂会日益增多。他们会像父辈、祖辈一样,在中秋的明月之下梳理思乡之情。家长和老师所能做的,或许就是借用圆月缺告诉他们,亲情在这个世界上是最值得珍惜的情感。

写到这儿,电视机里开始播报有关钓鱼岛的新闻。我一下子就想起了前些日子的涉日游行。日本政府竟然置13亿中国人的情感于不顾,在中国的国土上搞什么"国有化"的闹剧。是可忍,孰不可忍!但我并不认为,上街游行、抵制日货是最好的抗议方式。

在一所大学校园里看到一帮热血青年,手里拉着块白布,执意要步行到几十里外的日本驻华使馆抗议。辅导员苦口婆心地劝说,掰开了、揉碎了分析利害关系。依我之见,一时兴起容易,持续发奋才难。

曾经在伦敦的海德公园,特意去找最著名的演讲者之角。大失所望的是,昔日的"自由论坛"今日游人寥寥。作为英国民主的历史象征,无数人曾在那里演说。但在网络飞速发展的今天,表达民意的途径、渠道多了,人们不再只站在肥皂箱子上慷慨陈词了。

理性爱国,才是真的爱国;用发奋的行动爱国,才是最好的爱国!当第63个国庆节来临的时候,让我们除了从内心呐喊对祖国的每一寸土地无比热爱之外,更让我们用行动诠释中国人对祖国的忠诚。

亲情弥漫的中秋,举国同欢的国庆,双节相伴而至,是否还有别的寓意?大河无水小河干,只有国强才有家兴。当然,爱国也并不是不食人间烟火。我们中国人讲求的是,用心报国,用情爱家。

《北京考试报》2012 年 9 月 29 日

心情若好　天天过年

无论如何,新的一年总会到来。而所谓的辞旧迎新的文章,很容易落入俗套。我无过人之处,也很难写出新意。无奈已答应了编辑,只好硬着头皮写下去。好在我有一个解决难题的秘诀,那就是:心情若好,便是晴天。没有跨不过去的火焰山!

写下这些文字的时候,2012 年只剩下一天、两个半天了。平时忙忙碌碌,很少有时间静下心来想想刚刚过去的每一天。此时回首,更感叹岁月匆匆,如水而逝,桩桩往事随风飘去。我并不反对认真地总结过去。总结这一年里新收获的经验,总结这一年中新得到的教训,对迎接新的一年无疑是有好处的。但我认为规划好、把握好未来更加重要。

稍加注意就会发现,身边锻炼的人大多都是上了年纪的人。为什么年轻人反而容易忽视身体呢? 原因很多,但其中之一就是缺少紧迫感,总觉得明日复明日、明日还很多。其实,时间对每个人都是公正的。如果想要增加它的长度,就需要有健康的体魄。这是人生的重中之重。不管是谁,只要能活到 100 岁,差不多都会成为某个领域里的专家;如果想要增加它的宽度,同样也需要有健康的体魄。身体不好,精力不够,万事难成。所以,我的新年祝福首先是祝大家身体健康。

听到某大学的老师身患重病依然坚持工作的感人事迹后,我既为其精神所打动,更希望他以身体为重;听到某院士得了重病却依然不停地忙碌时,心里涌起的是阵阵酸楚。学生的健康状况同样不容乐观:温室花朵,弱不禁风,肩不能担、手不能提,军训晕倒、跑步猝死……在和平时代,以健康为代价,究竟能换来些什么? 事业的辉煌、工作的成就、学业的进步,和宝贵的身体相比,究竟哪一个更重要?

在过去的一年里,一些不好的消息接踵而至,都和健康有关。正值壮年的人突然查出癌症,年纪轻轻的人心脏就做几个支架。血压高、血脂高、血糖高的人数不断攀升,但选择戒烟、选择早睡、选择健康生活方式的人却不见增加。但愿新年的钟声也成为警钟。让我们对自己、对家人、对学生、对老师、对朋友、对路人,大声地说一声:关注健康、关爱生命!

健康重要,快乐则是健康的基础,有助于人们提高工作、学习的效率。"新年快乐"，是人们常用的祝福语。我的第二个新年祝福也是如此。问题是，究竟有多少人感受到了由内向外的快乐？不少人都说自己的压力太大。的确，这年头谁不面临着很大的压力呢？学生面对的是没完没了的考试和压得抬不起头的学业。老师面对的是越来越不好教的学生和迅速更新的知识。家长面对的是和孩子之间越来越大的沟通障碍。除了可以激励人之外，过大的压力也会伤人、更会毁人。

非常羡慕一些孩子：他们没有太多的压力。父母对其成长大多是顺其自然，没有过高的期望；老师对其成长大多是尊重个性，没有太多的约束；社会对其成长大多是宽松包容，没有什么偏见。这样成长起来的人不大容易出心理障碍，幸福指数也会高得多。虽然不能如此简单地类比，但我还是希望我们的孩子能生长得自由些、生活得快乐点！

快乐不但对自己有益，还会传递给他人。在许多情况下，我们难以改变环境，难以改变别人，但起码可以让自己变得快乐。快乐从何而来？把眼界放宽，把标准定低，让心胸开阔，让心情放松，或许快乐就会多一些。

某广播电台整点报时，总有个沙哑的女声说：现在是早上七点钟，保持愉快的心情，相信会有神奇的事情发生。

过去的孩子都盼着过年。因为不管怎样，过年的那几天都会很快乐。当新的一年到来之际，我想对大家说的是：心情若好，天天过年！健康快乐，总会有奇迹发生。

《北京考试报》2013 年 01 月 04 日

望月最是沉思时

在老外们的眼里，月亮就是月亮，就是一颗环绕地球运行的卫星。而在中国人看来，月亮却有着太多太多的内涵。在诸多内涵中，对亲情、爱情的渴望占了很大比重。最具标志性的当属中秋节这个中国人创造的和月亮紧密相关的节日。在阴历的八月十五这天，举家团圆赏月成了许多人的憧憬和渴望。如果这一天，谁没能和家人团聚，一定会"举头望明月，低头思故乡"。

一轮明月成就了无数中国诗人。把月亮和故乡联系在一起，岂止李白一人？杜甫的"月是故乡明"脍炙人口，将分布在五洲四海的华人那一颗颗心拴在了故乡。

记得那年，我远赴英伦。中秋之夜，躺在房东家的床上，望着窗外那轮圆月，真是百感交集。整整一个晚上，我都闷闷不乐。我突然明白了，国人热衷的赏月是假,希冀团圆是真。

儿子刚刚打来电话,话里话外说着过节回不回京的事。就这么几天短假,且不说花大把银子买机票值不值,连来带去飞好几千公里,还不够折腾累的呢。尽管我一百个希望儿子回家过节,但忍了又忍,还是"婉言相拒"。

面临这样问题的人不在少数。现代人活动范围扩大了。离家打工的难以计数,天涯海角哪儿哪儿都有中国人。对不少人而言,赶在这一天回乡显然不大现实。与其孤寂地对着天空的明月惆怅,不如趁着月圆之际,好好反省反省、思量思量,为明天积蓄力量。

苏轼,也是咏月的大家。"人有悲欢离合,月有阴晴圆缺,此事古难全。"这样的诗句,写出了自然的规律,写出了人们的遗憾。就连明月都会被乌云遮住、都会亏损残缺,我们何苦追求十全十美呢?既然"难全",就该看开了。有一个达观的心态、有一定的心理承受能力,乐观向上,积极进取,不但对工作、对学习大有裨益,而且可以防御疾病、延长寿命。

现代人竞争压力大,诱惑多,比过去更加脆弱。其实,这次考试没有考好还有下次,汲取教训、查缺补漏就是了。沮丧、纠结,没有任何用处,至于破罐子破摔更没必要了。付出了许多感情,还是没有得到理想中的爱情,真的算不了什么。梅花香自苦寒来,有缘的人一定在某个地方等着你呢。找了几家工作屡屡被拒,也没什么,继续历练自己,长自己的本事就是了。紧接着"莫使金樽空对月"那句,就是"天生我材必有用"啊!至于同学之间的关系有点小的摩擦,挨了导师的几句批评,真的是小事一桩。

比起古时候的大家,现代人的话就直白得多了。"你问我爱你有多深,爱你有几分?你去想一想,你去看一看,月亮代表我的心。"依我所见,当我们对着天上那轮明月时,需要沉思的不仅仅是恋人的情感,还应该有许许多多做事、做人的道理。

原谅我的才疏学浅,只能用苏轼的诗来做结了。"但愿人长久,千里共婵娟。"祝愿大家的家人、亲人、友人健康长寿、天长地久。除此之外的建议是:当今年、明年、今后的中秋节那轮明月升起的时候,不管团圆还是没有团圆的人,都该静下心来沉思。第二天太阳升起的时候,我们更加朝气蓬勃,这应该成为这个节日的另一层内涵。

《北京考试报》2013 年 09 月 18 日

2014,让我们惜时如金

　　亲,当您读到这篇文字的时候,我们已经跨进了 2014 年的大门。迎新辞旧的时刻,难免会发出一番感慨。人们总会慨叹,光阴似箭,日月如梭,又一年悄然而逝;人们又在期盼,心想事成,再创辉煌,新一年不负时光。

　　刚刚在微信里看到一位记者朋友上传了两张照片。强烈的对比、巨大的反差,又给我们上了一课。一张是初入大学的少男少女在校园里的合影,一张是这些人已过中年、青春不再的近照。"偶的神!!! 岁月真的是一把杀猪刀。"20 年过去姑娘变大妈,小伙成土豪……

　　为什么不上春晚? 倪萍说她老了。面对摄影记者的长枪短炮,她连连摆手:"别拍我,我老了不上相。"其实,她错了。过几年,再拿出今天的照片看看,她老人家一定会说:MGD,我还曾经那么年轻过?!

　　不过有句话倪萍大姐说得对,希望能多些新面孔和新人,让我们觉得春晚和文化事业能一代一代成长。是啊,希望总是寄托在年轻人身上,但可怕的是,年轻人"倚新卖新",仗着自己年轻,就以为会有大把大把的光阴可以浪费。这可真是大错特错了。因为,每一个老去的男人女人就是你的明天,毫无疑问,没有例外。

　　遗憾的是,人们往往等岁月失去了才觉得它特别、格外、更加珍贵。我教过许多学生。总体来说,毕业生都会比在校生更加热爱母校。过往的一切,都成了美好的回忆,包括那些纠结、郁闷、烦恼、惆怅。不少人谈起大学生涯时都会说,真希望再来一次。可惜,世界上卖啥药的都有,就是没有后悔药。大学只有一次,岁月只有一次,人生也只有一次。

　　都说一寸光阴一寸金,我说千金难买寸光阴。比登天还难的是,在新媒体时代惜时如金。我们面对的诱惑太多太多了。别的不说,就说浪费在手机上的时间就"海"了去了。早晨睁开眼的第一件事儿就是忙着摸手机,急急忙忙看微博发微信;深更半夜了,还躺在床上烙饼,摇一摇啊摇一摇。无论干什么,手机须臾不可离开。走路看、骑车看,开会看、上课看。只顾了发微博,忘记了自己吃的什么菜;只顾了看微信,亲爹亲妈在眼前也顾不上说一句话。只可惜,信息并非越多越好,过剩的信息和垃圾无异;只可惜,因此浪费了的时光一去不复返……许多人都恨不得扔了手机。但真的真的办不到。刚换了 3G,4G 就开卖,5G 指日可待。

　　巧合的是,写到这里,耳边传来了罗大佑的《童年》:总是要等到睡觉前,才知道功课只做了一点点;总是要等到考试以后,才知道该念的书还没有念。如此直白的歌词,却是包括我在内的、多少人的真实写照啊!

真的想大声地对 2014 年说:我们,不需要一天又一天、一年又一年的迷迷糊糊的童年、少年、青年、中年和老年!

我们的时间都去哪儿了?

马年到来之后,中国最火的话题之一,肯定有一句是"时间都去哪儿了?"自打大年三十央视春晚演唱了同名歌曲之后,此话就弥漫大江南北、不绝于耳。既有调侃询问,也有扪心自问……

不甘寂寞的媒体巧借时机,大做起文章来。先是元宵节晚会再次请出了父女亮相,接着又是"习大大的时间都去哪儿了?"漫画头像加图表,形象而生动,让人印象深刻。

有人调侃说,央视新闻联播的前十分钟是"中国领导人很忙"。到底在忙些啥? 习总书记在索契接待俄罗斯电视台专访时,和记者谈起了今年春节期间中国流行的《时间都去哪儿了》这首歌。"我个人的时间都去哪儿了? 当然是都被工作占去了。现在,我经常能做到的是读书。读书已经成了我的一种生活方式。读书可以让人保持思想活力,让人得到智慧启发,让人滋养浩然之气。比如,我读过很多俄罗斯作家的作品,如克雷洛夫、普希金、果戈理、莱蒙托夫、屠格涅夫、陀思妥耶夫斯基、涅克拉索夫、车尔尼雪夫斯基、托尔斯泰、契诃夫、肖洛霍夫,他们书中许多精彩章节和情节我都记得很清楚。"

咱和习总书记的差距有多大? 他提到的俄罗斯作家,咱有的连名字都不知道,有的连代表作都说不清楚,更别提书中的精彩章节和情节了。同在蓝天下,咱和人家的差别咋那么大呢?

真的挺佩服《北京青年报》的记者。他们就凭着官方媒体的公开报道,就把习大大上任 15 个月来的时间去哪儿基本勾勒清楚了:

39 天各地调研,12 次离京考察 11 个省区;39 天出国访问,出访跨五大洲 14 国;12 次集中学习,63 次各种会议,难以计数只好用 N 来代表的活动安排……

领袖咱比不了也就算了,一个毛孩子又给咱"上眼药"了。新学期开学好几周了,咱的假期综合症还没调整过来,而《重庆晚报》的一则报道却让咱无地自容。话说也是在这个寒假,一个年仅 10 岁的五年级小学生,用了一个月的时间,写出了一部推理短篇小说和一部科幻推理长篇小说,共计 8 万字,而且都是手写的。

据说,他每天用在写作上的时间差不多4小时,每天约写3000字。写得水平高低咱没看过不敢妄加评论,但就人家这充分利用时间的精神就够咱学一阵子了。如果像他这样抓紧时间,我何苦在编辑们催稿时每每尴尬、不停地求饶呢?

在网上看到了这样一份时间安排表。对比了一下,竟有些中枪的感觉啊!每一天的时间简单地分为睡觉、吃饭、做作业三块。不少哥们吃饭时间能省则省,但睡觉时间过长。有时快到中午了,打手机找个学生,他老先生还没起床呢。除此之外,就是在做作业的时段里,逛网吧、逛空间、聊天、发呆的比重都分别达到了20.9%——33%不等,而留给真正做作业的时间只剩下可怜巴巴的0.1%。本末倒置、舍本求末、不务正业……都是这样行为的形容词和概括语吗?

我们的时间都去哪儿了?刷微博、发微信、上网、瞎聊。眼睛一睁一闭,一天就过去了。心里一紧一松,一个月就过去了。课程一选一考,一学期就过去了。家乡一回一离,一年就过去了……好一个"逝者如斯夫"啊!

这样的歌儿其实早就有了,而且都已经"滥了"。不信,您听《童年》:"总是要等到睡觉前,才知道功课只做了一点点。总是要等到考试后,才知道该念的书都没有念。一寸光阴一寸金,老师说过寸金难买寸光阴。一天又一天一年又一年,迷迷糊糊地童年……"其实你我都知道,如今,何止是童年啊,青年、中年、老年都有迷迷糊糊的危险啊!

世界上,许多东西都是不可逆的。时间就是其中一种。每天太阳都会升起和落下,但今天的太阳绝不再是昨天的太阳。时间悄然而逝,等你醒过味来时,已经难以挽回了。正因为如此,时间,才显得更加宝贵。以我在校园里工作多年的体会,那些离开了校园的毕业生,总是比那些在校园里的"童鞋"们,对校园的感情来得要更深切,常常验证"失去了的东西,才会觉得更宝贵"的说法。那些年轻的学生们总觉得会有大把大把的青春供自己耗费,却不知3月7日的女生节和3月8日的妇女节,仅仅是一日之差。

包括我在内的许多朋友,并不是不明白时间有多珍贵,也不是不想把时间充分利用,关键是落实不了、实现不了。

明明知道时间在飞逝,我们却依然如故。原因之一,是我们禁不住诱惑。网上的内容太丰富了,大千世界,无奇不有,哪个都想看看、都想听听、都想试试。诱惑面前,我们丢失了自己,也荒废了时间。

要赖不能赖人家诱惑你,而要赖咱没定力、少毅力。干成一件事,没有定力、毅力是不可能的。本想每天看一页书,按说不多吧,坚持一天,不难。坚持了两天,也不难。坚持三天、四天,就有点难了。再坚持下去,就不容易了。和坚持相比,放弃总是很简单啊。

缺少动力,也是涣散军心的原因之一。我在网上看这样一段话,感到了一股强烈的冲击:"你苦战通宵游戏时,布里斯班的灯鱼已划过珊瑚丛;你赶场招聘会时,蒙巴萨的小蟹刚溜出渔夫的掌心;你写程序代码时,布拉格的电车正摇着铃晃过金色夕阳;你挤进汹涌的食堂时,哥本哈根的街头画家完成了第99幅立体画#。"看到这样煽情的话,我瞬间想到的是,无论你怎样忽视时间、消耗时间、浪费时间,不把时间当回事儿,世界该怎么变化,还会怎么变化;社会该怎么发展,还是会怎么发展。

似乎什么都可能成为我们与时间擦肩而过的理由和借口。缺少对时间的合理规划,缺少对时间的监督机制,见不到努力的结果……还是从现在做起,从小事做起,从珍惜一分一秒做起吧。

记得当年我们上大学那会儿,排队买饭的几分钟都要背几个单词,而现在我们走路都在低头刷微信。虽然我们不能过于势力、短视,但还是要从眼前的事儿做起。眼前的事儿是什么?学生是完成学业,教师是教好学生,编辑是编好稿子……

闲言少叙,就此打住。我也该忙我自己的了。

在时间面前,人人平等。珍惜时间,你我共勉

《北京教育》2014年4月25日

今天是你的生日,我的祖国

今天是国庆节,新中国的生日。

古今中外,许多人都发自内心地把祖国称为母亲。爱国,是所有伟人和善良的普通人所具有的共同特征。人们还有个特点,就是离开祖国之后,对祖国的感情更深。

为了写这篇文章,我特意从电脑里翻出了一组照片。那是我在华沙老城里正在维修的小广场上拍摄的美人鱼雕塑。她并不起眼。我曾经与她擦肩而过,第二天一大早又特意赶去拜谒。与其他地方的美人鱼一样,雕塑的上身为裸体妙龄女郎,下身为鱼尾。所不同的是,华沙美人鱼更高大。姑娘昂首挺胸,左手紧握盾牌,右手高举利剑。据说,这是波兰著名雕刻家尼茨霍娃女士的杰作。1936年,欧洲战火四起、风云密布。她忧虑祖国命运,决心塑造一个保卫祖国的英雄形象。多年以来,美人鱼雕像前花束不断,表现了波兰人民对祖国的热爱。

在华沙听"把我的心脏带回祖国"的故事更打动人。19世纪初,波兰遭到欧

洲列强瓜分,有十分之九的领土落到了沙皇俄国的手里。20岁的肖邦客居异国日夜思念着祖国,把亡国之痛和对祖国前途的忧虑,都倾注在了音乐创作中。在法国巴黎居住18年后,弥留之际的肖邦嘱咐家人:"我死后,请把我的心脏带回去,我要长眠在祖国。"波兰人冒着危险把盛有肖邦心脏的匣子珍藏起来,使它免遭德国侵略者的破坏。1949年10月17日,在肖邦逝世一百周年纪念日那天,肖邦的心脏被庄严地迎回到祖国首都。如今,走进华沙圣十字教堂,人们可以在左边第二根廊柱上看到肖邦头像,下面镌刻着"肖邦的心脏在此安葬"的字样。

我曾经有机会远赴英国访学。时间很短,一切都显得新奇,几乎没有闲暇滋养思乡之情。但那一天,我还是差一点掉了泪。我和另外三个班干部一起,去我国驻英使馆教育处领取大家的生活费。乘火车、坐地铁加上步行,几个小时后终于远远地看到那面五星红旗的一刹那,我们都激动地跳了起来,如同游子见到了故乡的槐树、自家的炊烟,看到了久别的母亲和家人。离开使馆教育处的时候,我们感到双肩包更加的沉重。因为那里面装着的,不仅仅是大家在英期间的各种费用,还有祖国的重托和呵护。从那时起,我们再听报告时更认真了,主动学习的积极性更加高涨。我们深切地认识到,祖国是我们强大的后盾。为了祖国更加强大,我们需要更多的努力。

前不久,苏格兰历史性的独立公投引起了全世界关注,也成了大学生热议的话题。公投最终统计结果揭晓那天,在课堂上,我和同学们一起对这一结果进行了分析。大家认识到,独立被否决,充分证明了,无论在哪个国家,维护国家统一都是人民的意愿。尽管苏格兰拥有丰富的自然资源和优秀的人力资源,但失去英国强大的经济支撑,又没有强劲的工业体系,将经不起一点金融风险。

我曾有机会赴祖国宝岛,访问了台湾的11所大学。所到之处,最强烈的印象、最切身的感受是,同胞就是同胞,两岸真的是一家人。不仅仅是语言相同、习俗相同、文化相同,加强交流、促进合作的愿望都是高度一致的。祖国在每个人的心中都是一个整体,都是不可分割的。

今天是国庆节,是伟大祖国的生日。我们不仅要过好难得的假期,更要激发自己的爱国热情。爱国不是空洞的口号,而要体现在我们的一言一行、一举一动。每个人的内心深处,都有对祖国的真情实感,都有与祖国相关的感人故事。在这篇短文里,我没有讲更多的大道理,只是写了我经历过的几件小事。我希望,它能引起读者的共鸣。

《北京考试报》2014年10月01日

2016,送上六个美好祝愿

辞旧迎新,自然规律。写上几句,向不曾谋面的读者问个好、拜个年、道声辛苦,送上六个美好的心愿和祝愿!

一愿心态平和,内心充满阳光。抬头望望窗外,肆虐多日的雾霾虽没散尽,但一场瑞雪的降临还是使京城的空气清新了一些。世界上的事情总有好的一面,也会有不好的一面。对于今天、明天、后天和未来,要永远抱有希望。怨天尤人的结果,除了让自己的心情变得更糟,似乎没有任何用处。不要那么多牢骚,不要那么多抱怨。风物长宜放眼量。在看不到太阳的时候,心中能充满阳光,是人生的最高境界。心态平和,让阳光充满内心,我们就会增添无穷的正能量。

二愿积极进取,珍惜美好时光。来办公室时遇到门卫值班的师傅,他告诉我来这里已经24年了。当年的小伙子成了3个孩子的父亲。老大2016年就要参加高考了。他看门,我进出,一晃竟过了这么多年!时间就这么一天天地过去。我不想模仿别人一个劲儿地问"时间都去哪儿了?"只想说,时间过得的确太快,真的该好好珍惜。不少学生总觉得自己年轻,日子有的是。其实不然,越把时间不当回事儿,时间溜得越快。网络、手机、游戏,现在的诱惑实在太多,但属于我们的时间越来越少。还是把有限的时间多用一点在学习上、在工作上、在事业上、在陪伴家人上。

三愿执着奋进,勇敢面对挫折。每个人的前进道路上都会遇到挫折。2016年的道路也不会一马平川,关键在于我们如何面对困难,如何看待挫折。困难、挫折,不过是在磨炼我们的意志,考验我们的毅力。不要因为一次考试失利就心灰意冷,不要因为一次求职遭拒就一蹶不振,不要因为受到一次批评就自暴自弃,不要因为情感一时不顺就悲观绝望。总之,我们的生存、生活和生长,需要执著,需要坚强,需要强大的抗压能力,需要我们在遭遇困境后依然能够大声地歌唱:让暴风雨来得更猛烈些吧!

四愿密切合作,携手走向未来。一个人的力量总是渺小的,是那样的微不足道。特别是在这样一个时代,协同创新、团队精神显得尤为重要。离开了别人的帮助,缺少了他人的支持,仅靠单枪匹马,做不成事情、打不了天下。走出小我,融入大家,是现代人必备的素养。学会交流沟通,不断换位思考,培养合作精神,是百战不败的法宝。只有如此,才能协调各种关系,调动一切积极的力量,帮助我们破解各种各样的矛盾。这一点不仅对学生而言非常重要,对老师、对家长亦是如此。

五愿重视健康，坚持身体锻炼。最不爱听到、看到的就是"英年早逝"的消息。身体是人生的本钱，健康是宝贵的财富。但残酷的现状是：学生身体素质每况愈下，老师心理压力有增无减，家长工作、事业、家庭三座大山压在头上。学业、工作、事业重要，体育锻炼同样重要，甚至更为重要。希望大家在2016年里，挤出必要的时间到操场跑跑、户外走走，打打球、练练拳，把自己的身体练得棒棒的。大家的健康，应该成为大家的心愿，更应该成为大家共同的行动。

六愿不断创新，跟上时代步伐。分新秒异，是当今时代最突出的特征之一。新事物层出不穷，新技术不断涌现，新问题汹涌而来。我们每个人都需要扪心自问，是否跟上了时代前进的步伐？无论是学生、老师还是家长，都面临着不断学习、不断创新、不断进步的艰巨任务。许多知识已经陈旧，许多做法已经过时，许多经验已经淘汰，许多思想已经落后。我们要有危机感、紧迫感，要用创新的意识、现代的思维，迎接2016年新的挑战。

2016年已经来了，我们所能做的、所必须做的就是让自己的、让别人的、让中国的、让世界的2016年，因自己的努力变得更加美好！

《北京考试报》2016年1月2日

后 记

大学问,学问大,问大学。

中国的汉字真的是博大精深。不同的排列组合,表达了不同的意思。而这几重意思的相加,或许就是此书希望表达和努力涵盖的意思。

遥想当年,考上中国人民大学新闻学硕士研究生后,新闻评论学大家秦珪老师有意收我为徒。自知才疏学浅,知难而退,还是留在了新闻编辑方向。虽在评论学研究上毫无建树,但秦老师对我关爱有加,周建明师兄、刘琦玮师弟也一直对我视若同门。直到博客时代、人人都有了麦克风之后,我才敢尝试着写了点言论。以前发在博客上的,汇集成了《绿色博文萃》;后来公开发表在社会媒体上的,收入了《大学说》中。

此书收入的是我撰写并在社会媒体上公开发表的部分评论。时间跨度为2010年8月至2016年底。这些评论或长或短,基本都是围绕教育、绿色话题展开的。都是一家之言,难免欠妥。多为匆忙之作,定有疏漏。敬请诸位海涵指正。

书中“微观校园”的短文刊发在《北京考试报》同名专栏中;“铁铮微评论”是为《现代教育报·大学生周刊》写的专栏文章;“话题圆桌”是在《北京教育·高教》杂志主持的栏目。其余文章则根据内容进行了大致划分,适当进行了归类。

感谢我执教的北京林业大学。感谢每一位关心、支持、帮助我的领导、同事。感谢为此书做出贡献的每一个人。

此时,2016 年最后一天的太阳已经下山,雾霾中的京城夜色来得更早了一些。写完这页文字,关上电脑,去和师生一起联欢。送别2016,迎接2017。

未来,大学更好。

未来,大家更好。

铁铮

2016 年 12 月 31 日晚